Deana Zinßmeister · Fliegen wie ein Vogel

Deana Zinßmeister

Fliegen wie ein Vogel

Roman

Moments

Originalausgabe
Deana Zinßmeister: Fliegen wie ein Vogel

Lektorat: Christina Kuhn, Köln
Einbandgestaltung: agilmedien, Köln
Einbandabbildung: mauritius
Satz & Layout: Andreas Paqué, Gleichen
Druck und Bindung: GGP Media GmbH, Pößneck
Printed in Germany
ISBN-13 978-3-937670-39-3
ISBN-10 3-937670-39-4

www.moments-verlag.de

Für alle,
die an dieses Buch geglaubt haben!

»Ach, dem Blick entzieht sich Englands Küste,
Alle einst so hellen Ufer wirken düster,
Uns dräut ein hartes Leben in der Ferne.
O lebet wohl, der Heimat traute Sterne.
Weh' mir, was harret meiner fern vom Vaterland?
O wollte Gott, ich wäre arm, doch frei, am Strand.«

Dies schrieb Simon Taylor an seinen Vater.
Er war einer der 162.000 Gefangenen,
die nach Australien deportiert wurden.

I

Worms, 18. Dezember 1790

»Asche zu Asche, Staub zu Staub …«

Luise hörte diese Worte wie aus weiter Ferne. Sie konnte es immer noch nicht glauben. Aber es war wahr und nicht wieder rückgängig zu machen. Wie in Trance nahm sie Abschied von dem liebsten Menschen, den sie gehabt hatte, Johann Robert von Wittenstein, ihrem Vater. Langsam senkte sich der Sarg in das tiefe, dunkle Loch. Wie sehr hatte ihr Vater die Sonne und die damit verbundene Wärme geliebt. Er hatte stundenlang auf der Terrasse sitzen und den Pflanzen und Tieren zusehen können. Nun lag er in einem kalten, nassen Loch. Ihr wurde übel. Sie wollte heim. Heim aufs Gut, sich wie früher in ihr Bett verkriechen und hoffen, dass sie alles nur geträumt hatte. Aber sie war kein kleines Kind mehr, sondern eine junge Frau, deren nüchterner Menschenverstand ihr immer wieder brutal sagte, dass dies alles stattfand. Nichts würde wieder so sein wie früher.

Es war knapp eine Woche vor dem Heiligen Abend. Der Himmel war grau. Ein leichter Schneefall durchnässte langsam die Kleider der Menschen, die sich auf dem Ahnenfriedhof der Familie von Wittenstein versammelt hatten. Luise zitterte vor Kälte und musste ihre Lippen aufeinander pressen, damit man das Zähneklappern nicht hörte. Die Lobeshymnen auf ihren Vater wollten kein Ende nehmen. Jeder der Trauergäste wusste Gutes über ihn zu berichten. Ja, er war beliebt, und alle schätzten seinen Gerechtigkeitssinn, seine Ehrlichkeit. Er war ein guter Arbeitgeber gewesen und hatte auch für die Probleme der einfachen Leute stets ein offenes Ohr gehabt. Deshalb war der kleine Privatfriedhof mit der Familiengruft, der etwas abgelegen am Waldesrand hinter dem Weingut lag, mit trauernden Menschen überfüllt. Alle waren gekommen.

Sämtliche Angestellte, vom Keltermeister bis hin zum Pflücker, die Dienstmädchen Martha und Klara, die Köchin Anni, ihr Patenonkel und gleichzeitig Anwalt ihrer Familie, Fritz von Sydow, mit seiner Frau Margret, der Hausarzt und langjährige Freund Dr. August Freund. Sogar ihr Onkel Maximilian von Wittenstein mit Frau Elfriede und Sohn Detlef waren aus Köln nach Worms gekommen. Er war der ältere Bruder ihres Vaters. Wegen Streitigkeiten hatten die beiden Brüder kaum Kontakt miteinander gehabt. Nun stand Maximilian am Grab seines Bruders – zu spät für eine Aussprache, zu spät, um zu verzeihen.

Und natürlich war ihre beste Freundin da, um ihr Trost zu spenden – Colette. Sie wusste genau, wie Luise sich fühlte, denn auch sie hatte ihren Vater vor nicht allzu langer Zeit verloren und war nun auf sich selbst gestellt. Luise konnte sich noch genau an den Tag erinnern, als Colette an der Hand ihres Vaters Pierre Lambert im Hof stand und dieser nach Arbeit fragte. Fünf Jahre war diese damals alt gewesen und aus der Großstadt Paris gekommen. Seit ihrem zweiten Lebensjahr waren sie auf Wanderschaft gewesen, da sich ihr Vater als Tagelöhner bei Weinernten den Lebensunterhalt verdient hatte. Auch Colette war ein zartes und kränkliches Geschöpf. Neben der zwei Jahre älteren Luise wirkte sie zerbrechlich, denn diese überragte sie um eineinhalb Haupteslängen und hatte eine stämmige Figur. Colettes große braune Kulleraugen blickten scheu und ängstlich aus dem von dunklem Haar umrahmten Gesichtchen. Sie litt an einer chronischen Lungenkrankheit, und bei jedem Hustenanfall schien ihr zarter Körper auseinander brechen zu wollen. Diese Krankheit war auch der Grund, warum sie aus der Großstadt fortgegangen waren. Die schlechte Luft in Paris war Gift für ihre kleinen Lungen gewesen, und so waren sie von einem Weingut zum anderen gewandert, immer von der Hoffnung begleitet, irgendwo bleiben zu können und ein neues Zuhause zu finden. Die schlechte Arbeitslage hatte sie weiter nach Osten bis zum Landsitz von Johann von Wittenstein geführt. Luises Vater hatte erkannt, dass Pierre eine goldene Hand für alle Pflanzen im und ums Haus hatte, und ihn als Gärtner eingestellt. Es war nur allzu deutlich gewesen, dass auf Gut Wittenstein eine Herrin fehlte, die sich um den Garten und die Blumenarrangements kümmerte. Frau von Wittenstein war bereits zwei Jahre zuvor gestorben, und seitdem hatte sich Anni um das Bepflanzen der Grünanlagen gekümmert. Aber sie hatte sich nicht gleichzeitig mit Küche und Blumenbeeten beschäftigen können. Deshalb hatte Luises Vater auch nicht lange gezögert, sondern Pierre und Colette ein neues Zuhause gegeben. Innerhalb kürzester Zeit wurde das Gut von prächtigen Blumen geziert, und auch im Haus selbst grünte und blühte es an allen Ecken. Die Mädchen waren überglücklich gewesen, als Colette und ihr Vater ins Gärtnerhaus einzogen und somit am Ende ihrer Wanderschaft angekommen waren. Luise und Colette verband bald eine innige Freundschaft, obwohl sie grundverschieden waren. Colette, für ihr Alter schon sehr vernünftig und besonnen, war eher der ruhende Pol in diesem Zweiergespann. Luise war, wie man sich ein Mädchen vom Land vorstellt – pausbäckig und kerngesund. Sie hatte blonde Locken, stets rote Wangen und lachende, blaue Augen, die nur so vor Energie sprühten. Sie war ein richtiger Wildfang, der seine Nase in alles steckte, besonders in solche Sachen, die ihn nichts angingen. Ihr größtes Interesse galt den Tieren, egal, ob groß oder klein. Mit jedem hatte sie Mitleid und deshalb schleppte sie alle mit nach Hause. Jedes Mal gab es ein großes Geschrei und Gezeter, wenn die Köchin Anni mit hochrotem Gesicht, der Ohnmacht nahe, mitten auf dem Küchentisch stand, weil eine der Mäuse sich in die Küche verirrt hatte. Ihr Vater wollte stets mit ihr schimpfen, aber wenn er in ihre unschuldigen, blauen Kinderaugen blickte, huschte ein Lächeln über sein Gesicht, und er sagte zärtlich: »Was soll ich nur mit dir machen, mein kleiner Rebell?« Luise legte dann die Arme um den Vater, gab ihm einen Kuss und wusste, dass sie wieder gewonnen hatte.

Ein Lächeln umspielte Luises Lippen, als sie daran dachte. Ihre Gedanken schwebten zu dem Tag, als ihr Vater sie in die Bibliothek bestellte. Er bat sie, in dem großen Sessel neben seinem Schreibtisch Platz zu nehmen. Ihr Körper versank fast in dem braunen Leder. Die Sitzfläche war so breit, dass Colette bequem neben Luise hätte sitzen können. Während sich ihr Vater einen selbst gebrannten Kirschlikör ins Glas eingoss, schaute sich Luise in dem Raum um. Sie wippte mit ihren Fersen auf dem glänzenden Holzboden und betrachtete voller Interesse die vielen Bücher in den Regalen, die bis zur Decke reichten. Einige Dinge fielen ihr zum ersten Mal auf, so zum Beispiel die aufwändigen Stuckarbeiten an der Decke. In jeder Deckenecke waren die Kanten abgerundet und mit Blütenmotiven ausgeschmückt, die zu einer großen Blume angeordnet waren.

Ihr Vater räusperte sich und lenkte damit Luises Aufmerksamkeit wieder auf ihn. Erwartungsvoll sah sie zu ihm, ahnungslos, was nun kommen mochte. Sie hatte nichts angestellt, also konnte es auch keine Standpauke sein. Sie blickte in seine Augen. Stolz konnte sie erkennen, aber auch einen Hauch von Melancholie. »Was ist, Vater? Warum willst du mit mir sprechen?«

Er schaute in die dunkelrote Flüssigkeit in dem geschliffenen Kristallglas, das er zwischen Daumen und Zeigefinger leicht hin- und herdrehte. Dann atmete er tief ein und ließ die Luft wieder schnaufend entweichen. »Luise, du bist fast vierzehn Jahre alt, und im kommenden Sommer wirst du die Dorfschule abgeschlossen haben. Es wird nun Zeit, dass wir uns über dein späteres Leben Gedanken machen ...«

»Och, darüber musst du nicht grübeln. Colette und ich haben schon nachgedacht. Wir wollen Pferde züchten. Liesel bekommt doch ihr erstes Fohlen. Das werden wir behalten, natürlich nur, wenn es ein Stutfohlen ist. Ein Hengstfohlen wird verkauft. Von dem Geld kaufen wir uns eine weitere Stute dazu. Liesel und die Stute lassen wir decken, und dann haben wir schon vier Pferde ...«

Lächelnd wurde sie von ihrem Vater unterbrochen: »Mein Kind, das ist ein hervorragender Einfall, aber für die zukünftige Besitzerin von Gut Wittenstein reicht das leider nicht. Es gibt eine Menge, was du noch nicht weißt. Zum Beispiel musst du dein Wissen in Mathematik vertiefen. Außerdem ist es wichtig, eine weitere Sprache zu lernen. Chemie wäre ebenfalls unentbehrlich, wenn du im Weinanbau tätig bist ...« Er hielt kurz inne, um an seinem Likör zu nippen.

Luise wusste nicht so richtig, worauf er hinauswollte. Solch eine Schule gab es in der näheren Umgebung nicht. Wollte er einen Privatlehrer engagieren? Gab es jemanden, der von allem Ahnung hatte und es ihr beibringen konnte? Fragend blickten ihre blauen Augen.

Wieder holte ihr Vater laut Luft. »Luise, ich habe mit einem der besten Internate in der Schweiz Kontakt aufgenommen und dich dort angemeldet. Nach den Sommerferien wirst du dort erwartet.«

Langsam erhob sich Luise aus dem mächtigen Sessel und ging auf ihren Vater zu. Er sah sie nicht an, sondern blickte in das nun leere Glas, das er noch immer zwischen den Fingern drehte. Deshalb ging sie in die Hocke, um ihm in die Augen sehen zu können. »Du schickst mich fort? Habe ich etwas getan, das dich verärgert hat? Bist du böse auf mich, dass ich nicht mehr bleiben darf?«

»Herrgott, Luise, ich schicke dich doch nicht fort, weil ich böse auf dich bin. Ich will nur das Beste für dich.«

Tränen rannen ihr lautlos über das Gesicht, denn sie begriff langsam, was er meinte.

»Vater, das Beste für mich ist mein Zuhause.«

»Das wird es auch bleiben, egal, wo du bist und von wo du zurückkehrst. Aber dein zweites Zuhause wird das Internat ›Sacre Sœur‹ in Bern sein.«

»Was wird aus meinen Tieren? Aus Struppi und Liesel und den Hasen?«

»Du hast genügend Zeit, Peter, den Sohn von Keltermeister Schuster, und Colette in alles einzuweisen.«

»Bitte, bitte, Vater, schicke mich nicht fort. Ich werde artig sein und alles lernen, was du von mit verlangst, aber bitte schicke mich nicht fort von hier.« Eine unsichtbare Hand hatte sich um Luises Kehle gelegt und ihre Stimme heiser klingen lassen. Nun wurden die Worte lauter, einem Schreien gleich.

»Luise, beherrsche dich. Mein Entschluss steht fest. Nach den Ferien wirst du dort erwartet. Es ist alles Nötige veranlasst.« Er stellte das Glas auf den Schreibtisch hinter sich und verließ ohne ein weiteres Wort das Zimmer.

Luise warf sich auf den Boden und schlug immer wieder mit der Faust auf die glänzenden Holzdielen. Sie wollte Trost, aber niemand war da, der ihn ihr geben konnte. Ihre Mutter war tot, und ihr Vater war derjenige, der ihr das antat. Sie fühlte sich allein und verloren, als plötzlich jemand ihren Rücken streichelte.

»Egal, wo du bist und wie lange wir uns nicht sehen, du bist immer meine beste Freundin, mon amie«, schluchzte Colette.

Luise sah sie erstaunt an.

»Ich habe an der Tür gelauscht«, flüsterte Colette. Die Mädchen fielen sich weinend in die Arme und schworen ewige Freundschaft.

Jetzt, Jahre später, stand Colette wieder neben ihrer Freundin, ergriff deren Hand und drückte sie tröstend. Aber nichts konnte Luise trösten. Sicher, der Tod ist immer grausam und kommt viel zu früh. Wenn ihr Vater schwer krank gewesen wäre, so wie Pierre damals, für den der Tod eher eine Erlösung gewesen war, dann hätte man sich innerlich auf sein Ableben vorbereiten können. Doch niemand hatte mit seinem Tod gerechnet. Es war ein Unfall gewesen. Die Straßen waren vereist gewesen. Er hatte die Kontrolle über den Pferdeschlitten verloren, die Deichsel war gebrochen. Ihr Vater war aus dem Schlitten heraus gegen einen Baum geschleudert geworden. Sein Genick war gebrochen. Er war sofort tot gewesen. Es wäre das vorletzte Mal gewesen, dass er sie vom Bahnhof abgeholt hätte. Nächsten Sommer würde die Schulzeit zu Ende sein, und Luise würde dann für immer heimkehren. Sie hatten geplant, dass die Tochter mit dem Vater das Weingut zusammen führen würde. Jedes Mal in den Ferien hatte er ihr etwas Neues über den Weinanbau beigebracht. Sie wusste, welche Rebe an welchem Hang besonders gedieh, wie man die Rebstöcke beschnitt oder wie lange der Wein in den Holzfässern lagern musste, damit er sich richtig entfalten konnte. Luises Wissen war in den letzten Jahren vervollständigt worden. Doch was nützte das? Ihr Vater war tot, und sie fühlte sich mitschuldig.

Sie sah zum Himmel. Ein leichter Sonnenstrahl durchbrach die dunkle Wolkendecke und erleuchtete für einen Moment den kleinen Friedhof. »Oh Vater, warum hast du nicht Anton zum Bahnhof geschickt?« Aber sie wusste, warum. Er hätte es nicht geduldet, dass jemand anderes sein kleines Mädchen nach Hause holt. Nein – niemals!

Drei Tage nach der Beerdigung wurde Luise wegen der Testamentseröffnung zu ihrem Anwalt Fritz von Sydow gebeten. Es wunderte sie, dass er sie förmlich und unpersönlich in sein Haus bestellte. Schließlich war er auch ihr Patenonkel. Sie hatten ein liebevolles und familiäres Verhältnis. Dieses Benehmen war ihr fremd. Außerdem konnte sie sich nicht erklären, warum es ein Testament gab. Durch den frühen Tod der Mutter hatte sie keine Geschwister, und da ihr Vater nicht mehr geheiratet hatte, war sie Alleinerbin des Weingutes Wittenstein. Das alles ging ihr durch den Kopf, als sie auf dem Weg zu ihrem Patenonkel war. In der Eingangshalle des stattlichen Hauses nahm das Dienstmädchen ihr den vom Schnee durchnässten Umhang ab und führte Luise ins Arbeitszimmer ihres Onkels. Dieser stand am Fenster und blickte nach draußen. Er schien vertieft in den Tanz der Schneeflocken zu sein. Für Luise hatte es den Anschein, als ob er ihr Eintreten nicht bemerkte. »Guten Abend, Onkel Fritz. Wie geht es dir? Wo ist Tante Margret?«

Jetzt erst drehte er sich um. Sie wollte ihn wie sonst umarmen, aber irgendetwas hielt sie davon ab. Obwohl das Kaminfeuer im Zimmer wohlige Wärme verbreitete, fröstelte sie. Schweigend sah Fritz von Sydow seine Patentochter an. Luise bemerkte tiefe Ränder unter seinen Augen. Sein Haar schien über Nacht grauer geworden zu sein, und irgendwie wirkte er kleiner, als ob er geschrumpft wäre. Er sah uralt aus mit seinen einundfünfzig Jahren. Armer Onkel Fritz!, dachte sie. Der Tod seines besten Freundes schien ihm mehr auszumachen, als sie gedacht hatte.

Als ob er eine räumliche Distanz zwischen ihnen aufbauen wollte, deutete er zu dem Ledersessel vor seinem Schreibtisch. Er selbst nahm hinter diesem Platz. Warum hatte sie auf einmal Angst? Sie war bei einem vertrauten Menschen, in dessen Haus und in einem Raum, der ihr schon seit Kindertagen bekannt war. Warum beschlich Luise dieses Unbehagen? Sie hatte sich hier immer wohl gefühlt. Sie sah sich im Zimmer um und prüfte, ob es eine Veränderung gab, die der Grund für ihre Angst sein könnte. Aber alles schien wie immer. In diesem Raum, seinem Reich, waren die Wände mit Nussbaumholz verkleidet. Rechts an der Wand stand eine Glasvitrine mit Andenken und Erbstücken. Luise liebte die kleine Spieluhr mit dem Karussellpferdchen, das sich, wenn man die Uhr mit einem kleinen goldenen Schlüssel aufzog, zum Klang der Musik auf und nieder bewegte. Schon als Kind hatte sie diese Sonate von Händel nachsummen können. Links an der Wand waren viele Regale, voll gepackt mit langweiligen, juristischen Fachbüchern. Allerdings wusste sie, dass in der dritten Reihe hinter den fünf letzten Büchern ein kleines Tablett mit zwei Gläsern und einer Flasche erlesenen Weinbrands verborgen war. Sie schmunzelte. Ihr Onkel hatte ihr schon mit fünf Jahren das Versprechen abgenommen, niemals Tante Margret dieses Geheimnis zu verraten. Die achtete nämlich peinlichst darauf, dass ihr Mann gesund lebte, und dazu gehörte auch, dass es Weinbrand nur an Festtagen gab, und diese waren für ihren Fritz zu selten.

Wo war Tante Margret überhaupt? Onkel Fritz hatte auf ihre Frage nicht geantwortet. Hoffentlich war sie nicht krank. Nein, bestimmt nicht. Diese liebenswerte Frau mit den rosa gefärbten Wangen sprühte vor Temperament und Gesundheit. Wenn sie lächelte, kamen zwei kleine Grübchen zum Vorschein. Nein, Luise brauchte sich deswegen keine Sorgen zu machen. Ihre Tante war noch nie krank gewesen. Aber was dann ängstigte Luise heute? Ihre Nerven waren höchst angespannt, und sie fühlte, wie sich auch ihre Muskeln strafften – wie bei einem Tier, das zur Flucht bereit war. Instinktiv presste Luise ihren Rücken schutzsuchend noch fester in das weiche, anschmiegsame Leder des mächtigen Sessels. Eine innere Stimme sagte ihr, dass sie nicht mehr dieselbe Luise sein würde, wenn sie diesen Raum wieder verlassen haben würde.

»Luise, ich muss dir etwas mitteilen! Glaube mir …«

Fritz von Sydow sprach zu ihr wie zu einem fremden Klienten. Was er ihr zu sagen hatte, war wie ein Schlag ins Gesicht. Sie wusste nicht, ob sie schreien oder lachen sollte, nicht, ob es wahr oder gelogen war, ob es Tag oder Nacht war. Sie wollte nur weg – fort aus diesem Haus. Aber vor allem fort von diesem Menschen, der ihr wehtat. Weg von dem Mann, der alle diese Sachen sagte, die sie nicht hören wollte, und vor allem, die sie nicht glauben wollte und konnte.

»Hör auf! Du lügst! Das kann niemals wahr sein!« Sie hielt sich die Ohren zu, und doch drangen aus der Ferne die Worte zu ihr durch. »Er hätte mir das nicht angetan! Ich werde jetzt gehen und ich will dich niemals wiedersehen!« Sie wollte sich aus dem Sessel erheben und mit erhobenem Haupt den Raum verlassen, aber ihre Knie zitterten und widersetzten sich ihrem Befehl.

Aber ein Blick in die Augen ihres Onkels, in denen Tränen standen, sagte mehr als tausend Worte. Sie konnte an ihnen ablesen, dass er die Wahrheit sagte. Welchen Grund sollte er auch haben, sie zu quälen? Ihr Körper wurde von Weinkrämpfen geschüttelt. Fritz wollte sie tröstend umarmen, doch sie stieß ihn weg. Wie ein Häufchen Elend sank sie auf ihre Knie und weinte, bis sie keine Kraft mehr hatte und ihr Bewusstsein verlor.

Fritz von Sydow, der ihr hilflos gegenübergestanden hatte, rief aufgeregt nach seiner Frau: »Margret, komm schnell!«

Als Margret das Arbeitszimmer betrat, kniete ihr Mann neben dem Mädchen. Er war kreidebleich und zitterte. »Oh Gott, oh Gott, das arme Geschöpf. Oh Gott, oh Gott«, klagte sie. »Bring' sie hoch ins Zimmer. Ich hole kaltes Wasser, um ihr Gesicht zu kühlen. Sie glüht regelrecht. Mein Gott, wie viel Leid muss dieses arme Kind ertragen?«

Mit Grauen dachte Fritz an den nächsten Tag, denn dann würde er sein Versprechen einlösen müssen. Ein Versprechen, das er vor vierzehn Jahren gegeben hatte. »Oh Johann, wie konntest du mich da nur hineinziehen?«

Als Luise am nächsten Tag erwachte, wusste sie im ersten Moment nicht, wo sie sich befand. Aber sie erkannte bald, dass sie in ihrem Schlafzimmer im Haus ihres Patenonkels war. Tante Margret und er hatten leider keine eigenen Kinder, und so hatte Margret nach dem Tod von Luises Mutter versucht, ihr ein bisschen mütterliche Wärme zu geben. Natürlich konnte sie die leibliche Mutter nicht ersetzen, jedoch war sie immer für Luise da und hatte auch für deren kleine Probleme ein offenes Ohr. Zu ihren selbst auferlegten Pflichten gehörte es, Luise ein eigenes Zimmer im Haus einzurichten. Luise sollte hier nicht nur Gast sein, nein, sie sollte dazugehören und wissen, dass sie jederzeit willkommen war. So manche Wochenenden durfte sie hier verbringen.

Gute Tante Margret!, dachte Luise. Sie hätte niemanden lieber haben können, außer natürlich ihren Vater. Vater!

Die Ereignisse des letzten Tages kamen ihr ins Gedächtnis zurück, und sofort schossen die Tränen in ihre blauen Augen. Nein, sie wollte nicht an den gestrigen Abend denken. Sie stand auf und schaute aus dem Fenster. Ein neuer Tag war angebrochen. Nachdem sie das Bewusstsein verloren hatte, musste sie fest eingeschlafen sein, denn sie konnte sich an nichts erinnern. Sie wollte darüber auch nicht grübeln. Es hatte aufgehört zu schneien, und die Landschaft sah aus wie mit einer dicken Puderschicht überzogen. Sie hörte Kinderlachen. Fast alle Nachbarskinder hatten sich an dem kleinen Hang auf der anderen Straßenseite getroffen und veranstalteten eine Schneeballschlacht. Wie friedvoll es draußen aussah. Durch die weiße Winterpracht erschien alles rein und unschuldig.

Luise fröstelte und floh schutzsuchend in ihr Bett zurück. Ihr Kopf dröhnte, und wie Hammerschläge drangen wieder Onkel Fritz' Worte zu ihr durch. Sie konnte sich nicht dagegen wehren, und so ließ sie es zu, dass sie den gestrigen Abend noch einmal durchlebte: »Luise, es tut mir Leid, aber du bist nicht mehr lange Herrin auf Gut Wittenstein. Das Weingut ist hoch verschuldet und fällt am Neujahrstag deinem Onkel Max zu. Dies alles ist hier in diesem Vertrag festgehalten worden. Ich habe ihn sehr gründlich studiert. Da er von deinem Onkel selbst aufgesetzt wurde, kannst du dir denken, dass er hieb- und stichfest ist. Er hat ihn bis ins kleinste Detail ausgeklügelt, und dein Vater hat ihn so akzeptiert und unterschrieben. Mir sind die Hände gebunden.« Er teilte ihr diese Hiobsbotschaft mit, beinahe ohne Luft zu holen. Seine Stimme überschlug sich fast dabei. Sicher wollte er es so schnell wie möglich hinter sich bringen. Dabei hielt er den Vertrag in seinen Händen und blätterte ihn Seite für Seite in der Hoffnung durch, vielleicht doch etwas Wichtiges übersehen zu haben. Außerdem brauchte er sie dadurch nicht anzuschauen.

Luise wurde wieder von heftigem Weinen geschüttelt, als es an der Tür klopfte. »Herein«, rief sie schniefend.

Tante Margret trat ein mit einer dampfenden Tasse in der Hand, gefolgt von ihrem Mann und Dr. Freund. »Guten Morgen, mein Schatz. Hier, mein Kind, iss die Hühnerbrühe, damit du wieder zu Kräften kommst.« Sie stellte die Tasse auf den kleinen Nachttisch und klopfte Luises Kissen zurecht, damit ihr Schützling sich besser im Bett aufsetzen konnte.

»Danke, Tante Margret, aber ich habe keinen Hunger. Außerdem mag ich keine Brühe zum Frühstück!«

»Tu lieber, was deine Tante dir sagt. Oder willst du krank werden?«, vernahm sie eine Stimme aus dem Hintergrund.

»Guten Morgen, Dr. Freund. Was machen Sie hier?«

»Nun, ich habe ihn gerufen. Nach deinem Zusammenbruch gestern hielt ich es für nötig.«

»Onkel Fritz, ich bin nicht krank. Ich werde nicht wieder ohnmächtig, denn ich habe viel zu viele Fragen, auf die ich keine Antwort finde. Erkläre mir bitte, wie das alles passieren konnte. Was hat überhaupt Onkel Max mit dem Ganzen zu tun? Und warum ...«

»Halt, mein Fräulein! Immer langsam mit den jungen Pferden«, rief Fritz und hob abwehrend die Hände in die Höhe. »Alles zu seiner Zeit. Erst isst du ein paar Löffel von dieser köstlichen Hühnerbrühe, die Tante Margret speziell für dich gekocht hat. Ich weiß, dass du einen Magen wie ein Ochse hast und morgens Früh schon eingelegte Heringe verspeisen kannst. Also wirst du auch mit dem Süppchen zurechtkommen. Außerdem ist dies das beste Essen, um wieder zu Kräften zu kommen. Anschließend wird dich August untersuchen, und dann sehen wir weiter.«

»Tante Margret …« Nach Hilfe suchend, sah Luise zu der kleinen, rundlichen Frau. Doch auch die duldete keine Widerrede, und so hatte Luise keine andere Wahl. Schweigend aß sie die Suppe. Sie merkte, wie die warme Brühe ihren Körper belebte und ihre Kräfte zurückkamen. Als Dr. Freund sie abhören und ihren Puls messen durfte und zustimmend in Richtung der Pateneltern nickte, waren diese beruhigt. Der Arzt und Margret verließen das Zimmer, damit ihr Onkel endlich Rede und Antwort stehen konnte. Als die Tür ins Schloss fiel, wollte Luise ihn gleich mit Fragen überschütten, doch mit einer energischen Handbewegung brachte Fritz von Sydow seine Patentochter zum Schweigen.

Gespannt saß Luise in ihrem Bett und wartete ungeduldig, bis ihr Onkel sich den Stuhl vom Fenster an ihr Bett gestellt hatte, um Platz zu nehmen.

Er ergriff ihre Hand, die auf der Decke ruhte, und drückte sie zärtlich. »Du erinnerst dich sicher noch daran, als vor fünf Jahren die gesamte Ernte durch den Befall von Rebläusen vernichtet wurde. Die Ausgaben waren dadurch höher als die Einnahmen. Dein Vater brauchte somit eine größere Summe Geld, um den Hof halten zu können, und wandte sich deshalb an deinen Onkel Max. Dieser war sofort bereit, deinem Vater einen höheren Betrag zu leihen, aber nicht, ohne einen Vertrag mit ihm abzuschließen. Dieser Vertrag besagt, dass Johann sich verpflichtete, innerhalb von fünf Jahren die gesamte Summe einschließlich Zinsen zurückzuzahlen, da sonst das gesamte Gut an Max fallen würde. Diese Frist läuft am 31. Dezember aus.«

»Wie konnte Vater sich auf so etwas einlassen? Ich verstehe das nicht.«

»Johann war fest davon überzeugt, das Geld vor Fristende zurückgezahlt zu haben. Zumal er kurz vor Vollendung seiner neuen Rebenzüchtung stand. Er hoffte, nein, er wusste, dass er damit den Weinmarkt erobern könnte. Aber dann, vor zwei Jahren, wurde durch die fehlerhafte Reinigung der Flaschen ein Großteil der Weine verdorben. Sie korkten, und somit wurde auch dieses Geschäftsjahr mit einem dicken Minus abgeschlossen. Zwar musste er sich kein weiteres Geld leihen, aber die gesparte Summe, die für Max bestimmt war, musste zum Teil das Defizit ausgleichen. Die Ausgaben waren einfach zu hoch. Beinahe die Hälfte der Einnahmen wurde zur Abdeckung irgendwelcher Kosten ausgegeben.«

»Welche Ausgaben waren das?«

»Mein liebes Kind, du vergisst, dass euer Gut viele Angestellte hat, die bezahlt werden müssen. Allein die Unterhaltungskosten des Wohnhauses sind sehr hoch. Dann dein Internat in der Schweiz. Zwar das beste, aber auch eines der teuersten seiner Art.«

»Aber warum hat Vater nie ein Wort gesagt? An dieser blöden Schule hat mir nichts gelegen. Ich hätte sie verlassen und ihm helfen können. Warum hat er nicht ein paar Leute entlassen?«, fragte sie, doch dann gab sie sich die Antwort selbst: »Nein, du brauchst nichts zu sagen. Vater hätte mich nie damit belastet, solange er noch gehofft hat. Und jemanden entlassen? Was für eine dumme Frage! Lieber hätte er Wasser getrunken und Brot gegessen, als irgendeinen Angestellten wegen seines eigenen Verschuldens auf die Straße zu setzen.« Nach einem Moment der Stille fügte sie hinzu: »Aber was soll ich jetzt tun? Was kannst du mir raten, deiner Patentochter ohne Dach über dem Kopf?«, erkundigte sie sich

»Nun, bis nächste Woche bist du noch Herrin und Eigentümerin von Gut Wittenstein, und ich glaube nicht, dass dich Max auf die Straße setzt.« Er lachte zärtlich. »... und falls doch, dann bist du jederzeit bei uns willkommen. Dieses Zimmer ist schon immer deines gewesen, und Margret und ich werden für dich sorgen.«

Luise war aus ihrem Bett aufgestanden und umarmte ihn. »Danke, ich weiß das zu schätzen, und ich weiß auch, dass es dir nicht leicht gefallen ist, mir dies alles zu sagen.«

Tränen traten in seine Augen, und er erwiderte ihre Umarmung. Er hätte sein eigenes Kind nicht lieber haben können. Deshalb krampfte sich sein Herz bei dem Gedanken zusammen, dass nun der Zeitpunkt gekommen war, den er so fürchtete.

Jetzt war es an der Zeit, sein Versprechen einzulösen. Ein Versprechen, das er vor gut vierzehn Jahren gegeben hatte. »Luise, setz dich bitte. Ich muss dir noch etwas sagen.« Der Ausdruck in seinen Augen, der unendlich traurig schien, verhieß wieder nichts Gutes.

»Oh nein, Onkel Fritz, bitte nicht noch eine Hiobsbotschaft. Das vertrage ich nicht.«

»August, komm jetzt bitte rein«, rief er zur Tür. »Der Doktor war nämlich damals ebenfalls dabei und kann behilflich sein, deine Fragen zu beantworten«, erklärte er Luise.

Dr. Freund, der die ganze Zeit draußen gewartet hatte, betrat das Zimmer nur sehr zögerlich. Denn während er draußen gewartet hatte, waren die Erinnerungen an damals zurückgekommen.

»Also ihr zwei, was ist los?«, brachte Luise ihn aus seinen Gedankengängen zurück. Dr. Freund seufzte schwer. Dann ließ er die Türklinke los, stellte seinen Arztkoffer vor Luises Bett und zog den zweiten Stuhl im Zimmer vom Kleiderschrank an Fritz' Seite. Dieser sah ihn dankbar an.

»Jetzt sagt endlich, was los ist! Was gibt es Geheimnisvolles in meinem Leben, von dem ich anscheinend keine Ahnung habe? Keine Angst, ich fühle mich wieder gut und falle auch nicht in Ohnmacht. Außerdem, was könnte es Schlimmeres geben, als seinen Vater und sein Zuhause kurz nacheinander zu verlieren. Außer …« Die beiden Männer sahen sie gleichzeitig an. »… außer, es gibt vielleicht eine Leiche auf Wittenstein, die noch beseitigt werden muss, bevor ich ausziehe.«

Sie musste laut lachen, als sie die entsetzten Gesichter der beiden Männer sah. Doch im gleichen Moment wurde sie wieder ernst. »Es stimmt doch hoffentlich nicht, oder?«, fragte sie leise.

»Wo denkst du hin, natürlich nicht!«, antwortete von Sydow entsetzt. »Hier geht eindeutig deine Fantasie mit dir durch.«

»Na, dann kann es doch gar nicht so schlimm sein.«

Fritz fasste in die Innenseite seiner Jacke und zog einen vergilbten Briefumschlag heraus. »Hier, mein Kind. Hier steht alles drin.«

Luise nahm voller Erstaunen den Briefumschlag entgegen, denn damit hatte sie nicht gerechnet. Auf dem Kuvert stand ihr Name, und sie erkannte sofort die Handschrift ihres Vaters. Ihre

Finger umfassten zittrig den Brief. »Er ist von Vater!«, flüsterte sie kaum hörbar. Sie sah ihren Onkel fragend an. Der nickte nur. »Warum hat er mir einen Brief geschrieben? Er wusste nicht, dass er einen tödlichen Unfall haben würde. Ich verstehe das nicht!« Sie hatte das Gefühl, gleich wahnsinnig zu werden. Immer noch starrte sie auf den Briefumschlag. Tränen verschleierten ihren Blick.

»Nein, Luise, er konnte nicht wissen, dass er von uns gehen würde. Diesen Brief an dich hat er schon vor vierzehn Jahren geschrieben. Seit dieser Zeit bewahre ich ihn für dich auf. Dein Vater nahm mir damals das Versprechen ab, ihn dir erst nach seinem Tod zu übergeben. Das heißt, erst dann, wenn du auch reif genug bist, den Inhalt zu verstehen. Ich denke, du bist es. Er hatte anscheinend nicht den Mut, es dir zu Lebzeiten mitzuteilen. Aber da er meinte, dass du ein Recht hast, dies zu erfahren, hat er alles über die Ereignisse von damals in diesem Brief niedergeschrieben. August und ich lassen dich jetzt allein, damit du in Ruhe diese Zeilen lesen kannst. Wenn du uns brauchst, ruf nach uns.«

Luise konnte nur nicken, denn die Tränen ließen sich nicht länger zurückhalten. Schmerzliche Erinnerungen kamen zurück in ihr Bewusstsein. Vor allem die Tatsache, dass ihr Vater wirklich tot war. Sie blickte ihrem Onkel und Dr. Freund hinterher, bis die Tür ins Schloss fiel, dann erst öffnete sie vorsichtig den Umschlag und faltete den Brief auf ihrer Bettdecke auseinander. Ganz unverkennbar – es war die Handschrift von Johann Robert von Wittenstein. Die Worte, die ihr Vater an sie gerichtet hatte, verschwammen vor ihren Augen. Sie rieb die Tränen energisch fort, schniefte kräftig in ihr Taschentuch und fing an, den Brief zu lesen. Seinen Brief – und jetzt – ihren!

Wittenstein, den 12. Juli 1776

Mein liebes Kind, meine über alles geliebte Luise!

Jetzt ist also der Tag gekommen, an dem ich nicht mehr bei dir sein kann. An dem ich dich nicht mehr beschützen und dir hilfreich zur Seite stehen darf. Wie alt magst du in diesem Augenblick sein? Auf jeden Fall mindestens fünfzehn Jahre, denn so lautete meine Vereinbarung mit Fritz. Durfte ich dich vielleicht sogar zum Altar begleiten oder mein erstes Enkelkind in den Armen halten?

Luise warf den Brief auf die Bettdecke. Sie konnte nicht mehr weiterlesen. Unaufhaltsam rannen ihr die Tränen die Wangen hinunter. Es tat so weh, so unendlich weh, und doch musste sie weiterlesen, denn ihre Neugierde ließ sich genauso wenig unterdrücken wie ihre Tränen. Beinahe wären sie auf die beschriebenen Seiten getropft. Sie trocknete sich die Augen. Dann überflog sie die schon gelesenen Zeilen bis zu der Stelle, an der sie unterbrochen hatte.

Wie viel Zeit haben wir miteinander verbracht? Ich hoffe, ich war dir ein guter Vater. Ich brauche auf diese Fragen keine Antwort zu suchen, denn es gibt keine zu diesem Zeitpunkt. Was mir bleibt, ist nur die Hoffnung, dich lange bei mir gehabt zu haben. Doch genug damit, gewiss kannst du, ungeduldiges Mädchen, es nicht erwarten, den eigentlichen Grund dieses Briefes zu erfahren. Sicher wirst du dich auch fragen, warum ich dir das alles nicht schon zu meinen Lebzeiten erzählt habe, aber ich habe nicht den Mut gefunden, dir davon zu berichten. Ich gebe es zu, ich bin den einfachen Weg gegangen und habe mich dadurch feige verhalten. Aber trotzdem wollte ich, dass du es erfährst und vor allem auch verstehst. Da ich nicht weiß, wann mich der liebe Herrgott zu sich ruft, kam mir der Gedanke, dir alles niederzuschreiben. Lies die folgenden Seiten sorgsam durch und bitte, Luise, urteile nicht vorschnell.

Mein liebes Kind, du hast mich oft nach deiner Mutter gefragt, und du weißt sicher noch, dass ich dir erzählte, dass sie eine sanfte, gütige Frau war. Aber sie war auch eine kränkliche, schwache Frau …

Es fiel Luise ohnedies schon schwer genug, ihrem Vater zu folgen, aber nun verstand sie nichts mehr. Was hatte das alles mit ihrer Mutter zu tun? Sie starb, als Luise knapp drei Jahre alt war, und sie konnte sich kaum an sie erinnern. Nur durch die Erzählungen ihres Vaters und der Angestellten und durch die Bilder im Haus hatte sie sich ihre Mutter vorstellen können. Sie schüttelte ratlos den Kopf. Gespannt las sie weiter.

… Sie hat sich nach deiner Geburt gesundheitlich nicht wieder erholt. Sie war nur noch ein Schatten ihrer selbst und sehr schwächlich. Dr. Freund sagte uns, dass sie nie wieder ein Kind zur Welt bringen dürfte, da sie sonst das Leben des Kindes und auch ihr ei-

genes gefährden würde. Es wäre einem Todesurteil gleichgekommen. So lebten wir wie Bruder und Schwester zusammen. Wir waren nicht unglücklich in dieser Zeit, denn wir hatten diesen Zustand zu akzeptieren. Trotzdem war mein Leben unausgefüllt, was in diesem Moment zweitrangig war, denn meine ganze Liebe und Sorge galt dir. Der kleinste Windhauch fesselte deine Mutter ans Bett, sodass sie dich nicht ausreichend versorgen konnte. Anni hatte mit der Führung des Haushaltes genug zu tun, und ich war nicht geübt in Kinderpflege. Ich musste mich um den Weinanbau kümmern und verbrachte mehr Zeit in den Weinbergen als im Haus. Diese Gründe veranlassten uns schließlich 1774, ein Kindermädchen für dich zu suchen. Mit der Zustimmung deiner Mutter schrieb ich die Stelle einer Betreuerin aus. Ich bekam eine große Anzahl an Zusendungen und ich ging mit deiner Mutter die Bewerbungen durch. Wir entschieden uns für ein Mädchen aus England, das schon bei einer anderen Familie in Diensten gewesen war und Erfahrungen im Umgang mit kleinen Kindern hatte. Sie erschien deiner Mutter und mir qualifiziert, dich zu betreuen. Damit du Tag und Nacht versorgt wurdest, wohnte das Kindermädchen mit uns unter einem Dach. Ihr Name war Heather Timonth. Ich glaube kaum, dass du dich an sie erinnern kannst. Sie war zweiundzwanzig Jahre alt und stammte aus London. Sie versuchte, dich die Abwesenheit deiner Mutter, die immer schwächer wurde und ihr Bett kaum noch verlassen konnte, so gut es ging, nicht spüren zu lassen. Als ich sah, wie liebevoll sie dich mit ihren braunen Augen ansah und wie rührend sie mit dir spielte, wuchsen meine Sympathien für Heather. Für das, was dann passierte, übernehme ich allein die Verantwortung. Ich konnte es nicht mehr beeinflussen, und wenn ich ehrlich bin, wollte ich es auch nicht. Ich verliebte mich in sie und mit der Zeit auch sie sich in mich. Wir kamen uns näher, und wir wurden ein Paar. Gott stehe mir bei, ich habe diese Frau geliebt. Ich will es auch nicht leugnen, denn ich musste dafür bezahlen. Bitte Luise, verurteile mich nicht für meine Schwächen. Du musst denken, ich hätte die Krankheit deiner Mutter schamlos ausgenutzt, aber dem ist nicht so. Deine Mutter und ich haben nicht aus Liebe geheiratet. Unsere Eltern hatten es für uns geplant, weil die Ländereien unserer beider Familien aneinander grenzten und dadurch zu einem großen Besitz vereinigt werden konnten. Ich habe deine Mutter immer geachtet und verehrt. Sicher war es später auch eine besondere Art der Zuneigung, denn sonst hätten wir dich, mein Liebling, nicht bekommen. Aber erst, als ich Heather kennen und lieben gelernt hatte, wusste ich, was ich all diese Jahre vermisst hatte. Durch sie durfte ich diese tiefe Liebe und Leidenschaft empfinden, die schon die alten Griechen in ihren Sagen und Mythen beschrieben haben. Je nachdem, wie alt du jetzt bist, kannst du jetzt noch nicht verstehen, was ich meine. Vielleicht aber ist dir bereits ein Mann begegnet, für den du dasselbe empfindest wie ich für Heather. Dann wirst du mich verstehen können. Wir waren diskret und versuchten, unsere Liebe so lange wie möglich geheim zu halten. Bis zu dem Tag, an dem man es nicht mehr übersehen konnte, denn Heather wurde schwanger.

Ja, Luise, am 23. September 1775 wurde dein Brüderchen geboren …

Luises Zorn, der durch die letzten Zeilen des Briefes immer mehr gewachsen war, wich für einen Moment der Ungläubigkeit. Sie las diesen Satz noch einmal. Doch er ergab immer den gleichen Sinn. Sie hatte ein Brüderchen. Sie schmunzelte. Brüderchen war wohl nicht ganz richtig, er musste, nach dem Geburtsdatum zu urteilen, schon fast ein Mann sein. Er war mittlerweile fünfzehn Jahre alt. Einen Bruder! Oh Gott! Wie sehr hatte sie sich als Kind einen Bruder gewünscht. Sie wollte nie eine Schwester, denn sie hatte ja Colette. Nein, ihr Wunsch war es, einen Bruder zu haben, der sie beschützte, einen, mit dem man Pferde stehlen konnte. Einen, dem man alles erzählen konnte und der einen verstand – der einen liebte. Ja, das war immer ihr innigster Wunsch gewesen. Sie hatte stets gehofft, dass ihr Vater eines Tages wieder heiraten und damit ihre Sehnsucht erfüllt würde. Aber er blieb allein, und so ging ihr Herzenswunsch nicht in Erfüllung. Doch nun hatte sich alles gewandelt. Aber wo war dieser Bruder? Warum hörte sie erst jetzt etwas von ihm? Warum hatte sie nie etwas von ihm gesehen? Noch nicht einmal ein Bild schien von ihm zu existieren. Sie musste den Brief zu Ende lesen, um eine Antwort auf diese Fragen zu erhalten.

… und bekam die Vornamen seines Vaters, Johann Robert, und den Nachnamen seiner Mutter, Timonth. Du kannst dir gar nicht vorstellen, wie glücklich ich war. Dr. Freund war bei der Entbindung zugegen und versicherte mir, dass Mutter und Kind wohlauf wären. Johann gedieh vom Tage seiner Geburt an prächtig. Er war ein klei-

ner Blondschopf mit dicken Backen und genauso blauen Augen, wie deine es sind. Und ich schwöre bei allem, was mir heilig ist, man konnte sehen, dass ihr Geschwister wart. Er hatte sogar den kleinen Leberfleck in Form eines Sterns oberhalb des linken Fußknöchels. Das Wittensteinmal. Nun war für mich der Augenblick gekommen, deiner Mutter die Wahrheit zu sagen. Doch es ging ihr zusehends schlechter. Ich verschob den Tag, sie über die Dinge aufzuklären, bis aufs Unbestimmte, denn ich wollte ihr jede Aufregung ersparen. Fritz, August und das Personal wussten Bescheid, und ich konnte mich auf ihre Verschwiegenheit verlassen. Da Johann bis zu seiner Taufe in der Kammer unter dem Dach bleiben musste, war ich sicher, dass deine Mutter nichts vom Kindergeschrei oder der Unruhe mitbekommen würde. Ich hoffte, dass es ihr in diesen Wochen, bis das Kind den Raum verlassen durfte, besser gehen würde. Doch vier Wochen nach Johanns Geburt verstarb Sophie an den Folgen einer Lungenentzündung. August hatte mir zwar schon vor längerer Zeit gesagt, dass deine Mutter bald von uns gehen würde. Aber als dieser Tag gekommen war, wollte ich es nicht glauben. Ich vermisste sie sehr. Jedoch stand es für mich außer Frage, dass ich, nach Verstreichen einer angemessenen Trauerzeit, Heather heiraten und unser Kind, vor allen als meinen Sohn anerkennen würde. Dann jedoch geschah etwas Unfassbares. In der Nacht nach der Beerdigung verschwanden Heather und das Kind spurlos. Ich versuchte alles, um die beiden zu finden. In meiner Verzweiflung wandte ich mich sogar an meinen Bruder Max. Du kannst dir sicher vorstellen, wie schwer es mir fiel, Max um Hilfe zu bitten. Einerseits, weil wir schon jahrelang keinen innigen Kontakt mehr hatten, und zum anderen, weil ich ihm von meinem Ehebruch berichten musste. Aber er hatte die Verbindungen nach London, die ich benötigte. Ich nahm an, dass Heather mit dem Kind zu ihrer Familie zurückgekehrt sei. Kein Abschiedsbrief ließ auf das Warum oder Wohin schließen. Ich war sehr verzweifelt. Innerhalb kürzester Zeit verlor ich Ehefrau, Geliebte und Sohn. War das der Preis, den ich für mein ehebrecherisches Verhalten zahlen musste? Für meinen Egoismus? Ich weiß es bis zum heutigen Tage nicht. Drei Wochen nach Heathers Verschwinden überbrachte mir Max die Nachricht, dass sie tatsächlich mit dem Jungen nach England abgereist war. Er hatte es anhand der Passagierliste der Fähre Sealine recherchieren können. Im selben Moment, als ich meinen Bruder für diese wundervolle Nachricht umarmen wollte, teilte er mir allerdings mit, dass dieses Schiff in einem schweren Sturm gekentert und alle Mitreisenden ertrunken waren. Sie sind tot, Luise, alle beide.

Meine Welt ist zusammengebrochen, und wenn es dich, mein Goldengel, nicht geben würde, dann gäbe es für mich nur einen Ausweg. Du alleine gibst mir die Kraft zum Weiterleben. Erst jetzt, mehr als ein halbes Jahr danach, habe ich den Mut und die Kraft aufgebracht, dir alles niederzuschreiben.

Bitte, Luise, verurteile mich nicht für meine Schwäche. Glaube mir, ich habe hoch, zu hoch dafür bezahlen müssen und werde es bis an mein Lebensende tun. Du bist das Liebste, was ich auf dieser grausamen Welt habe. Ich hoffe, dass du mich verstehen kannst. Wer weiß, vielleicht kannst du mir sogar vergeben.

Dein dich über alles liebender Vater
Johann Robert von Wittenstein.

P.S. Grüße Fritz und August von mir. Sage ihnen meinen Dank dafür, dass sie ihr Versprechen eingehalten haben. Ich weiß, was ich von ihnen verlangt habe und welch schwere Bürde ich auf sie geladen haben muss.

Luise saß wie versteinert in ihrem Bett. Ihre Augen waren durch das ständige Weinen gerötet. Doch nun hatte sie keine Tränen mehr. Sie fühlte nichts mehr. Kein Mitleid für ihren Vater, keine Trauer und keine Freude über ihren Bruder, den sie doch niemals gehabt hatte. Sie nahm den Brief, legte ihn sorgfältig in den Knickfalten zusammen und steckte ihn zurück in den Briefumschlag. Er war früher bestimmt einmal weiß, fuhr es ihr durch den Kopf, doch nun ist er vergilbt. Offenbar verliert alles im Laufe der Zeit an Glanz – nicht nur Briefumschläge. Fast eine Stunde saß sie regungslos da und spürte die Kälte nicht. Nichts spürte Luise mehr.

Nach kurzem Klopfen betraten Fritz von Sydow und Dr. Freund ihr Zimmer. Sie waren überrascht, eine ruhige und gefasste Luise vorzufinden.

»Wie geht es dir, mein Kind?«, erkundigte sich Fritz.

Für einige Sekunden sah sie die beiden Männer still an, dann löste sich ihre Erstarrung. »Wie soll es mir gehen? Alle meine Wertvorstellungen über einen Menschen haben sich in nichts aufgelöst. Alles das, was ich an meinem Vater so geschätzt, bewundert und geliebt habe, war nur geheuchelt. Sein schlechtes Gewissen hat ihn dazu getrieben. Er war ein Ehebrecher!«, stieß sie zornig hervor. »Nicht nur das, er hat sogar einen unehelichen Sohn gezeugt. Während meine Mutter ein paar Stockwerke tiefer um ihr Leben gekämpft hat, wurde unter demselben Dach ein Kind geboren. Sein Kind! Was bin ich doch für eine dumme und verwöhnte Gans gewesen. Ich habe nur das gesehen, was ich sehen wollte. Den hilfsbereiten, edlen, Menschen, der niemals an sich selbst gedacht hat. Immer für alle und jeden da gewesen ist. Wie naiv ich war. Nichts hat er getan, weil es sein Naturell war, nein, mein Vater hat geholfen, weil er glaubte, dadurch diese Sünde wieder gutmachen zu können. Er hoffte, dass sie ihm vielleicht vergeben würde, wenn er vor unseren Herrn tritt. Nur gut, dass meine Mutter von all dem keine Ahnung hatte.«

»Luise, jetzt mach es dir doch nicht so schwer. Ich kann mir vorstellen, dass es ein Schock für dich sein muss. Du hast deinen Vater doch geliebt, weil er dein Vater war, und nicht, weil er diese Eigenschaften hatte. Und sei ehrlich, glaubst du nicht, dass er genug dafür bezahlt hat? Behalte ihn so in Erinnerung, wie du ihn gekannt hast. Zerstöre dir das nicht und rede dir bitte nicht ein, dass er dich nur aus Berechnung geliebt hat. Du weißt, auch wenn du es jetzt nicht wahrhaben willst, dass ich die Wahrheit sage.«

Als ob sie es nicht gehört hätte, sagte sie: »Seine letzten Zeilen galten euch. Er bedankt sich dafür, dass ihr das Versprechen eingelöst habt. Er wusste zu schätzen, dass ihr dieses schwere Erbe auf euch genommen habt. Auch ich sage danke für eure Loyalität mir gegenüber. Ich hätte es nie erfahren, wenn ihr den Brief einfach vernichtet hättet.«

Fritz schien besorgt und wollte, dass sie sich schont.

»Nein, Onkel Fritz, mir geht es gut. Die Wahrheit zu erfahren, ist nun mal schockierend«, stieß sie gereizt hervor. Dann besann sie sich aber, ging versöhnlich zu ihrem Onkel und gab ihm einen Kuss. Auch Dr. Freund blieb nicht verschont.

»Ich werde mich jetzt anziehen und nach Hause gehen.« Mit diesen Worten schwang sie sich aus dem Bett, nahm ihre Kleider aus dem Schrank, und ohne sich umzudrehen, fragte sie den Arzt: »Mein Bruder und ich, haben wir uns wirklich geglichen, Dr. Freund? Sie müssen das doch beurteilen können, denn Sie waren bei meiner Geburt auch zugegen.«

»Ja, Luise, das ist wirklich so. Er hatte blonde Haare und blaue Augen wie du. Außerdem hatte er das unverkennbare Wittensteintemperament. Kaum war er auf der Welt, brüllte er los und forderte etwas zu essen. Er war ein hübscher kleiner Kerl.« Der Arzt lächelte still vor sich hin.

»Danke, Dr. Freund. Noch etwas möchte ich wissen. Warum musste das Kind bis zur Taufe unter dem Dach bleiben? Es hat doch jeder im Haus von ihm gewusst?«

»Mein liebes Kind, das hat etwas mit Sitten und Gebräuchen zu tun und auch mit Religion. Ungetaufte Kinder dürfen nicht unter die Menschen, da man Angst hat, dass sie dadurch eine Erkältung oder Schlimmeres bekommen und sterben, bevor sie den Segen Gottes empfangen haben. Deshalb werden sie in einer Art Isolation gehalten, damit dies nicht passiert. Am Tag der Taufe dürfen sie das erste Mal das Haus verlassen.« Der Arzt zögerte einen Augenblick. Es fiel ihm schwer abzuwägen, was das Richtige war. Dann sagte er: »Noch etwas, Luise. Vielleicht erleichtert es dir diese Sache, und du kannst es besser verkraften.« Er machte eine kurze Pause. Luise drehte sich zu ihm um. Er fuhr sich mit der Hand durch sein dichtes braunes, an den Schläfen schon leicht ergrautes Haar. Nachdem er tief Luft geholt hatte, räusperte er sich und sagte: »Deine Mutter wusste von dem Verhältnis zwischen deinem Vater und Heather. Sogar von deinem Bruder wusste sie.«

»Wie bitte?«, fragten Luise und ihr Onkel zeitgleich.

»Davon weiß ich nichts, August. Du hast mir nie etwas davon gesagt«, fügte sein Freund vorwurfsvoll hinzu.

»Ich weiß, Fritz, aber das durfte ich auch nicht. Ja, Luise, deine Mutter war zwar sehr krank, aber weder taub noch blind. Sie bemerkte das veränderte Verhalten deines Vater und die Heimlichkeiten des Personals. Jedes Mal bekam sie irgendwelche Ausflüchte zu hören, wenn sie direkt danach fragte. So spionierte sie selbst mit letzter Kraft, um hinter das Geheimnis zu kommen, und sie kam dahinter.«

Vor Entsetzen presste Luise die Hand auf den Mund. Sie versuchte, sich die Qualen vorzustellen, die ihre Mutter erleiden musste, als sie die Wahrheit herausbekam. »Arme Mutter. Das hat ihr das Herz gebrochen.«

»Es war nicht leicht für sie, denn sie konnte nichts dagegen tun. Außerdem spürte sie, dass sie bald sterben würde. Sie war sich vollkommen im Klaren darüber, dass dein Vater mehr brauchte als das, was sie ihm geben konnte. Niemals hätte sie verlangt, dass dein Vater alleine bleiben sollte, denn dafür liebte sie ihn zu sehr. Du kannst mir glauben, denn sie hat es mir gesagt. Ich habe oft bei ihr am Bett gesessen, und so hat sie mir vieles erzählt, was sie sonst keinem anvertraut hat. Für sie war es keine Ehe, die ihre Eltern für sie arrangiert hatten. Für sie war dein Vater der Mann, den sie aus Liebe geheiratet hatte. Schon länger quälte sie die Frage, was aus dir und Johann werden würde, wenn sie nicht mehr da sein würde. Als sie Heather kennen lernte und sah, wie wunderbar ihr drei harmoniertet, wusste sie, dass sie dir eine liebe Stiefmutter und deinem Vater eine gute Frau sein würde. Ich weiß, das klingt verrückt, aber es stimmt.« Er nahm seine Brille ab, zog sein Taschentuch aus der Hosentasche und begann sie zu putzen, während er fortfuhr zu erzählen: »Nach der Geburt muss sie unbemerkt von den anderen die Stiege aufs Dach erklommen haben. Du kennst sicher die beiden Kammern dort. In dem rechten Raum kam Johann zur Welt. Niemand hat deine Mutter gesehen, auch dein Vater nicht. Ich sah sie im Spiegel, der über dem Waschtisch hängt, als ich mir die Hände nach der Geburt wusch. Sie hatte die Verbindungstür zwischen den beiden Stuben einen kleinen Spalt geöffnet und stand an den Türrahmen gelehnt. Als sich unsere Augen im Spiegel trafen, zuckte sie zusammen. Sie hatte kaum noch die Kraft, sich auf den Beinen zu halten. Trotzdem deutete sie mir, ihr nicht zu helfen, denn sie wollte unbemerkt bleiben. Kurze Augenblicke später schliefen Heather und ihr Kind erschöpft ein, und ich konnte deinen Vater dazu bewegen, das Zimmer zu verlassen. Ich weiß nicht, wie deine Mutter diese Anstrengung bewältigte, aber sie schaffte es, ins Zimmer zu gelangen. Lautlos rannen Tränen über ihr bleiches Gesicht. Ich glaubte, es seien Tränen der Wut, der Enttäuschung und der Eifersucht, denn das war die Reaktion, die ich von einer betrogenen Ehefrau erwartet hätte. Aber es waren Tränen des Glücks.« Tief ausatmend setzte er die penibel geputzte Brille auf die Nase zurück und steckte das Taschentuch wieder an seinen Platz. Dann sah er Luise an, damit sie erkennen konnte, dass er die Wahrheit sagte. »Ich glaube, ich werde mein ganzes Leben keinen verständnisvolleren Menschen mehr kennen lernen als deine Mutter, Luise. Ich gebe ehrlich zu, dass ich bis zu diesem

Augenblick nicht geahnt hatte, dass es so einen Menschen überhaupt gibt. Sophie ging zu diesem kleinen neuen Erdenbürger und streichelte ihm zärtlich über das Köpfchen. Mit leiser Stimme sagte sie: ›Genauso hat meine kleine Luise ausgesehen. Nun kann ich in Frieden von ihnen gehen. Sie haben jemanden gefunden, der meine Stelle einnehmen wird. Ich danke dem Herrgott dafür, dass er mich das noch erleben ließ und mich nicht mit dieser Ungewissheit sterben lässt.‹ Niemals werde ich die Traurigkeit in ihren Augen vergessen, als sie das Kind ansah und flüsterte: ›Wie gerne hätte ich Johann einen Sohn geschenkt, doch es war mir nicht vergönnt.‹ Sie küsste den Jungen zärtlich auf die Stirn und fiel dann erschöpft in Ohnmacht. Ich trug sie, ohne dass jemand Notiz von uns nahm, in ihr Zimmer zurück. Als ich sie auf ihr Bett legte und zudeckte, wachte sie auf und nahm mir das Versprechen ab, weder deinem Vater noch sonst irgendjemandem etwas über das Geschehene zu erzählen. Ich glaube, dass dieses Versprechen hiermit erloschen ist.«

Für einen Moment herrschte Schweigen in dem Zimmer.

»Unglaublich! Welche Bürde meine Eltern euch abverlangt haben. Wie sehr müsst ihr sie gemocht und geschätzt haben, dass ihr das über diese lange Zeit durchgestanden habt. Ich weiß nicht, wie ich euch jemals für eure Loyalität danken kann.«

»Verurteile deine Eltern nicht, Luise – sie waren Opfer ihrer Zeit!«

II

Weihnachtsabend 1790

»Das Essen war wie immer vorzüglich, Colette.«

»Danke, Luise. Anni und ich hatten zuerst ein anderes Mahl geplant, wegen der Erinnerung an all die vergangenen Weihnachtsfeste, aber dann ...«

Luise legte zur Beruhigung die Hand auf Colettes Arm, denn sie merkte, dass ihre Freundin sich nur mühsam beherrschen konnte. »Schon gut, Colette, ihr habt richtig entschieden. Vater hätte es so gewollt, da bin ich mir sicher. Bring' den Kaffee bitte in die Bibliothek.«

Als Luise damals ins Internat musste, bekam Colette die bestmögliche Ausbildung. Sie wurde von Anni und den anderen Angestellten in die Haushaltsführung eingewiesen. Seitdem war sie im Haushalt der Wittensteins tätig.

»Onkel Max, bitte folge mir in die Bibliothek! Ich glaube, es ist an der Zeit, über die Zukunft des Gutes und vor allem über meine Zukunft zu reden.«

Ihr Onkel, seine Frau Elfriede und sein Sohn Detlef wohnten seit der Beerdigung auf dem Gut. Sie wollten Luise über die Feiertage nicht allein lassen, war das Argument ihres Onkels, doch Luise wusste den wirklichen Grund. Er schnüffelte unauffällig auffällig in Haus, Hof, den Stallungen und sogar im Schreibtisch ihres Vaters herum, um sich ein Bild über den Zustand und die finanzielle Lage des Gutes zu machen. Luise ließ ihn gewähren und tat, als ob sie es nicht bemerkte. Sie nahm sich jedoch vor, dies bei gegebenem Anlass zur Sprache zu bringen.

»Ja, ja, ich habe mich schon gefragt, wann du davon anfängst.«

Seine Frau Elfriede und sein Sohn Detlef wollten sich entfernen und die zwei allein lassen, doch sie wurden mit barschem Ton zurückkommandiert: »Halt, meine Lieben, diese Sache geht auch euch etwas an!«, befahl er im Offizierston. So marschierten sie wie Gänse hinter ihrem Familienoberhaupt in die Bibliothek.

Wie Luise diesen Mann verabscheute. Sein Wesen, seine Art, mit Menschen umzugehen, sein Aussehen, einfach alles setzte Aggressionen in ihr frei, die sich nur schwerlich unterdrücken ließen. Sie konnte nicht verstehen, wie zwei Brüder so unterschiedlich sein konnten. Der eine gütig, verständnis- und liebevoll und der andere selbstgefällig, egoistisch, zynisch, machtbesessen und ohne Manieren. Sie seufzte leise, da ihr das Testament wieder einfiel. Wer weiß, wie ihr Vater geworden wäre, wenn nicht alle diese Schicksalsschläge passiert wären. Aber nein, sagte sie zu sich selbst, so wie Onkel Max wäre er bestimmt nicht geworden. Äußerlich glichen sie sich in keiner Weise. Max war genau das Gegenteil von ihrem Vater. Ihr Onkel war klein und korpulent. Voll gefressen dick wäre die richtige Beschreibung. Luise musste bei diesem Gedanken laut glucksen, verstummte aber sofort, als sie den strafenden Blick von Max sah. Sie betrachtete ihn genauer. Er hatte hellblondes, sich lichtendes Haar. Sein dickes Gesicht war stets ungesund gerötet. Wenn er sich aufregte, lief es dunkelrot an, und sein Hals bekam hässliche Flecke. Durch sein Übergewicht hatte er erhöhten Blutdruck und Probleme mit dem Herzen. Jede kleinste Anstrengung brachte ihn zum Schwitzen. Ständig war er damit beschäftigt, sich den Schweiß von der Stirn zu wischen. Sein Mondgesicht zierte ein Monokel, das ihm seiner Meinung nach ein intelligentes Aussehen verlieh. Sicherlich, dumm war er gewiss nicht. Schließlich war er ein bekannter und mittlerweile auch berühmter Anwalt in Köln. Trotzdem, sie mochte ihn nicht.

»Also, meine liebe Nichte Luise«, begann er seinem Charakter entsprechend mit zynischem Unterton, »dein Patenonkel Fritz hat dich sicher über den Sachverhalt der Dinge aufgeklärt. Ich kann mir nicht vorstellen, dass dein Vater imstande war, das Geld zusammenzubekommen …« Er lächelte süffisant und sah Luise dabei unverblümt an. »… und du wirst es sicher auch nicht haben, oder?«

Peinlich berührt und wütend stieß Luise hervor: »Wie, bitte, soll ich so viel Geld aufbringen?«

»Ehrlich gesagt, ist mir das ziemlich egal. Von mir aus stiehl es. Gleichgültig, was du tust, die Frist ist jedenfalls bald abgelaufen, und dann will ich mein Geld, oder …«

»Wie kannst du es wagen, so mit deines Bruders Kind zu sprechen«, unterbrach ihn seine Frau erregt.

»Meine liebe Elfriede, wer hat dich nach deiner Meinung gefragt?«, antwortete Max leise. Wieder umspielte dieses zynische Lächeln seine Mundwinkel. Man konnte an seinem Gesichtsausdruck klar erkennen, dass er keinerlei Achtung vor seiner Frau hatte.

Luise versuchte mit einem zaghaften Kopfschütteln, ihrer Tante zu signalisieren, dass sie sich nicht einmischen sollte. Sie hatte Angst vor dem dann folgenden unvermeidlichen Wutausbruch ihres Onkels. »Mein lieber Onkel Max, ich schreibe dein flegelhaftes Benehmen dem übermäßigen Genuss unseres delikaten Weines zu und entschuldige es daher. Aber du hast Recht, ich habe das Geld nicht, und sosehr ich auch an meinem Zuhause hänge, stehlen werde ich deshalb bestimmt nicht. Also ist dein Vorschlag unbrauchbar. Sage mir jetzt bitte ernsthaft, was du mit dem Gut vorhast. Ich kann mir nicht vorstellen, dass du deine gut gehende Kanzlei in Köln aufgeben und aufs Land ziehen willst. Außerdem hast du von Weinanbau keine Ahnung.«

Sie hatte kaum zu Ende gesprochen, als Max' Stimme durch den Raum dröhnte. Die Erde schien zu beben. Jeder im Zimmer zuckte zusammen. »Was erlaubst du dir, du Grünschnabel? Was weißt du von mir? Du scheinst vergessen zu haben, dass auch ich in diesem Haus geboren wurde und somit hier aufgewachsen bin. Meine gesamte Jugend hat sich um den Wein und alles, was mit Wein zu tun hat, gedreht.«

»Entschuldige bitte, Onkel Max, ich habe kein Recht, so etwas zu sagen und an deinen Fähigkeiten zu zweifeln«, bat Luise eingeschüchtert um Verzeihung.

Er schien nun milder gestimmt zu sein, goss sich wieder Wein nach und leerte das Glas, wie schon die unzähligen zuvor, in einem Zug. Durch den hohen Alkoholgenuss hatten sich seine Wangen noch stärker gerötet. Die Augen hatten sich verkleinert, und in seinem aufgedunsenen Gesicht waren sie nur noch als Schlitze zu erkennen. Er glich immer mehr einem dicken rosa Schweinchen.

»Aber du hast nicht ganz Unrecht, liebe Nichte. Im Laufe der Jahre hat sich einiges geändert, auch in einem traditionellen Weinanbaubetrieb wie diesem hier. Deshalb mache ich dir dieses großzügige Angebot.« Es folgte eine Pause, um dem, was jetzt kam, noch mehr Bedeutung beizumessen. »Du kannst Herrin auf Gut Wittenstein bleiben, wenn ...« Nun machte Max erneut eine Pause. Er sah dabei in die gespannten Gesichter seiner Familie und fing an zu grinsen. Zwar nur ganz zaghaft, aber doch so, dass es die anderen bemerken konnten. Man hörte kein Atmen, nicht das kleinste Geräusch war zu vernehmen. »... wenn du Detlef heiratest!«

Als die Schrecksekunde vorbei war, schrien Luise, Detlef und Elfriede wie aus einem Munde: *»Was?«*

»Onkel Max, das ist kein guter Scherz. Darüber kann ich noch nicht einmal schmunzeln. Also, sage mir bitte, was du dir überlegt hast, und verspotte mich nicht«, fügte Luise hinzu.

»Das ist mein Vorschlag!«

Jetzt fing Luise an zu lachen. Sie lachte, bis ihr die Tränen die Wangen hinunterliefen. Sie sah ihren Cousin an, der mit blassem Gesicht und weit aufgerissenem Mund in seinen Sessel gekauert dasaß. »Detlef, jetzt sage doch etwas dazu. Sage deinem Vater, wie absurd dieser Vorschlag ist.«

»Vvater, ddas ggeht nicht. Ddu meinst ddas auch nnicht wirklich.« Jedes Mal, wenn er Angst vor seinem Vater hatte, fing Detlef an zu stottern.

Oh Gott, dachte Luise, von dem kann ich keine Hilfe erwarten.

»Natürlich meine ich es ernst, oder denkst du, ich beliebe zu scherzen? Du bist noch dümmer, als ich gedacht habe.«

Detlefs Gesichtsfarbe wechselte von blass zu stark gerötet. Er verkrampfte seine Hände, sodass seine Knöchel weiß hervortraten. Man konnte sehen, dass sein Vater ihn beleidigt hatte und er ihm am liebsten ins Gesicht schlagen würde. Seine Angst vor ihm war jedoch bedeutend größer. So entspannte er sich langsam, denn er wusste, dass er auch dieses Mal nichts gegen ihn unternehmen konnte. Dieses Mal nicht, aber irgendwann würde die Stunde kommen, in der er seinem Vater seine Meinung sagen würde.

»Ich schlage zwei Fliegen mit einer Klappe«, fuhr Max fort. »Detlef ist verheiratet, sogar mit einer wahren Schönheit, die er sonst niemals bekommen würde. Die intelligent ist und der es an nichts fehlt.« Lüsterne, glasige Augen taxierten Luise von oben bis unten. »Außerdem verfügst du über die nötigen Fachkenntnisse, die somit in der Familie bleiben. Du wirst natürlich Detlef in alles einweisen.« Er sah von einem zum anderen in der Erwartung, gelobt zu werden.

»Du meinst die neue Weinsorte, die Vater gezüchtet hat.«

»Genau, meine Liebe, du hast es erfasst.«

»Bei allen deinen klugen Überlegungen hast du allerdings zwei Dinge vergessen. Erstens sind Detlef und ich Cousin und Cousine ersten Grades, und zweitens, was noch viel wichtiger ist, lieben wir uns nicht.«

»Papperlapapp! Selbst in den Königshäusern heiraten die Verwandten untereinander. Das ist doch nichts Neues.«

»Dann weißt du doch, dass die Wahrscheinlichkeit sehr groß ist, kranke Kinder zu bekommen«, trumpfte Luise auf.

Doch auch diesen Einspruch ließ Max nicht gelten. »Ach Blödsinn, du bist perfekt ausgestattet, um gesunde Bälger zu bekommen.« Während er erneut sein Weinglas an die Lippen führte, flackerten gierige Blicke in seinen Augen, die sich auf Luises Brüste hefteten.

Luise sprang von ihrem Stuhl auf, um zu ihm zu gehen und ihm in sein aufgedunsenes Gesicht zu schlagen, setzte sich aber sofort wieder, denn sie ahnte, dass er nur hämisch lachen würde. Außerdem musste sie an ihre Tante denken, die ihr Leid tat. Was musste sich diese Frau alles gefallen lassen.

Nachdem Max sein Glas wieder geleert hatte, wischte er sich mit dem Ärmel den Mund trocken. »Was die Liebe betrifft, mein Kind, wer heiratet aus diesem sentimentalen Grund? Oder bist du wirklich so romantisch zu glauben, dass dein Vater deine Mutter aus Liebe geheiratet hat? Oder ich etwa deine Tante Elfriede?« Provozierend sah er dabei seine Frau an. Es schien ihm Spaß zu bereiten, seine Frau zu demütigen. Er fing laut an zu lachen und zog damit alle Wertvorstellungen in den Schmutz, an denen Luise bisher festgehalten hatte.

»Jetzt ist es genug, Onkel Max …«

»Lass ihn nur, Luise!« Ihre Tante stand aus ihrem Sessel auf und ging langsam auf ihren immer noch lachenden Mann zu. Kurz vor ihm blieb sie stehen. Ihr Gesicht war ohne Regung. Es schien von einer Sekunde zur anderen erstarrt zu sein. Sie war müde, immer nur die Schmach ihres Mannes zu ertragen. Sie war es leid, immer nur aus Angst, er könnte wütend werden, ruhig zu bleiben. So wie am Anfang ihrer Ehe, als sie ihm mitteilte, dass sie ein Kind erwartete. Er hatte getobt und das Porzellan zerschmissen. Max wollte keine schreienden Bälger in seinem Haus und schon gar keine Frau, die immer dicker werden würde. Er hatte das Haus verlassen und sie mit ihrer Enttäuschung und ihren Tränen allein gelassen. Drei Tage später war er wieder aufgetaucht. Betrunken und nach fremdem Parfüm riechend. Als er jedoch bemerkt hatte, dass sein Schwiegervater sich auf sein erstes Enkelkind freute, hatte er wenigstens in der Öffentlichkeit den besorgten Ehemann gespielt. Schließlich wollte er nicht riskieren, dass man ihm den Geldhahn zudrehte. Sobald sie jedoch allein waren, hatte er seine Frau und das ungeborene Kind verspottet. Er hatte gedroht, sich von ihr scheiden zu lassen und ihr das Kind wegzunehmen, wenn sie sich bei irgendjemandem beklagen würde. So hatte Elfriede geschwiegen und stumm ihr Schicksal erduldet. Selbst als ihr Sohn erwachsen wurde, kam nie ein Wort der Beschwerde über ihre Lippen. Sie hatte sich an ihr Leben gewöhnt. Außerdem wusste sie nicht, wohin sie gehen sollte. Sie hatte durch die derbe Art ihres Mannes weder Freunde noch Bekannte. Sie war von der Außenwelt isoliert und fand sich nur innerhalb ihrer Mauern zurecht.

»Ja, ich habe schon kurz nach unserer Hochzeit auf schmerzliche Weise erfahren, dass mein Mann mich nur wegen der Kanzlei meines Vaters geheiratet hat«, begann sie nun, ihrer Enttäuschung Luft zu machen. »Dies war der schnellste Weg für ihn, in die Kanzlei meines Vaters einzusteigen. Daher nahm er das Übel, mich zu ehelichen, gerne in Kauf. Im Grunde hat er nie ein Hehl daraus gemacht. Schon einen Monat nach unserer Ehe zog er mit anderen Frauen los. Du siehst also, das ist nichts Neues für mich. Er kann mich nicht mehr erniedrigen. Schon lange nicht mehr.« Sie hatte ihm dabei fest in die Augen gesehen, was ihn aber nicht sonderlich berührte.

»So, so, du weißt also davon, meine Liebe?«, fragte Max höhnisch grinsend. »Alle Achtung! Anscheinend waren meine Ausreden doch nicht so perfekt.«

»Das ist deine Hochnäsigkeit, Max! Du denkst, alle anderen sind dumm und du besonders schlau. Eines Tages wird dir dieser Hochmut das Genick brechen.«

Ohne jegliche Gefühlsregung leerte Max erneut sein Glas Wein. Das Sprechen bereitete ihm mittlerweile große Schwierigkeiten. »Na, wenn wir schon so ehrlich sind, heute, an diesem christlichen Tag, dann sollst auch du nicht verschont bleiben, meine liebe Nichte. Ich werde dir die Augen öffnen über deinen abgöttisch geliebten Vater. Denn bevor du mich verurteilst, musst du zuerst ihn verdammen.«

Colette erschien mit dem Kaffee in die Bibliothek.

»Weg mit dem Dreck! Bring' mehr Wein!«, rief Max gereizt.

Colette sah Luise erschrocken an.

»Schon gut, ich trinke gern eine Tasse Kaffee, denn ich will wach bleiben. Dies scheint ein interessanter Abend zu werden.« In diesem Augenblick ahnte Luise noch nicht, wie interessant.

»Dein Vater war viel schlimmer, als ich es jemals sein kann. Als deine arme Mutter, Gott sei ihrer Seele gnädig, als die arme Sophie so krank war, dass sie ihr Bett nicht einmal mehr verlassen konnte, da betrog sie dein Vater mit deinem Kindermädchen. Ich glaube, Heather war ihr Name.« Triumphierend sah er dabei von einem zum anderen. Sein Blick blieb an Luise haften. »Aber das ist noch nicht alles.« Er machte eine kurze Pause und versuchte, sich mit beiden Händen auf den Tisch stützend, aufzustehen, doch der viele Wein zog ihn wieder in seinen Sessel zurück. »Er zeugte auch noch den kleinen Bastard mit diesem Weibsbild.«

»Maximilian!«, schrie seine Frau ihn an, doch dieser ließ sich dadurch keineswegs stören, sondern wollte seine Ausführungen fortsetzen.

Bis jetzt hatte Luise dem Ganzen schweigend zugehört, doch nun regte sich ein Gefühl in ihr, das sie vorher nie gekannt hatte – Geschwisterliebe. »Ich glaube, es ist genug. Ich möchte nichts mehr von deinen Gehässigkeiten hören. Schließlich ist er mein Bruder gewesen.« Ruhig, aber bestimmt hatte sie zu ihm gesprochen.

»Ja, genau, von deinem Bruder ist hier die Rede. Du … wieso weißt du, dass es ein Junge war?« Verständnislos sahen seine trüben Augen sie an.

»Wie Tante Elfriede schon sagte. Dein Fehler ist es, alle für dumm zu halten. Mein lieber Vater hinterließ mir nicht nur einen Berg Schulden, sondern auch einen Brief, den er schon vor vierzehn Jahren an mich schrieb. Mein Patenonkel Fritz hat ihn seit damals für mich aufbewahrt. Vater gab ihm den Auftrag, ihn mir nach seinem Tod auszuhändigen. Darin erzählte er mir von seinem Verhältnis zu Heather, meinem Kindermädchen, und seinem Sohn, meinem Bruder Johann Robert.«

Völlig außer sich schrie Max auf einmal los: »Das kann ich nicht fassen. Er hat dir von seiner Mätresse und ihrem Bastard in einem Brief geschrieben!? Das sieht ihm ähnlich, so taktlos kann auch nur er sein. So war dieser feine Herr schon immer, aber ich hatte ihn durchschaut. Ich tat recht daran. Ja, ich hatte Recht, so zu handeln. Ich war schon immer schlauer als dieser feine Herr. Ich tat das einzig Rechte.« Mehr zu sich selbst als zu den anderen Anwesenden hatte er diese Sätze gemurmelt.

Luise wurde hellhörig und nahm nun ihr ganzes schauspielerisches Talent zusammen, denn sie glaubte, etwas aus seinen Worten herauszuhören, was sie beunruhigte. Sie wusste nur nicht, was es war. Sie atmete tief durch. Ihre Hände umklammerten die Stuhllehnen so stark, dass ihre Finger einen leichten Krampf bekamen. »Sag, Onkel Max, ich verstehe etwas nicht. Vater schrieb in seinem Brief so voller Dank über dich. Er war damals so glücklich darüber, dass du ihn bei der Suche mit allen Mitteln unterstützt hast. Warum redest du jetzt so abfällig über ihn. Hilf mir, das zu verstehen.«

»Ha, ha, ha! Ihn unterstützen! Ich? Dass ich nicht lache! Dies, meine Liebe, war für mich die ideale Gelegenheit, mich an meinem Bruder zu rächen. Ja, es gibt doch noch Gerechtigkeit.«

Da anscheinend der Alkohol seine Zunge gelöst hatte, gab Luise Zeichen, sein Glas immer wieder aufzufüllen. »Wofür wolltest du dich an meinem Vater rächen?«

Seine Augen verengten sich. »Aus welchem Grund sollte ich dir das erzählen wollen?«

»Aus welchem Grund nicht? Vater ist tot und kann dich nicht mehr belangen. Was hast du zu verlieren?« Erschrocken stellte Luise fest, dass die Flasche Wein fast geleert war.

Auch Detlef schien es gesehen zu haben, denn er hatte Colette ein Zeichen gegeben, unbedingt eine neue Flasche zu holen, die sie gerade brachte. Luise sah sie dankbar an. Detlef war ebenfalls neugierig, was sein Vater zu erzählen hatte. Jeder im Raum war gespannt, das Geheimnis von Max zu erfahren. So machte Elfriede keine Anstalten, Colette davon abzuhalten, das Glas wieder und wieder zu füllen.

»Ja, es stimmt, mein Kind, es spielt jetzt keine Rolle mehr. Außerdem ist es schon lange her. Alles hat sich anders entwickelt, als ich erwartet und geplant habe.«

»Was hat sich anders entwickelt?«

»Nun, das Gut gehört mir, so wie es sein soll. Schon von Anfang an hat es mir zugestanden!«

Sehr sanft redete Luise auf ihn ein, denn er war erregt und seine Hände zitterten. »Wieso ist es so rechtens, Onkel Max?«

Trotzdem überschlug sich seine Stimme. »Ich bin der eigentliche Erbe von Gut Wittenstein, nicht dein Vater.« Er griff sich ans Herz. Sein Gesicht verkrampfte sich. Schwer atmend lehnte er sich in seinem Stuhl zurück. »In den Statuten des Gutes, die mein Ururgroßvater festgelegt hatte, steht, wenn es zwei männliche Nachfolger gibt, erbt derjenige, der zuerst heiratet.« Immer wieder wischte er den Schweiß von der Stirn. Völlig außer sich schrie er: »Ich wollte deine Mutter heiraten, denn ich habe sie geliebt, nicht Johann. Aber unsere Eltern und ihre hatten dieses unsinnige Abkommen geschlossen, und Vater hat mich einfach übergangen. Meine Liebe zu Sophie war ihm völlig egal, nur weil Johann sein Lieblingssohn war. Alles wurde zu seinen Gunsten entschieden. Immer schon. Deine Eltern haben sich nie geliebt. Aber dein Vater hat sie trotzdem geheiratet, nur, um das Gut zu bekommen. Niemand kann sich vorstellen, wie sehr ich Johann gehasst habe. Ich wusste, dass der Tag kommen würde, an dem ich mich für alles das rächen kann. Und mein Tag war gekommen, als dieser Bastard auf die Welt kam. Denn durch diesen Balg wurde dein Vater verwundbar.« Tränen traten in seine Augen.

Er hätte ihr beinahe Leid tun können, wenn Luise nicht genau gewusst hätte, dass es Tränen des Zorns und nicht der Trauer waren. Luise ließ die Worte noch einmal in sich nachwirken, und plötzlich fiel es ihr wie Schuppen von den Augen. »Natürlich! Ich kenne die Statuten von unserem Urahnen Franz. Er hoffte, dass wenn ein Ehepaar auf dem Gut herrscht, alles in geordneten Bahnen verläuft und somit das Gut weiterexistiert. Außerdem wollte er, dass durch diese Regel die Namensschnitzerei im Portal nie an Sinn verliert. Deshalb besagt ein Richtsatz, wenn der jetzige Herr auf Gut Wittenstein keinen männlichen Erben zeugt, würde die eine Hälfte an die Mädchen gehen und die andere an die entfernt verwandten männlichen Nachkommen. Das Wohnhaus jedoch würde der älteste männliche Spross der Familie, zum Beispiel der erstgeborene Sohn des Bruders, zugesprochen bekommen. Falls keiner dieser Punkte erfüllt werden könnte, würde das gesamte Erbe an die Kirche gehen.

Diese muss sich jedoch verpflichten, den Namen Wittenstein zu erhalten.« Sie holte tief Luft. »In meinem Fall heißt das, dass ich zwar die Hälfte der Ländereien bekomme, aber Detlef den Rest. Außer, ich hätte noch einen Bruder. Dann würde Detlef – und somit auch du, Onkel Max – leer ausgehen. Oh, mein Gott ...« Luise erhob sich aus ihrem Stuhl und ging hinüber zum Fenster. Sie rieb den Dunst von der Scheibe. Nun hatte sie freie Sicht auf den Zufahrtsweg, und wäre es nicht schon dunkel gewesen, hätte sie bis zu der Wegbiegung sehen können, in der ihr Vater verunglückt war. Im Licht der Straßenlaterne konnte sie den Schneeflocken zuschauen, wie sie zur Erde schwebten, bevor sie sanft auf dem Boden aufkamen. Sie presste ihr erhitztes Gesicht gegen die kühle Scheibe. Ihr Magen krampfte sich zusammen, doch sie musste Klarheit haben, und deshalb fragte sie ihren Onkel leise, da sie es nicht wagte, diese Frage laut zu stellen: »Hast du das Kind und seine Mutter umgebracht?«

Beklemmende Stille herrschte für einen Moment im Raum. Nur das Kaminfeuer knisterte leise vor sich hin.

»Du traust mir alles zu. Ich weiß nur nicht, ob ich mich geschmeichelt oder verletzt fühlen soll.« Er lachte in sich hinein. »Ich beflecke meine Hände nicht mit einem Doppelmord. Ich hätte allerdings auch jemanden damit beauftragen können. Leider ist mir damals der Gedanke nicht gekommen. Schade eigentlich.«

Luise überhörte das Gesagte, denn ihr fehlten weitere Antworten. »Wenn du sie nicht umgebracht hast, wo sind sie dann? Und erzähle mir bitte nichts von dem Untergang der Fähre, das glaube ich dir nämlich nicht mehr. Ich traue dir zu, dass du dies erfunden hast, damit Vater die Suche aufgibt. Ist es nicht so?«

»Du bist schlauer, als ich angenommen habe. Ja, es stimmt, die Fähre ist nicht untergegangen, und sie sind nicht ertrunken. Heather ist mit ihrem Kind zurück nach London gegangen.«

»Woher weißt du das so genau?«

»Na, ganz einfach, ich habe ihnen die Passage gekauft, denn ich wollte sichergehen, dass Heather auch wirklich das Land verlässt und nicht mit ihrem Balg in den nächsten Ort zieht.«

»Höre endlich auf, meinen Bruder als Balg zu bezeichnen. Es ist schon schlimm genug, dass du sie davongejagt hast. Du hast dadurch unser aller Leben zerstört«, schrie Luise ihren Onkel an.

»Das klingt zwar sehr dramatisch, aber ja, du hast Recht. Das war meine Rache. Dieses Miststück war schuld, dass deine Mutter voller Gram sterben musste. Sie hat die Krankheit von Sophie schamlos ausgenutzt, um sich an deinen Vater heranzumachen. Dieser Trottel fällt auch noch auf sie herein. Er hatte nichts Eiligeres zu tun, als zu ihr ins Bett zu steigen und diesen Bastard zu zeugen. Als dann dieser Balg zur Welt kam, ist deine Mutter kurz darauf an gebrochenem Herzen gestorben. Und wenn du einen Tobsuchtsanfall bekommen würdest, er ist und bleibt ein Bastard. Sie alle haben keine Rücksicht auf deine Mutter genommen, und ich war zu weit weg, um ihr zu helfen. Außerdem erfuhr ich erst davon, als an diesem Zustand nichts mehr zu ändern war. Meine arme Sophie, Gott wird sie in sein Himmelreich aufgenommen haben.«

Luise glaubte, ihren Augen nicht zu trauen. Tränen rannen ihrem Onkel über die dicken Wangen. Offenbar hatte er wirklich Liebe für ihre Mutter empfunden. Sie spürte jedoch kein Mitleid mit ihm. »Wie es scheint, hast du meine Mutter wirklich geliebt. Hat sie deine Gefühle erwidert?«, fragte sie hinterhältig.

»Nun, so direkt haben wir nie darüber gesprochen. Aber ich konnte es an vielen kleinen Gesten ablesen, dass sie für mich genauso empfand. Sie hätte sich jedoch niemals gegen ihre Eltern gestellt. Außerdem weiß ich nicht, was dich das angeht. Und dieser Ton, in dem du mit mir sprichst, gefällt mir nicht. Ich werde mich bei der Internatsleitung beschweren, dass sie dich kein besseres Benehmen gelehrt haben. Deine Ausbildung hat ...«, er rülpste laut und ungeniert. Es war widerlich.

Luise ignorierte es einfach und sagte mit zitternder Stimme: »Dann will ich dich über die Gefühle meiner Eltern füreinander einmal aufklären, obwohl du ja glaubst, Bescheid zu wissen. Es ist wahr, dass Vater meine Mutter nicht so liebte, wie es vielleicht hätte sein sollen, aber er hat sie respektiert und geehrt, und das ist mehr wert für einen Menschen, als du begreifen kannst, denn diese Gefühle sind anscheinend fremd für dich, wenn man dein Benehmen Tante Elfriede gegenüber betrachtet. Außerdem ist Vater nicht mit jeder oder irgendeiner Frau ins Bett gegangen, sondern mit Heather, zu der er sich auch bekannte. Sie liebte er aus tiefstem Herzen, die Art von Liebe, die du zwar benennst, aber von der du armer Wicht nichts weißt.

Diese Art von Liebe möchte ich jedoch auch erleben, allerdings nicht mit deinem Sohn und meinem Cousin Detlef. So viel zu deinem Vorschlag.« Leise fuhr sie fort: »Was meine Mutter und ihre Gefühle für dich betrifft, irrst du dich gewaltig. Sie hat meinen Vater geliebt und nicht dich. Sie wusste von dem Verhältnis zwischen Vater und Heather und hat dies akzeptiert. Als das Kind geboren wurde, war sie sicher, dass jene Beziehung nicht nur ein flüchtiges Verhältnis war, sondern mehr. Sie konnte in Frieden sterben, denn sie glaubte daran, dass Vater und ich mit Heather einen lieben Menschen gefunden hatten. Falls du an meinen Worten zweifelst, dann frage Dr. Freund. Er hat sie gesehen, in der Nacht, als das Kind geboren wurde. Sie hat ihm alles erzählt. Wie hast du nur glauben können, dass meine Mutter dich lieben könnte? Du hast all die Jahre mit einem Traum gelebt. Es war vertane Zeit, und es war alles umsonst.«

»Jetzt reicht es!«, schrie er sie an und wollte sich aus seinem Sessel erheben, um sich auf sie zu stürzen. Doch durch den Alkohol hatte er keine Kontrolle mehr über seine Beine, und es war ihm unmöglich aufzustehen. »Ich habe es doch auch für dich getan. Glaubst du etwa, dein Vater hätte dich genauso verwöhnt und dich in alles einbezogen, wenn da noch ein Stammhalter gewesen wäre? Glaubst du wirklich, Johann hätte dir alles über den Weinanbau beigebracht, wenn da noch ein Nebenbuhler gewesen wäre?«

Jetzt konnte auch Luise nicht mehr an sich halten und schrie ihn voller Verachtung an: »Das weiß ich nicht, und niemand kann diese Frage beantworten, aber es wäre uns allen gut gegangen. Wir hätten in Frieden hier auf Gut Wittenstein zusammenleben können, wenn du dich nicht eingemischt hättest. Du egoistisches, hasserfülltes und verbittertes Ungeheuer. Jawohl, das bist du, ein Ungeheuer!«

»Aber Kind, dieser Bastard hätte dich doch von deinem Thron gestoßen!«

»Vater, schweig!« Detlefs tiefe, bestimmte Stimme veranlasste seinen Vater tatsächlich, endlich Ruhe zu geben. Max war zu betrunken und zu müde, um sich weiterhin als Streithahn zu gebärden.

Luise erhob sich aus ihrem Sessel, ging zur Tür und sagte dann, ohne sich umzudrehen: »Außerdem, Onkel Max, ist dies immer noch mein Haus, und bis zum 31. Dezember will ich, dass du mir aus dem Weg gehst.« Dann verließ sie das Zimmer, gefolgt von einer erschütterten Elfriede und einem grinsenden Detlef. »Dem hast du es aber gegeben. Meinen Respekt, Luise!«

»Es tut mir Leid, was ich über dich und mich gesagt habe.« Luise machte ein zerknirschtes Gesicht, denn es war ihr unangenehm.

Detlef legte seinen Arm um ihre Schulter und drückte sie brüderlich. »Ich bin vollkommen deiner Meinung.«

Erleichtert lächelte Luise.

»Luise, es tut mir so Leid. Bitte glaube mir, dass ich davon nichts gewusst habe«, unterbrach Elfriede die Stille.

»Ich weiß, Tante Elfriede. Ich mache dir keine Vorwürfe.«

»Was wirst du denn nun unternehmen?«

»Bis Neujahr werde ich hier wohnen bleiben, dann werden wir sehen.«

Auf einmal schien alle Kraft aus ihr gewichen zu sein. Wie ein Häufchen Elend stand sie in der Diele und fror. Sie ging in die Küche, in der Colette und Anni zusammensaßen.

»Mein armes Mädchen! Komm und setz dich an den Ofen, du zitterst ja«, entsetzte sich Anni bei Luises Eintreten. »Dieses Scheusal! Ich verlasse sofort das Haus, wenn diese Person für immer hier einzieht. Mein armer Schatz, ich koche dir eine Tasse heiße Schokolade.«

Ein Lächeln huschte über Luises Gesicht. Jedes Mal, wenn sie Kummer hatte und getröstet werden musste oder sich nicht wohl fühlte, verabreichte Anni ihr ihre Geheimmedizin. Solange sich Luise zurückerinnern konnte, bekam sie dieses Allheilmittel – eine dampfende Tasse voll mit dem herrlichen, süßen und kostbaren Getränk – Kakao. In diesem Moment machte Luise die schmerzliche Erfahrung, dass jetzt die Zeit vorbei war, in der Kakao alle Sorgen von ihr nahm. Sie war nicht mehr das kleine unbefangene Mädchen. Sie war über Nacht erwachsen geworden.

III

England, 18. Januar 1791

»Mon dieu! Wie lange müssen wir dieses Geruckel noch ertragen? Mein Po tut weh. Er ist sicher ganz blau.«

Luise fing bei dem Gedanken an zu lachen. »Du hättest zu Hause bleiben können, Colette. Aber du wolltest mitkommen, also beschwere dich jetzt nicht. Außerdem sind wir sicher bald da.«

»Ja, ja, lach du nur über mich. Aber genug ist genug!«

Luise konnte Colette bestens verstehen. Auch ihr tat jeder Knochen im Leib weh, und ihr Körper sehnte sich nach einem heißen Bad. Sie waren seit Tagen unterwegs. Erst mit der Kutsche, dann mit der Fähre und nun wieder mit der Kutsche. Egal, ob es stürmte oder schneite. Sie hatte sich von einer Sekunde zur nächsten zu dieser Reise entschlossen, ohne über die Strapazen nachzudenken. Doch nun musste sie diese durchstehen. Auch, wenn sie nachher nicht mehr sitzen konnte, sie musste nach London, denn sie wollte ihren Bruder suchen. Es war ihr bewusst, dass dies nicht einfach sein würde. Die Chancen, ihn zu finden, waren genauso groß, wie die besagte Nadel in einem Heuhaufen auszumachen. Wenn sie jedoch zu Hause geblieben wäre, hätte sie sich vorgeworfen, nichts unternommen zu haben. Trotz der Schmerzen fühlte sie sich gut, denn sie spürte, dass sie das Richtige tat.

Luise schloss die Augen und bewegte ihren Kopf nach rechts und dann wieder nach links, um ihre Nackenmuskeln zu entspannen. Dann lehnte sie den Kopf zurück in den Sitz und dachte an daheim. An Gut Wittenstein und die Tage nach Weihnachten. Jeder hatte versucht, ihr diese Reise auszureden. Am meisten sorgten sich Onkel Fritz und Tante Margret. Welche Aufregung!

Am Morgen nach der Auseinandersetzung mit ihrem Onkel Max wurde sie durch einen schrillen Schrei geweckt, der sie für einen Moment erstarren ließ. Barfuß und ohne Morgenrock lief sie eilends die Treppe hinunter, wo sie auf die entsetzten Gesichter ihres Cousins und Colettes traf.

»Ihr seht aus, als ob ihr einen Geist gesehen hättet. Wer hat hier so fürchterlich geschrien?«

Beide brachten keinen Ton heraus, sondern blickten zur Bibliothek, von wo sie jetzt ein leises Weinen und Annis Stimme hörte. Langsam ging Luise auf den Raum zu. Ein säuerlicher Geruch lag in der Luft. Anni stand über eine Person gebeugt, die auf dem Boden am oberen Kopfende des Tisches kniete. Luise konnte nur die Beine und Füße sehen. Als sie näher kam, erkannte sie ihre Tante Elfriede. Die zwei standen mit dem Rücken zu ihr, sodass Luise um sie herumgehen musste, um ihre Gesichter zu sehen. Jetzt konnte sie erkennen, was geschehen war. Sie erschrak so sehr, dass sie ihre Hand auf den Mund pressen musste, um nicht laut aufzuschreien. Der Kopf von Onkel Max lag auf der Tischplatte. Sein Gesicht zur Seite gedreht, lag er in seinem Erbrochenen. Deshalb der ekelhafte Geruch, dachte sie. Blau, fast schwarz verfärbt war sein Gesicht. Die Augen waren aus den Augenhöhlen hervorgetreten. Luise hatte noch niemals einen Toten gesehen, der so verkrampft war. Die Verstorbenen, von denen sie hatte Abschied nehmen müssen, waren meistens friedlich an Altersschwäche gestorben und lagen zurechtgemacht in ihrem Sarg. Selbst ihr Vater, der tödlich verunglückt war, hatte ausgesehen, als ob er sanft eingeschlafen wäre. Aber Onkel Max musste bis zum Schluss gekämpft haben. Seine Hände lagen verkrampft neben seinem Gesicht.

»Lasst mich vorbei.« Dr. Freund schob die drei Frauen zur Seite und hob die eine Hand des Verstorbenen, ließ sie aber sofort wieder sinken. Er blickte auf seine Taschenuhr. Es war sechs Uhr dreißig. »Ich schätze, dass er seit mindestens fünf Stunden tot ist, denn die Leichenstarre hat eingesetzt. Zum Glück ist der Kamin abgekühlt, sonst wäre sein Körper in einem anderen Zustand. Tja, mein lieber Max, so einen Tod habe ich dir nicht gewünscht. Mein Beileid, Elfriede.« Dr. Freund schloss dem Toten die Augen.

»Wie kommen Sie so schnell hierher?«, fragte Luise den Arzt.

»Ich habe nach ihm schicken lassen.« antwortete Anni.

»Was, glauben Sie, war die Todesursache?«, wollte Luise wissen.

»Ich kann es nur erahnen. So, wie sein Gesicht verfärbt ist, die hervorgetretenen Augen – ich nehme an, dass er an seinem eigenen Erbrochenen erstickt ist.«

»Oh, wie furchtbar. Wie kann so etwas passieren?«

»Ich vermute, dass er betrunken war, denn das Erbrochene riecht säuerlich, nach Wein.«

»Onkel Max hat so viel getrunken, dass er nicht einmal mehr stehen konnte.«

»Wahrscheinlich ist er eingeschlafen und hat sich im Schlaf übergeben. Erbrochenes ist in die Luftröhre gelangt und hat den Erstickungstod herbeigeführt. Aber genau weiß ich es nicht, ich kann nur Vermutungen anstellen. Was ich allerdings mit Bestimmtheit sagen kann, ist, dass er ohne Fremdeinwirkung gestorben ist.«

Alle im Raum waren erschrocken und bestürzt.

»Was auch eindeutig ist, er hat sehr gelitten. Die Kratzspuren auf dem Holztisch stammen von seinem Todeskampf.«

Lautlos weinte Elfriede und strich dabei dem toten Max sachte über den Kopf, dann küsste sie ihn ein letztes Mal auf sein Haupt. Die Zärtlichkeit, die in dieser Geste lag, machte jedem bewusst, dass sie ihn trotz allem geliebt hatte. Dann verließ sie das Zimmer, denn sie wollte mit ihrer Trauer allein sein.

Dr. Freund veranlasste, dass Max möglichst schnell beerdigt werden konnte. Nur vierzehn Tage nach seinem Bruder wurde Max in der Familiengruft beigesetzt.

Silvester kam und damit das neue Jahr.

Zwei Tage später, es war am frühen Abend, saßen Colette, Anni, Luise und Elfriede in der warmen Küche zusammen und vertilgten die übrig gebliebenen Lebkuchen von Weihnachten, denn die Bibliothek und das Esszimmer wurden seit dem schrecklichen Vorfall gemieden.

Plötzlich flog die Tür mit einem lauten Knall auf, und ein grinsender Detlef trat ein.

»Du erschreckst uns. Sei bitte etwas rücksichtsvoller, mein Sohn.«

»Luise, rate, in welcher Hand ich etwas für dich habe.« Schmunzelnd hielt er die Hände hinter seinem Rücken.

»Hast du etwa ein Geschenk für mich, mein allerliebster Cousin?«

»Schmeichle nicht so unverschämt, ich bin dein einziger Cousin.« Luise machte einen Schritt auf ihn zu. »Oh, du sollst erst raten, du kleine Hexe.«

»Also gut, mein einziger und liebster Cousin, ich nehme die rechte Hand!«

Er schüttelte den Kopf.

»Dann bleibt ja wohl nur noch die linke.«

»Du hast somit den Preis gewonnen.« Er hielt einen weißen Umschlag hoch.

Voller Spannung sah sie in sein Gesicht. »Was ist das? Ein Brief? Ich habe etwas anderes erwartete!« Luise blickte ihn enttäuscht an.

»Warte doch. Lies, wer ihn abgesandt hat.«

»Advokat Theodore Horan, Sherwall Lane, London. Ich weiß nicht, warum du so ein Aufheben wegen dieses Briefs aus London machst. Es wird ein Kollege deines Vaters sein. Woher hast du ihn überhaupt?«

»Mutter, du wolltest doch, dass ich Vaters Papiere durchsehe, falls noch etwas geregelt werden muss. Dabei habe ich auch seine Brieftasche durchgeschaut und diesen Brief gefunden. Aber, Luise, lies erst mal, dann wirst du begreifen.«

Als sie den Brief gelesen hatte, wurde ihr klar, was Detlef entdeckt hatte. »Er lebt! Johann, mein Bruder, lebt!«

»Nicht so voreilig. Immerhin ist der Brief schon ein paar Jahre alt. Aber ich gebe zu, er gibt Anlass zur Hoffnung.«

Luise las den Brief laut vor. Von einem bestimmten Geldbetrag war die Rede, den ihr Onkel regelmäßig für das Kind und seine Mutter zahlen wollte, damit sie keine Not leiden sollten. Der Anwalt teilte mit, dass er alles zu Max' Zufriedenheit regeln würde. Heather und dem Kind würde es gut gehen, da der Geldbetrag doppelt so hoch sei als benötigt. Mr. Horan hätte den Auftrag nach den Wünschen von Max befristet. Falls er verlängert werden sollte, könnte man wieder Kontakt mit ihm aufnehmen. Heather wollte sich alle drei Monate bei ihm melden, so wie Max es angeordnet hatte.

Luises Augen glühten vor Freude. »Ich werde nach London fahren und diesen Anwalt aufsuchen. Er muss wissen, wo Johann sich aufhält.« Und nach einer Pause fügte sie hinzu: »Wäre Onkel Max nicht gestorben, hättest du diesen Brief nie gefunden.«

»Sei nicht so hart mit deinem Urteil, denn du weißt es nicht genau. Vielleicht hätte er ihn dir doch gegeben«, versuchte Tante Elfriede, ihren Mann zu verteidigen.

»Luise, du willst doch wohl nicht allein nach London fahren?«, fragte Anni besorgt.

Bevor Luise jedoch etwas sagen konnte, kam ihr Colette zuvor: »Naturellement fährt sie nicht alleine, ich werde sie begleiten.«

Luise sah Detlef fragend an. »Ich muss bei Mutter bleiben und kann deshalb leider nicht mitkommen.«

Verständnisvoll nickte Luise. »Danke, Colette, dass du mit mir reisen willst. Aber bedenke bitte, dass es nicht leicht sein wird.«

»Was soll ich alleine hier? Wer soll sich um deine Sachen kümmern, wenn nicht ich?«

»Bevor ihr zwei schon in Gedanken auf dem Weg seid, frage bitte erst deinen Patenonkel. Er ist dein Vormund und er muss dir die Erlaubnis geben. Ich weiß gar nicht, was du dir dabei denkst! Schließlich bist du eine junge Dame, die nicht so einfach durch die Welt reisen kann, wie sie möchte«, sagte Anni ärgerlich. Sie fand diesen Gedanken schrecklich.

Anni hatte Recht. Fritz von Sydow und seine Frau Margret waren nicht sehr erbaut von Luises Vorhaben. Aber gegen jeden Einwand wusste sie etwas zu erwidern. Sie wollte sich von dem Plan um nichts in der Welt abbringen lassen. Erst als Luise die traurigen Augen ihrer Tante auffielen, wollte sie einlenken, denn sie konnte die Ängste und Bedenken verstehen. Aber die Unruhe in ihr war stärker. Sie wollte ihren Bruder suchen, sonst würde sie sich ihr Leben lang immer wieder die Frage stellen, was aus ihm geworden war.

Fritz und Margret wussten, dass sie die junge Frau nicht halten konnten. »Ich möchte mir nie im Leben den Vorwurf machen müssen, dass ich dich aufgehalten habe. Nein, ich möchte nicht, dass du meinetwegen unglücklich bist. Gerne möchte ich dich begleiten, was aber unmöglich ist. Schließlich bin ich schon zu alt. Doch ich werde mich mit deinem Vorhaben einverstanden erklären, wenn du uns versprichst, uns so oft wie möglich mitzuteilen, wie es dir geht. Solltest du deinen Bruder innerhalb von acht Wochen nicht ausfindig gemacht haben, wirst du zu uns zurückkehren. Nur unter diesen Bedingungen kann ich dir erlauben, solch eine Reise zu unternehmen. Also, was sagst du, mein Kind?«

»Ich danke dir und Tante Margret für euer Verständnis. Natürlich bin ich mit eurem Vorschlag einverstanden und verspreche euch, regelmäßig zu schreiben.«

Somit war es beschlossen, dass Colette und Luise bald aufbrechen würden. Ihr Onkel sandte eine Depesche an den Anwalt Mr. Horan und kündigte ihr Kommen an.

Als der Tag des Abschieds gekommen war, hatte Anni einen großen Korb mit Lebensmitteln gepackt. »Damit ihr zwei uns unterwegs nicht verhungert«, versuchte sie zu scherzen, während eine Träne in ihren Augenwinkeln blinkte.

Tante Elfriede und Detlef verabschiedeten sich herzlich von den zwei Mädchen. »Gut Wittenstein wird immer dein zu Hause sein, auch, wenn wir hier wohnen bleiben. Du kannst jederzeit mit Johann und seiner Mutter hierher zurückkommen«, versprach Detlef seiner Cousine, und er meinte es ernst.

Dann kam der Abschied von Fritz und Margret, der Luise besonders schwer fiel. Ihre Tante konnte kaum reden, denn sie musste andauernd in ihr Taschentuch schnäuzen. Ihr Onkel drückte sie fest an seine Brust und wollte sie nicht mehr loslassen. »Colette, du passt mir auf sie auf und lässt sie nirgends alleine gehen. Versprich mir das!«

Colette nickte zustimmend.

»Hier, mein Schatz, du wirst es brauchen können.« Fritz drückte Luise einen Lederbeutel mit Golddukaten in die Hand. »Versteck ihn gut, damit du deshalb nicht überfallen wirst. Solltest du Hilfe brauchen, dann zögere nicht und schicke nach mir.«

Tante Margret, die sich beruhigt hatte, zog etwas aus ihrer Tasche und gab es Luise. »Dies, mein Mädchen, damit du uns nicht vergisst. Es soll dir Glück bringen.«

Es war die kleine Spieluhr aus der Glasvitrine im Arbeitszimmer ihres Patenonkels. Nun war es auch mit Luises Beherrschung vorbei, und sie konnte die Tränen nicht mehr zurückhalten. Schnell stiegen die zwei jungen Frauen in die Kutsche und fuhren davon.

Es war früher Nachmittag, als sie in London ankamen. Der Himmel war grau verhangen. Der Qualm, der wie dicke Säulen aus den Schornsteinen emporstieg, hatte Mühe, durch die Wolkendecke zu stoßen. Bei der letzten Rast hatte der Kutscher den Mädchen versprochen, sie bei einer Pension abzusetzen, die in der Nähe der Anwaltskanzlei lag. Die Droschke hielt vor dem »Golden Lion«, einem gepflegten Haus in einer guten Gegend. Der Fahrer sprang von seinem Kutschbock und lief die Treppenstufen hinauf. Ein paar Minuten später kam er zurück, öffnete die Droschkentür und sagte: »Sie haben nur noch ein Zimmer frei. Jemand feiert eine Hochzeit und hat für die entfernte Verwandtschaft fast alle Zimmer reserviert.«

»Wir werden das Zimmer nehmen. Vielen Dank für Ihre Hilfe«, erwiderte Luise.

Der Kutscher half ihnen beim Aussteigen und brachte ihre Koffer hinein. Luise gab ihm ein Trinkgeld, dann verabschiedete er sich von ihnen mit einer Verbeugung. Dann waren sie allein.

Ein etwas mulmiges Gefühl beschlich Luise, als sie nun allein waren. Dank ihrer guten Sprachkenntnisse konnte sie fast ohne Akzent Englisch sprechen. Sie mietete das Zimmer und bezahlte für die kommenden zwei Wochen im Voraus. Kaum auf dem Zimmer, sagte sie zu Colette: »Ich werde gleich den Anwalt aufsuchen.«

»Bist du denn nicht müde?«

»Nein, ich bin zu aufgeregt und auch viel zu neugierig. Ich glaube kaum, dass ich auch nur eine Minute schlafen könnte.«

»Ich bin froh, wenn ich wieder in einem weichen, sauberen Bett liegen kann. Alles an meinem Körper tut weh. Lass uns morgen mit der Suche beginnen«, versuchte Colette ihre Freundin umzustimmen.

»Sei nicht böse, Colette. Aber ich möchte direkt zu diesem Anwalt gehen. Ruh dich aus. Wenn ich zurück bin, werde ich dir alles erzählen. Versprochen.«

Luise umarmte ihre Freundin und verließ dann das Zimmer.

Am späten Nachmittag desselben Tages trafen sich der Anwalt Jack Horan und sein Freund in Horans Kanzlei. Zwei Nächte zuvor waren mehrere Jugendliche in der Stadt verhaftet worden. Die beiden Männer kannten die Knaben und mussten deshalb dringend miteinander reden.

»Jack, kannst du wirklich nichts für sie tun?«

»Nein, tut mir Leid. Du weißt, dass Richter Steel alles daran setzt, um die Organisation zu zerschlagen. Denn er will dich! Steel will ein Exempel statuieren. Dafür geht er über Leichen!«

»Meine Gott, Jack, wie konnte das geschehen?«

»Ich weiß es nicht. Vielleicht waren sie unvorsichtig, oder aber ...« Jack Horan schwieg nachdenklich.

»Oder aber was?«

»Jemand hat sie verraten.«

»Das glaubst du nicht wirklich. Wer sollte das getan haben? Selbst, wenn derjenige nicht weiß, was ihm bei Verrat blüht, so kann er sich doch denken, dass er nicht ungestraft davonkommt. Wer kann also so dumm sein?«

»Was fragst du mich? Woher soll ich das wissen? Vielleicht hast du einen Maulwurf in deiner Gruppe?«

Der Ton der beiden wurde gereizter.

»Absoluter Blödsinn! Ich lege für jeden meiner Jungen die Hand ins Feuer.«

»Über diese Brücke würde ich nicht gehen. Du weißt, dass Steel seine Großmutter verkaufen würde, um dich als Kopf der Organisation zu bekommen. Er wird mit allen Mitteln versuchen, Informationen zu bekommen.«

»Dieser Mistkerl! Ich kann es mir einfach nicht vorstellen, dass er einen der Jungen kennt. Wir arbeiten im Untergrund. Es ist zwar bekannt, dass es unsere Organisation gibt, aber keiner kennt ihre Mitglieder. Wie sollte er einen Maulwurf einsetzen? Wer von den Jungen wäre so labil, dass dieser fette Sack ihn einschüchtern könnte? Kannst du mir wirklich nicht weiterhelfen?«

»Nein, denn ich kenne deine Jungen nicht so gut wie du. Aber denke mal nach, welches Mitglied kurz vor dem Scheitern deiner Aktionen zu deinem Bund gekommen ist. Vielleicht kommst du dann dem Geheimnis näher. Aber egal, wie und wer, für mich ist klar, dass du verraten worden bist.«

»Du hast Recht. Ich muss überlegen, wie ich das rausbekomme, denn im Moment traue ich niemandem mehr. Was wird er mit ihnen machen? Wird er sie töten?«

»Nein, das glaube ich nicht, denn er will dich aus deinem Mauseloch hervorlocken, und das erreicht er nur, wenn er sie am Leben lässt. Er will deine wahre Identität, und die kann er nur über deine Jungen erhalten. Glaub mir, er kennt Wege und vor allem Mittel, sie gesprächig zu machen. Wenn Steel mit ihnen fertig ist, dann wissen sie nicht einmal mehr, wie sie heißen. Dann flehen sie darum, endlich sterben zu dürfen.«

»Steel wird doch nicht so dumm sein und glauben, dass jeder weiß, wer die ›Weiße Feder‹ ist. Er wird sich denken können, dass ich immer aus dem Hintergrund handle und befehle. Deshalb kennen auch nur zwei Menschen in meinem nahen Umfeld meine wahre Identität. Die dritte Person, die mich kennt, ist weit weg. Es bleiben nur du und Bobby.«

»Bobby ist unter den Verhafteten! Wenn Bobby redet, bedeutet das dein Todesurteil. Steel wird dich durchs ganze Land jagen. Du wirst nirgendwo mehr sicher sein.«

»Bobby ist wie ein kleiner Bruder für mich. Ich bin der einzige Mensch, den er auf dieser Welt hat. Er würde niemals auch nur einen Ton sagen. Egal, was man ihm antut!« Seine Augen verengten sich. »Aber was ist mit dir, Jack? Du kennst mich ebenfalls. Würdest du mich verraten?«

Jede Regung, jedes Zucken beobachtete er in Horans Gesicht.

Dieser antwortete ruhig und sah ihm dabei in die Augen: »Mein Freund, sei vorsichtig mit dem, was du sagst. Du stehst mitten im Feuer. Ich verstehe zwar dein Misstrauen, aber ich kann es nicht akzeptieren. Du stellst unsere Freundschaft auf eine harte Probe, und sie könnte daran zerbrechen. Außerdem, wie du schon richtig bemerktest, nur zwei Menschen hier kennen deine wahre Identität und können dir helfen. Davon sitzt einer im Gefängnis!«

Das Gesicht seines Freundes entspannte sich wieder, dann ging er auf Jack zu und umarmte ihn. »Verzeih mir bitte. Ich weiß, dass ich dir vertrauen kann.«

»Schon gut, ich weiß, wie viel dir der Junge bedeutet. Genauso viel bedeutest du ihm. Aber ich sagte dir bereits, dass Steel Methoden kennt, mit denen er alles erreichen kann, und niemand weiß, wie viel Schmerzen Bobby ertragen kann.«

»Ich werde noch wahnsinnig. Was soll ich tun?«

»Nimmst du einen Rat von einem wahren Freund an?«

»Kommt darauf an, was mein Freund mir raten will.«

»Egal, ob Bobby redet oder nicht, dein Leben ist in Gefahr. Ich bin der festen Überzeugung, dass Steel kurz davor ist, die wahre Identität der ›Weißen Feder‹ aufzudecken. Er weiß, dass man sie unter uns, in den oberen Schichten Londons, suchen muss, da bin ich mir ganz sicher. Also tauche einige Zeit unter. Gehe fort aus London, irgendwo hinaus aufs Land, oder am besten gehe fort von dieser Insel. Fliehe aufs Festland, wo du sicher bist. Bleibe nur nicht hier.«

»Du weißt, dass dies unmöglich ist. Ich muss meine Jungen da herausholen. Sie vertrauen mir, und dieses Vertrauen werde ich auf keinen Fall enttäuschen.«

»Du hast mir nicht zugehört. Darauf wartet Steel doch nur, dass du leichtsinnig wirst und dich von deinen Gefühlen leiten lässt.«

»Das weiß ich auch, aber was bleibt mir anders übrig?«, schrie sein Freund entnervt.

Horan sah ihn mitfühlend an. Sie kannten sich seit der Schulzeit und waren nun im besten Mannesalter, aber die Angst und die Sorge ließen seinen Freund grau und alt wirken. Der wenige Schlaf hatte Spuren in seinem Gesicht hinterlassen. Ruhig sagte Horan zu ihm: »Warte zwei Tage. Ich werde morgen Früh versuchen, etwas in Erfahrung zu bringen. Vielleicht finde ich wenigstens heraus, was Steel plant.«

Es klopfte an der Tür. »Sir, draußen wartet eine Lady, die Sie sprechen möchte«, teilte ihm sein Sekretär mit.

»Oh Phil, es ist bald siebzehn Uhr. Ich habe noch eine Verabredung mit meinem Freund hier. Sagen Sie der Lady, dass ich keine Zeit habe, da ich noch einen Termin auswärts habe. Sie soll morgen wiederkommen.«

»Sir, sie sagt, es wäre wichtig.«

»Ja, ja, das sagen sie alle. In Ordnung, schicken Sie die Lady in genau fünf Minuten herein.« Zu seinem Freund gewandt, sagte er: »Tut mir Leid, mein Freund, aber die Arbeit ruft.«

»Kein Problem, Jack, beim nächsten Mal holen wir es nach. Ich benutze den geheimen Ausgang, damit mich die Dame nicht sieht.«

Jack nickte zustimmend und versuchte es ein letztes Mal: »Nimm dir meinen Rat zu Herzen. Warte wenigstens, bis ich mich wieder bei dir melde, und versuche zu schlafen.« Dann verschwand sein Freund hinter der Tür, die sich im Bücherregal befand.

»Sir, Miss Luise von Wittenstein. Wo ist er hin?«, fragte der erstaunte Sekretär, als er außer seinem Arbeitgeber niemanden mehr im Raum sah.

»Danke, Phil! Er ist eben gegangen. Er muss doch an Ihnen vorbeigekommen sein.«

»Ja, Sir, kann schon sein, aber ich war für einen Augenblick nicht am Arbeitsplatz. Ich musste ...«

»Schon gut, Phil, es ist nicht so wichtig. Schicken Sie die Dame bitte rein.«

Luise betrat das Zimmer und war verdutzt, als sie Jack Horan sah.

Dieser bemerkte ihren erstaunten Blick. Sie stellte sich vor, und er begrüßte sie mit einer leichten Verbeugung und einem angedeuteten Handkuss. »Ich bin hocherfreut, Miss von Wittenstein, Ihre Bekanntschaft zu machen. Verzeihen Sie bitte, aber was überrascht Sie?«

»Entschuldigen Sie bitte, aber ich hatte einen bedeutend älteren Herrn erwartete.«

»Mein Name ist Jack Horan. Sie haben bestimmt Theodore Horan erwartet, meinen Vater. Er verstarb leider vor etwas mehr als einem Jahr. Ich habe Sie nicht so schnell erwartet, Lady von Wittenstein. Erst vorgestern kam eine Depesche von ihrem Onkel, Fritz von Sydow, in der er Ihr Kommen ankündigte. Außerdem teilte er mir mit, dass Sie Ihren Bruder suchen würden. Er bat um meine Unterstützung. Ich weiß allerdings nicht, wie ich Ihnen helfen kann, denn ich bin Advokat und kein Detektiv.

Aber setzen Sie sich doch bitte«, sagte er und deutete auf einen der beiden Sessel vor seinem Schreibtisch. Er selbst nahm dahinter Platz.

»Mr. Horan, der Fall ist etwas komplizierter ...«

In kurzen und präzisen Sätzen versuchte Luise, Jack Horan den Sachverhalt zu erklären. Währenddessen beobachtete Horan das Mädchen sehr genau. Er war angetan von ihrem Erscheinungsbild. Das dunkelgrüne Kleid unterstrich ihre schlanke Figur. Blaue Augen blickten gerade in seine. Die Frauen, die er kannte, senkten oft den Blick, wenn sie mit einem Mann sprachen, nicht so Luise. Eine blonde Lockenpracht umrahmte ein ebenmäßiges Gesicht. Man konnte sie als natürliche Schönheit bezeichnen. Er hatte Mühe, ihr zu folgen und nicht mit seinen Gedanken abzuschweifen. Als sie geendet hatte, sagte er: »Wenn ich Sie recht verstanden habe, wissen Sie weder, wer Ihr Bruder ist, noch wie er aussieht, und sie wissen auch nicht, ob er noch lebt. Mein Vater hat mit Ihrem Onkel Maximilian unter einer Decke gesteckt, und deshalb sind Sie auf meinen Namen gekommen. Tut mir Leid, mein Vater hätte Ihnen bestimmt Rede und Antwort stehen können, aber ich weiß genauso wenig wie Sie selbst.« Er überlegte ein paar Minuten, dann läutete er ein goldenes Glöckchen, das vor ihm auf dem Schreibtisch stand. Kurz darauf trat sein Sekretär ein. »Phil, gehen Sie bitte in unser Archiv und schauen Sie nach, ob Sie eine Akte über einen gewissen Maximilian von Wittenstein aus Deutschland finden können. Ich weiß allerdings nicht, ob er unter diesem Namen abgelegt wurde oder ob mein Vater einen anderen Einfall gehabt hatte.«

Keine zehn Minuten später kam der Sekretär mit einer Akte zurück. Während Jack die Papiere studierte, sah sich Luise in der Kanzlei um. Sie erinnerte sie an das Arbeitszimmer ihres Patenonkels Fritz. Hier herrschte die gleiche gemütliche Atmosphäre. Die Wände waren ebenfalls mit Holz getäfelt. An der einen Wand, direkt neben der Tür, stand eine braune Ledercouch. Rechts neben ihrem Sessel befand sich ein Fenster, vor das um diese Tageszeit dunkelrote Samtvorhänge gezogen waren. Der Stoff war so dick und schwer, dass er wie eine undurchdringliche, blutrote Wand wirkte. Gegenüber stand ein kleiner runder Tisch mit einer Petroleumleuchte, deren Messingfuß im Schein der Schreibtischbeleuchtung golden glänzte.

Darüber hing ein großes Ölgemälde. Allerdings konnte Luise das Motiv nicht klar erkennen, da der Lichtschein nicht bis dorthin reichte. Die Wand hinter dem Advokaten war ein einziges Bücherregal, in dem jedes Buch fein säuberlich der Größe nach aufgereiht war. Was ihr besonders auffiel, war der Geruch in dem Raum. Sie konnte ihn keinem der ihr bekannten Düfte zuordnen. Sie mochte diesen Duft, obwohl er ihr fremd war. Vielleicht war es das Parfüm, das Jack Horan benutzte.

Dieser saß vertieft in die Akte an seinem Schreibtisch. Er bemerkte ihre neugierigen Blicke nicht, und so konnte sie ihn ungeniert betrachten. Er war eine sympathische Erscheinung. Seine blonden Haare waren im Nacken zu einem kleinen Zopf zusammengebunden. Blaue Augen wurden durch die golden umrandete Nickelbrille betont. Horan überragte sie um gut eineinhalb Haupteslängen und war von schlanker Statur. Als sie den Raum betreten hatte, hatte sie bemerkt, dass er sich auf einen Gehstock stützte. Er zog das linke Bein etwas nach. Dieser Stock stand jetzt angelehnt am Schreibtisch zu seiner Rechten.

Jack Horan atmete tief durch: »Nun, Lady von Wittenstein, ich sage Ihnen sicher nichts Neues, wenn ich Sie darauf aufmerksam mache, dass die Chancen, Ihren Bruder zu finden, sehr gering sind. In den Papieren steht etwas über die Geldüberweisungen Ihres Onkels an Mrs. Timonth. Außerdem der Name des damaligen Wohnsitzes. Das ist allerdings schon zehn Jahre her. Seitdem hat sich jener Teil Londons sehr verändert. Früher war er das etwas bessere Viertel derjenigen, die ein festes Einkommen hatten. Heute ist er das Armenviertel. Zuerst muss geklärt werden, ob sie überhaupt noch am Leben sind, dann, wer sie gekannt hat. Vielleicht finden wir sie auch schneller, als wir denken. Möglicherweise kann sich jemand an Johann erinnern, und wir wissen schon bald, wie er aussieht.«

»Man sagt, dass Johann und ich uns sehr geglichen haben. Jedenfalls als Babys.«

»Na, dann dürfte es kein Problem sein, Ihren Bruder zu finden. Ein so hübscher Junge muss schließlich auffallen«, lachte Horan freundlich.

Ihre Wangen überzogen sich mit einem zarten Rotton, und sie senkte beschämt den Blick.

Lächelnd registrierte Horan die Veränderung in Luises Antlitz. Die Gesichtsröte machte sie noch hübscher. Ihre Locken waren in ihr Gesicht gefallen und verdeckten ihre leuchtenden Augen, die so voller Unschuld blickten.

Luise erhob sich von ihrem Sessel und sagte zu dem Anwalt: »Es ist spät, und ich bin durch die anstrengende Anreise sehr erschöpft. Wenn Sie gestatten, komme ich morgen gegen zehn Uhr wieder.«

Er sah in seinen Terminkalender, der auf seinem Schreibtisch lag. »Sehr gerne. Zehn Uhr passt gut. Ich werde mir bis dahin überlegt haben, wie wir die Sache angehen.«

»Ich dachte, dies sei die Aufgabe eines Detektivs.«

»Ihr Patenonkel bat meinen Vater um Hilfe. Da ich das Geschäft meines Vaters geerbt habe und es weiterführe, nehme ich den Auftrag Ihres Onkels an und werde Ihnen bei der Suche helfen. Also bis morgen.«

Luise lächelte. Sie konnte es kaum glauben. Erst kurze Zeit war sie in London, und schon hatte sie jemanden gefunden, der bereit war, ihr zu helfen. Voller Hoffnung sah sie dem Wiedersehen mit Jack Horan entgegen.

Als sie ihr Zimmer in der Pension betrat, schlief Colette tief und fest. Da Luise ihr aber versprochen hatte, alles zu erzählen, weckte sie Colette sanft auf. Verschlafen fragte diese: »Hast du etwas erfahren können, ma chère?« Jedes Mal, wenn Colette aufgeregt war, schlich sich der französische Akzent verstärkt in die deutsche Sprache ein.

»Wie man es nimmt. Ja und nein.« Luise erzählte ihr, was sich bei dem Anwalt zugetragen hatte. »Morgen Vormittag erwartet er uns, und danach werde ich zu der letzten bekannten Adresse von Heather gehen. Vielleicht habe ich ja Glück, und sie lebt noch da, oder ich kann dort etwas über ihren jetzigen Aufenthaltsort in Erfahrung bringen. Jetzt will ich aber auch ins Bett gehen, sonst schlafe ich im Sitzen ein.« Luise machte sich bettfertig, krabbelte in ihr weiß bezogenes, weiches Bett, und beide fielen in einen tiefen Schlaf.

Horan wusste, dass es in dieser Stadt nur einen Menschen gab, der ihm nähere Auskünfte über die Gefangenen geben konnte – Friedensrichter James Steel. Dieser war ein gefürchteter Mann, der für seinen ausgeprägten Scharfsinn und für seine Unnachgiebigkeit bekannt war. Der Anwalt machte sich am nächsten Morgen direkt auf den Weg zum Gericht. Er hoffte, Steel alleine dort anzutreffen, und überlegte schon im Voraus, wie er das Gespräch führen würde. Kaum hatte er die Stufen des Gerichtsgebäudes erklommen und war in die imposante Halle getreten, hörte er die erwartete Stimme hinter sich:

»Ah, unser Staranwalt Jack Horan. Was führt Sie zu so früher Stunde hierher?«

»Guten Morgen, Euer Ehren. Ich muss ein paar Akten einsehen. Aber gut, dass ich Euch treffe. So kann ich Euch persönlich zu Eurem Erfolg beglückwünschen.«

Steels Stimme, die normalerweise durch die Gänge des Gerichtsgebäudes dröhnte, wurde gefährlich leise: »Zu welchem Erfolg?«

»Nun«, Horan räusperte sich, um etwas Zeit zu gewinnen. Er musste jedes Wort sorgfältig auswählen. Der Anwalt fühlte sich von Steels Augen durchbohrt. Er glaubte, diesen stechenden Blick bis tief in seinem Innern zu spüren, wo er ein Brennen verursachte. Er begann von neuem: »Also, ich bitte Sie, wenn man Mitglieder von der meist gesuchten Organisation festnehmen konnte, dann ist dies es wert, dafür beglückwünscht zu werden.«

»Wer hat gesagt, dass es Mitglieder sind und nicht einfache Straßendiebe?«

»Glaubt Ihr wirklich, dass es ein Geheimnis bleiben kann, wenn Ihr einen so dicken Fang gemacht habt? Obwohl ich gestehen muss, dass ich schon immer der Meinung war, dass nur einer fähig ist, die ›Weiße Feder‹ dingfest zu machen. Ja, wirklich, wenn einer es schafft, die berüchtigtste Bande unserer Stadt, ach, was sage ich, von ganz England zu inhaftieren, dann seid Ihr es, Sir.« Horan hätte sich am liebsten übergeben, so ekelte ihn seine Rede an. Aber als er sah, wie Steel sich in seiner Lobeshymne sonnte, wusste er, dass er Steels Achillesferse getroffen hatte. Seine Eitelkeit! Über diesen Weg käme er an die benötigten Informationen heran. Sich selbst motivierend, fuhr er fort: »Es wurde auch höchste Zeit, dass jemand mit diesem

Gesindel aufräumt. Ich hoffe, Ihr lasst keine Gnade walten und macht kurzen Prozess mit diesem Pack.« Horan war froh, dass er sich allein mit dem Friedensrichter in der großen Halle befand. Er schämte sich für sein verlogenes Geschwätz, aber er tat es für seinen Freund.

»Mein lieber Mr. Horan, Sie haben es erfasst. Ohne mich selbst loben zu wollen, niemand besitzt diese Fähigkeit, sich in die ›Weiße Feder‹ hineinzudenken. Ich werde sie zur Strecke bringen, so wahr ich James Steel heiße.« Steel hatte die Hände hinter seinem Rücken verschränkt und wippte selbstgefällig auf und ab. »Wir sind gerade dabei«, fuhr der Friedensrichter fort, »noch ein paar Informationen von den Burschen zu bekommen. Einer allerdings hat die Befragung durch meinen Kerkermeister nicht überlebt. Der Kerl war wohl zu empfindlich. Ha, ha.« Er lachte laut und klopfte Horan dabei freundschaftlich auf die Schulter. Dieser hätte dem aufgeblasenen, dicken Menschen am liebsten ins Gesicht geschlagen, aber wenn er sich nicht verraten wollte, musste er sein Bedürfnis unterdrücken, und so stimmte er in das Gelächter ein.

»So, so, einer ist also über den Jordan. Nun, wen stört das schon. Einer weniger, der Scherereien machen könnte. Aber sagt, was mich mehr interessiert ...«, dabei kam er zwei Schritte näher, blickte sich vorsichtig um, ob auch kein dritter Mithörer anwesend sei, senkte seine Stimme zu einem Flüstern und sah Steel dabei direkt in die Augen. »... habt Ihr schon eine Ahnung, wer der Anführer ist? Sagt, wisst Ihr schon, wer hinter der ›Weißen Feder‹ steckt?«

Es war still im Gerichtsgebäude. Man hätte eine Stecknadel fallen hören können. Horan wagte kaum zu atmen. Alles hing nun von Steels Antwort ab.

Genauso leise antwortete der Befragte: »Mein lieber Mr. Horan, ich kann Sie beruhigen, denn es wird nicht mehr lange dauern. Wir haben schon den einen oder anderen Verdacht, aber bis jetzt noch nichts Konkretes, aber ...«, er machte eine bedeutungsvolle Pause, »...wenn wir mit der Befragung der übrigen Gefangenen fertig sind, werden wir diesen Bastard schnell zur Strecke bringen.«

»Dann kommt die ganze Bande sicherlich an den Galgen. Man muss kurzen Prozess mit ihnen machen«, bekräftigte Horan.

Steels Blicke durchdrangen den Anwalt. »Warum interessiert Ihr Euch so sehr dafür? Ihr habt doch wohl nicht die Absicht, dieses Pack zu verteidigen?«

Jack wusste, dass er jetzt aufpassen musste, um Steels Misstrauen nicht noch mehr zu erregen. Er merkte, wie seine Hände feucht wurden und sein Herz zu rasen begann. »Ich möchte genauso wie Ihr, Sir, dass unsere Stadt von Banditenpack und anderem Abschaum gesäubert wird.«

Erneut legte der Friedensrichter die Hand auf Horans Schulter. »Ich kann Sie verstehen, mein Freund. Aber glauben Sie mir, wir haben es bald überstanden.« Damit drehte er sich auf dem Absatz um und verschwand ohne ein weiteres Wort.

Als Steel außer Sichtweite war, lehnte sich Horan gegen die Wand. Er zitterte am ganzen Körper. Schweißperlen traten auf seine Stirn. Erst jetzt merkte er, wie viel Kraft ihn diese Unterhaltung gekostet hatte. Er hatte während des ganzen Gesprächs Angst gehabt, dass Steel den wahren Namen der ›Weißen Feder‹ wusste. Jack fürchtete um seinen Verbündeten, denn sein Freund war in dieser Stadt nicht mehr sicher. Er musste fort aus London, fort aus England. Horans krankes Bein schmerzte. Während des Gesprächs mit dem Richter hatte er sich fest auf seine beiden Beine gestellt, um nicht zittern zu müssen. Nun zog der Schmerz bis in die Hüfte hoch. Beim Gehen beanspruchte er seinen Stock mehr als sonst. Jeder Schritt verursachte Qualen, als ob ein Messer in seinem Knochen stecken würde. Er sah auf die goldene Taschenuhr, ein Erbstück von seinem Vater. Es war halb zehn. Keine Zeit mehr, um zu seinem Freund zu gehen und ihm den Hergang des Gesprächs zu schildern. Er musste zurück in seine Kanzlei. Er dachte an Luise von Wittenstein, und ein Lächeln huschte über sein Gesicht. »Wenigstens ein Lichtblick an diesem Tag, der so schrecklich begonnen hat«, sagte er zu sich selbst. Er ging wieder zurück zum Ausgang und stöhnte leise vor Schmerzen.

Als Luise an diesem Morgen erwachte, fühlte sie sich schlaff. Jede Faser ihres zarten Körpers tat ihr weh. Sie hätte niemals gedacht, dass die Fahrt nach London so anstrengend sein würde. Sie streckte ihre schmerzenden Glieder. »Aua!«

»Was hast du, Luise?«

»Oh, verzeih, Colette! Ich wollte dich nicht wecken, aber mir tut jeder Muskel meines Körpers weh. Ich glaube, ich habe überall blaue Flecke.«

»Mir geht es nicht besser. Wie spät ist es?«

Luise stieg aus ihrem angenehm warmen Bett und ging barfuß zu dem kleinen Tisch, auf dem sie gestern Abend ihren Schmuck abgelegt hatte. »Erst halb sieben. Schlaf noch etwas.«

Colette ließ sich das nicht zweimal sagen. Sie gähnte herzhaft und zog die Bettdecke bis zum Kinn, dann schloss sie die Augen und schlief sofort wieder ein.

Auch Luise legte sich wieder in ihr noch warmes Bett und sah sich im Zimmer um. Gestern bei der Ankunft hatte sie keine Zeit gehabt, den Raum genau zu betrachten. Später war sie zu müde gewesen. Sie hatte nur noch bemerkt, dass das Bett bequem war und eine dicke Daunendecke sie schnell wärmte. Jetzt sah sie sich interessiert das Zimmer an. Die beiden Betten waren durch einen kleinen Nachttisch getrennt. Darauf stand auf einer gehäkelten Decke eine Petroleumlampe. Sie hatte ihre Spieluhr dazugestellt. Luise nahm sie in die Hand, und einen Moment war sie versucht, sie an dem kleinen goldenen Rädchen aufzuziehen. Zu gern hätte sie die Sonate gehört. Sie ließ es jedoch, denn sie befürchtete, Colette abermals zu wecken. Also stellte sie die Uhr zurück auf den Tisch. Luise stopfte das Kopfkissen zwischen ihren Rücken und das Kopfteil des Bettes, um sich bequemer im Zimmer umsehen zu können. Im Kamin gegenüber an der Wand verbreiteten glimmende Holzscheite eine wohlige Wärme im Zimmer. Zum Glück hatte Luise gestern Abend ein dickes Holzstück nachgelegt. Vor dem Kamin befanden sich zwei kleine Sessel, die mit einem bunten Blütenstoff überzogen waren. Zwischen ihnen stand ein rundes Tischchen mit einer hellen Marmorplatte. Der Fuß war aus einem Stück Schmiedeeisen gefertigt. An der linken Wand befanden sich die Zimmertür und ein großer geräumiger Kleiderschrank, in den Colette bereits gestern Abend ihre Garderobe sorgfältig eingeräumt hatte. Rechts neben Luises Bett war die Außenwand des Zimmers. Durch zwei schmale, hohe Fenster fielen die ersten dünnen Lichtstrahlen an diesem frühen Morgen. Zwischen den beiden Fenstern stand ein Waschtisch, der genau von der einen Fensterbankkante zur anderen reichte. Luise schlussfolgerte, dass er für diesen Platz angefertigt worden war. Eine Waschschüssel aus weißem Porzellan und eine ebenso weiße Wasserkaraffe dienten der morgendlichen Toilette. Ordentlich zusammengelegte Handtücher hatten das gleiche gestickte goldene Emblem wie die gestärkte Bettwäsche: einen goldenen Löwen. Die Vorhänge waren aus demselben geblümten Stoff wie die Sessel und gaben dem Zimmer eine behagliche Atmosphäre. Luise fühlte sich in diesem Zimmer wohl. »Allerdings kann man für diesen Zimmerpreis auch solch eine Behaglichkeit erwarten«, murmelte sie.

Wieder stand sie auf und trat an eines der Fenster. Die Dächer der Stadt lagen in ihrem Sichtfeld. Aus den Schornsteinen stieg dicker, dunkler Qualm empor. Es war ein grimmig kalter Januarmorgen, und es schien, als wenn es niemals heller Tag werden würde. Man konnte keinen Unterschied zwischen dem Erwachen und dem Zur-Neige-Gehen des Tages feststellen. Alles war grau in grau. Luise konnte von ihrem Fenster aus keinen Baumwipfel sehen, keinen Strauch, noch nicht mal eine grüne Pflanze hinter irgendeinem Fenster. Es gab nichts, was sie an die Natur erinnerte, und nichts, was sie in der Natur liebte. Sie war zum ersten Mal in einer Großstadt. Auch ihr Internat hatte weitab von jeglicher Häuseransammlung in einer grünen Idylle gelegen. Für Luise war es unverständlich, dass Menschen hier leben konnten. Düster, dreckig und auch geheimnisvoll. Ja, sie wirkt auch irgendwie geheimnisvoll, diese Stadt in diesem fremden Land, dachte Luise.

Die Pension lag an einem Hang im Westviertel Londons, in dem die besten Anwälte der Stadt ihre Kanzleien und die besten Ärzte ihre Praxen hatten. Jetzt sah sie jedoch auf das Viertel der Arbeiter. Sie hätte niemals geglaubt, dass nur wenige Meter einen unsichtbaren Trennungsstrich zwischen den verschiedenen Menschengruppen in derselben Stadt ausmachen konnten. Was ihr diese Stadt wohl bringen würde? Vielleicht lebte ihr Bruder hinter einer dieser Fensterscheiben und blickte zu dem Hügel hinauf, von dem sie jetzt hinuntersah? Die Zukunft würde ihr diese Frage hoffentlich beantworten. Luise sah auf ihre Uhr und fand, dass sie noch genügend Zeit hatte, um ihren Pateneltern den ersten versprochenen Brief zu schreiben. Sie teilte ihnen also mit, dass sie gut angekommen waren und sie sich keine Sorgen machen mussten. Als sie die Zeilen beendet hatte, war es schon später, als sie gedacht hatte. »Steh auf, du Schlafmütze, sonst verpasst du das Frühstück«, weckte sie ihre Freundin lachend.

»Ah, Miss von Wittenstein. Guten Morgen!«

»Guten Morgen, Mr. Horan. Darf ich bekannt machen, meine engste Freundin und Vertraute, Miss Colette Lambert.«

»Comment ça va?«

»Oh, Sie sprechen Französisch?«

»Bonjour und au revoir, damit wären meine Kenntnisse in Ihrer wundervollen Sprache auch schon erschöpft.«

Als Jack ihnen entgegentrat, um ihnen die Hand zu reichen, stöhnte er leise auf.

»Geht es Ihnen nicht gut? Sie sehen bleich aus«, erkundigte sich Luise besorgt.

»Es ist nicht so schlimm. Ich habe eine Beinverletzung, die allerdings schon älter ist. Hin und wieder macht sie sich bemerkbar.«

»Das tut mir Leid, Mr. Horan. Wir können unseren Termin gerne auf einen späteren Zeitpunkt verlegen.«

»Oh nein, Sie sind wie Medizin für mich und halten mich davon ab, mich selbst zu bemitleiden. Außerdem möchten Sie Ihren Bruder so schnell wie möglich finden, und da dürfen wir keine Zeit verlieren.« Er wandte sich ab und setzte sich hinter seinen Schreibtisch, was nicht ohne Schmerzen geschah, wie sein Gesicht verriet.

»Mir soll es recht sein, Mr. Horan.«

Dieser nickte und begann direkt mit seinen Ausführungen, ohne weiter auf sein Befinden zu achten. »Folgendes habe ich mir überlegt. Es sind zwar für uns nur Kleinigkeiten, aber gerade diese Feinheiten machen den Unterschied und helfen uns weiter. Sollte Johann hier in England leben, dann lautet sein Name nicht Johann, sondern John. Außerdem …«

Der Anwalt wurde durch ein Klopfen an der Tür unterbrochen. Sein Sekretär kam herein und überreichte ihm eine Akte. »Sir, hier sind die Unterlagen, um die Sie mich gebeten haben.«

»Vielen Dank, Phil. Meine Damen, bitte entschuldigen Sie mich ein paar Minuten.« Er setzte seine Brille auf und studierte die Akte. Er brauchte wirklich nur ein paar Minuten, dann sagte er: »Somit sind wir einen Schritt weiter. Heather Timonth ist am 18. Mai 1781 an einer Lungenentzündung gestorben. Da sie keine Verwandten hatte, kam John ...«, als er den Namen vorlas, sah er Luise triumphierend über den Rand seiner Brille an, »... kam John Robert Timonth ins Waisenhaus.«

»Das arme Kind, da war er erst fünf Jahre alt. Wissen Sie, in welches Waisenhaus?«

»Ins Mitchell«, lautete die knappe Antwort. Luise wollte vor Freude jubilieren, als er hinzufügte: »Das Mitchell ist 1785 abgebrannt. Was sehr tragisch war, denn zwanzig Kinder sind dabei ums Leben gekommen. Ihr Bruder hat überlebt.«

Entsetzten machte sich breit, allein bei der Vorstellung, was er mitgemacht haben könnte. »Wohin kam er dann?«

»Darüber steht nichts in dieser Akte. Es tut mir Leid, dass ich im Moment keine aktuellere Nachricht für Sie habe, Miss von Wittenstein.«

Luise versuchte zu lächeln. Horan konnte jedoch Tränen in ihren Augen sehen. Er wollte sie trösten und sagte: »Es besteht kein Grund zur Traurigkeit. Wir sind schon einen gewaltigen Schritt weiter gekommen, zumal wir uns erst seit gestern wirklich damit beschäftigen. Lassen Sie es uns noch einmal zusammenfassen: Wir wissen, dass der Name Ihres Bruders John Robert Timonth ist, dass seine Mutter 1781 verstorben ist und dass er ungefähr vier Jahre im Waisenhaus Mitchell gelebt hat. Darauf müssen wir unsere weiteren Ermittlungen aufbauen.«

»Luise, sei ehrlich, gestern hast du kaum zu hoffen gewagt, dass du am ersten Tag nach deiner Ankunft in London so viel über deinen Bruder erfahren würdest.«

»Recht so, Miss Lambert. Wir müssen das Positive sehen und dürfen uns nicht entmutigen lassen. Wie ein Freund von mir zu sagen pflegt: Das Glas ist halb voll und nicht halb leer.«

»Ich wusste, dass es eine gute Idee war, dich mit nach London zu nehmen, Colette. Sie beide haben Recht. Wir machen uns gleich auf den Weg, dann verlieren wir keine Zeit für den zweiten Schritt.«

»Welchen zweiten Schritt?«, wollte Horan wissen.

»Ich gehe zu dem Haus, in dem Heather und ihr Sohn zuletzt zusammengelebt haben«, sagte Luise wie selbstverständlich.

»Nein, das geht nicht«, wehrte Jack ab.

Verständnislos sahen die beiden Mädchen den Anwalt an.

»Das Haus liegt im Arbeiterviertel. Da geht man als junge Frau aus gutem Haus nicht einfach hin und stellt Fragen. Außerdem geht dieses Viertel übergangslos in das Armenviertel über. Wenn Sie nicht aufpassen, dann gehen Sie den falschen Weg und geraten auf einmal in die Hände von Banditen. Nein, das kann ich nicht zulassen.«

»Was kann man uns schon anhaben? Wir wollen doch nur ein paar Fragen stellen und hoffen, dass sie jemand beantworten kann.«

»Das hier ist nicht irgendein kleiner, verträumter Ort auf dem Land in Deutschland, in dem jeder jeden kennt. Hier das ist die Großstadt. Hier herrschen andere Gesetze. Jeder ist sich selbst der Nächste. Glauben Sie mir bitte, ich möchte Sie nur vor Schaden bewahren.«

Luise und Colette sahen ihn verständnislos an. Sie konnten seine Ängste nicht nachvollziehen. Im Umfeld ihres Zuhauses gab es auch Betrügereien oder Diebstähle. Aber was hatte so etwas mit ihrem Vorhaben zu tun? Er meinte doch wohl nicht etwa, dass man sie umbringen könnte? Erschrocken sahen sie ihn an. »Meinen Sie etwa, glauben Sie wirklich ...«, stotterte Luise.

»Ich sehe, Sie wissen nichts von den Regeln und dem Leben in einer Großstadt. Sie wissen auch nichts über London?«

Zaghaft schüttelten die beiden Mädchen die Köpfe.

»Dann bleibt mir wohl nichts weiter übrig, als Ihnen etwas Geschichtsunterricht zu erteilen und Sie über ein paar einfache Regeln zum Überleben in der Großstadt zu informieren.« Horan trat ans Fenster und deutete mit einer Geste an, dass sich die eine rechts und die andere links von ihm hinstellen solle. »Was Sie hier sehen, ist das Westviertel von London. Hier residieren die Menschen aus reichem Haus. Je weiter Sie die Anhöhe hinaufsteigen, desto wohlhabender werden sie.«

Colette und Luise folgten seinen Blicken. Nun entdeckte Luise auch das Grün, das sie heute Morgen beim Blick aus ihrem Fenster so vermisst hatte. Überall zeigten Tannen ihre verschneiten Kronen. Koniferen säumten die Gärten. Sie konnte sich vorstellen, wie bunt es hier im Frühling sein musste, wenn aus den Rasenflächen die Krokusse sprießen würden.

»Zwischen 1700 und 1750«, fuhr Horan mit seinen Erklärungen fort, »haben die Reichen ihren Wohnsitz von Covent Garden hierher verlegt ...«

Jack Horan beschrieb den beiden Frauen die Situation in der quasi zweigeteilten Stadt: das reiche, neu erbaute Westend und das düstere, immer mehr zerfallende Eastend. Im Westen stellten die Menschen ihren Reichtum öffentlich zur Schau, indem sie von berühmten Architekten prunkvolle Häuser entwerfen und parkähnliche Gärten gestalten ließen. Manche Gebäude sahen wie Miniaturschlösser aus. Hier wuchsen die Kinder ohne Angst und Hunger auf, aßen von Porzellan und mit Silberbesteck. Sie schliefen in weichen Daunen, warm und beschützt.

Anders die Menschen im Osten der Stadt, die in Armut und Furcht lebten. Ihnen gehörte weder Teller noch Bett. Sie saßen auf kaltem Boden im Dreck. Gierige Häusermakler vermieteten die verlassenen Häuser der Reichen an die Arbeiter. Doch da der Lohn der Arbeiter oft nicht ausreichte, um die Bauten zu erhalten, verfielen sie zusehends. Ihr Verdienst war meist zu gering, um genügend Heizmaterial zu kaufen. Deshalb vermieteten die Arbeiter jeden entbehrlichen Quadratmeter unter. Immer mehr Menschen lebten auf immer enger werdendem Raum. Auf jedem freien Flecken Erde ließen Spekulanten Unterkünfte schlampig zusammenschustern und für viel Geld vermieten. Sogar innerhalb der Armut gab es Klassenunterschiede. Bedrückend und gefährlich war die Kluft zwischen Arm und Reich.

Das versuchte der Anwalt Luise und Colette zu verdeutlichen.

Horan schwieg einen Moment. »Es tut mir Leid, Ladys, ich male hier ein sehr düsteres Bild von London. Sie sind zu Besuch in meiner Heimatstadt, und ich will Sie anscheinend vergraulen. Mein Temperament ist mit mir durchgegangen. Wenn ich darüber nachdenke, werde ich jedes Mal wütend über diese Ungerechtigkeit, die hier unter den Menschen herrscht. Aber das ist eine andere Geschichte und hat nichts mit Ihnen zu tun. Bitte verzeihen Sie mir.«

Luise und Colette nickten, sagten aber kein Wort über seine Ausschweifung, die ihnen schon seltsam vorkam.

»Meine Damen, ich möchte Ihnen im Grunde nur klar machen, dass es nicht ungefährlich ist, sich alleine in einem anderen Viertel als dem Westend zu bewegen. Ich möchte Sie bitten, mir zu glauben und keine Spaziergänge ohne meine Begleitung zu unternehmen. Da ich mich angetragen habe, Ihnen zu helfen, werde ich mich Ihnen anschließen. Ich werde Sie morgen Früh abholen und die ehemalige Unterkunft von Heather Timonth mit Ihnen gemeinsam suchen.« Horan klang auf einmal nervös, und es hatte für Luise den Anschein, dass er sie loswerden wollte. Sie führte das auf sein Unwohlsein zurück. Deshalb verabschiedeten sie sich von ihm, ohne weitere Fragen zu stellen.

Als die beiden jungen Frauen gegangen waren, fiel Horan erschöpft auf sein Sofa. Sein Gesicht war kalkweiß. Kleine Schweißperlen bildeten sich auf seiner Stirn, denn sein Bein schmerzte stärker. Im Beisein der jungen Frauen hatte er es nicht zugelassen, doch jetzt konnte er den Schmerz nicht mehr zurückhalten. Sein Kreislauf sackte ab. Ihm wurde von einer Sekunde zur anderen übel. Er versuchte, tief durchzuatmen und sich nicht zu verkrampfen. Horan hätte sich ohrfeigen können. Aufregungen wie die von heute Morgen waren Gift für ihn. Es war wie verhext. Er brauchte sein Schmerzmittel immer am nötigsten, wenn er es nicht dabeihatte. »Wären die Tropfen griffbereit, könnte ich wetten, dass ich mich wohl fühlen würde, aber jetzt ist es natürlich nicht auszuhalten!«, schimpfte er mit sich selbst.

In diesem Moment hörte er ein zaghaftes Klopfen, das von der Bücherwand hinter seinem Schreibtisch kam. »Komm herein, ich bin allein«, rief er zu der Wand.

Die unsichtbare Tür wurde langsam geöffnet.

»Jack, was ist mit dir?«

»Mein Bein tut höllisch weh. Als ob ein brennendes Messer darin stecken würden. Außerdem ist mir schlecht.«

»Warte, ich habe meine Tasche dabei.« Sein Gast entnahm ihr eine kleine schwarze Flasche, zog den Korken heraus und zählte ein paar Tropfen in ein Glas, das neben einer Wasserkaraffe auf dem Schreibtisch stand. Er reichte Horan das Glas, das er bis zur Hälfte mit Wasser aufgefüllt hatte. »Hier, trink das in kleinen Schlucken aus.«

»Igitt, das schmeckt ja noch scheußlicher als das, was du mir sonst gegeben hast.«

»Kann sein, es ist stärker in der Mischung. Trink jetzt!«, befahl er, als Horan das Glas zurückstellen wollte. »Was hat diesen Rückfall bewirkt?«

»Ich hatte heute Morgen ein Zusammentreffen mit unserem Feind Nummer eins, mit Richter Steel. Gestern erwähnte ich bereits, dass ich ins Gerichtsgebäude gehen wollte, um etwas in Erfahrung zu bringen. Sehr früh am Morgen ging ich dorthin und lief ihm direkt in die Arme. Als ich ihm auf einmal gegenüberstand, fing mein Bein an zu zittern. Damit er das nicht merkte, belastete ich es, verkrampfte mich, und so kam eins zum anderen.«

Während er das Treffen mit Steel schilderte, schüttelte sein Freund immer wieder den Kopf.

»Es tut mir Leid«, fuhr der Anwalt fort, »aber einer deiner Jungen ist tot. Er wurde zu Tode gefoltert. Leider konnte ich keine Namen erfahren. Ich musste höllisch aufpassen, was ich zu ihm sagte oder ihn fragte. Vor allem tat ich so, als ob ich auf seiner Seite stehen würde. Wenn du das Gespräch gehört hättest, dann kämen dir bestimmt wieder Zweifel an meiner Loyalität. Mir kamen selbst beinahe welche. Du kennst seinen Ruf als gerissener Fuchs, der Lügner schon von weitem erkennt. Ich hoffe, er hat keinen Verdacht geschöpft.«

Der Freund hieb mit der Faust auf den Schreibtisch. »Dieses Schwein, dieses verdammte Schwein. Steel und seine Folterknechte kennen Mittel und Wege, die wir uns nicht vorstellen können. Aber es sind doch noch fast Kinder.« Verzweiflung klang aus seiner Stimme. So kannte Horan ihn nicht. »Es macht mich wahnsinnig, denn sie haben nichts verbrochen, sie wollten nur helfen, mir helfen. Weil ich der Gerechtigkeit dienen will, habe ich sie dieser Gefahr ausgesetzt. Nur weil ich für die Gerechtigkeit lebe, habe ich von ihnen solche Einsätze verlangt. Ist diese Sache es wert gewesen, dass die Kinder jetzt Entsetzliches erleben müssen? Im Grunde will er mich fangen. So schlimm es klingen mag, ich bin froh, dass einer von ihnen nicht mehr am Leben ist, denn er ist den Weg gegangen, den die anderen sicherlich noch vor sich haben.«

»Beruhige dich, es hilft niemandem, wenn du jetzt unüberlegt handelst. Auch wenn du es nicht wahrhaben willst, sie sind verloren. Selbst wenn du dich zum Tausch anbieten würdest, du könntest sie nicht retten.«

»Das weiß ich. Aber ich würde dann mit ihnen sterben.«

»Rede keinen Unsinn! Wem würdest du damit helfen? Du musst an dich und den Rest der Kinder denken. Was soll aus ihnen werden, wenn du dich töten lässt, nur um dein Gewissen zu beruhigen?« Wut klang in Horans Stimme. Es war ihm egal, dass sein Freund ihn mit bösen Augen anfunkelte. »Ich bitte dich«, fuhr er mit ebenso zorniger Stimme fort, »soll etwa alles umsonst gewesen sein? Unser Kampf, unsere Hoffnungen und unsere Opfer, meine Opfer?«

Erschrocken sah ihn sein Gast an. Er wollte etwas sagen, doch Horan hatte schon wieder das Wort ergriffen. »Nur, weil du dich im Moment schuldig fühlst, soll ihr Tod umsonst gewesen sein? Was glaubst du, wie ich die letzten Monate überlebt habe? Wie ich die schlaflosen Nächte ertragen konnte? Doch nur, weil ich an unserer Sache festhielt und mir die unschuldigen Gesichter in Erinnerung rief, die durch uns wieder lachen konnten. Nur weil du diese Organisation gegründet hast und die ›Weiße Feder‹ bist, hast du noch lange nicht das Recht, dich über unsere Ideale hinwegzusetzen.«

»Jack, ich hatte keine Ahnung! Verzeih mir!«

»Nein, natürlich hattest du keine Ahnung, woher denn auch! Ich habe es niemandem gesagt und es mir nicht anmerken lassen. Doch lass uns nicht mehr darüber sprechen. Damit muss ich leben und alleine fertig werden. Keiner kann mir dabei helfen – auch du nicht, denn niemand kann sie wieder lebendig machen.« Er stützte sich schwer auf die Armlehne seines Sessels, um sich zu erheben. Ein leises Stöhnen war zu hören. Er wartete einen Moment und ging dann langsam zu dem Bücherregal, wo eine Flasche und Gläser standen. Er goss in zwei einen doppelten schottischen Malt. Horan drehte sich zu seinem Besucher um und reichte ihm ein Glas. Dann erhob er seines und toastete ihm zu: »Auf die ›Weiße Feder‹!« Beide nahmen einen kräftigen Schluck, dann setzte sich Horan wieder in seinen Sessel.

»Sag, Jack, was sollen wir jetzt machen? Ich kann sie doch nicht hängen lassen.«

Hoffnungslos hob Horan die Schultern, um sie gleich wieder fallen zu lassen.

Nach einer Weile des Schweigens sagte sein Freund: »Heute Nacht schlägt die ›Weiße Feder‹ wieder zu.«

Fassungslos sah Horan ihn an. »Du weißt, dass Steel darauf nur wartet. Er wird an mehreren Orten gleichzeitig lauern, zu jeder Zeit, um dich zu schnappen.«

»Ich weiß! Ich werde darauf vorbereitet und ihm immer einen Schritt voraus sein.« Der Arzt erklärte Horan seinen Plan, und dieser ließ sich überzeugen. Anschließend sah er seinen Freund lange an, dann stieß er sein Glas an dessen: »Ich wünsche dir alles Glück der Welt, mein Freund!«

Am nächsten Tag trafen sich Luise, Colette und Horan, um den ehemaligen Wohnort von Heather und Johann aufzusuchen. Horan hatte die beiden Frauen in der Kutsche abgeholt.

»Wie geht es Ihrem Bein heute?«, erkundigte sich Luise.

»Danke, besser«, antwortete Horan knapp. Dann fügte er hinzu: »Ich möchte Ihnen zuerst das Westend etwas genauer und anschließend den Rest von London zeigen. Dann gelangen wir auch zu Heather Timonth' alter Adresse.« Er gab dem Kutscher ein Zeichen, damit dieser losfuhr.

Draußen war es klirrend kalt. Horan legte den Frauen und sich eine Felldecke über die Beine. Die Mädchen lächelten ihn dankbar an, und er erwiderte es kurz. Luise hatte das Gefühl, als ob er verärgert war. Doch ihre Gedanken wurden abgelenkt, als Colette ein entzücktes »Oh!« ausstieß. Luise blickte aus dem Fenster der Kutsche, und auch sie traute ihren Augen nicht. Die Häuser, die sie sahen, hatten eine wunderbare Architektur. So etwas Schönes und Prachtvolles hatten sie noch nicht gesehen. Selbst bei diesem Wetter strahlte alles in einem reinen Weiß. Die Wege zu den Häusern waren mit hellen Schottersteinen befestigt. Alles war sauber. Keine Dreckpfützen, kein Pferdemist auf den Zufahrtswegen, kein unansehnlicher Schneematsch, nichts, was die Sauberkeit getrübt hätte. Die meisten Häuser wirkten durch die rechts und links an den Eingängen stehenden Marmorsäulen monumental, tatsächlich schlossähnlich. Die Rasenflächen, die diese Häuser umgaben, hatten die Größe von Parkanlagen, üppig bepflanzt und gepflegt. Auf mehreren Grundstücken entdeckten die beiden jungen Frauen Springbrunnen mit verschiedenen Figuren in der Mitte, die allerdings um diese Jahreszeit kein Wasser spendeten. Die Kutsche fing an zu wanken, da Luise und Colette sich abwechselnd nach rechts oder links setzten, um alles genau zu sehen.

»Traumhaft! Sie hatten Recht, Mr. Horan, selbst im Winter erscheint die Gegend von der Sonne erhellt zu sein.«

Plötzlich nahm das Leuchten ab. Es schien dunkel zu werden. Luise schaute zum Himmel, aber es war noch Tag. Trotzdem hatte sie das Gefühl, dass die Abenddämmerung hereinbrechen würde. Horan konnte ihre unausgesprochene Frage erahnen und erklärte: »Wir durchfahren jetzt Covent Garden, dann St. Giles. Hier leben die Arbeiter, denen es besser geht.«

»Mon Dieu, genau wie in Paris!«

»Mr. Horan, das ist ja ein Unterschied wie …«

»… Tag und Nacht?«, unterbrach der Anwalt sie.

Luise nickte. Sie konnte nicht glauben, was sie sah. Gestern war sie der Meinung gewesen, Horan würde theatralisch übertreiben, aber nun konnte sie sich mit eigenen Augen von der Wahrheit seiner Beschreibung überzeugen. Hier gab es ein wahres Labyrinth von Gassen mit vollständig zerfallenen, dreckigen Häusern und Holzhütten. Da, wo auch nur noch ein bisschen Raum war, wurden neue Unterkünfte gebaut. Sie konnten beobachten, wie in kürzester Zeit Latten aneinander genagelt wurden, sodass sich das Tageslicht scheinbar keinen Weg mehr bis zum Boden bahnen konnte.

»Sagen Sie bitte nicht, dass in solchen Behausungen Menschen wohnen«, sagte Luise bestürzt. Als sie jedoch Horans Blick sah, schüttelte sie entsetzt den Kopf. »Zu Hause ist unser Vieh besser untergebracht.«

»Das, was Sie hier sehen, ist immer noch Gold im Gegensatz zu den Unterkünften im Elendsviertel.«

»Sir, St. Giles«, teilte ihnen der Kutscher mit.

»Danke! Halten Sie an der nächsten Straßenecke. Ladys, wir sind jetzt an dem ehemaligen Wohnort von Heather angelangt. Sie warten bitte hier. Ich gehe vor und versuche, etwas in Erfahrung zu bringen.«

»Oh nein, so war das aber nicht abgesprochen. Wir haben Sie mitgenommen und nicht umgekehrt. Wir werden hier auf keinen Fall in der Kutsche warten. Wir kommen mit!« Luise blitzte ihn kampflustig an.

Horans Augen verengten sich, und man konnte annehmen, dass auch er zu einem Streitgespräch bereit sei. »Ich werde nie wieder jemanden nach seinem engelhaften Aussehen beurteilen. Meistens ist es nur Fassade, und ein Teufel steckt dahinter.« Horan fing an zu lachen und half Luise und Colette beim Aussteigen.

»115, Maple Road, da müssen wir hin.« Er sah sich um und las laut die Hausnummern vor. »Wir müssen noch ein Stück weiter gehen. Ich schlage vor, dass wir doch mit der Kutsche fahren.«

»Können wir bitte zu Fuß gehen? Ich bin schon ganz steif vom Sitzen.«

»Moi aussi!«

»Also gut. Bleiben Sie aber in meiner Nähe. Ich will nicht nach Ihnen suchen müssen.«

Die Mädchen nickten, denn sie hatten kein Bedürfnis, die Umgebung alleine zu erkunden. Sie waren in einer anderen Welt angekommen, und die war dunkel, dreckig und stank erbärmlich nach Exkrementen und Abfällen. Der Regen der vergangenen Tage und das Schmelzwasser des Schnees vereinigten sich zu kleinen Pfützen und dünnen Rinnsalen. Sie durchzogen die Straßen kreuz und quer, die wie ausgestorben wirkten.

»Wo sind die Menschen, die hier leben?«, fragte Luise flüsternd.

»Die Männer sind bei der Arbeit, falls sie welche haben. Die, die keine haben, sitzen im Wirtshaus, und einige werden zu Hause sein. Auch wenn wir sie nicht sehen, sie sehen und beobachten uns. Jeder in diesem Viertel weiß, dass wir hier sind«, erklärte Horan.

Luise und Colette spähten zu den Fenstern hinauf, um hinter den Gardinen eine Gestalt zu suchen. Zwei Mal glaubten sie, dass sich der Vorhang leicht bewegte.

»Hallo, Mr. Carpenter!«, erklang es plötzlich ganz in der Nähe.

Luise sah sich um und erblickte auf der gegenüberliegenden Straßenseite eine Frau aus einem dieser halb zerfallenen Häuser hervortreten. Aber Luise sah keinen Mr. Carpenter. Umso überraschter war sie, als Jack Horan antwortete.

»Guten Tag, Mrs. Shaun. Wie geht es Ihnen und der kleinen Leslie?«

Erst jetzt bemerkte Luise das kleine Bündel auf dem Arm der Frau.

»Danke, es geht uns wieder besser, jetzt, wo mein Mann endlich Arbeit hat. Wir wissen nicht, wie wir Ihnen jemals danken können, Mr. Carpenter.«

Horan schien es peinlich zu sein, dass die beiden jungen Frauen das Gespräch mitgehört hatten, denn er gab ihnen ein Zeichen zu warten und versuchte dann, trockenen Fußes die Straße zu überqueren.

Colette sah Luise fragend an, doch diese zuckte mit den Schultern. Da Horan und die Frau nun leise miteinander sprachen, konnten die beiden Mädchen das Gespräch nicht mehr verstehen. Luise beobachtete die Frau sehr genau. Sie war ärmlich gekleidet. Die Kleidung war zwar sauber, aber zerschlissen. Ihre ehemals dunklen Haare wurden von vielen grauen Strähnen durchzogen. Das Gesicht war von großen Sorgen gezeichnet. Falten hatten sich wie tiefe Furchen in die Haut eingegraben. Den Augen galt Luises ganze Aufmerksamkeit. Sie machten zwar einen müden Eindruck, jedoch konnte man ein klares Leuchten erkennen, ein Leuchten, das nur die Jugend hervorbringt. Die Frau konnte noch nicht alt sein.

Horan griff in seine Manteltasche und gab der Frau etwas, das wichtig für sie zu sein schien, denn sie hielt seine Hand fest und wollte sie küssen. Er zog sie weg und sagte etwas zu ihr, das ihre Augen noch mehr zum Strahlen brachte. Horan küsste das Baby auf die Stirn und kam zu Colette und Luise zurück.

»Gott schütze Sie, Mr. Carpenter!«, rief die Frau ihm hinterher, bevor sie im Haus verschwand.

Horan war die Situation sichtlich unangenehm. Jedoch sollte sich dieses Schauspiel wiederholen, bevor sie zu der gesuchten Adresse kamen. In der Zwischenzeit hatte Horan mit Colette und Luise kein Wort gewechselt, und die jungen Frauen waren so taktvoll gewesen, nicht zu fragen, obwohl man ihnen ansah, dass sie vor Neugierde zu platzen schienen.

»Hier ist die Nummer 115.« Sie standen vor einem Haus, das sich über zwei Stockwerke erstreckte. Auch diesem Gebäude sah man an, dass es bessere Zeiten gesehen hatte. An ihm war schon einiges repariert worden, jedoch sah es im Gegensatz zu den Nachbarhäusern noch bewohnbar aus.

»Jetzt warten Sie hier draußen. Ich werde alleine reingehen und mich umschauen«, entschied Horan. Bevor Luise protestieren konnte, fügte er schnell hinzu: »Und keine Widerrede!«

Luise machte den Mund wieder zu und blieb mit Colette vor der Tür stehen. Sie trippelte vor Kälte von einem Fuß auf den anderen, als ein leises Hüsteln ihre Aufmerksamkeit auf sich zog. Erst jetzt sah sie den kleinen Jungen, der neben einem Dreckhaufen saß und spielte. »Guten Tag, kleiner Mann, was machst du da alleine?«

Große blaue Kinderaugen sahen sie aus einem schmutzigen Gesichtchen freundlich an. Luise schätzte ihn auf höchstens drei Jahre. Für diese Jahreszeit und vor allem für dieses Wetter war er nur leicht bekleidet. Sein Hemdchen war aus dünnem Tuch. Die Hose hielten mehr Löcher als Stoff zusammen. Um die Füße waren Lumpen gewickelt, und die waren durchnässt. »Du musst doch frieren.«

Er antwortete nicht, jedoch waren seine Lippen leicht bläulich verfärbt, und er zitterte am ganzen Körper.

»Wo wohnst du?«, fragte ihn Colette freundlich und bückte sich zu ihm hinunter, um seine Hände in die ihren zu nehmen und zu wärmen.

Der kleine Junge zeigte auf das Haus, in das Horan gegangen war. Sein Husten wurde heftiger.

»Wo sind deine Eltern? Wissen sie, dass du hier draußen bist?«

Er schüttelte seine blonden Locken. »Sie sind nicht da«, antwortete er mit piepsiger Stimme.

»Komm, wir bringen dich in dein Bett, wo du es schön warm hast, und machen dir eine Tasse heißen Tee. Zeig uns, wo du wohnst.«

Ohne Scheu führte der kleine Kerl die zwei Mädchen in das Haus. Er ging willig voran, stieg die Treppe hinauf, bis sie unter dem Dach angekommen waren. Als er die Tür öffnete, hielt sich Colette die Hand vor den Mund. Was sie hier sahen, verschlug sogar Luise die Sprache. Die Wohnung bestand aus einem einzigen Raum. Dieser wurde in der Mitte durch ein Tuch geteilt, das auf einer Leine hing. Man konnte nur in der Mitte des Zimmers stehen, da die Dachschräge kurz über dem Boden begann. Die Dachbalken waren zum Teil verfault und stanken modrig. An manchen Stellen waren Ziegel locker, durch die Löcher konnte man den Himmel sehen. Auf der einen Seite stand ein verrostetes Bettgestell mit verschlissenen Decken. Auf dem Boden lag eine schäbige Matratze ohne Betttuch. Schimmelpilze hatten sich am Boden der Matratze ausgebreitet. Der andere Teil des abgeteilten Raums war Küche und Aufenthaltsraum zugleich. Ein Tisch mit drei klapprigen Stühlen, die aussahen, als ob sie gleich auseinander brechen würden, und ein einfach gezimmerter Schrank waren die einzigen Möbel. In der Ecke entdeckte Luise einen gusseisernen Ofen. Als sie die Hand vorsichtig dagegen hielt, stellte sie fest, dass er länger nicht beheizt worden war. Colette schüttelte ungläubig den Kopf und zeigte auf einen Eimer. Er diente anscheinend der Notdurft.

»Wie können Menschen nur so leben. Es riecht hier so modrig, dass ich mich nicht traue, tief Luft zu holen.«

»Sieh, Colette …«

»Was machen Sie hier?«

Colette und Luise fuhren erschrocken herum. »Haben Sie uns erschreckt!«

»Wer sind Sie? Wo ist mein Sohn? Danny – Danny, wo bist du?«, rief die Frau, die unbemerkt das Zimmer betreten hatte. Der Junge kam hinter den zwei Frauen hervor. »Danny, du sollst doch im Bett bleiben, sonst wird dein Husten nie besser. Leg dich wieder hin und deck dich zu.« Voller Liebe, aber auch voller Sorge war ihre Stimme.

»Sie sind also seine Mutter.«

»Wer will das wissen?«, fragte die Fremde aggressiv. »Und was wollen Sie von uns?« Die Frau versuchte, die beiden Fremden einzuschüchtern, denn drohend sagte sie: »Sie suchen ein Kind, habe ich Recht? Sie können keine bekommen, und deshalb wollen sie mir meines wegnehmen. Sie denken, ich sei eine schlechte Mutter, nur weil wir arm sind. Wollten Sie für ihn bezahlen oder ihn stehlen?«

Entsetzt sahen Luise und Colette die Frau an. »Wie bitte? Wie können Sie so etwas annehmen? So etwas gibt es doch nicht!«, fand Luise als Erste wieder zur Sprache zurück.

»Verstellen Sie sich nicht, so etwas kommt hier jeden Tag vor. Warum sollten sonst zwei Ladys in dieser Gegend in ein fremdes Haus gehen?«

»Gute Frau, Sie missverstehen die Situation.«

»Dann erklären Sie mir diese.«

»Wir mussten draußen vor dem Haus auf unseren Freund warten, der in diesem Haus …«

»Sie haben einen *Freund* in diesem Haus?«, fragte die Frau ungläubig. Man sah ihr an, dass ihre Nerven gespannt waren.

»Nein, natürlich nicht. Ein *Bekannter* von uns ging hier rein, um etwas in Erfahrung zu bringen.«

»Ach, so ist das also. Sie haben natürlich keinen Freund hier aus diesem Haus, wie hatte ich auch so etwas nur annehmen können! Er geht vor, um in Erfahrung zu bringen, welches Kind den Damen am angenehmsten wäre und am einfachsten zu stehlen ist …«

»Un moment, jetzt reicht es«, mischte sich Colette in das Gespräch ein, »wie können Sie es wagen, so mit uns zu sprechen! Wir haben nichts dergleichen getan oder auch nur erwogen. Wir waren nur freundlich und haben ein krankes Kind wieder nach Hause gebracht.«

»Oh, entschuldigen Sie bitte, Ladys«, sagte die Frau verächtlich, »ich bin Ihnen wohl zu nahe getreten. Feine Damen wie Sie, die aus Frankreich kommen, haben nur ehrliche Absichten …«

»Luise, Colette, wo stecken Sie?«, erklang es auf einmal aus dem unteren Stockwerk. In seiner Aufregung hatte Horan gar nicht gemerkt, dass er die jungen Frauen bei deren Vornamen gerufen hatte.

»Wir sind hier oben!«

Als Horan die Treppenstufen heraufkeuchte, schimpfte er den ganzen Weg bis zu ihnen. »Hatte ich Ihnen nicht gesagt, dass Sie draußen warten sollen? Ich habe mir …«

»Mr. Carpenter? Sie sind doch Mr. Carpenter!?«, fragte die Frau erstaunt und fügte, ohne eine Antwort abzuwarten, hinzu: »Dem Herrn im Himmel sei Dank, meine Gebete wurden erhört.« Tränen brachten ihre Augen zum Leuchten. Sie ergriff Horans Hand und ließ sie nicht mehr los.

Langsam entzog der Anwalt ihr diese, und um von allem abzulenken, fragte er Luise in einem schroffen Ton: »Was geht hier vor? Was machen Sie hier überhaupt, und was haben Sie dieser Frau über mich erzählt?«

»Sie kennen die Ladys?«, fragte die Frau überrascht.

»Wir haben nur einen kleinen Jungen vor dem Erfrieren gerettet und ihn nach Hause gebracht«, ignorierte Luise die Frage der Frau. »Er hat nämlich ganz alleine auf einem Dreckhaufen vor der Tür gesessen und gehustet.« Nun wandte sie sich direkt an die Mutter: »Wo waren Sie? Wie können Sie ihren kranken Jungen alleine lassen? Wenn Sie Angst davor haben, dass Ihrem Kind etwas passieren kann, dann würde ich an Ihrer Stelle meinen Sohn nicht eine Minute aus den Augen lassen.«

»Luise, ich glaube kaum, dass Sie das etwas angeht.«

»Natürlich geht es mich etwas an. Schließlich werden wir die ganze Zeit beschimpft und wie Verbrecher verhört.«

»Es stimmt, Ladys. Ich habe mich Ihnen gegenüber nicht nett verhalten. Aber die Zeiten sind schlecht, und hier verschwinden ständig Kinder. Wenn man plötzlich in seiner Wohnung zwei Fremden gegenübersteht, wird man vor Angst fast verrückt, dass es diesmal einen selbst trifft. Glauben Sie mir, ich wäre lieber zu Hause und würde mich um mein Kind kümmern, aber ich muss Geld verdienen. Sonst landen wir auf der Straße.« Nun war es mit ihrer Beherrschung vorbei. Tränen rannen ihr über das Gesicht. Mit dem Handrücken wischte sie diese weg und schnäuzte sich die Nase in ein schon sehr schmutziges Tuch. Diese Frau ähnelte den beiden anderen Frauen, denen sie erst vor einer Stunde hier im Viertel begegnet waren: Falten in dem noch jungen Gesicht, das Haar fad und glanzlos, Haut, die grau wie Asche wirkte.

»Wie alt sind Sie?« Luise musste ihr einfach diese Frage stellen, auch wenn man sie verständnislos ansah.

»Zweiundzwanzig Jahre. Und Sie?«

»Bald neunzehn.«

Die Frau schien zu ahnen, welche Gedanken durch Luises Kopf gingen. »So hübsch und so jung wie Sie habe ich noch nie ausgesehen. Jedenfalls kann ich mich nicht daran erinnern. Hier wird man schon alt geboren.«

»Wo ist denn Ihr Mann? Oder haben Sie keinen?«, fragte Horan, der mit seinem Stock die Wände und Teile des Daches abgeklopft hatte.

»Natürlich! Er arbeitet. Bill ist Schneider, genauer gesagt, Uniformschneider. Das heißt, er war es. Jetzt ist er fast blind und kann nur noch grobe Arbeiten verrichten. Die werden aber nicht so gut bezahlt. Deshalb muss ich mithelfen. Nur so können wir überleben.« Sie wurde durch einen neuen Hustenanfall des kleinen Danny unterbrochen.

»Haben Sie keine Medizin für den Jungen?«, fragte Colette.

»Wovon sollen wir die bezahlen? Wir haben kein Geld, und einen Arzt, der ihn umsonst behandeln würde, kennen wir nicht«, antwortete die junge Mutter gereizt.

Luise ging zu dem Jungen und legte ihm die Hand auf die Stirn. »Er hat Fieber. Geben Sie mir eine Decke, damit wir ihn einwickeln können.« Die Frau reichte Luise eine Decke, die derart muffig roch, dass Luise sie angewidert auf den Boden warf. »Entschuldigung«, sagte Luise, »ich weiß, dass Sie nichts dafür können, aber mit so einer stinkenden Decke kann ich ihn nicht zudecken.« Sie zog ihr weites Cape aus und wickelte Danny darin ein.

»Mmh, das riecht gut«, wisperte dieser, bevor er einschlief.

Luise strich dem Jungen über das Haar. »Morgen komme ich wieder und bringe Ihnen Medizin für Danny.« Als sie den zweifelnden Blick der Mutter sah, fügte sie hinzu: »Ich meine es ehrlich.«

Colette trat zu der Frau und reichte dieser auch ihren Mantel. »Hier, damit können Sie sich wärmen. Morgen bringen wir Ihnen neue Decken.«

»Warum tun Sie das? Sie kennen uns nicht. Außerdem war ich nicht freundlich zu Ihnen.«

»Ich hätte in Ihrer Situation nicht anders gehandelt«, antwortete Luise leise. Sie drehte sich um und ging, gefolgt von Colette, die Treppe hinunter.

Die Frau, die Luise noch vor einer halben Stunde am liebsten aus dem Haus geworfen hätte, sah ihr sprachlos hinterher. »Sie sieht nicht nur aus wie ein Engel, sie ist ein Engel.«

Horan nickte.

»Ich habe schon so viel von Ihnen gehört, Mr. Carpenter. Aber dass Sie auch uns helfen würden, das wird mir Bill nie glauben.«

Horan verabschiedete sich hastig und eilte den Mädchen hinterher. Er folgte den beiden zur Kutsche, die an derselben Stelle wartete, an der sie ausgestiegen waren. Da sie ein gutes Stück zu Fuß durch die Kälte laufen mussten, zitterten Luise und Colette, als sie endlich die Kutsche erreichten.

»Wie konnten Sie nur Ihre Mäntel hergeben? Bei allem Respekt, es nutzt niemandem, wenn Sie krank werden.«

»Auf uns wartet ein warmes Zimmer, ein heißes Bad und warmer Tee. Wäre Ihre Frage damit beantwortet?«

Er nickte und legte Ihnen die Felldecke über die Beine, die sie bis zum Kinn hochzogen. »Sie haben gar nicht gefragt, ob ich etwas in Erfahrung gebracht habe.«

»Ich weiß. Ich brenne zwar darauf, Neuigkeiten zu hören, aber im Moment ist mir viel zu kalt, um mich, außer auf mein Zähneklappern, auf etwas anderes konzentrieren zu können.«

Colette saß schweigend neben ihnen. »Ich habe nie wieder daran gedacht«, sagte sie plötzlich, »aber genau so hat es in Paris ausgesehen. Und genau so hat es gerochen. Alles war feucht und modrig. Deshalb bin ich krank geworden. Mein Vater hatte auch kein Geld für Medizin. Die einzige Chance war fortzugehen, sonst wäre ich gestorben. Ich hatte es ganz vergessen. Mais, als ich das Zimmer sah, kam die Erinnerung zurück.« Wieder blickte sie stumm aus dem Fenster. Luise ließ Colette in Ruhe, denn sie spürte, dass diese allein sein wollte mit ihren Gedanken.

»Mr. Horan«, sagte Luise nach einer Weile, »glauben Sie nicht, dass Sie uns eine Erklärung schuldig sind?«

Der Anwalt gab ihr keine Antwort, sondern blickte an ihr vorbei aus dem Fenster – tief in Gedanken versunken. Als die Kutsche vor ihrer Pension anhielt, brach er das Schweigen: »Kommen Sie morgen Mittag in meine Kanzlei. Ich werde Ihnen dann Rede und Antwort stehen.« Als die Mädchen ausgestiegen waren, fügte er noch hinzu: »Um die Medizin für den Jungen werde ich mich kümmern.«

»Gut, wir besorgen den Rest.«

»Den Rest?«

»Decken, Feuerholz, Essen …«

Horan lächelte erstaunt. »Ich möchte mich bei Ihnen entschuldigen.« Ohne weitere Erklärungen stieg er in die Kutsche und ließ Luise verwirrt zurück.

Als Jack Horan in seinem Haus ankam, wurde er bereits von seinem Freund erwartet, der im dunklen Salon saß.

»Herrgott, hast du mich erschreckt.«

»Ich warte schon eine Ewigkeit. Wo warst du so lange?«

»Wieso klingst du so gereizt? Ist etwas passiert? Und warum sitzt du im Dunkeln?«

»Gestern Nacht, die Aktion ging schief.« Der Freund lief aufgeregt im Zimmer auf und ab. »Drei Jungen wurden geschnappt. Steel war dabei. Jemand muss uns verpfiffen haben.«

»Ich hatte dich gewarnt. Hat dich jemand gesehen?«

»Nein, ich habe wie immer die Aktion von weitem beobachtet. Aber ich habe alles mit angesehen und konnte ihnen wieder nicht helfen. Steel stand die Freude regelrecht ins Gesicht geschrieben. Ich musste mich beherrschen, dass ich ihm nicht eins über den dicken Schädel gezogen habe.«

»Bist du verrückt? Natürlich kann ich mir vorstellen, wie du dich fühlst, aber das Thema hatten wir gestern Abend schon. Wissen diese Jungen, wer ihr Anführer ist?«

»Nein, natürlich nicht. Ich sagte dir doch bereits, dass Bobby der Einzige ist. Er würde nie etwas über meine Identität erzählen. Unter keinen Umständen. Bobby hat mich indirekt auf die Idee mit der ›Weißen Feder‹ gebracht. Wenn ich ihm nicht begegnet wäre, dann wäre diese Organisation nicht zustande gekommen. Nein, Bobby hält dicht.« Er schenkte sich einen Drink ein und setzte sich in den Ohrensessel vor den Kamin, in dem Horan ein Feuer angezündet hatte.

»Ich hoffe, dass er noch lebt.«

»So hart es auch klingen mag, es wäre besser, wenn er derjenige wäre, der nicht mehr am Leben ist. Dann hätte er alles überstanden. Die Methoden von Steel und seinen Folterknechten sind wirksam. Wenn wirklich ein Maulwurf unter euch ist, dann ist es nur eine Frage der Zeit, wann sie deine wahre Identität herauskriegen werden. Mein Gott, ich würde dich uneinsichtigen Kerl am liebsten auf ein Schiff verfrachten, das dich von hier fortbringt. Komm endlich zur Besinnung – du wirst niemandem helfen, wenn sie dich am Galgen baumeln lassen.«

»Verdammt, soll ich sie wirklich im Stich lassen?« Seine Stimme klang verzweifelt, und doch wusste er, dass sein Freund die Wahrheit sagte. »Ich muss ständig an ihre Gesichter denken, als sie damals zu uns kamen.« Ein Lächeln machte seine angespannten Gesichtszüge etwas weicher. »Erinnerst du dich noch an Jimmy, den sie später Rabbit nannten, weil er flink wie ein Hase laufen konnte? Oder Pete, den kleinen dicken Pete, für den Essen das größte Vergnügen war. Thomas, schon mit acht ein Riesenkerl. Vor nichts hatte er Angst. Frankyboy, der Zarteste unter ihnen. Pete Nummer zwei, der sich immer ärgerte, wenn man ihn mit Pete dem Dicken verwechselte. Sebastian, der stets gut gelaunt war. Und dann noch Bobby, der Ruhigste von allen, der immer zwei Schritte vorausdachte, bevor er einen tat. Sie alle sind in der Hölle gelandet und warten darauf, dass ich ihnen helfe. Sie ertragen alle Qualen und Schmerzen nur, weil sie hoffen. Hoffen, dass ich sie heraushole, wie damals, als sie zu uns kamen.« Er schlug die Hände vor sein Gesicht.

»Ich weiß, mein Freund«, sagte Horan verständnisvoll, »du sitzt zwischen den Stühlen. Du willst ihnen helfen, aber du weißt auch, dass du das nicht kannst. Selbst wenn du dich stellen würdest, Steel lässt sie nicht laufen. Sie würden neben dir am Galgen von Newgate sterben.« Horan ging zu dem Tisch, auf dem die Karaffe mit Sherry stand. Während er sich ein Glas davon einschenkte, sagte er kopfschüttelnd: »Und was heißt befreien? Du kennst doch die engen Backsteinschluchten von Southwark! Selbst wenn du es schaffen solltest, im Schutz der Dunkelheit unbemerkt durch die Schluchten zu kommen, und es auch noch schaffen würdest, unbemerkt bis zu dem Gefängnis vorzudringen, was dann? Wie willst du in den Kerker gelangen?« Horan legte seinem Freund die Hand auf den Oberarm. »Glaube mir, wenn es nur einen Funken Hoffnung gäbe, dann ...« Er zuckte resigniert mit den Schultern.

»Wo soll ich denn hin, Jack? Nach Frankreich, nach Deutschland oder sogar noch weiter? Vielleicht nach Amerika? Nein! Ich bin hier geboren, hier aufgewachsen, hier ist mein Zuhause. So leicht lasse ich mich nicht vertreiben.« Er fuhr sich mit beiden Händen erschöpft über das Gesicht. »Ich muss gehen, Jack. Ich bin müde und ich muss nachdenken. Im Grunde stimmt es, was du sagst, ich muss eine Entscheidung treffen.« Er ging auf Horan zu und reichte ihm die Hand. »Danke, mein Freund. Du bist immer da, wenn ich dich brauche, und denkst niemals an dich. Du bringst dich dabei selbst in Gefahr. Ich hoffe, du weißt das.«

»Ja, ich weiß, aber ich habe nichts zu verlieren. Das, was mir das Wichtigste war, wurde mir bereits genommen.«

Tief betroffen umarmte der Freund Horan für einen flüchtigen Augenblick. Er nahm seine Tasche, die neben dem Tischchen mit dem Sherry stand, und ging zur Tür. Von dort wurde er von dem Anwalt zurückgerufen:

»Ich brauche Medizin für einen kleinen Jungen, der stark hustet und Fieber hat. Hast du etwas in deiner Zaubertasche dabei?«

»Wie alt ist er?«

»Vielleicht zwei oder drei. Schlecht zu sagen, er ist unterernährt und schmächtig.«

Sein Freund griff in die schwarze Ledertasche und holte mehrere kleine dunkle Flaschen hervor. Dann träufelte er ein paar Tropfen von jeder Flasche in ein größeres Gefäß. Im Raum verbreitete sich ein wohltuender Geruch nach Pfefferminze, Fenchel und anderen Kräutern. »Hier, Jack, davon alle zwei Stunden zehn Tropfen in warmem Wasser auflösen und das Kind davon trinken lassen. Für die Nacht eine Schüssel mit heißem Wasser neben sein Bett stellen und zwanzig Tropfen hineinträufeln. Das erleichtert ihm das Atmen. Dann kann er besser schlafen. Im Schlaf erholt sich sein Körper und bekommt wieder Kraft. Kenne ich den kleinen Kerl?«

»Nein, er kommt aus dem Arbeiterviertel, ich bin ihm heute zum ersten Mal begegnet. Was kostet diese Medizin?«

»Für einen Freund nichts, für arme Menschen auch nichts, für die Reichen ein Vermögen. Aber im Grunde nur ein paar Pennys. Warum fragst du?«

»Weil sich die wenigsten einfache Medikamente leisten können. Hoffentlich kommt diese Medizin nicht zu spät.«

»Das sind meine Gründe, warum ich an der Organisation festhalte. Ich will, dass jeder so denkt wie wir. Probiere die Tropfen; wenn es schlimmer wird, sehe ich mir das Kind an.« Mit diesen Worten ging er.

Horan blickte nachdenklich in die Flammen, bis sie das gesamte Feuerholz aufgefressen hatten und erloschen.

Als die beiden Frauen gegen Mittag in Horans Kanzlei ankamen, ließen sie sich erschöpft in die Sessel sinken. Sie hatten zahlreiche kleinere und größere Pakete mitgebracht, die sie neben sich fallen ließen.

»Haben Sie halb London leer gekauft?«

Colettes Augen blitzten vor innerer Freude, und auch Luise strahlte über das ganze Gesicht. »Oh, es macht so viel Freude, wenn man Dinge für jemanden kauft, der sich selbst nichts leisten kann. Sehen Sie nur, diese kleine Jacke haben wir für Danny gefunden. Dann noch die Strümpfe und die Hose. Außerdem ein paar Decken und diese Schuhe. Der Verkäufer war sehr nett und machte uns einen guten Preis. Leider haben wir kein Feuerholz.«

»Was ist in den drei Päckchen?«

»Surprise, Mr. Horan«, antwortete Colette, »ein kleines Pferd für Danny und ein Schal für seine Maman und ein Schinken für seinen Papa.«

»Und hier ist die Medizin für Ihren kleinen Freund.«

Glücklich nahm Luise die Flasche entgegen und stellte sie zu den anderen Sachen.

»So ein Besorgungstag macht doch sicher hungrig. Ich habe mir erlaubt, etwas zum Lunch vorbereiten zu lassen. Möchten Sie Tee dazu?«

»Sehr gerne!«, stimmten beide zu.

Der Anwalt läutete das goldene Glöckchen. Kurze Zeit später kam eine junge Bedienstete und brachte ein Tablett mit heißem Tee und eine Platte belegter Brotscheiben. Kaum hatte sich die Tür hinter ihr wieder geschlossen, griffen die zwei jungen Damen begierig zu. Horan setzte sich den Frauen gegenüber an seinen Schreibtisch. Luise und Colette machten es sich in ihren Sesseln gemütlich und genossen die Vertrautheit, die sich zwischen ihnen ausbreitete.

»Jack, was haben Sie gestern über Heather und John in Erfahrung gebracht?«, fragte Luise zwischen zwei Bissen.

»Leider nicht viel. Nur ein alter Mann konnte sich noch gut an sie erinnern.« Fragend hob Luise eine Augenbraue. »Nun, er sagte, dass sie auffielen. Sie hätten nicht in diese Gegend gepasst. Sie seien gut gekleidet und vor allem gebildet gewesen. Heather konnte lesen, was bis heute nicht auf jeden zutrifft, und sie legte großen Wert auf die Erziehung ihres Sohnes. Sie hatte kaum Kontakt zu den übrigen Bewohnern, und die wiederum suchten keinen zu ihr, da sie Heather für hochmütig hielten. Als ihr Onkel die Zahlungen einstellte, verschwand der äußere Unterschied recht bald. Sie musste für sich und das Kind selbst sorgen und arbeitete in einer Wäscherei. Aber, sie verlor nie ihren Stolz und legte stets Wert auf die Bildung ihres Sohnes. Dem alten Mann tat der Junge Leid. Wenn andere Kinder draußen spielten, musste er im Haus bleiben und Buchstaben üben. Sie wollte sicherlich, dass es ihrem Jungen einmal besser ginge als ihr und den anderen Menschen in diesem Armenviertel. Durch die Nässe in der Waschhalle wurde Heather krank und starb wie gesagt an einer Lungenentzündung. Der Junge wurde ins Waisenhaus gebracht, aber das wissen wir ja bereits.«

Luise legte ihr angebissenes Sandwich zurück auf den Teller. Ihr war der Appetit vergangen. Sie stand auf und ging zum Fenster. Während sie hinausblickte, spürte sie, wie ihre Augen sich mit Tränen füllten. Sie weinte leise vor sich hin. Dann spürte sie Horans Hand auf ihrer Schulter und konnte sich nicht länger zusammennehmen. Er nahm sie in seine Arme. Den Kopf an seiner Brust, fühlte sie sich geborgen und doch unendlich traurig.

»Leider konnte ich nicht mehr in Erfahrung bringen, aber wir werden Ihren Bruder finden. Sie wollen doch nicht die Flinte ins Korn werfen, oder?«

Luise schüttelte den Kopf. »Haben Sie vielleicht eine Tasse heiße Schokolade?«

Verständnislos sah er sie an. Colette musste lachen, als sie das sah.

»Das war schon als Kind mein Wundermittel gegen Kummer«, erklärte Luise, während sie sich die Nase putzte.

Horan verließ das Zimmer und kam ein paar Minuten später mit einer Kanne heißer Schokolade zurück. Luise hatte sich wieder beruhigt und genoss in kleinen Schlucken das süße Getränk.

»Luise, wir geben nicht so schnell auf!«, ermunterte Colette ihre Freundin.

»Ich glaube, ihr habt Recht. Schließlich haben wir erst mit der Suche angefangen. Ich bin nur so wütend auf Onkel Max. Warum hat er die Zahlungen eingestellt? Wie konnte er es zulassen, dass John ins Waisenhaus musste, schließlich ist er sein Neffe?«

»Das werden wir nie erfahren«, meinte Horan. »Ich werde in die alte Wäscherei gehen, um dort etwas in Erfahrung zu bringen.«

Voller Tatendrang hatte er die Hand bereits am Türgriff, um sich auf den Weg zu machen, als Luise ihn zurückhielt. »Mr. Horan, Sie wollten uns doch etwas erklären.« Er ließ den Griff wieder los und blieb regungslos an der Tür stehen.

»Wer sind Sie?«

Langsam drehte er sich zu ihnen um. »Mein Name ist Jack Horan, Anwalt in der Kanzlei ...«, begann er in einer monotonen Stimmlage.

»Das ist uns bekannt«, unterbrach ihn Luise. »Wer ist Mr. Carpenter? Wer ist dieser andere Mr. Horan? Der, der gestern nicht einen Schritt machen konnte, ohne dass ihm fremde Frauen die Hand küssen wollten oder ihm wünschten, dass Gott ihn beschützen möge. Sogar Dannys Mutter. Sie kannte Carpenter zwar nicht persönlich, aber dem Namen nach. Also, wer sind Sie noch außer Jack Horan, der Anwalt?«

Er sah sie kurz an. »Bevor ich Ihnen antworte oder Ihnen etwas erkläre, brauche ich Ihr Versprechen, nein sogar ihr Ehrenwort, dass nichts von dem, was wir hier reden, jemals nach außen dringt. Glauben Sie mir, wenn Sie sich gestern anders verhalten hätten, würde ich Ihnen gar nichts erklären. Aber so denke ich, dass wir in manchen Situationen gleich fühlen und auch gleich handeln. Deshalb fällt es mir leichter, Ihnen zu vertrauen.«

»Bien sur! Ich verspreche bei meiner Ehre!«

Horan musste lächeln, als Colette voller Überzeugung ihr Versprechen gab. Dann sah er Luise fragend an, die zögerte. »Wenn Sie mir ihr Ehrenwort nicht geben können, dann ist das in Ordnung, nur wenn Sie es geben, dann müssen Sie sich daran halten. Sollte jemand davon hören, für den es nicht bestimmt ist, kann dies mein Leben kosten.«

Luise sah ihn entgeistert an, dann nickte sie: »Ja, ich gebe Ihnen mein Versprechen, bei meiner Ehre!« Sie hob dabei die Hand, als ob sie einen Schwur ablegen wollte.

Horan war wieder an seinen Schreibtisch zurückgegangen und begann zu berichten, indem er mit seiner Hand aus dem Fenster in eine bestimmte Richtung zeigte. »Wie Sie wissen, bin ich im Westend geboren, gehöre also zur Oberschicht.« Er verzog verächtlich die Mundwinkel. »Diese Oberschicht bleibt unter sich. Wir geben uns nicht mit Arbeitern ab und würden nie in diese Klasse einheiraten. Normalerweise nicht«, fügte er leise hinzu. »Natürlich brauchen wir Arbeiter. Wer sollte uns sonst dienen und die niederen Tätigkeiten verrichten? Wir wollen so wenig wie möglich von ihnen sehen oder mit ihnen zu tun haben ...«

Horan berichtete, dass täglich Menschen an Unterernährung starben. Kinder mussten sich selbst versorgen, da ihre Eltern dazu nicht fähig oder schon gestorben waren. Reiche Jugendliche quälten arme Menschen, indem sie ihre Opfer durch die Stadt hetzten, was oft sogar mit dem Tod endete. Den Hinterbliebenen wurden ein paar Pennys zugesteckt, damit sie den Mund hielten, obwohl die aus Angst vor Rache eh nichts verraten hätten.

»... Ich war auch einer von ihnen«, erzählte Horan, »nein, nicht einer von diesen Banden, aber jemand, der nichts sehen oder hören und auch nicht helfen wollte. Ich sagte nichts, obwohl ich einiges wusste.« Seine Stimme wurde zornig: »Ich verschloss meine Augen vor den unmenschlichen Arbeitsbedingungen, unter denen fast jeder dort schuften musste. Vor der unmenschlichen Behandlung. Es gibt kaum einen Mann, der nicht an den Folgen der Arbeitsbedingungen in seinem Beruf leidet. Zum Beispiel die Schneider. Dannys Vater ist einer. Er näht Uniformen und hat dadurch Probleme mit seinen Augen ...«

Horan berichtete von den vielen Berufskrankheiten, die in England weit verbreitet waren. Bills Augenkrankheit war typisch für den Beruf des Schneiders. Leuchtende Farben ließen die Augen tränen. Das Scharlachrot der Uniformen schien die Augen in den Augenhöhlen zu verbrennen, außerdem verursachten sie schreckliche Kopfschmerzen. Viele Schneider erblindeten.

Andere Handwerker, wie die Metallgießer, starben an Bleivergiftung. Die Silikose zerfraß die Lunge der Glasbläser, die der Friseure der feine Steinstaub, mit dem die Perücken der Reichen weiß gefärbt wurden. Es gab keine Sicherheitsvorkehrungen zum Schutz der Arbeiter. Fiel jemand durch Krankheit oder Tod aus, wurde er durch einen Gesunden ersetzt. Die Fabrikbesitzer nahmen keine Rücksicht darauf, ob der Kranke seine Familie weiter versorgen konnte. Hauptsache, es wurde Profit gemacht, Hauptsache, die Fabriken standen nicht still. Selbst Kinder wurden ab dem sechsten Lebensjahr als Arbeitskräfte ausgebeutet. Die Ärzte wurden mit Gold bestochen, damit sie immer wieder erklärten, dass Phosphor und Kohlenstaub für die kleinen Lungen unschädlich seien. Außerdem stellten sie Atteste aus, die es Kindern erlaubten, in Nachtschichten zu arbeiten, da diese ihnen angeblich nicht schadeten. Waren die Kinder nach fünfzehn Stunden Arbeitseinsatz erschöpft und nicht mehr leistungsfähig, wurden sie bestraft und ausgepeitscht. Sollte das ihre Arbeitsmoral nicht steigern, wurden sie als Warnung für die anderen Kinder gefoltert und gequält. Keiner half ihnen, da die meisten Waisen waren oder Kinder, die von ihren Eltern an die Fabrikbesitzer für ein paar Pennys verkauft worden waren. Die Kindersklaven lebten ohne Hoffnung und ohne Träume. Jedoch gab es auch damals schon Menschen, die sich in Zusammenschlüssen organisierten, um das zu ändern. Oft wurden diese Organisationen brutal unterdrückt und im Keim erstickt.

»... deshalb bleiben die Reichen unter sich. Sie sehen das Elend und die Gräueltaten nicht und müssen somit nicht darüber nachdenken. Sie machen die Augen zu und lassen sie zu.«, endete Horan seinen erschreckenden Bericht.

Luise und Colette waren zutiefst betroffen. Von Luises Weingut in Worms waren sie so etwas nicht gewohnt. War jemand in Not, egal, ob finanziell oder gesundheitlich, so wurde ihm geholfen. Probleme gab es in den Städten, aber nicht auf dem Land, wie Luise es kannte. Horan holte sie aus ihren Gedanken zurück. Er war während seiner Ausführungen im Zimmer auf und ab gegangen. Nun setzte er sich in den ledernen Ohrensessel den beiden Frauen gegenüber, um fortzufahren:

»Es war vor etlichen Jahren. Ein Freund ging wie jeden Abend mit seinem Hund spazieren. Es war schon sehr spät. Blacky, so der Name des Hundes, sah eine Katze und war nicht mehr zu halten. Er riss sich los und rannte der Katze hinterher. Mein Freund rief und pfiff nach ihm, aber der Hund war in der Nacht nicht mehr zu sehen, zumal er selbst schwarz war, wie sein Name vermuten lässt. Also rannte mein Freund hinter ihm her. Er rannte durch die Straßen und Gassen, bis er atemlos stehen blieb, um einen Moment zu verschnaufen. Erst jetzt bemerkte er, in welchen Teil von London es ihn verschlagen hatte. Er war in Holborn. Es ist das schlimmste Elendsviertel, das es zurzeit in London gibt. Hier leben Menschen so dicht gedrängt, dass sie nicht einmal Platz haben, um die Toten anständig zu begraben. Dieses Viertel wird von jedem gemieden, der dort nicht geboren ist oder dort nicht wohnen muss. Besonders in der Nacht, wenn das Gaslicht gelöscht ist, wird dieser Teil der schlafenden Stadt zum Ort des Schreckens und des Verbrechens. Mein Freund hatte Glück, denn es war kein Mensch auf der Straße, und der Mond schien schwach, sodass er in jeder Ecke Schutz finden konnte. Wer weiß, ob er sonst lebend aus dem Viertel wieder herausgekommen wäre, denn hier zählt ein Glas billiger Schnaps mehr als ein Menschenleben. Die meisten Menschen dort verbringen ihr halbes Leben im Delirium. Egal, ob Männer oder Frauen. Sie können ihr Leben nur ertragen, wenn sie sich halb bewusstlos trinken. Mütter lassen sich mit billigem Fusel voll laufen und merken nicht, wenn sie beim Stillen über ihren Babys zusammensacken und dadurch ihre Säuglinge ersticken. Ich finde nicht die Worte, um Ihnen das Elend dort zu verdeutlichen, ohne Sie noch mehr zu belasten.«

Horan ging zu seinem Schreibtisch, zog die unterste Schublade auf und holte ein goldenes Etui heraus. Er öffnete es und nahm langsam einen braunen Zigarillo heraus. Dann stülpte er ein schwarzes Mundstück über das eine Ende und sah Colette und Luise entschuldigend an. »Ich hoffe, es stört Sie nicht. Das erste Mal seit einem Monat. Ich will eigentlich aufhören, aber die Geschichte wühlt mich zu sehr auf, sodass ich nicht standhaft bleiben kann. Ich bitte um Ihr Verständnis.« Jack setzte sich zurück in den braunen Sessel, zündete den Zigarillo an und nahm ein paar tiefe Züge. »Mein Freund wollte die Suche nach seinem Hund aufgeben und sich leise und unbemerkt auf den Heimweg machen, als er den Schatten eines kleinen Jungen sah. Der Knabe rannte, als ob der leibhaftige Teufel hinter ihm her sei. Anscheinend floh er vor irgendetwas oder irgendwem. Der Junge kam immer näher. Sein Gesichtchen war angsterfüllt, und er wusste offenbar nicht, wohin er laufen sollte. In der Ferne hörte man wütende Männerstimmen und Hundegebell. Es waren Bluthunde. Scharf gemachte Monster, die bei Treibjagden eingesetzt werden oder den Aufsehern in den Fabriken und Waisenhäusern als Wachhunde dienen. Beides gibt es in Holborn. Dort, am schrecklichsten Ende der Welt, befinden sich Waisenhäuser und Fabriken, denn dort kann keiner kontrollieren, ob alles rechtens ist. Wie schon gesagt, nach Holborn traut sich niemand. Wenn der kleine Kerl vor dem Teufel auf der Flucht gewesen wäre, hätte er wahrscheinlich eine größere Chance zu entkommen gehabt als vor diesen Männern und ihren Blutmonstern. Es waren drei an der Zahl, die das Kind verfolgten. Mein Freund erkannte den Ernst der Situation, und ohne noch lange zu überlegen, zog er den Jungen in eine Häusernische, wo der Mantel der Nacht sie für die Verfolger unsichtbar machte. Der Kleine spürte die Hilfe und sagte keinen Ton. Mein Freund hatte geistesgegenwärtig gehandelt, denn sie hätten den Jungen innerhalb der nächsten Minuten eingeholt.«

»Und die chiens?«, stieß Colette heraus. Sie hatte vor Anspannung die Luft angehalten und schon rote Ohren bekommen.

»Da kam sein treuer Hund Blacky wieder ins Spiel, der immer noch der Katze hinterherlief. Er lenkte die Bluthunde auf eine falsche Spur. Als die Meute vorbeigezogen war, machte mein Freund dem Knaben klar, dass er in Sicherheit war und keine Angst mehr haben müsse. Den Jungen verließen die Kräfte, und er sank in Ohnmacht. Ohne zu zögern, nahm mein Freund den Kleinen auf den Arm und rannte nach Hause, denn er musste so schnell wie möglich aus dieser Gegend fort. Er kam direkt zu mir, da sein Haus noch weiter oben auf dem Hügel liegt. Sie können sich vielleicht vorstellen, wie überrascht ich war, als die zwei mitten in der Nacht vor mir standen. Der Junge war immer noch bewusstlos. Auch meinen Freund verließen die Kräfte. Schweiß rann über sein Gesicht. Wir legten das Kind in mein Schlafzimmer. Es war vielleicht acht Jahre alt. Erst im Schein der Lampe sah ich, dass mein Freund überall mit Blut befleckt war. Als ich ihn darauf hinwies, wurde er kreidebleich und drehte den Knaben auf den Bauch. Dieser stöhnte leise auf. Erst jetzt sahen wir die tiefen Wunden an seinem ganzen Körper. Mir wurde übel von dem, was ich dann sah. An seinem Rücken hing die Haut in Fetzen herunter. Er musste massiv ausgepeitscht worden sein, nur so konnten diese großflächigen Wunden entstanden sein. Kein bisschen Haut war mehr heil. Überall waren kleine und große Wunden, die zum Teil schon eiterten oder noch stark bluteten. Seine Fingerchen waren blau angelaufen, bläulich verfärbte Quetschungen, wie sie Daumenschrauben verursachen. Er hatte sogar hinter den Ohren tiefe Wunden, die wir uns nicht erklären konnten.« Horan schwieg einen kurzen Augenblick und legte seinen Zigarillo in den Kristallaschenbecher. Dann senkte er seine

Stimme und fuhr fort: »Ich hätte niemals daran geglaubt, dass ein Mensch mit solchen Wunden überlebt. Aber dieser kleine Mann hatte eine dicke Portion Überlebenswillen. Die Hilfe meines Freundes und die Ruhe taten ihres dazu, sodass er die Kraft fand, um sein junges Leben zu kämpfen. Er schaffte es und fand bei seinem Retter ein neues Zuhause. Den Nachbarn erzählte mein Freund, dass dies das Kind seiner toten Cousine sei. Da er hier keine Verwandten mehr hatte, konnte niemand diese Behauptung nachprüfen, und so wurde der Kleine einer von uns.«

»Wer war das Kind wirklich?«

»Wie wir richtig vermuteten, war es ein Kind aus einem dieser schlimmen Waisenhäuser, und somit ein Niemand. Die Waisenhausleitung steckt mit dem Fabrikbesitzer unter einer Decke und stellte ihm die Kinder als Arbeitskräfte zur Verfügung. Diese Mistkerle erhalten eine schöne Summe für die kleinen Arbeiter. Unser Junge arbeitete in einer Porzellanfabrik. Ohne regelmäßigen Schlaf und ohne regelmäßiges Essen. Sie gaben den Kindern gerade so viel zu essen, dass sie nicht verhungerten. Dieser kleine Mensch war physisch am Ende. Sein Körper war ausgemergelt. Er war zu schwach und zu müde, um sein volles Arbeitspensum zu erfüllen. Während seiner Schicht schlief er mehrmals ein und wurde dabei erwischt. Als Strafe peitschten sie ihn immer wieder aus. Ein Teil der Wunden entzündete sich. Fieberschübe waren die Folgen. Als wir ihn fragten, wie es ihm gelungen war, in seinem Zustand überhaupt zu fliehen, antwortete er, dass er wusste, dass er bald sterben würde, denn sie hatten gedroht, ihn totzuschlagen. Deshalb wollte er fliehen, damit sie ihn auf der Flucht töten sollten, sodass er endlich Frieden vor ihnen hatte. Wir waren damals tief erschüttert, solche Worte von einem so jungen Menschen zu hören, einem Kind, das mit seinem kurzen Leben schon abgeschlossen hatte. Er erzählte uns lange Zeit später, dass er glaubte, im Himmel angekommen zu sein, als er in einem sauberen Bett wach wurde.« Horan lachte, als er sich dessen erinnerte.

Luise führte die Tasse mit dem inzwischen erkalteten Tee zum Mund. Da sie auf den bitteren Geschmack des Tees nicht vorbereitet war, schüttelte sie sich. Angewidert stellte sie die Tasse zurück auf den Tisch. »Was dieses Kind ertragen musste, ist unbegreiflich, aber dennoch beantwortet die Geschichte noch nicht unsere Frage.«

»Das stimmt! Die Geschichte habe ich Ihnen erzählt, damit Sie meine Gedanken und Beweggründe besser verstehen. Dieser kleine Kerl zwang uns nämlich hinzusehen und, nachdem wir es gesehen hatten, nicht mehr die Augen zu verschließen. Als Monate vergangen waren und er langsam Vertrauen zu uns gewonnen hatte, war er fähig, über seine Zeit im Heim zu berichten. Es war erschreckend, was sich dort abspielte. Hätten wir ihn nicht durch die Verfolgungsjagd kennen gelernt und diese entsetzlichen Wunden nicht mit eigenen Augen gesehen, ich bin überzeugt, dass wir ihm kein Wort geglaubt und ihn als Lügner bezeichnet hätten. Aber so vertrauten wir seinem gesprochenen Wort.« Horan zündete sich einen zweiten Zigarillo an. »Mein Freund und ich diskutierten nächtelang, wie man den Kindern helfen könnte. Tausend und abertausend Ideen und Gedanken gingen uns durch den Kopf. Zwei Tatsachen waren uns sehr schnell klar: Wir konnten nicht mehr so weiterleben. Es musste etwas passieren und es musste geheim bleiben, da die Gefahr des Verrats zu groß war.«

»Warum geheim? Kinder werden gequält, und egal, wie groß die Stadt auch ist, das ist strafbar«, unterbrach Luise Horans Ausführungen.

Der Advokat stützte sich auf seinen Krückstock und ging zu seinem Schreibtisch, um auch diesen Zigarillo abzulegen. »An wen hätten wir uns wenden sollen? Etwa an die Reichen? Die meisten stecken doch mit den Fabrikbesitzern unter einer Decke. Denen ist es egal, wie ihre Arbeitskräfte behandelt werden. Nur der Profit zählt. Polizei? Wir haben keine zentralisierte Polizei. In verschiedenen Stadtteilen haben wir ein paar Wachmänner, die von den Straßenjungen spöttisch ›Charly‹ gerufen werden. Das sind oft sehr betagte Männer, die man zu keiner anderen Arbeit mehr einsetzen kann. Die einzelnen Bezirke geben ihnen das, was sie zum Ausüben dieser Tätigkeit benötigen.« Er lachte kurz auf. Spott blitzte in seinen Augen, als er die Lage weiter beschrieb. »Sie geben ihnen einen Mantel, der als Kragen drei Pelerinen hat. Einen solchen tragen die Kutscher hier in London. Außerdem erhalten sie eine Laterne, damit sie die Gassen erleuchten können und mit den alten, zittrigen Beinen nicht hinfallen und sich das Genick brechen. Als Krönung dieser ganzen Peinlichkeit bekommen sie eine hölzerne Rassel und einen Stock. Mit der Rassel sollen sie Hilfe herbeirufen, falls auf den Straßen Gefahr lauert, und der Stock soll ihrem eigenen Schutz dienen. Sie nutzen ihn allerdings anders. Sie stoßen ihn beim Gehen rhythmisch auf die Pflastersteine, damit die Ganoven schon in der Ferne hören, dass ›Charly‹ im Anmarsch ist. Durch die Warnung haben die Gauner die Möglichkeit, sich schnellstens zu verziehen. Somit ist jedem die peinliche Begegnung mit dem Gesetz erspart. Die Stadt bezahlt alles für die Wachmänner, und so sind sie regelrechte Wohlfahrtsfälle und den Obrigkeiten auf Gedeih und Verderb ausgeliefert. Außerdem sind sie dafür bekannt, bestechlich zu sein. Für ein Six-Pence-Stück oder noch billiger für ein Glas Gin, drücken sie beide Augen zu. Glauben Sie wirklich, dass diese Menschen Interesse für unser Anliegen haben?« Wütend klopfte er mit seinem Stock auf den Boden. Der Teppich schluckte jedoch den Laut. »Tja, liebe Miss von Wittenstein, wen hätten wir noch fragen können?«, fragte er sarkastisch. Er tat, als ob er angestrengt nachdenken würde. Plötzlich sagte er: »Aber natürlich, wie konnte ich das auch nur vergessen? Es gibt da noch die Ordnungshüter. Die Menschen, die sich selbst zum Gott erkoren haben und die glauben, über jedem und allem zu stehen. Was sie sagen, ist Gesetz. Bevor wir überhaupt nur einen Satz zu Ende gesprochen hätten, wären wir verurteilt und gehängt gewesen. Also, ich bitte Sie, wer hat Interesse, uns oder den Armen dieser Stadt zu helfen?«

Luise und Colette wussten darauf keine Antwort. »Aber wie helfen Sie den Menschen dann?«, fragte Colette schließlich

»Ich bin Anwalt der Reichen. Meist sind es Bagatellen, bei denen ich sie vertrete. Kleine Streitigkeiten zwischen Nachbarn oder Erbstreitigkeiten, solche, die es schon immer gab und immer geben wird. Jedenfalls nichts Großes oder Aufregendes. Aufregend ist nur mein Honorar.« Ein Lächeln verschönte sein sonst sehr ernstes Gesicht. »Ich gebe ehrlich zu, dass man manche Fälle in der Hälfte der Zeit abwickeln könnte, aber dann würden meine Einkünfte nicht so hoch bemessen sein. Die Reichen geben damit an, wenn ich sie vertrete, denn ich bin ein Aushängeschild ihres Wohlstandes, weil sie sich meine Dienste leisten können. Sie wissen, dass sie bei mir in guten Händen sind. Schließlich bekommen sie etwas für ihr Geld geboten. Sie müssten mich bei meinen Verhandlungen erleben. Ich bin wirklich äußerst –« voller Stolz schmunzelte er vor sich hin »– aber das ist unwichtig. Dank meines Erbes benötige ich nur einen gewissen Teil meines Honorars für mich selbst. Mit dem Rest unterstütze ich hungernde, frierende und kranke Menschen in unserer Stadt. Außerdem erteile ich den dort praktizierenden Anwälten Unterricht. Wegen ihrer unzureichenden Ausbildung und der mangelnden Praxis haben sie kaum eine Chance gegen Anwälte meines Standes. Auch wenn sie das Talent zu einem guten Advokaten haben, können sie sich wegen der schlechten Bezahlung weder weiterbilden noch kleiden wie ihre reichen Kollegen. Ihr Selbstvertrauen wird untergraben. Deshalb helfe ich ihnen, eine Verhandlung aufzubauen, oder schreibe die Anklageschriften und die Verteidigungsreden. Dadurch fühlen sich diese Anwälte sicherer und lassen sich nicht so schnell einschüchtern. Ich gebe zu, es geschieht zwar nicht oft, aber ab und zu bekommen die Armen sogar Recht. Außerdem merken die Friedensrichter, dass nicht alle armen Menschen auch ungebildet sind. Es ist viel zu wenig Hilfe für die Menschen, aber immerhin ein Anfang.«

»Sie können doch unmöglich alleine gegen die Missstände kämpfen«, empörte sich Luise.

»Natürlich geht das nicht alleine, dann wäre die Sache ziemlich schnell zu Ende. Mit der Zeit haben wir ein paar Gefolgsleute gefunden. Es war und ist immer noch schwierig, die Menschen zu erkennen, die ihre Überheblichkeit und Arroganz nur spielen. In der Öffentlichkeit benehmen sich alle gleich. Viele spielen wie in einem Theaterstück eine Rolle, um nicht aufzufallen. Aber es gibt immer mehr, die unsere Gesellschaft verurteilen für die Art und Weise, wie man miteinander umgeht. Sie können allerdings nicht aus ihrer Haut schlüpfen, denn sie sind reich und gehören zu dieser Gesellschaftsschicht. Falls sie sich offen zu ihrer Meinung bekennen würden, hätten sie nichts zu lachen. Man würde sie ächten und ausschließen. Die eigenen Familien wissen oft nichts davon, damit sie nicht gefährdet sind. Auch würde es keinem nützen. Ich habe nicht einmal in meinen Träumen gehofft, dass es so viele sein würden, die genauso denken und fühlen wie wir. Jetzt komme ich zu der eigentlichen Antwort ihrer Frage – keiner weiß vom anderen. Damit jeder sicher ist und keiner den anderen verraten kann, bekommt jeder einen Decknamen – einen Zweitnamen. Wie Sie seit gestern wissen, ist meiner ›Carpenter‹. Natürlich ist es trotzdem leicht, einen Spion einzuschleusen. Das ist auch schon vorgekommen. Aber weil keiner den anderen kennt, kann auch keiner etwas preisgeben. Sollte jedoch jemand das bisschen, das er weiß, verraten, wird er schwer bestraft. Mein Freund und ich sorgen anonym dafür, dass sein Name veröffentlicht wird. Wir kennen kein Pardon und lassen auch keine Gnade walten, denn derjenige spielt mit unser aller Leben.«

»Un moment, Mr. Horan, ich verstehe das alles nicht so recht. Wenn keiner etwas von dem anderen weiß, woher weiß dann derjenige, was er machen soll? Woher wissen Sie, dass ein neues Mitglied kein Spion ist? Comment est-ce que c'est possible?«, wollte Colette wissen.

»Das möchte ich auch wissen, außerdem, wenn keiner den anderen kennt, wie kommt gezielte Hilfe zu den Bedürftigen? Warum kannten die Frauen im Armenviertel Ihren geheimen Namen und nicht Sie persönlich? Sie sind doch dann in Gefahr …?«

»Halt, halt«, rief Horan und hob abwehrend die Hände. »Sie erschlagen mich mit Ihren Fragen. Ich habe Sie wieder einmal unterschätzt. Sie sind klug und kombinieren gut. Aber hören Sie, Ladys, Sie wissen mittlerweile zu viel und kommen dadurch auch in Gefahr. Das Risiko ist für mich und auch für Sie zu groß!«

»Mr. Horan, wir gaben Ihnen unser Ehrenwort. Ihr Geheimnis ist bei uns sicher. Nicht wahr, Colette?«

»Oui, Jack, gaaanz sicher!«

»Ja, ich weiß, und ich vertraue Ihnen auch, aber es ist schon spät, und wir wollen zu Danny gehen.« Als Horan ihre flehenden Blicke sah, gab er nach. »Also gut, aber ich will in der Öffentlichkeit kein einziges Wort darüber hören«, sagte er zu den Mädchen, als wenn er mit seinen Töchtern sprechen würde. »Drei Menschen kennen die wahre Identität von allen. Diese drei kennen sich, vertrauen sich und kontrollieren die Mitglieder. Sie planen die Hilfe und organisieren die Aktionen – sie bestrafen auch. Jeder weiß, dass es sie gibt, aber keiner kennt weder deren Tarn- noch ihren wahren Namen. Es könnte der Nachbar sein oder die Freundin der Ehefrau, die zum Tee kommt. Ja, wir haben sogar Frauen in der Organisation. Nicht viele, aber ich hoffe, dass es mehr werden. Jedenfalls, diese Ungewissheit, dass keiner vom anderen weiß und es jeder sein kann, macht unsere Sache kontrollierbar und sicher. Wer sich uns anschließen will, dessen Ehrlichkeit und Vertrauen wird zuerst auf die Probe gestellt. Sollte nur der geringste Zweifel bestehen, wird er nicht aufgenommen. Und nun zu Ihrer letzten Frage: Jeder von uns ist irgendwie in Gefahr. Die Armen kennen meinen Namen, weil ich den Advokaten helfe und mich mit ihnen bei den Klienten treffen muss. Ich denke, dass von diesen Menschen kein Risiko ausgeht. Sie sind froh, wenn sich jemand ihrer Sorgen und Nöte annimmt. Sollte aber doch ein Verräter unter ihnen sein, werden Hunderte über ihn herfallen und ihn bestrafen. Es gab einen Fall, in dem der Friedensrichter viel Geld für einen Hinweis auf uns ausgesetzt hatte. Es gab auch Menschen, die versucht haben, sich das Kopfgeld zu verdienen. Aber nach einem nächtlichen Besuch wurde ihnen klar gemacht, dass sie mit dem Geld nichts anfangen könnten, wenn wir mit ihnen fertig wären. Allerdings drohen wir nur. Dem Friedensrichter konnte man abends in seinem Schlafzimmer ebenfalls verständlich machen, dass dies rausgeworfenes Geld wäre. Offiziell hat er sein Kopfgeld zurückgezogen, aber wir wissen, dass er in seiner Schreibtischschublade immer einen Beutel mit Gold für denjenigen bereithält, der uns ans Messer liefert. Es ist uns bewusst, dass wir mit dieser Gefahr leben müssen. Keiner kann versprechen, unter Qualen und Folter loyal zu bleiben. Aber, wie vorher schon erwähnt, sie können nicht viel verraten. Es ist zu unserer Lebensaufgabe geworden, zu sehen und nicht weiterhin blind durchs Leben zu laufen. So, meine Damen, jetzt müssen wir los.« Abrupt beendete er das Gespräch.

Als Luise ihren Mantel überzog, quälte sie eine letzte Frage: »Was heißt bestrafen? Töten?«

»Nein, natürlich nicht«, antwortete Horan entrüstet, »wir sind die Guten und keine Mörder. Wir nehmen ihnen das weg, was ihnen das Wichtigste ist – ihren Reichtum!«

Dann verließ er vor ihnen den Raum, um das Gespräch endgültig zu beenden.

Diesmal fuhr die Kutsche bis vor das Haus, in dem Danny und seine Eltern lebten. Das Tageslicht wich langsam der Dunkelheit. Die Frauen trugen die Päckchen und Decken mit Horans Hilfe in das Zimmer unter dem Dach.

Als sie an die Tür klopften, öffnete ihnen ein Mann. Vorsichtig schaute er heraus. »Mary, sind das die Leute von gestern?«, rief er über die Schulter in den Raum.

Die Angesprochene kam zur Tür. Ein Strahlen erhellte ihr Gesicht. »Ich habe so sehr gehofft und gebetet, dass Sie wiederkommen. Nun sind Sie wirklich da! Bill, lass die Herrschaften eintreten.«

Dieser war verlegen, kratzte sich seinen roten Bart und trat zur Seite. Er wollte gerade die Tür hinter ihnen schließen, als jemand rief: »Einen Augenblick, bitte!«

Es war der Kutscher, der ein riesiges Bündel Holz auf dem Rücken trug und dieses einfach mitten in den Raum fallen ließ. Es gab einen lauten Knall. Staub wurde aufgewirbelt. »Entschuldigung, aber ich hätte es keine Sekunde länger tragen können. Wo ist der Ofen?«

Immer noch mit seinem Bart beschäftigt, zeigte Bill in die Richtung. Sogleich machte der Kutscher sich daran, den Ofen anzuheizen.

»Wo ist Danny?«, fragte Luise die Frau. Er war nirgends zu sehen oder zu hören.

»Er liegt in unserem Bett und schläft endlich. Es war eine schlimme Nacht. Er bekam kaum Luft, ich dachte, er erstickt. Es war so furchtbar. Wir haben ihn in die zwei Mäntel eingewickelt, damit er es warm hat, aber nun schwitzt er stark. Ich weiß nicht, was ich tun soll.« Mary wirkte erschöpft und müde.

»Sir, das Feuer im Ofen brennt, soll ich noch die anderen Sachen von unten holen?«

Horan nickte, und schon verschwand der Kutscher. Luise ging zu dem Ofenrohr und hielt die Hand dagegen. Sie merkte, wie es sich langsam erwärmte. Dann sah sie zu Bill. Sein Körperbau war kräftig, seine Hände wirkten jedoch feingliedrig. Kaum vorstellbar, dass so ein großer Kerl Uniformen nähte. Besah man sich jedoch seine Hände, schien Schneider der einzige Beruf zu sein, der zu ihm passte: lange, dünne Finger, die sicher flink mit Nadel und Faden umgehen konnten, und es waren keine Verhornungen, wie man sie bei Bauern oder Menschen fand, die grobe Arbeiten verrichteten, zu sehen.

Als Bill Luises Blick spürte, wurde er nervöser und kraulte noch stärker in seinem dichten Bart. Da bemerkte er, dass er sich nicht vorgestellt hatte. Er reichte jedem die Hand, die warm und weich war. Trotz der Zartheit der Finger hatte er einen festen Griff. »Mein Name ist Bill Gibson, ich bin der Vater von Danny und der Mann von Mary.«

»Das haben wir uns fast gedacht«, erwiderte Horan lächelnd.

Die Verlegenheit und Verkrampfung, die der Besuch der drei Menschen bei Bill verursacht hatte, löste sich. »Es tut mir Leid, aber ich kann Ihnen nicht viel anbieten. Was wir haben, teilen wir gerne. Ich konnte es zuerst nicht glauben, als mir Mary gestern Abend von Ihrem Besuch erzählte. Ich sagte zu ihr, meiner Frau, welchen Grund sollen diese Herrschaften haben, uns wieder zu besuchen. Wir sind arm und können ihnen nichts bezahlen. Ich wollte es einfach nicht glauben, und wissen Sie, was sie antwortete? Gott hat meine Gebete erhört!«

Jetzt kraulte sich Horan verlegen am Kinn. Bill sprach weiter: »Ich verdiene nicht sehr viel. Oft reicht es nicht einmal für das Nötigste. Das Schlimmste ist, dass ich meinem Sohn keine Medizin kaufen kann ...« Er klang verzweifelt. Er wollte sich für ihre Lage entschuldigen. Durch das Erscheinen dieser Menschen wurde ihm seine Hoffnungslosigkeit bewusster.

Colette legte ihm die Hand auf die Schulter und sagte ruhig, als spräche sie mit einem Kind: »Sie trifft keine Schuld. Armut ist wie eine Tretmühle, aus der man mit eigener Kraft nur sehr schwer heraus kann. Ich weiß das aus eigener Erfahrung. Ich war zwar noch klein, aber ich kann mich gut daran erinnern. Ich wurde in Paris geboren, eine ebenso große Stadt wie London. Meine Mutter starb kurz nach meiner Geburt, und mein Vater musste alleine für mich sorgen. Die meiste Zeit reichte es nur für ein bisschen Brot, selten für Fleisch. Er wusste nie, ob wir am nächsten Tag etwas zu essen haben würden. Als ich krank und schwach wurde, ging mein Vater mit mir fort aus dieser Stadt, in der es keine Hoffnung gab. Es dauerte lange, bis wir jemanden trafen, der meinem Vater eine zweite Chance gab. Glauben Sie mir, Sie sind kein schlechter Mensch. Es sind die Umstände, die Schuld daran haben.«

Mary sah Colette dankbar an, denn sie spürte, dass diese Worte ihrem Mann gut taten. Ein leises Wimmern war zu hören. Sofort drehten sich alle Köpfe zum Bett, in dem Danny lag. Horan bat Luise, etwas Wasser im Topf zu erwärmen. »Das Holz brennt lichterloh, aber es wird nicht richtig warm im Zimmer«, sagte er und sah zum Dach. »Kein Wunder. Das Feuer nützt nicht viel, wenn die Scheibe im Dachfenster zerbrochen ist. Gibt es einen Glaser in der Nähe?«

»Ja, aber wir haben kein Geld für eine neue Scheibe«, antwortete Mary leise.

Der Anwalt ging zu Bill und gab ihm ein paar Münzen. »Kaufen Sie eine neue Scheibe, aber erzählen Sie niemandem, dass wir bei Ihnen sind. Sonst wäre sehr schnell die ganze Straße hier versammelt.«

Mary sah ihren Mann sprachlos an, der Horan zunickte und losging. Horan träufelte inzwischen die Medizin in das dampfende Wasser und stellte es vor Dannys Bett. Der Duft von Pfefferminze, Fenchel und Anis kämpfte gegen den modrigen Geruch in der Stube an. Schließlich gab Horan dem Jungen die verdünnten Tropfen. Als Danny die ungewohnten Kräuter schmeckte, verzog er das Gesicht. Er weigerte sich, das Gebräu zu trinken. »Danny, du musst das trinken, sonst wirst du nicht gesund«, versuchte der Anwalt, auf das Kind einzureden.

»Danny, bitte, trink noch einen Schluck, nur einen«, bat ihn auch seine Mutter.

Er nippte vorsichtig an der Flüssigkeit. Angewidert stieß er den Becher von sich und fing an zu husten, bis er würgen musste.

»Lassen wir ihn in Ruhe, es hat keinen Sinn. Sein Körper wird nur noch mehr geschwächt. Vielleicht reicht fürs Erste der Wasserdampf mit Kräutern.«

Luise und Colette breiteten die neuen Decken über den Matratzen aus und schmissen die alten, verschlissenen in den Hausflur. Luise hatte von der Köchin in der Pension eine kräftige Suppe kochen lassen. Diese erwärmten sie nun. In diesem Augenblick hörten sie Bill zur Haustür hereinkommen, mit einer neuen Glasscheibe unterm Arm. Horan half die Scheibe einzusetzen. Im Nu wurde der Raum warm. Luise füllte die Suppe in drei kleine Schüsseln und forderte Bill und Mary auf, sich an den Tisch zu setzen und zu essen. Zuerst lehnten sie ab, denn sie wollten nicht alleine essen, aber als sie merkten, dass ihre drei Besucher hartnäckig darauf bestanden, bedankten sie sich gerührt mit einem Tischgebet bei den Menschen, die sie so reich beschenkten. Hungrig aßen sie die warme Speise und das frische Brot. Währenddessen versuchte Luise, dem Jungen etwas Warmes einzuflößen. Zuerst schob er den Löffel weg. Als er merkte, dass es nicht seltsam, sondern gut schmeckte, ließ er zu, dass Luise ihn fütterte.

»So ist es brav, Danny, wenn du deine Suppe artig aufgegessen hast, haben wir auch eine Überraschung für dich«, bestärkte Luise ihren Schützling.

Seine Wangen färbten sich zartrosa, und man konnte sehen, dass die Wärme und die Suppe ihm gut taten. Brav aß er alles auf und wartete darauf, dass Luise ihr Versprechen einlöste. Colette reichte ihm das eingepackte Geschenk. Hastig wollte er das Papier aufreißen, doch als sein Vater ihn ermahnte, versuchte er, es vorsichtig zu entfernen. Endlich hatte er das Geschenk ausgepackt und hielt es in seinen Händen: ein Pferd aus braun lackiertem Holz. Mähne und Schweif waren aus hellen Wollfäden. Dannys fiebrige Augen strahlten. »Mama, Papa, ein Pferd!«

Die Gibsons schauten voller Rührung zu ihrem Sohn. Es war einer der Augenblicke, die sie am liebsten festgehalten hätten.

Luise und Colette wollten auch Bill und Mary eine Freude bereiten und überreichten ihnen die Geschenke, die sie für das Ehepaar gekauft hatten. Diese wollten sie jedoch nicht annehmen.

»Nein«, sagte Bill energisch, »die neue Fensterscheibe, das Holz, die Kleidung und Decken, das Essen, die Medizin für unseren Sohn – das ist schon zu viel.«

»Es tut mir Leid, wenn wir Sie beschämt oder beleidigt haben.«

»Man kann uns nicht beleidigen, indem man unserem Kind etwas zu essen gibt. Aber wir haben nichts, was wir Ihnen als Zeichen unserer Dankbarkeit zurückgeben können.«

»Sie könnten uns Ihre Freundschaft anbieten.«

Bill streckte Luise seine Hand entgegen und sagte: »Die ist Ihnen sicher, ein Leben lang.«

Mary flüsterte leise: »Danke.«

»Nun müssen Sie aber die Geschenke auspacken«, verlangte Horan, und Luise bedankte sich dafür mit einem Lächeln bei ihm, das auch ihn ansteckte.

»Oh, sieh nur Mary, seit Jahren habe ich keinen so großen Schinken mehr gesehen. Mr. Carpenter, haben Sie Appetit?«

»Da sage ich nicht nein.«

Die Männer setzten sich an den Küchentisch, und Bill schnitt zwei dünne Scheiben ab. Aufgespießt auf der Messerspitze übergab er eine an Horan, die zweite steckte er sich selbst lächelnd in den Mund. Dabei bekam er auch gar nicht mit, wie Mary ihr Geschenk auspackte. Sie legte den warmen Schal um ihre Schultern. In einer Spiegelscherbe, nicht größer als ein Teller, betrachtete sie sich. Als Bill sie sah, ging er zu ihr und wirbelte sie einmal um den Tisch herum. Dann gab er ihr einen Kuss.

»Billy Gibson, ist das nicht ein wunderschöner Tag?«, rief sie ihm glücklich zu.

»Meine Damen, es ist schon spät. Wir sollten uns jetzt auf den Rückweg machen«, sagte Horan leise, denn Danny war mit seinem Pferdchen im Arm eingeschlafen.

Als sie sich von den Gibsons verabschiedeten, bedankte sich Bill nochmals bei seinen Gästen: »Heute hatte ich seit langem wieder das Gefühl, ein Mensch zu sein. Ich werde Ihnen dafür mein ganzes Leben dankbar sein. Auch im Namen meiner Familie möchte ich danken. Ich hoffe, wir sehen uns bald wieder.«

Luise nickte:«Natürlich, ich habe Danny versprochen, wieder vorbeizukommen.«

»Denken Sie an die Medizin, vielleicht trinkt er morgen ein paar Schlückchen. Stellen Sie ihm dann wieder eine Schüssel mit heißem Wasser und ein paar Tropfen von dem Kräutersud ans Bett. Benachrichtigen Sie uns sofort, falls es nicht besser wird«, mahnte Horan. Mary nickte ihm dankend zu.

Als sie wieder in ihrer Kutsche saßen, sagte Luise: »Jetzt kann ich verstehen, was Sie meinten, als sie heute Mittag sagten, Sie würden lieber in Gefahr leben als mit der Gewissheit, nichts getan zu haben.«

»Als ich mit Bill sprach, habe ich ihm von Ihrem Problem berichtet. Er will sich umhören, was damals aus den Kindern geworden ist, die im Mitchell-Waisenhaus untergebracht waren. Er erfährt sicher mehr. Hoffen wir, dass er Glück hat.«

Horan ließ Luise und Colette vor der Pension aussteigen und versprach ihnen, sich bei ihnen zu melden, sobald er etwas Neues wissen würde.

Als der Anwalt sein Wohnzimmer betrat, wurde er wie an den vorherigen Abenden erwartet.

»Da scheint jemand beste Laune zu haben.«

»Jedes Mal schrecke ich zusammen, weil du im Dunkeln sitzt, und ich nicht weiß, dass du da bist. Ja, es geht mir prächtig. Mein Bein schmerzt ausnahmsweise nicht, ich habe eine nette Familie kennen gelernt und zwei hinreißende Ladys als Freundinnen gewonnen.« Der Anwalt setzte sich in den Ledersessel, streckte die Beine weit von sich und kreuzte die Arme hinter seinem Nacken. Seine Augen strahlten.

»Du alter Schwerenöter, zwei Frauen, da kann man neidisch werden.«

Der Glanz in Horans Augen erlosch. »Du weißt, dass dies nicht so gemeint war, wie du es ausdrückst. Für mich wird es so schnell keine andere Frau mehr geben. Vielleicht in ein paar Jahren, aber im Moment nicht.«

»Tut mir Leid, mein Freund. Ich wollte dich nicht an Sarah erinnern«, schimpfte der Arzt mit sich selbst. Um Horan wieder auf andere Gedanken zu bringen, sagte er: »Erzähle mir von den zwei Frauen. Was haben sie getan, dass du dich so gut fühlst?« Horan erzählte von den Ereignissen des Tages.

»Entschuldige, Jack, ich glaube, ich höre nicht richtig. Du hast ihnen von den Aktionen erzählt und nimmst sie sogar mit? Du bringst uns alle in Gefahr. Mir predigst du seit Tagen, ich soll nichts Unüberlegtes tun und mich verstecken, am besten auswandern, und du vertraust zwei völlig fremden Menschen. Was weißt du schon über diese Frauen? Kannst du ihnen wirklich vertrauen?« Sein Freund redete sich in Rage und versuchte nicht, seine Wut zu unterdrücken. »Jack, ich kann dich nicht verstehen. Was ist los mit dir? Du bist leichtsinnig, und das zu einem Zeitpunkt, an dem man mir dicht auf den Fersen ist.«

»Wir waren in St. Giles, als sie meinen Tarnnamen hörten. Es stimmt, was du sagst, und es war nicht richtig, aber ich hatte keine andere Wahl. Was hätte ich denn sagen sollen, als sie eine Erklärung verlangten? Du musst mir einfach glauben, dass wir ihnen vertrauen können. Du hättest sie bei den Gibsons sehen sollen. So viel Mitgefühl und Ehrlichkeit kann niemand spielen, und was wissen sie wirklich? Nicht mehr als jeder andere von uns. Selbst, wenn sie mich verraten würden, Steel könnte damit nichts anfangen, denn sie kennen keine Namen.«

»Doch, deinen!«

»Den kennen andere auch.«

»Jack, ich zweifle nicht an deiner Menschenkenntnis. Aber ich mache mir Sorgen um dich und um uns alle. Du gehst ein nicht überschaubares Risiko ein und bringst dich dadurch in Gefahr.«

»Ich weiß. Im Grunde hast du Recht, aber diesen Mädchen kann ich vertrauen.«

»Hoffentlich ... Die Medizin, war die für die Gibsons?«

»Ja, für ihren Sohn. Er wollte sie nicht trinken – hat ihm wohl nicht geschmeckt. Er glühte vor Fieber, und es geht ihm nicht gut.«

»Sollte sein Zustand sich in den nächsten vierundzwanzig Stunden nicht gebessert haben, gehe ich mit dir hin und sehe mir das Kind selbst an. Hast du etwas Neues über meine Männer herausgefunden?«

»Leider nicht. Ich war zwar heute Morgen wieder im Gericht, aber ich konnte nichts erfahren. Steel hat alle Unterlagen an sich genommen und lässt keinen anderen daran. Er ist ein schlauer Fuchs, dieser Steel.«

»Ich will nur wissen, wie es ihnen geht. Hast du keine Möglichkeit, etwas in Erfahrung zu bringen? Hast du keine Kontakte zu den Wachen?«

»Es ist schon so lange her, dass ich mit denen zusammengearbeitet habe, aber warte mal, ja, da gibt es jemanden, den ich fragen kann.« Mehr zu sich selbst fügte er noch hinzu: »Er hat eine Vorliebe für Whisky. Wie spät ist es?«

Sein Freund, der nichts verstand, antwortete: »Neun Uhr abends.«

»Mark Petersen heißt der gute Mann. Er arbeitet eng mit Steel zusammen, mag ihn aber nicht. Wir haben uns früher hin und wieder getroffen und uns dabei unsere Unzufriedenheit von der Seele geredet und viel miteinander getrunken. Er hat die Aufsicht über das Gefängnispersonal. Ich weiß, dass er immer nach Dienstschluss im ›Flying Horse‹ ein Feierabendbier zu sich nimmt. Heute Abend werde ich ihm Gesellschaft leisten. Mal sehen, wie viel er noch verträgt – und vor allem ich«, meinte Jack grinsend.

Wie jeden Abend kurz nach der Schicht betrat Petersen den Pub. Er lag nur ein paar Schritte vom Gefängnis entfernt, und fast jeder, der in diesem Gebäude arbeitete, ging nach der Arbeit dort ein Bier trinken. Deshalb war die Gegend vor großen und kleinen Gaunern sicher. Hier, im ›Flying Horse‹, saßen die friedlich beieinander, die tagsüber oft Gegner waren. Bei einem Krug Bier wurde gefachsimpelt. Die Verteidiger mit den Anwälten der Anklage, das Wachpersonal mit den Henkern. Für ein paar Stunden waren sie Menschen mit Gefühlen, die sie sich in ihrem Beruf nicht leisten konnten.

Horan traf eine halbe Stunde nach Petersen ein. Er blieb für ein paar Sekunden an der Tür stehen, damit seine Augen sich an das schummrige Licht gewöhnen konnten. Es dauerte nicht lange, da spürte er den beißenden Schmerz in seinen Augen, den der Qualm des Rauches aus unzähligen Tabakpfeifen verursachte. Früher hatte ihm dieser Qualm nichts ausgemacht. Doch nun, nach Monaten der Isolation zu Hause, war er ungewohnt. Er zog gerade ein Taschentuch aus seiner Jacke, um die Augen zu reiben, als jemand laut rief: »Ja, spinne ich oder bist du es wirklich? Alter Junge, wo hast du die ganzen verfluchten Monate gesteckt?«

Verdutzt sah Horan hinter sich, ob noch jemand im Eingang stand, dem diese Worte galten. Als er niemanden erblickte, sah er in die Richtung, aus der die merkwürdige Begrüßung kam. Er erkannte Petersen. Horan hob die Hand und ging die fünf Stufen zum Wirtsraum hinunter auf ihn zu. Dieser sprang von seiner Bank auf und schüttelte ihm kräftig die Hand.

»Wage es nicht, mich nochmals alt zu nennen«, schimpfte Horan. Die drei anderen Wärter am Tisch grölten.

»So kennen wir dich!«, sagte Petersen mit einem Augenzwinkern. »Setzt du dich zu uns, oder gehst du lieber an den Tisch der Herren Anwälte?«

»Du weißt, dass ich mich sehr gerne zu euch setze.«

»Ja, du bist ein feiner Kerl. Hast deine Stellung und deine Herkunft nie raushängen lassen. Einen Krug Bier für meinen Freund«, schrie er in Richtung Tresen.

Nachdem Horan einen großen Schluck genommen und seine Augen sich an den Qualm gewöhnt hatten und nicht mehr brannten, ging es ihm besser. Seine Nerven beruhigten sich. Auch Petersen nahm einen kräftigen Schluck aus seinem Krug und leerte ihn dabei zur Hälfte. Dann wischte er sich den Mund mit dem Handrücken trocken.

»Erzähle, Jack, wo warst du die ganze Zeit? Keiner hat dich gesehen oder etwas von dir gehört.«

»Ach Mark, das ist eine traurige Geschichte.«

»Davon haben wir gehört. Unser Beileid.«

Die Übrigen am Tisch nickten zustimmend.

»Ich hoffe, dass die Zeit meine Wunden heilt. Aber ich bin nicht gekommen, um Trübsal zu blasen. Was gibt es Neues?« Vorsichtig versuchte er, das Gespräch dorthin zu lenken, wo er es haben wollte.

»Einiges, aber zuerst lasst uns anstoßen. Auf unser Wiedersehen und auf bessere Zeiten.«

Mit einem Zug leerten sie die Krüge.

»Zur Feier des Tages gebe ich einen aus. O'Neel fünf Scottis«, bestellte Horan.

»Wieder wurden die Gläser in einem Zug geleert. Kurze Zeit später verabschiedeten sich die drei Wärter, da ihre Schicht im Gefängnis begann. Nun war Horan mit Petersen alleine, was ihm recht war. Beide hatten gerade das zweite Whiskyglas geleert und waren guter Dinge, als die Tür aufging und Friedensrichter Steel hereinkam. Wie zuvor Jack, stand nun er auf dem Podest und blickte in den Schankraum.

»Was will der denn hier?«, fragte Horan. »Steel ging doch früher am ›Flying Horse‹ vorbei, aber nie hinein.«

»Stimmt! Allerdings, seitdem er einige Mitglieder der ›Weißen Feder‹ festgenommen hat, kommt er nahezu jeden Abend.« Mark Petersen verstummte, denn Steel kam auf ihren Tisch zu und blieb dann stehen.

»Horan, welch ein Zufall. Monatelang sehen wir uns nicht und dann sogar zweimal in einer Woche. Na, wenn das kein Glück ist.«

»Kommt darauf an, für wen, Sir.«

»Ha, ha! Das aufzuklären, überlasse ich Ihnen, Horan.« Seine dröhnende Stimme schallte durch den Raum. Dann ging er zu einem Tisch in der hintersten Ecke, wo er bereits erwartet wurde. Horan konnte nicht erkennen, von wem, da die Gestalt verdeckt hinter einem Mauervorsprung saß.

»Ihr mögt euch nicht sonderlich«, stellte Petersen fest.

»Nein. Zwar sprechen wir es nicht aus, aber jeder weiß, was er von dem anderen zu halten hat.«

»Was meinte er mit: zweimal zusammentreffen?«

»Ich habe ihn Anfang der Woche im Gericht gesehen und ihm zu seinem Erfolg gratuliert.«

»Woher wusstest du davon? Bis gestern war das ein gut gehütetes Geheimnis!«

»Mein Freund, glaubst du wirklich, dass man es geheim halten kann, wenn man Mitglieder von der meistgesuchten Organisation unserer Stadt gefangen nimmt? Und wenn der Glückliche zudem Steel heißt, spricht es sich wie ein Lauffeuer herum. Oder bist du anderer Meinung?«

»Stimmt, das ist unmöglich«, pflichtete Petersen ihm bei, und Horan fiel ein Stein vom Herzen. Petersen hatte seine Erklärung geschluckt. Erleichtert bestellte er eine Flasche Whisky.

»Du willst wohl feiern«, stellte Petersen fest.

»Ich hoffe, du leistest mir Gesellschaft.«

»Tut mir Leid, Jack, aber ich muss nach Hause, meine ...«

»Halt, das kannst du mir nicht antun, Mark. Nach über einem Jahr komme ich hierher, weil ich die Einsamkeit zu Hause nicht mehr ertragen kann und genau wusste, dass ich dich hier treffen würde. Heute beginnt ein neues Leben, und da willst du mich alleine lassen?«

Petersen grinste und setzte sich wieder. »Warum nicht? Nach so langer Zeit leiste ich dir gerne Gesellschaft.« Beide lachten und stießen erneut an.

Etwa eine Stunde später ging Steel grußlos an ihrem Tisch vorbei und verließ die Schenke. Kurz darauf folgte ihm ein kleiner, schmächtiger Mann mit grauem, schütterem Haar.

»Kennst du den Kerl, Mark?«

»Nicht persönlich. Aber Steel hat sich schon mehrmals mit ihm getroffen. Sie sitzen immer am selben Tisch in der Ecke da hinten.« Petersen hatte sich umgedreht und mit dem Kopf in die Richtung gedeutet.

»Wann haben sich die beiden das letzte Mal getroffen?«, wollte Horan wissen.

»Ich habe fast eine ganze Flasche Whisky im Bauch und bin kurz davor, alles doppelt zu sehen. Glaubst du allen Ernstes, ich kann mich an etwas erinnern, was schon länger als zwei Stunden zurückliegt? Wenn ich versuche, mich zu konzentrieren, wird mir übel. Frag doch den Wirt, der weiß es bestimmt. Hey, Tommy ...«

»Schon gut Mark, so wichtig ist es nun auch wieder nicht.«

Horan klopfte ihm beschwichtigend auf die Schulter, goss den Rest aus der Flasche in Marks Glas und bestellte eine zweite. Er wollte wieder zum Grund seines Kommens zurückfinden. »Also Mark, erzähl, was tut sich in der Gruft?«

Unter dem Gefängnispersonal war ›Gruft‹ der interne Ausdruck für den Kerker. Gespannt wartete Horan auf die Antwort.

»Dank Steel sind wir voll belegt«, lautete diese.

»Wie viele hat er erwischt, der Glückspilz?«

Schwerfällig klang Petersens Stimme, als er weitersprach: »Ich glaube sieben, aber zwei sind tot, und die anderen wären froh, sie könnten ihnen schnellstens folgen.«

»Was?« Bei Horans Aufschrei hätte Petersen beinahe das Glas fallen gelassen. »Darauf war ich nicht gefasst«, entschuldigte sich der Anwalt für seinen Gefühlsausbruch.

»In dem einen Jahr deiner Abwesenheit bist du wohl vergesslich geworden. Du kennst doch Steels Art und Weise, Gefangene zu befragen. Er hat jetzt einen neuen Folterknecht. Der Mensch kennt Methoden, da sträuben sich mir die Nackenhaare.« Petersen schüttelte sich vor Widerwillen. Er füllte sein Glas und kippte es mit einem Schluck hinunter.

»Warum behandelt er sie wie Schwerverbrecher?«, ereiferte sich Horan laut.

Mit einem Schlag war Petersen fast wieder nüchtern. »Sprich leise, Jack! Steels Leute lauern überall. Ich bin deiner Meinung. Egal, was sie verbrochen haben, Folter haben sie auf keinen Fall verdient. Hast du schon mal einen gesehen, nachdem Steel mit ihm fertig ist? Du kannst ihn nicht mehr als menschliches Wesen erkennen. Nur noch ein verbrannter, blutiger Klumpen Fleisch. Nur wenige haben das überlebt, und die waren für den Rest ihres Lebens entstellt und wirr im Kopf.«

»Erspare mir weitere Einzelheiten. Weißt du, wer von den Jungen gestorben ist? Was geschieht mit den anderen?«

»Warum interessierst dich das? Du führst doch irgendetwas im Schilde.«

»Ja, ich will in die Gruft eindringen und alle befreien, damit ich Ehrenmitglied der ›Weißen Feder‹ werde.«

Petersen kniff ein Auge zusammen, da er jetzt das Stadion erreicht hatte, in dem er alles doppelt sah. Er versuchte, den Freund kritisch zu betrachten.

»Mark, beruhige dich. Das war ein Scherz. Was sollte ich halber Krüppel wohl im Schilde führen? Ich will mich nur informieren. Als Anwalt muss man über alles Bescheid wissen, sonst kann man keine gute Arbeit verrichten.«

Petersen war so betrunken, dass er den Sinn oder Unsinn von Horans Worten nicht nachvollziehen konnte. Er überlegte. »Also, ich glaube einer hieß Pete Barclay und der andere Robby oder Bobby. Sonst weiß ich nichts.«

Horan wurde übel. Schweiß trat auf seine Stirn. Mit zittrigen Fingern goss er die Gläser wieder voll und trank einen Schluck, bevor er nochmals nachfragte: »Pete Barclay, und wie hieß der andere? Robby oder Bobby?«

»Jack, lass gut sein.«

»Wie war sein Nachname, Mark, sein Nachname?«

»Meine Güte, Jack, hör auf, mich zu schütteln. Alles dreht sich ...« Dann sackte Petersens Kopf nach vorne.

Verzweifelt wollte Horan ihn wachrütteln, aber ihm wurde bewusst, dass er schon genug Aufmerksamkeit auf sich gezogen hatte. Verlegen lächelte er in die Runde und setzte sich dichter zu Petersen. »Mark, bitte, was passiert mit den Übrigen?«, flüsterte er ihm eindringlich ins Ohr.

»Australien«, lallte Petersen, bevor er einschlief.

Horan traute seinen Ohren nicht. Plötzlich konnte er die dunkle, verrauchte Kneipe nicht mehr ertragen. Die Luft, die durch den Zigarrenqualm dick wie Nebel war, verwehrte ihm das Durchatmen. Er packte seinen Freund und schleppte ihn vor die Tür. Petersen hing wie ein Sack in seinen Armen.

Da Horan ein schlechtes Gewissen hatte, brachte er seinen alten Bekannten bis zu dessen Wohnungstür. Zum Glück wohnte Petersen nur ein paar Straßenzüge entfernt. Seine Frau erwartete ihn bereits voller Sorge. Als sie den Zustand ihres Mannes sah, wurde sie ärgerlich. Horan half ihr, Mark in das Wohnzimmer zu bringen und ihn dort auf das Sofa zu legen. Wütend sah sie den Anwalt an. Horan nahm alle Schuld auf sich.

»Aha, Sie haben ihn also gefesselt und den Whisky oben in ihn hineingekippt. So wie Sie es schildern, hat er selbst nichts zu seinem Zustand beigetragen«, konterte sie.

Horan dachte, dass sie zum Glück nicht wusste, wie Recht sie im Grunde hatte. Verlegen lächelnd, verabschiedete er sich hastig.

Draußen atmete er tief die kalte Nachtluft ein. Sie war so eisig, dass sie in der Lunge brannte. Schnellen Schrittes ging er zu einer Mietdroschke, die ihn nach Hause brachte. Dort fand er seinen Freund, den Arzt, schlafend auf dem Sofa im Salon vor. Wie ein Igel war er auf dem viel zu kurzen Sofa zusammengerollt.

Horan rief ihn beim Namen, und innerhalb weniger Sekunden saß der Mann kerzengerade auf dem Sofa und stöhnte laut auf. Die unbequeme Schlafstellung rächte sich. Jeder Wirbel tat ihm weh. Er spannte die Schultern nach hinten, um der Steifheit entgegenzuwirken. Als er Horans Gesicht sah, erschrak er, denn dieser war kreidebleich. Kraftlos saß der Anwalt auf der Kante des kleinen Beistelltisches gegenüber dem Sofa.

»Hast du etwas erfahren können?«

Horan nickte. Dann wurde er schon am Revers seiner Jacke gepackt und kräftig geschüttelt.

»Verdammt, so rede endlich. Was ist mit ihnen?«

Leise antwortete Jack: »Zwei sind tot. Ich weiß jedoch nur den Namen von einem, den anderen Namen wusste Petersen nicht genau.«

»Wer?«, wurde er nun genauso leise gefragt.

»Pete! Pete Barclay ist einer und ...« Horan schlug seine Hände vors Gesicht und flüsterte: »War jemand unter ihnen, dessen Name so ähnlich klingt wie Bobby? Petersen konnte nur noch lallen. Deshalb denke gut nach.«

Aufgeregt ging der Freund im Zimmer auf und ab und konnte doch keinen klaren Gedanken fassen. Auf einem Blatt Papier versuchte der Arzt, die Namen aufzuschreiben. Nach einer scheinbaren Ewigkeit: »Hier, Jack, das sind sie.« Er gab Horan den Zettel, den dieser sorgfältig las.

»Eine kleine Hoffnung gibt es. Sieh mal, Bobby klingt so ähnlich wie Robby. Ich weiß, es klingt furchtbar, aber einer der beiden Jungen ist tot.«

Sein Freund schüttelte entsetzt den Kopf. »Und die anderen? Sind sie zum Galgen verurteilt?«

»Schlimmer, denn wenn ich Mark richtig verstanden habe und er die Wahrheit sagt, was ich annehme, dann ...«

»Zum Teufel Jack, sag endlich, was du weißt.«

»Sie werden nach Australien verbannt!«

Weit aufgerissene Augen blickten Horan an. »Unmöglich! Warum? Ich verstehe das nicht.«

»Ich weiß von Petersen, dass viele Menschen die Folter an den Jungen missbilligen. Die Leute wissen, dass die Kinder nichts Böses getan haben. Steel würde Märtyrer aus ihnen machen, wenn er sie in der Öffentlichkeit richten würde und somit den Zorn des Volkes, des Pöbels, auf sich ziehen. Wenn er sie aber verbannt und somit ihr Leben schont, steht er als gerechter Richter da. Ferner glaube ich, dass Friedensrichter Steel Angst hat, die ›Weiße Feder‹ könnte versuchen, die Jungen am Tag der Hinrichtung zu befreien. Was gibt es Sicheres und Besseres als die Verbannung nach Australien? Weit weg von London, weit weg von der ›Weißen Feder‹. Dort kann ihnen niemand mehr helfen.«

»Ja, das könnten die Gründe sein. Sie sind noch so jung. Fast grün hinter den Ohren, Pete Barclay war achtzehn, Robby Clarkson und Sebastian Somer sind gerade mal sechzehn und Pete Hopkins, Frank Stark, mein Adoptivsohn Bobby und Jonny Timonth erst fünfzehn.«

Kurz überlegte Horan, dann fragte er: »Moment mal, Jonny? Wie war das?« Horan riss seinem Gegenüber das Blatt Papier aus der Hand. »Das gibt es doch nicht!« Horan schlug sich mit der Hand an die Stirn. »Was sagtest du? Wie alt ist er?«

»Im September ist er fünfzehn geworden. Warum?«

»Woher kommt er? Kennst du seine Lebensgeschichte?«

»Jack, was soll die Frage? Du weißt so gut wie ich, dass die meisten aus dem Waisenhaus kommen. Ihre Herkunft hat mich nie interessiert. Jeder lässt seine Vergangenheit zurück und beginnt in der Organisation ein neues Leben. Sie wollen vergessen und nicht an früher erinnert werden. Viele der Kinder haben Schlimmes durchgemacht.«

»Ja, ich weiß, aber bitte denk nach!«

»Also gut, gib mir ein paar Minuten.« Er konzentrierte sich: »Als Bobby damals zu mir kam, bat er mich, auch seinen Freunden zu helfen. Es waren vier Jungen. Jonny, Bobby, Mason und Keith. Sie kannten sich schon lange, denn sie waren zusammen im Mitchell-Waisenhaus gewesen, bis das Heim abbrannte, und dann …«

Horan ließ das Kristallglas, das er gerade zum Mund führen wollte, fallen. Klirrend zersprang es auf dem weißen Marmorboden in kleine Teile. Jedoch bemerkte Horan das ebenso wenig wie das kleine Rinnsal des honiggelben Getränks, das sich langsam auf seine Teppichbrücke zubewegte, um dann gierig in den hellen Seidenfäden zu versickern. All das sah er nicht, denn er stand da, regungslos und verwirrt von dem, was er soeben gehörte hatte.

Der Arzt sah ihn fragend an. Horan setzte sich in den Sessel und atmete tief durch. Er spürte nichts mehr, außer diesem stechenden Schmerz in seinem Bein. Langsam begann er zu sprechen:

»Ich habe dir von den zwei Ladys aus Worms in Deutschland erzählt. Luise von Wittenstein kam nach London, weil sie ihren Bruder sucht. Sein Name ist John Timonth. Jonny ist die Koseform von John.«

»Unmöglich, Jack. Es kann sich nicht um dieselbe Person handeln! Das Fräulein stammt aus gutem Haus und ist wohlhabend. Aber meine Jungen haben keine Familie. Sie kommen von dort, wo es nichts gibt und sie nichts sind. Außerdem ist Timonth auch ein häufiger Name. Wieso glaubst du so etwas Absurdes?«

»Ganz einfach, er ist ihr Halbbruder!« Horan erzählte in gekürzter Fassung die ganze Tragik der beiden Menschen. »Wie oft gibt es solche Zufälle? *Er* ist ihr Bruder!«

Ungläubig schüttelte der Arzt den Kopf. Dann meinte er fassungslos: »Nach so vielen Jahren der Entzweiung befinden sie sich in derselben Stadt und trotzdem können sie sich nicht sehen. Im Gegenteil, bald sind sie so weit voneinander entfernt wie nie zuvor in ihrem Leben. Welche Tragödie.«

Horan starrte auf die Scherben zu seinen Füßen und bemerkte erst jetzt das zerbrochene Kristall, machte jedoch keine Anstalten, es aufzuheben. Als er die Tragweite des Ganzen in seinem Kopf geordnet hatte, flüsterte er: »Das haben Luise und John nicht verdient. Wie soll ich ihr diese Nachricht beibringen?«

»Jack, es ist schon weit nach Mitternacht. Wir sollten versuchen, etwas zu schlafen. Vielleicht finden wir eine Lösung, wenn wir wieder bei Kräften sind.«

Der Arzt nahm seinen Mantel, als Horan ihn fragte: »Kennst du einen grauhaarigen Mann mit Ziegenbart. Er ist kleiner als ich und hat eine Narbe auf der linken Wange.«

»Nein. Warum?«

»Ich habe ihn heute Abend mit Steel zusammen im ›Flying Horse‹ gesehen. Petersen erzählte, dass die zwei sich schon ein paar Mal dort getroffen haben. Die Treffen fallen in den Zeitraum der Verhaftungen.«

»Was schließt du daraus?«

»Nun, er könnte etwas damit zu tun haben. Außerdem hat Steel zweideutige Bemerkungen gemacht und versucht, mich mit seinen kleinen Augen zu durchbohren. Glaube mir, mein Freund, er ist dir auf der Spur. Hast du dich entschieden, was du tun wirst?«

»Ich überlege noch«, antwortete dieser und ging.

Horan schlief erst gegen Morgen erschöpft ein. Es war bereits später Vormittag, als er wach wurde. Nachdenklich sah er aus dem Fenster. Endlich hatte es aufgehört zu schneien, und die ersten Sonnenstrahlen versuchten, durch das Grau der Wolkendecke zu dringen, die schwer vom Schnee über den Dächern der Stadt hing. Wieder spürte er Übelkeit, außerdem fröstelte es ihn. »Verdammt Jack, reiß dich zusammen«, sagte er zu sich selbst. Er wusch und rasierte sich gründlich, kleidete sich sorgfältig an, alles nur, um Zeit zu gewinnen. Beim Frühstück brachte er keinen Bissen hinunter und fuhr mit knurrendem Magen los. Als er in der Pension ›Zum goldenen Löwen‹ ankam, war die Mittagszeit bereits vorbei. Luise und Colette saßen im Salon und waren in die Neuigkeiten der Zeitung vertieft.

»Guten Tag, Ladys.«

»Guten Tag, Mr. Horan, wir hatten nicht erwartet, Sie so früh wieder zu sehen. Möchten Sie Tee?« Horan nickte und Luise stand auf, um zum Teewagen zu gehen. Sie nahm eine von den Porzellantassen, die mit englischen Motiven einer Jagdgesellschaft bemalt waren, und füllte die zartrosa Tasse mit dem dampfenden Getränk, als Colette aufschrie:

»Mon dieu, Sie sehen terrible aus. Sie sind ganz bleich. Geht es Ihnen nicht gut?«

Horan hatte zuvor im Türrahmen gestanden – die Sonnenstrahlen im Rücken, sodass sein Gesicht nicht klar erkennbar war. Als er jetzt aus dem Schatten hervortrat, konnte man seine Blässe sehen.

Luise hatte sich bei Colettes Worten bestürzt umgedreht. »Setzen Sie sich. Schmerzt Ihr Bein wieder?«, fragte sie ihn.

Horan nahm erleichtert im Sessel Platz. »Entschuldigen Sie, ich wollte Sie nicht erschrecken. Mir geht es tatsächlich nicht besonders gut. Ich habe kaum geschlafen, und mein Bein macht mir zu schaffen.«

»Sie brauchen sich nicht zu entschuldigen. Hier, trinken Sie den Tee. Der wird Ihnen gut tun.«

Dankend nahm Horan die Tasse ab und trank mehrere Schlückchen. Er spürte, wie das flaue Gefühl im Magen nachließ. Nach einigen Augenblicken des Schweigens fragte Horan: »Würden Sie mich bitte zu mir nach Hause begleiten? Ich möchte meine Medizin nehmen und das Bein hochlegen.« Horan wollte Luise nicht in der Pension von seiner Entdeckung berichten. Hier könnten zu viele hören, was nicht für fremde Ohren bestimmt war. In seinem Haus waren sie ungestört. Die Mädchen sahen sich fragend an. Sie wussten nicht, was sie davon halten sollten. Horan lächelte, als er ihr Zögern bemerkte. »Sie brauchen keine Angst zu haben. Ich möchte wirklich nur mit Ihnen reden.«

Zaghaft nickte Colette Luise zu. »Einverstanden. Wir vertrauen Ihnen.«

Vor der Pension wartete Horans Kutsche. Während der Fahrt rutschte Luise unruhig auf ihrem Platz hin und her. Irgendetwas lag in der Luft. Sie fühlte Horans Blick auf sich ruhen und lächelte verlegen.

Eine halbe Stunde später hielt die Kutsche vor einem prächtigen Haus. Die Mädchen staunten und waren aufgeregt, denn nun hatten sie die Möglichkeit, solch ein Haus von innen zu sehen. Es war ein traumhaftes Anwesen, das einem Anwalt angemessen schien. Eine breite Treppe führte zu einer mächtigen Eingangstür. Rechts und links neben dieser Tür standen dicke Säulen, die den Balkon über ihnen trugen.

Horan klopfte mit dem schwarzen Türklopfer an das Portal. Die sonderbare Form des Klopfers weckte Luises Neugier. Sie ging näher heran, um ihn besser betrachten zu können. Er sah aus wie eine Schlange, war aber keine. Zwei Teile, die miteinander verflochten waren, jedoch hätte jedes Teil auch für sich alleine sein können. Luise konnte sich nicht näher damit beschäftigen, denn die Tür wurde geöffnet und ein älterer, schwarz gekleideter Mann stand vor ihnen. Er schien überrascht zu sein, den Anwalt um diese Zeit zu sehen.

»Sir, haben Sie etwas vergessen?« Erst jetzt nahm er die Frauen wahr. »Oh, entschuldigen Sie bitte. Guten Tag, Myladys.« Fragend sah er Jack Horan an.

Dieser nickte kurz, und der Butler schien zu verstehen. Er verbeugte sich und machte eine einladende Handbewegung, ihm zu folgen. In der Vorhalle nahm er ihnen die Mäntel ab.

»Bitte lassen Sie von Kitty etwas zum Lunch zubereiten und bringen Sie es in den Salon. Außerdem brauche ich meine Medizin.« Besorgt sah Donald seinen Arbeitgeber an. Bevor er aber etwas fragen konnte, kam Horan ihm zuvor: »Das Bein schmerzt.«

Der Angestellte war verwundert, denn nur ausgewählte Personen hatten Zutritt ins Allerheiligste. Genau genommen gab es nur einen, und der gehörte schon fast zur Familie. Horan lachte, als er den verdutzten Gesichtsausdruck des Butlers sah. »Einen Penny für Ihre Gedanken, Donald.«

Der Butler fühlte sich ertappt und flüchtete in Richtung Küche. Den Dialog nahmen die zwei Frauen nicht wahr, denn Colette und Luise konnten nicht fassen, was sie hier zu sehen bekamen. Weißer Marmor ließ die Eingangshalle erstrahlen. Bis zur Hälfte waren die Wände mit dem edlen Stein verkleidet. Gegenüber dem Portal stand ein vergoldeter Tisch mit geschwungenen Beinen sowie ein Stuhl mit purpurrotem Samtbezug. Über der Sitzgelegenheit hing ein großer Gobelin an der Wand, der Reiter bei der Jagd zeigte. Die Wand links wurde zur Hälfte von einem riesigen Spiegel eingenommen, der in einem vergoldeten Rahmen eingelassen war. Ein wahrer Meister musste hier am Werk gewesen sein. Die Ecken der Einfassung zierten goldene Blütenranken. Luise fuhr vorsichtig mit den Fingerspitzen darüber. Sie waren so naturgetreu nachgebildet, dass sie Angst hatte, sie könnte sie zerdrücken. Rechts die Treppe führte ins obere Stockwerk. Auch sie war aus weißem Marmor. Das geschwungene, vergoldete Geländer endete vor der untersten Stufe, auf der eine betende Engelsfigur stand. Luises Blick schweifte wieder zu dem kunstvollen Bilderrahmen. Sie betrachtete ihn voller Begeisterung, als Colette sie unsanft mit ihrem Ellenbogen in die Rippe stieß. »Au!«, schrie Luise auf und blickte verärgert zu Colette, die an die Decke starrte. Luise folgte ihrem Blick, und für einen Moment stockte ihr der Atem. Die Decke war leicht gewölbt. In jede Ecke waren pausbäckige

Engel gemalt, die scheinbar die Besucher des Hauses begrüßten. In ihrer Mitte befand sich ein Gemälde der Arche Noah. Etwas anders als in der Überlieferung standen paarweise Tiere und Menschen vor dem Schiff. Gott hielt schützend die Hände über sie. Das Außergewöhnliche war nicht nur das Motiv, sondern dass am Schiff, in Höhe des Bugs, derselbe Türklopfer gemalt war, den Luise zuvor betrachtet hatte – genau an der Stelle, an der Schiffe ihren Namen stehen haben.

»So etwas habe ich noch nie in einem Wohnhaus gesehen. War das etwa Ihre Idee?«, fragte sie Horan.

»Nein«, antwortete dieser und schwieg einen Moment, »es war die Idee meiner Frau Sarah.«

Ungläubig drehten sich die Mädchen zu ihm um. »Ihre Frau? Sie haben nie erwähnt, dass Sie verheiratet sind. Wo ist sie?«

»Sie starb vor etwas mehr als einem Jahr.« Leise fügt Horan hinzu: »Sie wollte die Arche Noah in der Eingangshalle haben. Lange haben wir nach einem Künstler gesucht. Es gab nur einen, der ihre Ideen hätte umsetzen können, aber er weigerte sich, eine Geschichte Gottes in einem Privathaus zu verewigen. Er nannte es Gotteslästerung. Sarah gab nicht auf und nahm Malunterricht. Sie war sehr talentiert, und innerhalb weniger Monate lernte sie alles, was sie wissen musste. Dann skizzierte sie die Geschichte vor und fing an, ihr Werk zu schaffen. Monatelang lief sie mit Farbklecksen im Gesicht herum.« Er lachte bei der Erinnerung. »Wir verbrachten mehr Zeit in schwindelnder Höhe als auf dem Boden. Es ist genau so geworden, wie sie es sich vorgestellt hatte.«

»Warum die Arche Noah?«

Horan lächelte sanft, als er versuchte zu erklären. »Sie wollte damit ausdrücken, dass unser Haus die Arche Noah ist. Ein Ort des Friedens und der Rettung. Überall gibt es Streit, Hass oder Neid. Sarah verabscheute Niedertracht, denn das kannte sie aus ihrer Kindheit. Hier sollen alle gleich sein. Egal, welcher Rasse oder Klasse angehörig – hier sind sie willkommen, so wie sie sind. Sarah hat die Arche Noah erweitert, indem sie Menschen dazugemalt hat.«

Luise hörte ihm aufmerksam zu. Jedoch war ihr Blick immer wieder zu dem Türklopfer geschweift.

»Sie müssen Ihre Frau sehr geliebt haben«, stellte Colette fest.

»Sie gab mir Kraft, wenn ich kraftlos war, Freude, wenn ich freudlos war, und sie gab mir Mut, wenn ich mutlos war. Sie war mein Leben. Es fällt mir schwer zu akzeptieren, dass sie niemals wieder kommt. Oft bin ich ohne Kraft, ohne Freude und ohne Mut, und niemand kann mir helfen. Dann setze ich mich hier auf diesen Stuhl und schaue mir das Bild an. Ich sehe Sarahs Gesicht vor mir und höre ihre Worte, die sie an solchen Tagen zu mir zu sagen pflegte.«

Gespannt warteten Luise und Colette auf die Worte, die er aber wohl nicht mit ihnen teilen wollte. Still akzeptierten sie es.

»Jetzt weiß ich endlich, was der Türklopfer bedeutet«, rief Luise in die Stille hinein. »Das J steht für Jack und S für Sarah. Das S umschlingt das J wie eine Schlange. Nur, was hat dann die Blüte auf dem Schlangenkopf zu bedeuten?«

»Sehr scharfsinnig, aber es stimmt nicht ganz. Ja, es sind die Anfangsbuchstaben unserer Vornamen, aber aus J und S entstand eine Wurzel, aus der eine Krone wuchs. In der Baumkrone liegt ein verschlungenes E – E für Emily, unsere Tochter. Sie starb mit ihrer Mutter.«

Colette und Luise standen nun stumm in dem Raum, der so viel Privates von diesem Mann verbarg, dass sie sich wie Eindringlinge vorkamen. Colette fand als Erste die Sprache wieder: »Ich möchte mich entschuldigen, dass wir so viele schmerzliche Erinnerungen in Ihnen wachgerufen haben. Pardon, mon ami!«

»Sie können nichts in mir wachrufen, da diese Erinnerungen niemals schlafen. Darf ich Sie jetzt bitten, mir in den Salon zu folgen.« Er zeigte mit der Hand in die Richtung.

Diesem Zimmer sah man ebenfalls deutlich an, dass es von einer Frau ausgestattet worden war. Es strahlte Behaglichkeit und Wärme aus. Wie in einer Puppenstube waren alle Farben und Accessoires aufeinander abgestimmt. Luise kam hier irgendetwas sehr vertraut vor. Sie überlegte einen Moment, dann wusste sie, was es war – es war der Geruch, den sie aus Jacks Anwaltskanzlei kannte. Es konnte nur sein Duftwasser sein, denn es roch nicht nach Leder, Seife oder Blumen. Es war ein starker, herber Geruch. Sie kannte diese Art Duft von den vielen Flaschen, die ihr Vater in seinem Schlafzimmer aufbewahrt hatte.

Horan deutete auf zwei Sessel, die mit einer Stickerei verziert waren, und bat Platz zu nehmen. Er setzte sich auf den dritten Stuhl, der an dem Tisch stand. Als er erzählen wollte, klopfte es und Donald betrat mit einem Tablett den Raum. Der Butler stellte es auf den Tisch zwischen den drei Personen und zog sich diskret wieder zurück. Tee, Gebäck und leckere Brote verführten zum Essen. Horan sah die Mädchen fragend an. Colette nickte und bediente sich. Luise jedoch beschlich wieder das seltsame Gefühl, das sie schon in der Kutsche verspürt hatte, und schüttelte deshalb den Kopf.

»Sie haben schlechte Nachrichten für mich?«

Er nickte. »Ich würde Ihnen gerne etwas anderes sagen, aber leider …«

»Ich weiß, Sie können nichts dafür, also sprechen Sie.«

»Erst möchte ich meine Medizin nehmen.«

Horan fühlte Wasser in ein Glas und zählte mehrere Tropfen aus einer kleinen braunen Flasche ab. Er trank alles auf einmal, verzog das Gesicht und schüttelte sich angewidert. »In hundert Jahren werde ich mich nicht an den bitteren Geschmack gewöhnen können.« Schnell trank er Tee hinterher, in den er zuvor Zucker verrührt hatte, um den Geschmack der Arznei auszugleichen.

Endlich fing er an zu erzählen: »Ich habe gestern einen Mann nach langer Zeit wieder gesehen, mit dem ich früher beruflich im Gericht zu tun hatte. Das Gespräch kam auf das Gefängnis, und aus keinem besonderen Grund erwähnte mein Freund einige Namen der Gefangenen. Der Name Jonny Timonth war darunter. Ich habe direkt gefragt, was er von dem Jungen weiß, da der Name sehr dem Ihres Bruders gleicht. Zumal ich mir vorstellen kann, dass ein junger Mann namens John meist Jonny gerufen wird. Die Geschichte seiner Herkunft stimmt exakt mit der Ihres Bruders überein. Ich denke, es gibt keinen Zweifel: Er ist Ihr Bruder!«

Horan hatte die Geschichte stark verkürzt und abgewandelt zu Ende erzählt, um die Organisation nicht zu verraten. Er traute sich nicht, in Luises Gesicht zu blicken, denn als er den Namen ihres Bruders erwähnt hatte, fing ihre Hand an zu zittern, sodass sie die Teetasse, die sie gerade füllen wollte, wieder zurück auf den Tisch stellen musste.

»Glauben Sie wirklich, dass es sich um meinen Bruder handelt?«, fragte sie leise.

»Die Wahrscheinlichkeit, dass zwei Menschen einen fast identischen Namen tragen und zur selben Zeit im selben Waisenhaus gelebt und dasselbe Schicksal erlitten haben, ist recht unwahrscheinlich.«

»Dann wäre Johann ein Krimineller geworden. Wie furchtbar! Was kann er nur verbrochen haben?«

So schwer es Horan auch fiel, er durfte ihr die Wahrheit nicht sagen. Er musste sie anlügen. »Das kann ich Ihnen leider nicht beantworten.«

»Wer kann mir Auskunft geben? Zu wem muss ich gehen?«

»Miss von Wittenstein, es gibt nur einen Menschen, der Ihnen Ihre Fragen beantworten kann. Aber er ist kein Freund, sondern eher das Gegenteil.«

»Wer ist es?«

»Friedensrichter Steel.«

Natürlich konnte Luise mit dem Namen nichts anfangen, und so sah sie ihn irritiert an.

»Steel steht als Friedensrichter über allem, was im Gefängnis geschieht. Er hat die Macht, jemanden zu begnadigen oder ihn zu hängen, denn er hat sich selbst zum Gott erhoben, und durch seine Bereitschaft zur Gewalt macht ihm niemand diese Position streitig. Wenn er spricht, zittern die Menschen. Allein sein Name verbreitet Angst. Jeder küsst ihm die Füße aus Angst, in Ungnade zu fallen, obwohl ich weiß, dass viele ihn lieber tot als lebend sehen wollen. Man weiß, dass er Menschen gegeneinander ausspielt. Selbst gute Freunde wissen oft nicht, ob sie sich noch vertrauen können, denn er sät Misstrauen und Hass. Überall sind seine Spione. Ich weiß, dass ich Sie nicht davon abhalten kann, zu ihm zu gehen, denn nur er kann ihre Fragen beantworten. Allerdings kann ich Sie dieses Mal nicht begleiten. Deshalb nehmen Sie diesen Rat von mir: Wählen Sie Ihre Worte sorgsam und zügeln Sie Ihr Temperament.«

»Wenn er so gefährlich ist, warum können Sie mich nicht dorthin begleiten?«

»Er kann mich nicht ausstehen und ich ihn noch weniger. Sie dürfen auf keinen Fall meinen Namen erwähnen. Er könnte mehr schaden als nutzen. Nehmen Sie Colette mit.«

»Ich habe Sie verstanden und werde mich daran halten. Was Johann auch getan hat, Hauptsache er lebt«, versuchte sie sich zu trösten. »Oh Colette, wir haben ihn gefunden!« Luise lächelte ihre Freundin an und war in diesem Moment glücklich und traurig zugleich.

Horan führte seine Tasse Tee zum Mund, um ihr nicht in die Augen sehen zu müssen. Er hatte Angst, dass sie seine Panik erkennen könnte.

Am nächsten Morgen sprachen Luise und Colette bei Gericht vor. Sie verlangten umgehend einen Termin beim Friedensrichter. Mitleidig sah der Schreiber im Vorzimmer die beiden jungen Frauen an. Er war schwarz gekleidet, und sein Hemdkragen hatte schon sauberere Tage gesehen. Dünne, dunkle Haarsträhnen fielen ihm bis auf die Schultern. Seine Gestalt war hager, und vom vielen Sitzen hatte er einen Buckel. Faule Zähne und das ungepflegte Aussehen unterstrichen das Bild seiner unsympathischen Erscheinung.

»So einfach geht das nicht. Kommen Sie in vier Wochen wieder«, versuchte er, die beiden abzuwimmeln.

»Ich komme von weit her und habe nicht viel Zeit. Es kann wohl nicht so schwierig sein, den Friedensrichter für fünf Minuten zu sprechen.«

»Es ist mir einerlei, woher Sie kommen. Ich sage, dass es erst in vier Wochen geht. Der Friedensrichter ist ein viel beschäftigter Mann, und damit ist die Unterredung beendet!«

»Ich will die Auskunft vom Friedensrichter selbst hören.«

»Sie unverschämte Person!« Jetzt wurde der Mann laut und versuchte, seine krumme Gestalt zu strecken, um sich Größe zu verschaffen. »Sie verlassen auf der Stelle das Vorzimmer des Friedensrichters, sonst rufe ich die Wachen.«

Durch den lauten Wortwechsel aufmerksam geworden, stand plötzlich Friedensrichter Steel vor ihnen. Er kam aus einer Tür, die Luise vorher nicht bemerkt hatte, da sie im Halbdunkel lag. In dem Vorzimmer gab es ein einziges Fenster, und das Tageslicht hatte nur die Kraft, den Schreibtisch zu erhellen.

Horan hatte nicht übertrieben. Steel war von Furcht einflößender Gestalt. Der Schreiber senkte den Kopf und wollte seinem Vorgesetzten erklären, was zu dem Streitgespräch geführt hatte. Bevor er allerdings dazu kam, fuhr Steel ihn an: »Ruhe, Stanley. Myladys, ich lasse bitten.« Steel machte eine einladende Handbewegung in sein Zimmer. Erhobenen Hauptes schwebten Luise und Colette an dem Sekretär vorbei.

Steel setzte sich hinter seinen dunklen Eichenschreibtisch, der mit Akten und Papieren überfüllt war. Die Regale an den Wänden und sogar der Fußboden waren übersät mit Aktenbündeln. Zwei einfache Holzstühle vor dem Schreibtisch machten die restliche Möblierung aus. Das Zimmer strahlte ebenso viel Kälte aus wie die Person, die hier arbeitete. »Bitte nehmen Sie Platz, Myladys!«, forderte Steel und zeigte zu den Stühlen.

Der Mann überragte die Mädchen um zwei Haupteslängen. Sein Kopf ruhte auf einem fleischigen, wulstigen Fettnacken. Sein Haupt zierte eine einstmals weiße Perücke, die ihn zum Schwitzen brachte; kleine Schweißperlen glänzten auf der Stirn. Der Geruch nach altem, kaltem Schweiß lag in der Luft. Er kniff seine Augen zu dünnen Schlitzen zusammen, sodass man ihre Farbe nicht erkennen konnte. Luise vermutete, dass sie grün waren. Grün wie eine Kröte, denn an eine Kröte erinnerte Luise Steels Gesicht.

Sie merkte, wie ihre Handflächen feucht wurden, aber sie versuchte, ihre Angst nicht zu zeigen. »Sir, mein Name ist Luise von Wittenstein, und das ist Colette Lambert. Wir sind aus Deutschland gekommen, da ich auf der Suche nach meinem Halbbruder bin …«

»Und warum kommen Sie dann zu mir?«, unterbrach Steel sie abrupt. »Das ist die Aufgabe eines Detektivs.«

»Nein, Sir, Sie missverstehen. Ich habe meinen Bruder bereits gefunden.«

»Ach ja?« Steel schaute sie gelangweilt an.

»Ja, er ist hier in London, in Ihrem Gefängnis, und ich möchte Sie bitten, mir eine Besuchserlaubnis zu erteilen.«

»Nun, welches Vergehen hat er begannen?«

»Leider weiß ich das nicht, aber so schlimm wird es wohl nicht sein.«

»Das zu beurteilen, überlassen Sie bitte mir. Sein Name?«

»John Timonth.«

»Ist mir nicht bekannt.« Nur mühsam konnte er seine wahren Gefühle unterdrücken.

»Verzeihung, Sir, er nennt sich jetzt Jonny Timonth.«

»Wie bitte? Ich habe den Namen nicht richtig verstanden«, fragte Steel jetzt gefährlich leise.

Luises sechster Sinn verhieß ihr nichts Gutes. »Jonny Timonth«, wiederholte sie zaghaft.

»Woher wissen Sie, dass er im Gefängnis sitzt, meine Teuerste?«

»Nun«, sie räusperte sich und setzte sich kerzengerade auf den Stuhl, »so genau weiß ich es nicht.«

»Lügen Sie mich nicht an«, schrie der Friedensrichter nun. Horan hatte nicht übertrieben. Luise glaubte, dass die Erde bebte. »Niemand kennt die Namen dieser Gefangenen. Nur meine engsten Mitarbeiter und natürlich die Freunde der Gefangenen wissen davon.« Steel hatte seine ganze Leibesfülle auf den Schreibtisch gestützt und sah Luise starr in die Augen. Die Mimik und die Lautstärke seiner Stimme waren so Furcht einflößend, dass Colette scheinbar kleiner wurde.

»Sir, ich verbiete Ihnen, in diesem Ton mit mir zu sprechen. Ich weiß nicht, was Ihre Andeutungen zum Inhalt haben. Erst kürzlich habe ich von der Existenz meines Bruders erfahren. Da ich ihn noch nie in meinem Leben gesehen habe, weiß ich weder, wie er aussieht, noch, was er verbrochen hat oder mit welchen Leuten er verkehrt. Ich erhielt den Hinweis, dass er sich in London aufhält, und hier gab man mir den Ratschlag, in den Gefängnissen nachzufragen. Hat er jemanden umgebracht, dass Sie so aufbrausend bei der Erwähnung seines Namens reagieren?« Luises Unterlippe zitterte.

»Diese Gefangenen«, sagte Steel, »haben keine Familie, keine Verwandten. Es sind Waisenkinder! Nur solche werden in der Organisation aufgenommen. Also, wer sind Sie, und wer schickt Sie zu mir? Ich rate Ihnen, mir die Wahrheit zu sagen, meine Teuerste.«

Nun ergriff Colette das Wort: »Monsieur, meine Freundin hat Ihnen die Wahrheit gesagt. Hier sehen Sie meine Papiere und hier …«, sie nahm Luises Handtasche und suchte deren Dokumente heraus, »… die Papiere von Fräulein von Wittenstein. Außerdem … hier die Fahrkarte von der Fähre Sealine. Anhand des Datums können Sie sehen, seit wann wir uns in England aufhalten.« Sie reichte ihm die Dokumente über den Tisch hinweg und sah ihm fest in die Augen. Steel schaute sich die Unterlagen sorgfältig an. Holte sogar seine Petroleumlampe zur Hilfe, denn auch in seinem Zimmer war das Tageslicht rar. Luise entspannte sich und nickte Colette dankbar zu.

»Herr Friedensrichter, würden Sie bitte die Güte haben, mir jetzt zu sagen, was mein Bruder verbrochen hat?« Luise sprach ruhig und höflich, denn sie wollte den Richter nicht wieder verärgern.

Es wirkte, denn Steel gab ohne weiteres Aufbrausen Auskunft: »Er gehört einem Geheimbund an. Als er Flugblätter mit

Hetzparolen gegen die Regierung verteilte, wurde er festgenommen. Außerdem ist er ein Dieb.«

»Ist das bewiesen?«

»Nein, aber alle Mitglieder dieser Organisation sind Diebe. Warum sollte ausgerechnet er keiner sein?«

»Sicherlich kommt er bald wieder frei.«

»Er und seine Freunde werden verbannt!«

»Verbannt? Aufs Land verbannt?«

Steel lachte laut auf. »Ja, so könnte man sagen. Er wird aufs Land verbannt, nur heißt dieses Land Australien.«

»Wie bitte, das kann ich nicht glauben. Wer hat diesen Schwachsinn angeordnet? Welche Gesetze verhängen solche Maßnahmen wegen Kleinigkeiten?«

»Mein liebes Fräulein von Wittenstein, so heißt das doch in Ihrer Sprache. Zügeln Sie Ihre Zunge! Ich war der Schwachsinnige. Was ich sage, ist Gesetz, und das basiert auf der Grundlage des britischen Königreiches.«

Luise versuchte, Haltung zu bewahren.

»Gibt es wenigstens eine kleine Chance für Fräulein von Wittenstein, ihren Bruder zu sehen und zu sprechen? Für einen kurzen Moment? Nur damit sie weiß, wie er aussieht, und damit er weiß, dass er nicht ganz alleine auf dieser Welt ist«, appellierte Colette an Steels Menschlichkeit.

»Mein Gott, wie rührend!«, antwortete dieser und verzog sein Gesicht, als ob er weinen müsste. »Nun, meine Liebe, alles hat seinen Preis. Selbst der Tod kostet das Leben.«

»Pardon, Monsieur, ich verstehe Sie nicht.«

Steel sah beide mit lüsternen Augen an. Sein Blick glitt abwechselnd langsam über ihre Gesichter. Er wanderte zu ihren Hälsen und blieb an ihren Brüsten hängen. Langsam fuhr er sich mit der Zunge über seine wulstigen Lippen.

Luise, zuvor wie gelähmt, sprang auf und stützte sich mit ihren Händen auf den mächtigen Schreibtisch. Sie blickte Steel in seine Augen, die er vor Schreck weit aufriss. Krötengrün!, schoss es ihr durch den Kopf.

»Was fällt Ihnen ein? Selbst, wenn Sie der letzte Mann auf Erden wären, würden wir uns von Ihnen nicht anfassen lassen. Wie kann ein Mensch nur so selbstgefällig sein? Ich werde einen anderen Weg finden, meinen Bruder zu sehen. Das Gespräch ist beendet.«

Als Luise die Türklinke herunterdrückte, sagte Steel zu ihr: »Schauen Sie doch mal im Hafen vorbei. Aber beeilen Sie sich.«

Ohne sich noch einmal umzudrehen, verließen die beiden Frauen das Zimmer und gingen grußlos an dem Schreiberling vorbei, der an der Tür gelauscht hatte. Sein Gesicht wurde feuerrot, allerdings sah man auch den Hauch von Anerkennung in seinem Blick.

Was für ein Teufelsweib!, dachte Steel, bevor er sich wieder seinen Akten widmete.

Luise war außer sich vor Wut und Enttäuschung. Auf dem Weg nach Hause schimpfte sie wie ein Rohrspatz.

»So ein fetter Widerling. Hast du verstanden, was er als Gegenleistung gefordert hat?«, fragte sie Colette wütend.

»Naturellement! Sein lüsterner Blick sagte alles. Aber hast du wirklich einen anderen Plan, deinen Bruder zu sehen?«

»Nein, aber ich hoffe auf Mr. Horan.«

Am nächsten Morgen trafen sich die jungen Frauen mit Horan in dessen Kanzlei.

»Waren Sie bei Gericht und haben Friedensrichter Steel getroffen?«, fragte er erwartungsvoll.

»Haben wir!«, war die knappe Antwort Luises.

»Ein hässlicher Mann und so unfreundlich. Sie hatten nicht übertrieben. Es war terrible.« Colette erzählte, was sich im Arbeitszimmer von Friedensrichter Steel zugetragen hatte.

Horan konnte nicht glauben, was er da hörte. »Steel hat das tatsächlich verlangt?«, fragte er ungläubig. Luise nickte.

»Dieser Mistkerl! Konnten Sie wenigstens etwas in Erfahrung bringen?«

»Als ich nach dem Vergehen von Johann fragte, sagte er, dass mein Bruder Flugblätter mit Hetzparolen gegen die Gesellschaft verteilt habe und dass er ein Dieb sei. Deshalb werde er nach Australien verbannt. Das kann ich mir aber nicht vorstellen. Steel hat sicher gelogen, damit ich auf sein unverschämtes Angebot eingehe. Außerdem sprach er von einer Organisation.

Beim Hinausgehen sagte er noch, dass ich mich am Hafen umsehen und keine Zeit mehr verlieren sollte. Wissen Sie, was das alles bedeutet?«

Horan saß in seinem Stuhl und überlegte, was er Luise antworten sollte. Konnte er ihr die Wahrheit sagen, oder sollte er lügen? Sein Freund würde ihm von der Wahrheit abraten. Horan aber war überzeugt, dass es sicherer sein würde, die zwei Frauen einzuweihen. Sie wussten schon zu viel, aber da sie die näheren Zusammenhänge nicht kannten, wäre es riskant zu schweigen. Sie könnten versuchen, auf eigene Faust Personen zu befragen, die gefährlich werden könnten. Egal, wie er es drehte, jede Entscheidung war die falsche.

Horan atmete schwer. Sein Fuß wippte nervös auf und ab, als er sagte: »Ich werde versuchen, Ihre Fragen zu beantworten, aber Sie müssen …«

»…. Ihnen schwören, dass nichts …«, führte Luise den Satz weiter. »Mr. Horan, das hatten wir schon einmal. Sie wissen, dass wir Ihre Freunde und nicht Ihre Feinde sind, oder?«

»Entschuldigungen Sie bitte. Aber es geht nicht darum, ob Sie mich verraten, was ich nicht glaube. Es geht darum, je mehr Sie wissen, umso gefährlicher wird diese Sache für Sie. Man könnte Sie zum Beispiel der Mittäterschaft anklagen und foltern, damit Sie Ihr Wissen preisgeben«, versuchte er zu erklären. Bei dem Wort Folter schluckten Luise und Colette. Aber beide wollten endlich Antworten.

»Erinnern Sie sich an die Geschichte von dem flüchtenden Waisenjungen, den mein Freund auf der Straße vor seinen Verfolgern gerettet hatte?«, fragte er die Frauen, die zur Bestätigung nickten. »Als der Junge das erste Mal erwachte, bat er uns, seine drei Freunde ebenfalls zu befreien. Die vier waren schon im Mitchell-Waisenhaus Freunde gewesen und hielten wie eine Familie zusammen. Der Kleine wusste, dass die Kinder harte Strafen erwarten würden, denn die Aufseher würden ihre Wut an den drei Jungen auslassen. Schließlich entschloss sich mein Freund, in einer Nacht- und Nebelaktion die Knaben zu befreien. Es hätte keinen Tag später sein dürfen. Mehr als drei Monate lagen sie danach krank im Bett, und ich war überzeugt, dass sie nicht überleben würden. Sie hatten zu viel Blut verloren, und die verbrannte Haut eiterte und faulte. Nach einem Vierteljahr intensiver Betreuung waren sie genesen. Körperlich gesehen, lebten sie noch, seelisch waren sie schon lange tot, denn man hatte ihre kleinen Kinderseelen zerquetscht. Sie waren panisch vor Angst, dass man sie finden und zurückholen könnte. Wir wussten, dass viel Ruhe und Liebe nötig sein würden, ihre Seelen zurück in ihre Körper zu bringen. Wir brachten die Kinder zu einem befreundeten, kinderlosen Ehepaar, dem ich mein Leben anvertrauen würde. Dort wurden sie gesund und fanden ein Heim und eine Familie. Es gab für mich nichts Schöneres, als ich sie nach längerer Zeit besuchte und helles Kinderlachen im Haus erschallte. Diese Jungen sagten mir, dass sie, wenn sie groß seien, alle Waisenkinder befreien würden. Jedem würden sie berichten, was man ihnen angetan hatte. Aus diesen kindlichen Träumen ist die ›Weiße Feder‹ entstanden. Diese Organisation arbeitet im Untergrund. Sie prangert die Missstände in unserer Gesellschaft an, zeigt auf die Menschen, die ignorant sind, macht auf die Zustände in den Waisenhäusern aufmerksam, auf die Armut, auf die Kinderarbeit – auf das, was wir Reichen anrichten. Die Organisation macht es öffentlich, indem sie nachts Flugblätter an den Türen der Reichen anbringt …«

»Halt!« Luise war aufgesprungen und ging zum Fenster, schaute kurz hinaus und drehte sich dann zu Horan um. »Mir kommt das Ganze irgendwie bekannt vor!«

Horan nickte. Jetzt verstand auch Colette.

»Mais, oui! Das ist genau das, was Sie machen. Das, was Sie uns schon einmal erzählt haben.«

»Sie sind die ›Weiße Feder‹«, schlussfolgerte Luise. Gespannt schauten die Mädchen Horan an und warteten auf seine Antwort.

»Ich muss sie enttäuschen. Ich bin nicht das Oberhaupt der ›Weißen Feder‹.«

»Sie sind aber Mitglied in der Organisation«, stellte Luise fest.

Doch er schüttelte den Kopf. »Nein, auch das nicht. In der ›Weißen Feder‹ sind nur Waisenkinder organisiert.«

»Ich verstehe das nicht. Sie verurteilen die Kinderarbeit und bringen andere Kinder dazu, sich in Gefahr zu begeben. Wo ist da der Unterschied?«

Horan seufzte. »Ich muss Ihnen noch mehr erklären, sonst verstehen Sie es nicht. Kinder werden in unregelmäßigen Abständen aus den Waisenhäusern befreit. Die Kleinen kommen zu Familien, meistens aufs Land. Es gab sogar Fälle, in denen Reiche ein Kind zu sich nahmen und es als das Kind verstorbener

Verwandte ausgegeben haben. Das ist jedoch selten, da die Kinder erkannt werden könnten. Weil nicht schnell genug Pflegefamilien gefunden werden konnten, wurde an einem geheimen Ort ein Heim gegründet. Die Kleinen leben hier zusammen, wie in einer großen Familie. Sie werden von liebevollen Menschen versorgt. Die Älteren können gehen, wohin sie wollen, doch die meisten schließen sich der Organisation an. Erst, wenn sie eine eigene Familie gründen, treten sie aus. Aber auch dann bleiben sie der Bewegung treu und übernehmen andere Aufgaben. Oft nehmen sie ein Kind zu sich, sodass der Kontakt zur ›Weißen Feder‹ bleibt und sich der Kreis wieder schließt. Ältere Kinder verteilen Flugblätter, beobachten die Waisenhäuser. Jede Aufgabe ist aufs Alter bezogen und freiwillig. Jüngere dürfen an solchen Nachtaktionen nicht teilnehmen. Nur die ›Alten‹, wie sie genannt werden, dürfen die Kinder befreien. Das ist der Grund, warum Steel ihren Bruder als Dieb bezeichnete. Sie stehlen den Fabrikbesitzern die Arbeitskräfte.«

»Aber mein Bruder ist seit solch einer Aktion im Gefängnis. Also war es nicht gefahrlos.«

»Das stimmt leider. Es ist furchtbar, dass John im Gefängnis ist. Das ist in den Jahren zuvor nie passiert. Vor Steel gab es einen betagten Gesetzeshüter, der die Sache duldete. Nie wurde versucht, uns auszuspionieren oder uns Fallen zu stellen. Dann starb dieser Richter, und Steel wurde sein Nachfolger. Seitdem wird die ›Weiße Feder‹ gejagt. Wir glauben, dass er einen Spion in der Organisation untergebracht hat. Wir wissen noch nicht, wer es ist, aber wir arbeiten daran.«

»Wenn man weiß, dass die ›Weiße Feder‹ gejagt wird, warum macht man trotzdem solche Unternehmungen? Es werden Jugendliche wissentlich der Gefahr ausgesetzt. Das ist mir unverständlich. Ich würde mich gerne mit diesem Mann unterhalten. Können Sie ein Treffen vereinbaren?« Luise funkelte Horan herausfordernd an.

»Außer der ›Weißen Feder‹ selbst kennen nur drei weitere Personen die wahre Identität dieses Menschen. Zwei leben hier in London, die Dritte weit weg. Diese drei Mitwisser würden niemals den wahren Namen preisgeben. Die Gefahr ist umso größer, je mehr Personen den Namen kennen. Deshalb wird es so auch bleiben, und Sie können sich den Gedanken auf ein Treffen aus dem Kopf schlagen!«

Wütend gab Luise nach: »Das muss ich wohl akzeptieren. Allerdings möchte ich noch wissen, was es mit dem Hafen auf sich hat, oder ist das auch ein Geheimnis, das Sie nicht preisgeben können?« Sie wagte kaum noch zu hoffen, jemals ihren Bruder zu sehen. Er schien so nahe und war doch unerreichbar. Johann wusste noch nicht einmal von ihrer Existenz. »Oh, Colette«, wandte sich Luise nun schluchzend an ihre Freundin, »ich bin so mutlos. Wir haben ihn gefunden, und er ist so nah, dass ich ihn fast spüre, und trotzdem kann ich nicht zu ihm. Bald wird er aus meinem Leben verschwunden sein, ohne dass ich ihn kennen lernen konnte.«

Horan sah sie verständnisvoll an. Er war sensibel genug, um ihre Reaktion zu verstehen. Um sie zu trösten, fragte er Luise: »Was halten Sie von einer Tasse heißem Kakao?« Sie nahm das Angebot dankbar an, und sogleich gab er seinem Sekretär den Auftrag, das süße Getränk zu servieren.

»Werden Sie mir bitte meine letzte Frage beantworten?«, fragte Luise kleinlaut.

»Ich glaube kaum, dass es bei Ihnen jemals eine letzte Frage geben wird. Aber ich werde Ihnen alles über den Hafen erzählen, was ich weiß. Obwohl ich natürlich nicht sagen kann, ob Steel das gemeint hat.«

Es klopfte, und Phil brachte das heiße Getränk.

Nachdem alle einen Schluck getrunken hatten, meinte Horan: »Es ist wirklich ein Wundermittel.« Er zwinkerte Luise zu, die errötete, denn ihr Gefühlsausbruch war ihr unangenehm. Horan überspielte die Situation, indem er antwortete: »In den Regierungswerften müssen viele der Gesetzesbrecher arbeiten. Man rudert sie vor Morgengrauen hin und holt sie bei Einbruch der Dunkelheit zurück. Damit sie nicht fliehen können, werden schwere Eisen an den rechten Fuß genietet. Sollten sie versuchen, aus dem Boot zu springen, zieht sie das Eisen in die Tiefe. Ich war nie dort, aber ich habe gehört, dass es ein beliebter Zeitvertreib der Reichen ist, den Sträflingen bei der Arbeit zuzusehen und sie zu beschimpfen. Dieser Anblick bereitet ihnen Genugtuung.«

»Wie grausam! Die Sträflinge müssen stets Angst haben, dass sie jemand erkennt. Glauben Sie, dass ich meinen Bruder dort sehen werde?«

»Nein, denn in Ihrem Fall ist es fast unmöglich, da Sie ihn nicht kennen. Wie wollen Sie Ihren Bruder ausfindig machen? Ein

Freund erzählte, dass die Gefangenen wie wandelnde Leichen aussehen. Sie sind bis auf die Knochen abgemagert, blass und verdreckt. Elendsgestalten, die versuchen, sich zu verstecken, wenn sie Freunde oder Verwandte in der Menschenmenge wiedersehen. Sie schmieren sich Ruß ins Gesicht, damit man sie nicht erkennt. Wie wollen Sie da Jonny aufspüren? Vielleicht ist es schon zu spät, und ihr Bruder ist bereits auf dem Weg nach Australien.«

»Mr. Horan, Sie müssen doch jemanden kennen, der uns weiterhelfen kann? Vielleicht jemanden, der im Gefängnis arbeitet?«

Horan holte tief Luft. »Mädchen, Mädchen, Sie bringen mich in Teufelsküche.«

Luise appellierte an sein Gewissen: »Könnten Sie an meiner Stelle wieder nach Hause fahren und so tun, als ob es keinen Bruder gibt? Colette, was sagst du dazu?«

»Mais oui, du hast vollkommen Recht. Solange nur ein Funken Hoffnung besteht, müssen wir bleiben und kämpfen. Jawohl, das müssen wir.« Colette sprach so inbrünstig, als ob sie in einen Krieg ziehen wollte.

Horan hob lachend die Hände: »Ich ergebe mich und werde versuchen, meine Beziehungen spielen zu lassen. Aber ich kann nichts versprechen. Bitte machen Sie sich keine großen Hoffnungen.«

Luise umarmte ihn dankbar.

Am nächsten Morgen ging Horan zu den Petersens. Mark war der Einzige, den er um Hilfe bitten konnte, da er ihm vertraute. Zwar arbeitete Petersen eng mit Steel zusammen, doch Horan wusste, dass Mark Steels Methoden nicht billigte. Der Anwalt läutete an der Tür und Betty Petersen öffnete ihm. »Sie sind es, Mr. Horan! Wollen Sie Mark zum nächsten Kneipengang abholen?«, fragte sie spöttisch.

»Um Himmels willen, nein. Ich habe für die nächste Zeit genug. Ich war froh, dass Sie mir nicht den Kopf abgerissen haben, als ich Ihren Mann mitten in der Nacht betrunken nach Hause gebracht habe.«

»Mark ist alt genug, um selbst zu wissen, wann es Zeit ist, nach Hause zu gehen.«

»Ich muss Ihren Mann sprechen. Ist er zu Hause?«

»Ja, bitte kommen Sie herein. Möchten Sie Tee?«

Horan nickte dankend. Petersen saß in der Wohnstube und las die Zeitung. »Jack, welche Überraschung. Komm, setz' dich. Du hast bestimmt geahnt, dass Betty ihren berühmten Butterkuchen gebacken hat. Liebes, gib ihm ein Stück. Oder möchtest du lieber einen Whisky?«

»Tu mir das nicht an. Ich darf nicht einmal daran denken, dann wird mir wieder elend in der Magengegend.« Horan biss herzhaft in den Kuchen. »Mrs. Petersen, Mark hat nicht übertrieben. Das ist wirklich der beste Butterkuchen.«

»Ha, du hättest nicht gewagt, etwas anderes zu sagen. Warum bist du hier, Jack?« fragte Mark ohne Umschweife.

»Ich lasse euch jetzt alleine«, meinte Betty und wollte aus dem Zimmer gehen.

»Nein, Liebes, bleibe! Oder Jack?«, hielt ihr Mann sie zurück. Horan hatte keine Einwände, und so setzte sich Betty Petersen zu ihrem Mann auf das Sofa.

»Jack, ich habe seit vorgestern viel nachgedacht und mir sind einige Sachen nicht ganz klar. Weshalb tauchst du nach so langer Zeit ausgerechnet jetzt wieder auf? Warum warst du bei Steel im Gericht? Und verflucht, warum hast du mir den Whisky flaschenweise eingeflößt?«

»Ich hoffe, du trägst es mir nicht nach!«

»Wärst du gestern gekommen, hätte ich dich auf der Stelle erschossen. Oh Mann, ich hatte einen Brummschädel, aber jetzt kann ich wieder klar denken, und ich hoffe, du sagst mir die Wahrheit.«

Horan, der im Sessel gegenüber Platz genommen hatte, stellte seine Teetasse auf den Tisch, putzte sich mit der Leinenserviette den Mund ab, räusperte sich und sagte: »Ich brauche deine Hilfe, Mark. Doch weil die Sache gefährlich werden kann, hätte ich Verständnis, wenn du ablehnst.«

Petersen sah seine Frau an und antwortete: »Du machst mich neugierig. Erzähle, um was es geht. Dann entscheide ich.«

Horan versuchte, Luises und Johns Situation den Petersens mit einfachen Sätzen zu erzählen.

»... und du bist der Einzige, an den ich mich wenden kann.« beendete er seinen Bericht.

Petersen war aufgestanden und stellte sich hinter das Sofa. Er hatte die eine Hand in der Hosentasche, mit der anderen fuhr er sich durch die Haare. Betty war gerührt von dem Schicksal der Geschwister und konnte kaum die Tränen unterdrücken. Sie schnäuzte ins Taschentuch und fragte dann ihren Mann: »Könntest du die Akten einsehen?«

»Betty, Jack, wisst ihr überhaupt, was ihr von mir verlangt? Wenn jemand herausfindet, dass ich Informationen verrate, dann bin ich der Nächste, der nach Australien deportiert wird.« Petersen sah Horan scharf an: »Woher weiß ich, dass du die Wahrheit sagst und nicht von Steel beauftragt bist, meine Loyalität zu testen? Jeder weiß, dass er solche Spiele liebt.«

»Woher weiß ich, dass du mich nicht verpfeifst?« konterte Horan. »Wir beide gehen ein Risiko ein. Du und ich können nur auf unsere lange Freundschaft bauen. Das und vielleicht auch ein bisschen Menschenkenntnis machen mich sicher, dass ich dir vertrauen kann.«

Petersen sah einen Moment aus dem Fenster. Dann drehte er sich um: »Ich brauche ein paar Tage Zeit.«

»Du tust es?«, fragten Horan und Betty gleichzeitig.

»Die Geschichte geht so zu Herzen, dass ich es einfach tun muss. Außerdem hätte ich Betty gegen mich«, antwortete Petersen lachend. »Jack, ich hoffe, du glaubst mir, wenn ich sage, dass ich alles versuchen werde, vorausgesetzt, ich bringe mich und andere nicht in Gefahr. Falls ich allerdings keinen Erfolg haben werde, dann war es nicht meine Schuld.«

»Mark, ich bin froh und dankbar, dass du es versuchst.«

»Sobald ich etwas weiß, sende ich einen Boten. Es ist besser, wenn man uns die nächste Zeit nicht zusammen sieht. So wie ich mir Gedanken über dein plötzliches Auftauchen gemacht habe, so werden es andere bestimmt auch tun.«

»Ich werde auf den Boten warten.« Die Männer schüttelten einander die Hände. Horan verbeugte sich vor Betty und ging.

Als das Ehepaar alleine war, nahm Petersen seine Frau in den Arm und vergrub sein Gesicht in ihrem langen braunen Haar.

»Wird es sehr schwierig werden?«, fragte sie.

»Es wird bestimmt nicht einfach. Zwar habe ich freien Zugang zu Steels Arbeitszimmer, auch liegen dort fast alle Akten der Häftlinge, aber ich bin überzeugt, dass die Akten der Jungen dort nicht zu finden sind. Entweder hat Steel sie zu Hause oder in seinem abschließbaren Fach im Schrank. Auf jeden Fall bewahrt er sie gesondert auf, und das ist ein Problem.«

»Warum macht Steel bei diesen Gefangenen solch ein Geheimnis? Warum darf niemand etwas darüber wissen?«

»Du hast bestimmt schon etwas von der Organisation ›Weiße Feder‹ gehört. Diese Häftlinge sind Mitglieder.«

»Das sind keine Verbrecher. Jeder klar denkende Mensch weiß, dass sie für ihr Recht eintreten. Ich habe unlängst ein Flugblatt gelesen, dem ich voll und ganz zustimme.«

»Ich bin deiner Meinung, Liebes, aber Steel hasst sie. Er befürchtet, dass die ›Weiße Feder‹ ihre Mitglieder befreien will. Außerdem soll Steel dem Anführer dicht auf den Fersen sein, was allerdings nicht sicher ist, denn darüber schweigt er. Er will sich mit der Vernichtung der Organisation ein Denkmal setzen. Betty, ich weiß, dass Steels Falle bald zuschnappen wird. Wenn Steel erfährt, dass Informationen nach draußen dringen, Informationen, die streng geheim sind, dann wird er den Verräter in den eigenen Reihen suchen.«

Petersen vergrub sein Gesicht noch tiefer in der Haarpracht seiner Frau. Er roch den zarten Duft ihres Parfums.

»Wie viele deiner Kollegen haben Zugang zu den Akten?«, fragte sie ihren Mann.

»Nur ich«, seufzte er.

Betty nahm das Gesicht ihres Ehemannes in beide Hände. »Mark, das wusste ich nicht. Warum hast du mir das nicht gesagt? Ich hätte dich nie bestärkt, ihm zu helfen.«

Er schwieg einen Moment, dann antwortete er leise: »Weil ich glaube, dass Jack die ›Weiße Feder‹ ist.«

Horan war zu Luise und Colette in die Pension gefahren, wo er sie alleine im Lesezimmer antraf. Er erzählte ihnen von dem Gespräch mit Mark Petersen.

»Es tut mir Leid, dass sich Ihr Freund meinetwegen in Gefahr begibt. Aber nun habe ich wieder Hoffnung.«

»Was werden Sie unternehmen, wenn Ihr Bruder schon auf dem Weg nach Australien ist? Was, wenn er noch hier in London ist?«

»Diese Fragen habe ich mir unentwegt gestellt. Sollte Johann hier in London sein, werde ich diesem widerwärtigen Friedensrichter nochmals einen Besuch abstatten und ihm so lange auf die Nerven gehen, bis ich meinen Bruder sehen darf. Sollte jedoch das Schlimmste schon eingetroffen und Johann auf dem Weg der Verbannung sein, dann ...« Luise ging ein paar Schritte zurück, da sie in sicherer Entfernung von ihren Freunden sein wollte. »... dann werde ich ihm nach Australien folgen und dort meine Suche fortsetzen.«

»O non, mon amie! Das wirst du nicht. Ich glaube kaum, dass dein Patenonkel das erlaubt. Wie willst du überhaupt dorthin kommen. Non, pas avec moi!«

»Colette«, versuchte Luise die aufgebrachte Freundin zu beruhigen, »ich werde natürlich nicht von dir verlangen, dass du mich begleitest. Onkel Fritz und Tante Margret werden für dich sorgen, davon bin ich überzeugt.«

»Non, du bist verrückt. Jetzt willst du mich nach Hause schicken und alleine reisen. Das geht nicht. Non! Wenn dein Bruder auf dem Weg nach Australien ist, fahren wir gemeinsam nach Hause. Dein Patenonkel würde mir nie verzeihen, wenn ich alleine nach Wittenstein zurückkehren würde. N'est-ce pas, Mr. Horan?«

Dieser wollte Luises Worten nicht glauben. Doch als er in ihr Gesicht sah, wusste er, dass sie es ernst meinte. Diesen Blick kannte er inzwischen. Ihre Augen funkelten vor Erregung. Die Haare fielen gekräuselt ins Gesicht. Ihre Wangen waren gerötet, als ob Fieber sie plagen würde. Das kannte er bereits von einer anderen Person – von seiner Frau. Luise und Sarah waren äußerlich unterschiedliche Frauen. Sarah war leicht wie eine Feder gewesen. Ihre Taille konnte er mit seinen Händen umfassen. Die kaffeebraunen Haare hatte sie zu einem strengen Knoten am Hinterkopf gebunden. Wenn der Sommer kam, ging sie nur mit großem Sonnenhut aus dem Haus, denn sie wollte nicht, dass ihre Haut sich noch mehr bräunte und sie dadurch in der blassen, englischen Gesellschaft auffiel. Sarah war keine Schönheit, aber wer in ihre bernsteinfarbenen Augen schaute, glaubte, in das warme Sonnenlicht eines Sommernachmittags zu blicken. War Sarah jedoch in der gleichen Gemütsverfassung wie im Moment Luise, dann konnten ihre Augen Blitze schicken. Horan lächelte bei dem Gedanken. Luise hingegen war einem Engel gleich. Blond gelockt, mit Augen, so blau wie das Wasser eines Bergsees. Als Horan Luise das erste Mal sah, war sie von kräftiger Statur. Inzwischen hatte sie abgenommen und wirkte femininer. Ihre

Haut war zwar blass, aber die stets zartrosa Wangen gaben ihr ein gesundes Aussehen. Luise sprühte vor Leben. Ihr Bewegungsdrang war enorm. Wenn sie redete, dann benutzte sie ihre Hände und versuchte mit Gesten ihre Worte zu unterstreichen. Sie sagte, was sie dachte, und das gefiel ihm. Sarah und Luise hatten den starken Willen und den Drang nach Gerechtigkeit. Hätte Horan Sarah nicht so abgöttisch geliebt, vielleicht …

»Mr. Horan?«, holte Luises aufgebrachte Stimme ihn in die Realität zurück.

»Entschuldigen Sie. Ich kann Ihren Plan nicht unterstützen. Keine Frage, sollte Ihr Bruder noch in London sein, dann werde ich Ihnen helfen. Ist er aber auf dem Weg nach Australien, stimme ich Miss Lambert zu, dass Sie nach Worms zurückkehren müssen.«

»Wunderbar, jetzt habe ich die zwei Personen gegen mich, von denen ich Verständnis und Zuspruch erwartet habe. Warum soll ich Johann nicht folgen? Nennen Sie mir bitte einen Grund, den ich akzeptieren kann.«

Da war sie wieder, die Situation, die Horan jedes Mal als nervenaufreibend empfand. »Meine Liebe«, begann er etwas gereizt, »ich werde Ihnen einen Grund nennen, den Sie akzeptieren müssen. Dieser Grund lautet: Es geht nicht!«

»Magnifique, somit wäre das Problem gelöst«, triumphierte Colette.

»Was soll das heißen: Es geht nicht?«, erwiderte Luise.

Horan hatte befürchtet, dass Luise ein einfaches Nein nicht hinnehmen würde, deshalb versuchte er zu erklären: »Man weiß noch recht wenig über diesen Kontinent, denn er ist zum größten Teil noch unerforscht.«

»Das kann ich nicht glauben, schließlich bringt England einen Großteil seiner Gefangenen dorthin. Sie können mich nicht überzeugen, dass man nichts über dieses Land weiß«, konterte Luise.

»Doch genauso ist es. Australien wurde erst vor wenigen Jahren entdeckt, und erst seit kurzer Zeit werden Gefangene dorthin verbannt …«

»Wenn Sie sich so gut auskennen, könnten Sie uns vielleicht auch erklären, warum ein Königreich wie Großbritannien seine Bürger dorthin bringt und außerdem …«, unterbrach Luise den Anwalt.

Dieser wiederum nahm sich das gleiche Recht heraus und stoppte ihren Redefluss. »Halt, jetzt beruhigen Sie sich ein wenig. Ich werde Ihnen mein Wissen über Australien erläutern und über das Warum und Weshalb Auskunft geben. Vielleicht verstehen Sie dann meinen Einwand.«

Jack Horan versuchte, den beiden Mädchen mit seinen Worten die Verknüpfung Australiens mit dem britischen Königreich zu erklären, und er begann seinen Bericht mit dem 25. oder 26. August 1768, als die Endeavour unter dem Kommando von James Cook aus dem englischen Hafen Plymouth auslief. In der Tat erteilte damals König George III. Leutnant James Cook den geheimen Auftrag, das große Land des Südens zu erforschen. Und wahrhaftig, am 28. April 1770 landete das Schiff Endeavour an der Ostküste Australiens, in der Botany Bay. Allerdings wurden James Cooks Berichte zwar mit Interesse, aber ohne die gewünschte Euphorie zur Kenntnis genommen. Schließlich hatte England bereits auf dem amerikanischen Kontinent Kolonien, die lukrative Handelsgebiete und ideal als Verbannungsplatz für englische Gefangene waren, zumal man diesen Kontinent leichter erreichen konnte. Erst, als die Konflikte mit den amerikanischen Kolonien immer größer wurden, da diese sich weigerten, noch mehr Strafgefangene aufzunehmen, und außerdem die Unabhängigkeit von England anstrebten, bekam die Entdeckung des fünften Kontinents einen neuen Stellenwert. Als der Weg für die Sträflinge nach Amerika fortan versperrt war, platzten die Gefängnisse in England bald aus allen Nähten, und es war nur noch eine Frage der Zeit, bis die ersten größeren Gefängnisrevolten stattfanden. Nicht nur die öffentliche Sicherheit war in Gefahr, sondern durch die überfüllten Zellen und die katastrophalen hygienischen Zuständen breitete sich Typhus aus und drohte, das Land zu infizieren. Schnell musste eine Lösung gefunden werden, um sich der Gefangenen zu entledigen.

Im Oktober 1786 wurde Kapitän Arthur Phillip zum Gouverneur der Kolonie New South Wales ernannt. Sieben Monate später, im Mai 1787, legte ein Konvoi von elf Schiffen, die so genannte »First Fleet«, in Portsmouth Richtung Australien ab. Siebenhundertzweiundsiebzig schlecht ernährte und von Ungeziefer geplagte Gefangene sowie 211 Soldaten und Seeleute sollten die ersten weißen Siedler sein. Nach beschwerlichen acht Monaten gingen schließlich auch die letzten Schiffe der Flotte am 18. bzw. 20. Januar 1788 in der Botany Bay vor Anker.

Horan hatte sich seit der ersten Gefangenendeportation nach Australien vor drei Jahren mit der Besiedelung Australiens befasst: »… Einige Akten konnte ich einsehen, und mich erfasst eine Gänsehaut, wenn ich an die Verurteilten denke. Man verstößt sie in ein unbekanntes Land, weit weg von daheim, ohne die Möglichkeit, den Kontakt zu ihren Familien aufrecht zu erhalten. Die meisten Gefangenen haben nicht einmal eine Ahnung, wo der Ort der Verbannung liegt. Viele sind noch nie außerhalb von London gewesen. Einige Schicksale sind mir besonders nahe gegangen: zum Beispiel Elisabeth Beckford, siebzig Jahre alt. Sie wurde wegen Diebstahls von zwölf Pfund Gloucesterkäse verurteilt. Elisabeth Powley, 22 Jahre alt, stahl in einer Küche Schinken, Mehl und Rosinen für ihre vier Kinder. Sie war arbeitslos und konnte die Kleinen nicht mehr ernähren. James Grace, elf Jahre alt, er stahl Seidenstrümpfe und neun Meter Band, um diese gegen Lebensmittel zu tauschen. Sie alle wurden zu sieben Jahren Verbannung verurteilt. Elisabeth Powley wird ihre Kinder bestimmt nie wieder sehen. Das sind nur drei Schicksale, aber bezeichnend für unsere Rechtsprechung. Nun, da die ersten Gefangenen die Insel bevölkern, geht es nicht mehr um Recht oder Unrecht. Man will England säubern. Alles ›Gesindel‹ soll nach Australien«, beendete Horan seinen erschreckenden Bericht.

»Jetzt wissen wir, warum England seine Gefangenen nach Australien deportiert. Aber ich weiß immer noch nicht, wie ich Johann folgen kann«, klagte Luise.

Jack sah sie strafend an: »Sicher gibt es Möglichkeiten, nach Australien zu kommen, aber ob diese für Sie in Betracht kommen, ist fraglich. Sie könnten zum Beispiel eine Straftat begehen, verurteilt und in Verbannung geschickt werden. Allerdings, ob Sie dann Ihren Bruder auch finden werden, bezweifle ich.«

»Der Vorschlag ist inakzeptabel. Schließlich bin ich nicht kriminell. Ich kann keiner Fliege etwas zuleide tun. Wie wäre es aber, wenn ich mich auf solch einem Schiff verstecke, vielleicht im Frachtraum, und heimlich nach Australien fahre?«

»Das ist ebenso wenig vertretbar wie zuvor mein Vorschlag. Was glauben Sie, was passiert, wenn man Sie entdeckt? Das sind keine Vergnügungsschiffe. Da herrschen raue Sitten. Männer, die monatelang zur See fahren, nehmen keine Rücksicht darauf, dass Sie eine Frau sind. Mit blinden Passagieren macht man kurzen Prozess. Schließlich kann sich kein Schiff, das so lange auf hoher See unterwegs ist, einen Fresser mehr leisten. Entschuldigen Sie den unflätigen Ausdruck.«

»Ich verstehe das nicht. Die britische Regierung könnte froh sein, wenn Freiwillige in dieses Land auswandern wollen. Schließlich hat England am Beispiel Amerikas gesehen, dass man Kolonien nicht nur mit Straftätern gründen kann.«

»Da haben Sie Recht, aber selbst Ehefrauen von Straftätern ist es untersagt, ihren Männern zu folgen. Man verweigert ihnen die Einreise. Die Erklärung ist einfach. Es gibt nicht genug zu essen in Australien …«

Gouverneur Phillip merkte recht schnell, dass eine Ansiedlung an der Botany Bay nicht möglich war. Hier gab es weder das von Kapitän Cook beschriebene saftige Grasland mit fruchtbaren schwarzen Böden, auf dem man Ackerbau betreiben konnte, noch genügend Steine zum Hausbau. Stattdessen erwartete sie hier ödes, flaches Heideland mit wildem Gestrüpp und vereinzelt stehenden Eukalyptusbäumen, die man mit einfachem Werkzeug nicht fällen konnte. Das Wasser war seicht und der Ankergrund schlecht, außerdem war die Strömung heftig und fortdauernd. Die ersten Kontakte mit den Eingeborenen kostete zwar niemanden das Leben, aber die Angst saß den Fremden im Nacken. Phillip segelte weiter in Richtung Norden und gelangte schließlich nach Port Jackson, den Kapitän Cook bereits in seiner Karte verzeichnet hatte. Hier hisste Phillip am 26.01.1788 den Union Jack und gründete somit die erste britische Kolonie auf australischem Boden – Sydney, benannt nach dem britischen Innenminister Lord Sydney. Trotz besserem Boden und ausreichend vorhandenem Baumaterial war es sehr beschwerlich für die ersten Siedler, dort sesshaft zu werden und sich selbst zu versorgen. Zu wenige Fachkräfte und primitives Werkzeug machten die Rodung, Bebauung oder Bepflanzung des Gebietes besonders schwierig. Stürme, heftige Gewitter und starke Regengüsse vernichteten innerhalb kurzer Zeit den mühsam kultivierten Boden, zerstörten die Unterkünfte und töteten einen Teil der mitgebrachten Haus- und Nutztiere. Invasionen von Insekten und Ungeziefer aller Art fraßen die Saat und machten das Leben der Siedler unerträglich. Außerdem war die Arbeitsmoral der Sträflinge sehr niedrig und konnte nur mit Bestrafung, wie der Streichung der Essensration, gesteigert werden. Auch die medizinische Versorgung war ungenügend, von der Verfügbarkeit der Medikamente ganz zu schweigen.

Momentan konnte sich also noch kein Siedler vorstellen, dass jemals ein Mensch aus freiem Willen diesen rauen Kontinent betreten würde, und Luises Plan, dem Bruder nach Australien zu folgen, schien völlig utopisch.

Während Horans Erzählungen war Luise immer ruhiger geworden. Kerzengerade saß sie in ihrem Sessel, die Hände auf ihrem blauen Seidenkleid gefaltet. Nachdenklich starrte sie vor sich hin, stand dann auf und ging zur Tür. Im Türrahmen stehend, erklärte sie: »Seit dem Tod meines Vaters blieb mir nur die Hoffnung, meinen Bruder zu finden. Sie tröstete mich, selbst, als die Chance gering war. Das Gefühl hat mich motiviert, nach vorne zu schauen und den Kampfgeist nicht zu verlieren. Davon spüre ich nun nichts mehr. Alle Hoffnung scheint aufgebraucht zu sein.«

Sie ging die Treppe hinauf in ihr Zimmer. Ihre Schritte wirkten schwerfällig, wie bei einer alten Frau. Das Unbeschwerte war aus Luise verschwunden. Colette wollte ihrer Freundin folgen, doch Horan hielt sie zurück. »Lassen Sie ihr ein paar Minuten, damit sie ihre Gedanken ordnen kann.« Colette sah ihn traurig an. »Ich weiß, was Sie denken, aber ich habe keine Lösung«, fügte er hinzu.

»Endgültig aus und vorbei? Rien ne va plus?« Colette sackte in ihrem Sessel zusammen.

Horan stöhnte: »Wie furchtbar sich das anhört. Glauben Sie mir, wenn es etwas nützen würde, dann würde ich Luise sofort ...« Er hielt inne und überlegte. »Ich glaube, ich habe soeben die Lösung gefunden. Zum Donnerwetter, dass ich nicht gleich darauf gekommen bin.«

»Qu'est-ce qu'il y a? Was haben Sie, Mr. Horan?«

»Das kann ich Ihnen im Moment nicht erklären. Zuerst muss ich mich vergewissern, dass es wirklich möglich ist. Ich möchte keine falschen Hoffnungen wecken, deshalb bitte ich Sie, nichts davon zu erwähnen, auch, wenn es schwer fällt.«

Colette nickte verständnislos. Horan nahm seinen Hut und seinen Mantel und verließ pfeifend das Hotel. Kopfschüttelnd ging auch Colette aus dem Zimmer und folgte ihrer Freundin.

Dicke Regentropfen klatschten gegen die Fensterscheibe, als Luise sehr früh am nächsten Morgen erwachte. Ihre Augen brannten vom ständigen Weinen, und sie hatte das Gefühl, dass ihre Lider geschwollen wären. Sie fühlte sich genauso elend, allein und niedergeschlagen, wie an dem Morgen nach der Beerdigung ihres Vaters. Bis vor kurzem hatte sie nichts von ihrem Bruder geahnt. Auch jetzt kannte sie nur einen Teil von seinem Leben, und der schien tragisch gewesen zu sein. Obwohl sie sich Johann nicht vorstellen konnte, spürte sie eine tiefe Verbundenheit zu ihm. Zuneigung empfand sie für einen Unbekannten. Wieder kamen die Tränen. Mit einem energischen Ruck warf sie die Bettdecke zurück, stand auf und ging zum Fenster. Sie schob den Vorhang zur Seite und blickte in das Grau des Himmels. Seit gestern regnete es ohne Unterbrechung. Alles, was sie sah, unterstrich ihren Gemütszustand. Grau, kalt und trostlos. Sie blickte kurz zu Colette, die sich schnarchend umgedreht hatte. In der Ferne hörte sie die Turmuhr der Westminster Abbey. Bing, bing … Sie zählte fünf Schläge. Zu früh, um im ausgekühlten Zimmer zu stehen und trüben Gedanken nachzuhängen. Sie kroch wieder in das warme Bett. Ihr Körper spürte die Müdigkeit, aber ihre Gedanken kreisten um Johann und ließen sie nicht zur Ruhe kommen.

Nach einer scheinbaren Ewigkeit schlief sie wieder ein und begann zu träumen: Luise stand an einem riesigen See, dessen gegenüberliegendes Ufer nicht zu erkennen war. Der Morgennebel schwebte über dem Wasser. Luise war nur mit einem Leinenhemd bekleidet, das angeschmutzt und vom Nebeldunst klamm war. Sie fror, da sie barfüßig im Wasser stand, das kalt ihre Fesseln umspülte. Sie wusste nicht, was sie hier sollte und wie sie hierher gekommen war. Sie schob die kalten Hände in die warmen Achselhöhlen. Hilflos sah Luise sich um, aber nichts kam ihr bekannt vor. Was sollte sie hier? Der Nebel zog langsam an den Baumwipfeln entlang. Dann wurde die Sicht klar. Es war unheimlich, und Luise spürte, wie die Angst in ihr hochkroch. Der Dunst hatte sich von einer Sekunde zur andern verflüchtigt. Plötzlich sah sie ganz deutlich einen Menschen in einem Boot mitten auf dem Wasser. Der Mann saß mit dem Rücken zu Luise, als er sich plötzlich umdrehte. Erschrocken hielt sich Luise den Mund zu – es war ihr Vater!

»Vater, Vater«, rief sie aus voller Kehle, und um ihrer Stimme noch mehr Kraft zu geben, legte sie die Hände wie einen Trichter vor den Mund. Doch er antwortete nicht. Er hielt den Kopf gesenkt und ruderte mit gleichmäßigen Zügen weiter auf den See hinaus. Doch dann hob er den Kopf und blickte ihr in die Augen. Wieder schrie Luise laut auf. Es war nicht ihr Vater.

Johann, dachte sie. Es musste ihr Bruder sein. Ja, es war ihr Bruder. Die Ähnlichkeit mit seinem Vater war verblüffend.

Sein Blick war starr auf sie gerichtet, jedoch schien er sie nicht zu erkennen, denn sein Gesicht blieb regungslos. Schwarze Augenringe unterstrichen die Blässe in seinem Gesicht. Hoffnungslosigkeit und Traurigkeit konnte sie in seinen Augen sehen, die tief in den Augenhöhlen lagen. Der Anblick versetzte ihrem Herzen einen Stich. Er schien krank und unterernährt zu sein. Seine Wangenknochen stachen wie spitze Berge hervor. Ein zerrissenes Hemd und zerfetzte Hosen bedeckten seine aschfahle Haut. Wieder rief sie seinen Namen, doch er ruderte gleichmäßig weiter auf das dunkle Wasser hinaus. Aufgeregt lief sie am Ufer auf und ab. Sie gestikulierte mit den Händen in der Luft und rief immer wieder seinen Namen. Stunden schienen vergangen zu sein, aber es waren nur Minuten.

Plötzlich hielt der Ruderer inne. Er stand von seinem Sitz auf, bückte sich und nahm ein dickes Tau. Langsam knüpfte er aus dem einen Ende eine Schlinge.

Was macht er da?, fragte sich Luise. Plötzlich ahnte sie es. »Nein, Johann, nein!«, schrie sie. Luise konnte sehen, wie er die Schlinge um seinen Hals legte. Ohne nachzudenken, sprang sie in das eiskalte Wasser. Sie glaubte, ihre Haut würde brennen, so eisig war die dunkle Flut. Als sie wieder auftauchte, sah sie, wie er das andere Ende des Seils an einem dicken Flussstein befestigte. Die Kälte des Wassers lähmte ihren Körper. Sie durfte keine Zeit verlieren, jedoch wurden ihre Schwimmbewegungen langsamer. Die Kraft schien sie zu verlassen. Verzweifelt rief sie seinen Namen. Sie ging unter und verschluckte sich an dem Wasser. Ihre Beine und Arme waren taub und starr vor Kälte.

»Johann, bitte hilf mir!«, flehte sie. Erst jetzt richtete er seinen Blick auf sie. Wieder erkannte sie Hoffnungslosigkeit in seinen Augen. Er zog das Strickende um seinen Hals fester zu und hielt den Stein vor seinen Körper.

»Bitte Johann, ich habe keine Kraft mehr. Du musst mich ins Boot ziehen«, schluchzte Luise. Immer wieder ging sie unter und kam hustend an die Oberfläche zurück.

Unerwartet sprach Johann: »Warum Luise? Warum hast du mich im Stich gelassen? Jetzt ist es zu spät.« Und mit diesen Worten sprang er ins nasse Grab.

»Nein, Johann, nein, bleib bei mir«, schrie Luise mit letzter Kraft, bevor auch sie in dem eisigen Wasser unterging.

»Luise, Luise, wach auf.«

Colette schüttelte ihre Freundin, die langsam zu sich kam. Vor Schreck fuhr Luise hoch und erkannte Colette.

»Dem Himmel sei Dank, es war nur ein Traum! Colette, ich habe ihn gesehen; in meinem Traum konnte ich Johann erkennen. Er sieht wie Vater aus«, stammelte Luise erleichtert, dann erzählte sie Colette ihren Traum.

»Zum Glück hast du es nur geträumt.«

»Vielleicht war es auch ein Wink des Schicksals. Es kann doch sein, dass der Traum mir etwas sagen will. Diese Augen – niemals werde ich diese Augen vergessen.«

Colette fühlte sich elend. Ihre Freundin litt Qualen, und sie durfte nichts sagen, weil Horan ihr Wort verlangt hatte.

Es klopfte an der Tür. »Sind sie wach?«, fragte die Hausdame von außen.

»Einen Moment bitte, Miss Maple«, antwortete Luise. Erstaunt zog sie ihren Morgenmantel über, um die Tür einen Spalt zu öffnen. »Guten Morgen. Ist etwas passiert, Miss Maple?«

Die Hausdame steckte ihr einen Briefumschlag durch den Türspalt zu. »Der Brief ist mit der Bitte abgegeben worden, ihn direkt an Sie weiterzuleiten.«

Überrascht nahm Luise den Brief in Empfang. Sie öffnete das Kuvert. »Er ist von Mr. Horan. Oh nein!«

»Was ist los, Luise?«

Luise reichte Colette den Brief, die ihn laut vorlas:

»Leider ist es kein erfreulicher Morgen. Vor ein paar Minuten war Dannys Vater bei mir. Danny geht es sehr schlecht. Trotz der Medikamente ist das Fieber nicht gesunken. Sein Zustand ist Besorgnis erregend. Ich werde mit einem Arzt zu den Gibsons fahren. Bitte bleiben Sie in der Pension. Ich werde mich wieder melden. Beten Sie für unseren kleinen Freund. Jack«

»Wir müssen zu ihm«, meinte Luise.

»Wir sollen hier warten. Er wird seine Gründe haben, dass er darauf hinweist. Außerdem wissen wir nicht, wo Danny wohnt. Ich habe mir den Weg nicht gemerkt. Du etwa?«, fragte Colette.

»Wir mieten uns eine Kutsche und erklären dem Mann, wo er uns hinbringen soll. Vielleicht kennt er die Adresse der Gibsons.«

»Hier leben Tausende von Menschen, und unser Kutscher soll ausgerechnet die Adresse der Gibsons kennen?«

»Wenn du nicht mitwillst, fahre ich alleine zu Danny.« Demonstrativ kleidete Luise sich eilig an.

»Du weißt genau, dass ich dich nicht alleine gehen lasse.« Colette zog sich ebenfalls an und konnte deshalb nicht Luises Grinsen sehen.

Die jungen Frauen versuchten, dem Kutscher zu erklären, wohin sie wollten. Jedoch war das genannte Viertel in Nord und Süd gegliedert. Weder Luise noch Colette konnten eine genaue Angabe über ihr Ziel machen. So fuhr er erst nach Süden, dann in Richtung Norden. Manchmal kam Luise und Colette die Gegend bekannt vor, aber meistens war sie ihnen fremd. Nach einer Stunde wurde es dem Kutscher zu dumm.

»Es gibt zwei Möglichkeiten, Ladys. Entweder ich fahre Sie zurück zu Ihrer Pension, oder Sie steigen aus und versuchen Ihr Glück zu Fuß. Seit einer Stunde fahre ich immer wieder im Kreis. Mein armer Gaul ist ganz duselig im Kopf.«

Die Mädchen bezahlten und stiegen irgendwo mitten in London aus. Hilflos standen sie nun in einer fremden Gegend. Nur die unzähligen Pfützen auf der Straße kamen ihnen bekannt vor. Frauen und Männer schauten sie argwöhnisch an. Keiner blieb stehen oder sprach mit den beiden. Kinder rannten an den beiden vorbei, ohne Notiz von ihnen zu nehmen. Luise fragte einige Bewohner nach den Gibsons, aber außer unflätigen Antworten bekamen sie keine Auskunft. Dann wollte sie einen alten Mann ansprechen, der vor einer Häuserwand auf dem Boden kauerte. Als sie sich über ihn beugte, konnte sie seinen schlechten Atem riechen. Der Alte war schmutzig und stank nicht nur nach Schnaps. Er war nicht mehr fähig, zu stehen oder gar zu reden. Ängstlich zog Colette Luise am Ärmel fort.

»Wir hätten auf Jack warten sollen. Jetzt werden wir sicher umgebracht.«

»Colette«, zischte Luise, »sei still!«

Je weiter sie die Straße hinaufgingen, desto schäbiger sahen die Umgebung und die Menschen aus. Männer pöbelten sie an, Frauen bettelten, und Kinder warfen Dreck nach ihnen. Als die Mädchen eine Nebenstraße erblickten, gingen sie schnell darauf zu. Luise zog eine wimmernde Colette hinter sich her.

»Colette, ich gebe zu, es war ein Fehler, dass wir uns alleine auf den Weg gemacht haben. Wir können es nicht mehr ändern, selbst wenn du hysterisch wirst. Reiß dich bitte zusammen. Wir müssen überlegen, wie wir hier wieder herausfinden. Kannst du dich an irgendetwas erinnern, was uns weiterhilft. Mir fällt beim besten Willen nichts ein.«

Colette schüttelte den Kopf. Mutlos lehnte sie sich gegen die Häuserwand. Weil es wieder zu nieseln anfing, suchten sie Schutz in einem Häusereingang. Ohne selbst gesehen zu werden, konnten sie von dort die Straße in beide Richtungen überblicken. Luise suchte die Gasse nach etwas Vertrautem ab. Ein Haus war an das andere gebaut. Verfallene Holzverschläge dienten als Unterstand für die Händler, die ihre Ware anboten. Viel gab es nicht zu kaufen. Ein Mann bot zwei tote Hühner feil. Das Fleisch war blau verfärbt, und Fliegen machten sich über die Kadaver her. Im zweiten Stock eines Hauses wurde ein Fenster geöffnet und ein Nachttopf geleert, ohne sich vorher zu vergewissern, ob niemand unter dem Fenster stand. Eine alte Frau saß mitten auf dem Trottoir im Regenguss und fragte jeden, ob er nicht einen selbst geflochtenen Weidenkorb kaufen wollte. Ein Junge schrie sie an, sie solle sich zum Teufel scheren, und trat mit seinem Fuß gegen die Körbe. Einer rollte auf die Straße, wo Kinder mit ihm Fußball spielten. Die Alte fing an zu jammern und verfluchte alle um sich herum. Sie tat Luise Leid. Luise nahm ein Geldstück aus ihrer Börse und verließ die Sicherheit des Eingangs.

»Luise, wo willst du hin?«

»Bleib! Ich komme sofort wieder.«

Sie ging zu der Alten und gab ihr ein paar Pennys.

»Hier, nehmen Sie für den Weidenkorb.« Luise deutete auf den Korb, der durch das viele Treten der Kinder bereits in seine Bestandteile aufgelöst war. »Und vielleicht können Sie mir eine Auskunft geben?«

Die Alte ging nicht auf Luises Frage ein, denn sie schien das Geld in Luises Tasche zu riechen. Sie ergriff Luises Hand und zog sie zu sich hinunter. »Das ist nicht genug. Der Korb kostet das Doppelte.« Fauler Atem schlug Luise aus dem fast zahnlosen Mund entgegen. Kleine, dunkle Knopfaugen sahen sie böse an.

Luise dachte an die Hexengeschichten ihrer Kindheit. »Ich habe es gut gemeint, als ich Ihnen das Geld für den Korb gab. Schließlich habe ich keinen Korb gekauft.«

»Gibt es Probleme, Alte?« Ein Mann war vor ihnen stehen geblieben. Er taxierte Luise von oben bis unten. Für ihn war es ersichtlich, dass Luise Geld bei sich hatte. In dieser Gegend fiel sie wie eine Rose unter Disteln auf. Hinterhältig sah er sie an. Hier war sein Revier, hier hatte er Heimvorteil. Luise spürte, wie ihr Herz schneller schlug. Die Schläfen schienen zu zerspringen. Sie wusste nicht, wie sie aus dieser Situation wieder herauskommen sollte.

»Die feine Lady will mir meinen Korb nicht bezahlen. Sie glaubt, dass ich mich mit ein paar Pennys zufrieden gebe.«

»Das stimmt nicht, ich wollte …«

»Halt's Maul!«, fuhr der Mann Luise an und hob die Hand, als ob er ihr eine Ohrfeige geben wollte. »Das wird teuer für dich. Wenn du nicht zahlen willst, rufe ich den Wachmann. Der wird alles regeln.«

Luise dachte an Horans Beschreibung der Wachmänner: bestechlich und gegen das Gesetz, nur auf ihren eigenen Vorteil bedacht; für ein paar Pennys würde so ein Wachmann dem Gauner und der Alten glauben und Luise einsperren. Sie war eine Fremde in dieser Gegend, unter diesen Menschen. Luise hätte vor Wut über sich selbst schreien können. Ihr Mund war trocken. Hilfe suchend sah sie zu Colette. Im Schatten des Hauseingangs konnte sie ihre Freundin nicht erkennen. Hatte Colette sie im Stich gelassen?

»Was ist jetzt, du Miststück? Bezahlst du der armen, alten Dame, was sie verlangt, oder soll ich den Wachmann holen?«, fragte der Mann wütend und hielt ihren Arm fest.

Luise versuchte, sich aus dem Griff zu wenden mit dem Ergebnis, dass sie sich ihren Arm auf dem Rücken verdrehte und nun machtlos war. Der Gauner grinste sie spöttisch an.

»Du vornehme, dumme Gans! Glaubst du, dass du gegen mich gewinnen kannst?« Sein Mund kam verdächtig nahe.

Luise versuchte, ihr Gesicht von ihm abzuwenden. Auch er stank nach Schnaps und kaltem Rauch. Sie musste würgen. Aus lauter Verzweiflung spukte sie ihm ins Gesicht. Kurz lockerte sich sein Griff, doch im nächsten Moment packte er sie an der Kehle. »Du verdammtes Luder, dafür wirst du bezahlen.« Er drückte zu. Luise hörte im Hintergrund die Alte keifen: »Zeig es der Schlampe.«

Luise bemühte sich, ihren Hals aus der Umklammerung zu befreien, doch er hatte mehr Kraft und drückte fester zu. Luise ging in die Knie. Nur verschwommen nahm sie eine weitere Gestalt wahr, die hinter dem Mann trat, etwas hochhielt und auf den Kerl einschlug. Sofort löste sich der Griff um Luises Hals, und sie konnte wieder atmen. Sie bekam einen Hustenanfall, bei dem sie würgte. Die Alte schrie entsetzt auf, denn die Gestalt ging auch auf sie los. Fluchend suchte die Greisin das Weite. Der Mann auf dem Boden bewegte sich nicht mehr. Luise kniete immer noch auf dem Trottoir, als eine vertraute Stimme sie fragte: »Geht es wieder, Luise?«

»Colette, oh Colette, du bist es. Du hast mir das Leben gerettet. Oh, Colette, verzeih mir.«

Zitternd fing Luise an zu weinen. Colette stütze sie und half ihr in den Hauseingang, wo sie vor dem Regen und dem Mob sicher waren. Den Ganoven ließen sie auf dem Gehweg liegen. Als

Colette vorsichtig nachschaute, sah sie, wie er sich wieder aufrappelte. Er fasste sich an den Kopf und hielt wütend nach ihnen Ausschau. Seine Wunde blutete stark, deshalb hatte Colette keine Angst, dass er sie verfolgen würde.

»Ich habe dich nicht mehr gesehen und dachte, du hättest mich im Stich gelassen. Verstanden hätte ich es«, gab Luise kleinlaut zu.

»Dem werde ich nicht widersprechen, Luise. Du bringst uns mit deinem sturen Kopf in Teufelsküche. Ich musste einen Stein finden, mit dem ich dem Kerl eins verpassen konnte«, versuchte Colette die Sprache der Straße nachzuäffen. Dann untersuchte sie Luises Hals. »Die nächste Zeit wirst du einen Schal tragen müssen. Dein Hals ist dunkel angelaufen. Tut es weh?«

»Nur, wenn ich spreche oder schlucke. Er hätte mich umbringen können, und keiner hätte mir geholfen. Alle Leute waren auf einmal verschwunden. Keiner hat auch nur einen Finger für mich krumm gemacht«, flüsterte Luise.

Ihre Stimme wurde heiser. Sie wäre jetzt gerne in ihrem warmen Bett gewesen, wollte nicht mehr reden oder nachdenken, nur noch schlafen. Durchnässt, frierend und mit Schmerzen am ganzen Körper kauerte Luise neben ihrer Freundin in einem verwahrlosten Treppeneingang. Sie hatten keine Ahnung, wo sie waren oder wie sie von hier nach Hause gelangen würden. Luise dachte an Danny. Wie es ihm wohl gehen mochte? Sie hatte das Gefühl, schon den ganzen Tag hier zu sitzen, als sie eine Stimme hörte:

»Sind Sie neu hier im Haus?« Ein Junge, der hörbar im Stimmbruch war, stand vor ihnen und taxierte sie mit fragenden Blicken. Anscheinend konnte er sie nicht deutlich sehen, sonst hätte er diese Frage nicht gestellt. Allerdings konnten die Mädchen ihm diese auch nicht verübeln, da Luises Kleidung nach dem Zwischenfall schmutzig und zerrissen war. Luise versuchte zu reden, aber es kam nur ein unverständliches Gekrächze dabei heraus.

»Nein«, antwortete Colette mit einem mitleidigen und doch spöttischen Blick auf Luise. »Wir sind auf der Suche nach einer Familie, den Gibsons. Kennst du sie zufällig.«

»Nie gehört. Wo sollen die wohnen?«

»Das wissen wir nicht. Es muss aber hier in der Gegend sein. Ihr Sohn heißt Danny. Kennst du sie vielleicht jetzt?«

»Ach, die Gibsons. Die wohnen nicht hier auf der Seite vom Viertel, sondern in der anderen Richtung. Wenn Sie wollen, zeige ich Ihnen den Weg.«

Luise hielt den Kopf schief, denn jede Sehne und jeder Muskel am Hals schmerzten. Leise stöhnte sie.

»Was hat sie?«, fragte der Junge.

»Ein Ganove hat versucht, sie umzubringen. Er würgte sie, aber ich habe sie gerettet«, erklärte Colette voller Stolz.

»Auweia! Dann sind Sie die Frauen, die sich mit Ginger George angelegt haben. Da hatten Sie aber Glück, denn er kann fürchterlich böse werden.«

»Woher weißt du von unserem Zwischenfall? Es war niemand zu sehen, als er meine Freundin angegriffen hat.«

»Das denken Sie. Hier weiß jeder davon. Viele haben es aus sicherer Entfernung verfolgt. Sie waren sehr mutig!«

»Das ist eine Unverschämtheit. Meine Freundin kämpft um ihr Leben, und die Menschen schauen zu, ohne ihr zu helfen.« Colette war außer sich.

»Sind Sie verrückt? Was geht die Leute Ihre Freundin an? Man sieht schon von weitem, dass Sie Geld haben und nicht von hier sind. Jeder kleine Ganove weiß, dass hier zwei feine Ladys herumlaufen. Ginger George ist bekannt dafür, dass er das bekommt, was er will. Warum sollte sich jemand in Gefahr bringen, um Sie zu retten? Sie sind keine von uns«, erklärte er geringschätzig.

Colette wusste dem nichts zu entgegnen. Mittlerweile waren sie durch viele kleine Gassen gegangen. Ein ungutes Gefühl beschlich sie, denn immer noch erkannte sie nichts Vertrautes.

»Junge, wenn du uns zu den Gibsons bringst, wirst du auch belohnt«, versuchte Colette, den Burschen zu locken.

Dieser grinste und meinte: »Sie müssen mir wohl oder übel vertrauen.«

Als sie um die nächste Häuserecke bogen, erkannten sie das Haus der Gibsons.

»Da vorne wohnen Ihre Freunde. Ich muss Sie jetzt alleine lassen, denn hier fängt das Revier von Whisky Harry an. Ich habe keine Lust, ihm Erklärungen abzugeben.«

»Vielen Dank! Wie heißt du überhaupt?«, wollte Colette wissen.

»Freddy.« Seine Stimme klang nun tief und männlich.

Luise krächzte etwas Unverständliches und drückte ihm ein Geldstück in die Hand. Der Junge tippte zum Dank an die Mütze und steckte es schnell in seine Hosentasche. Dann liefen die beiden Frauen Hand in Hand auf das Haus zu. Als sie sich im Hauseingang umsahen, war Freddy verschwunden.

Von oben hörten sie leise Geräusche. Schnell gingen sie die Treppe hinauf und fanden Horan und die Gibsons vor Dannys Bett sitzen. Verblüfft sahen sich die Mädchen im Raum um. Es hatte sich einiges verändert. Die Wohnung sah behaglich und wohnlich aus; dafür hatte Horan gesorgt. Die drei Menschen bemerkten ihr Erscheinen nicht. Leise gingen die jungen Frauen zum Bett. Es war totenstill im Zimmer. Danny schien tief und fest zu schlafen. Blass war sein kleines Gesicht. Seine Hände waren auf dem Bett gefaltet, und das Pferdchen lag auf den Fingern. Es war ein friedliches Bild.

Ein leises Knarren verriet die Anwesenheit der Mädchen. Erschrocken sahen die Erwachsenen sie an. Marys Augen waren verquollen, und auch Bill hatte geweint. Selbst Horans Gesicht zeigte Spuren von Tränen. Fragend sah Luise abwechselnd von einem zum anderen. Plötzlich verstand sie. Danny war tot! Sie standen an seinem Totenbett.

»Oh non, pas Danny«, flüsterte Colette.

Horan stand auf und umarmte beide. »Es tut mir Leid, wir konnten ihm nicht mehr helfen.«

»Sie wollten einen Arzt rufen, so stand es im Brief. Wo ist er? Ist er nicht gekommen?«, flüsterte Luise.

»Er war hier, aber er konnte nichts mehr für Danny tun.«

Mary fing wieder leise an zu weinen. Bill bemühte sich, sie zu trösten. Aber mit welchen Worten sollte man den Verlust eines Kindes erklären?

Horan fielen die Spuren der Gewalt an Luises Hals und die zerrissene Kleidung auf. Als er sie nach den Gründen fragen wollte, deutete ihm ihr Blick, dass er schweigen solle. Sie wollte in dieser Stunde nichts erklären, sondern von ihrem kleinen Freund Abschied nehmen. Luise setzte sich neben Mary und ergriff ihre Hand, die sie zart drückte.

Mary sah sie nicht an, als sie zu ihr sagte: »Er hat ständig nach Ihnen gefragt. Ich glaube, er spürte etwas. Danny wartete auf einen Engel, auf seinen Engel, aber nun sind Sie zu spät gekommen.« Sie sagte es ohne Vorwurf in der Stimme, doch Luise fühlte sich schuldig. Hätten sie in der Pension gewartet, wären sie rechtzeitig hier gewesen. Sie wollte schreien aus Wut über sich selbst, doch sie brachte keinen Ton heraus. Sie war froh, dass ihr Hals schmerzte, denn es schien ihr eine gerechte Bestrafung.

»Jetzt hat der liebe Herrgott einen süßen Engel mehr im Paradies«, sagte Colette und stimmte das Ave-Maria an. Ihre glockenhelle Stimme erklang sanft in dem Raum und verband die lebenden Seelen mit den toten.

Luise und Colette begleiteten Horan in sein Haus. Bill und Mary sollten alleine Abschied von ihrem Kind nehmen können. Morgen war die Beerdigung, und Horan versprach, alles für sie zu arrangieren. Er kannte die Gibsons erst kurze Zeit, aber er sah es als seine Pflicht an, dass Danny ein anständiges Begräbnis bekommen sollte. Die Toten aus dem Armenviertel wurden in einfaches Tuch gehüllt und, da das Geld oft nicht reichte, ohne kirchlichen Beistand der Erde übergeben. Dieses Schicksal sollte dem Jungen erspart bleiben. Horan wusste, was es heißt, einen geliebten Menschen zu verlieren. Danny sollte auf dem Friedhof von Notting Hill beerdigt werden, in der Nähe von Sarah und Emily. Er bestellte einen Sarg, sprach mit dem Pfarrer und kam für alle Kosten auf.

Nun saßen Horan, Luise und Colette gemeinsam im Salon in Horans Haus und tranken Tee. Luise spürte Horans Blick auf ihren Würgemalen, und ihr Magen krampfte sich zusammen.

»Wären Sie so nett und würden mir bitte erklären, woher diese Spuren an Ihrem Hals stammen?«, fragte Horan.

Luise hatte einen Schal um den Hals gewickelt, sodass die gesamte Auswirkung des Überfalls nicht sichtbar war. Nun entfernte sie das Tuch, und Horans Augen weiteten sich ungläubig. »Um Himmels willen, das wird ja immer schlimmer! Man hat Sie gewürgt«, schrie er fassungslos.

Als Luise nur nickte, war es mit seiner Beherrschung vorbei.

»Herrgott noch mal, sagen Sie mir endlich, was passiert ist. Hat man Sie in der Pension überfallen?«

Sie versuchte zu sprechen, aber es kam nur ein heiseres Flüstern über ihre Lippen. Verärgert wandte er sich an Colette, die gelassen in ihrem Sessel saß und die Szene schadenfroh verfolgte. Sie fand es richtig, dass Luise eine Standpauke zu hören bekam, und vielleicht wäre sie dann in Zukunft nicht mehr so dickköpfig.

Dennoch erzählte Colette Horan in allen Einzelheiten, was sich im Laufe des Tages abgespielt hatte. Natürlich war der Teil, in dem sie die Hauptrolle spielte, wie ein Weihnachtsbaum ausgeschmückt. Horan war verärgert und ließ dies Luise auch spüren. Diese konnte nur nicken und gab ihm somit Recht. Auch wenn sie gekonnt hätte, hätte sie ihm nicht widersprochen. Zum Schluss sagte sie leise, fast flüsternd: »Ich habe für meine Ungeduld bezahlt.« Und jeder wusste, dass sie damit nicht nur die blauen Flecken an ihrem Hals meinte. Horan holte eine Heilsalbe, mit der Colette Luises Hals einrieb. Es würde die Heilung zwar nicht beschleunigen, aber er hatte wenigstens das Gefühl, etwas für Luise getan zu haben. Seine Droschke brachte die jungen Frauen zurück in die Pension.

Die Mädchen sprachen kein Wort miteinander und gingen früh zu Bett. Eine beklemmende Stille herrschte zwischen ihnen. Jede war von den Ereignissen des Tages erschöpft. Schnell fielen sie in einen ruhe- und traumlosen Schlaf.

Am nächsten Morgen waren beide zeitig wach. Luise konnte sich kaum bewegen. Jeder Muskel schmerzte, und der Hals war angeschwollen. Das Schlucken fiel ihr schwer. Ihr Körper war mit blauen Flecken übersät, aber kein Laut des Klagens oder Jammerns kam über ihre Lippen. Sie ertrug ihr Leid, als ob sie dadurch Buße tun könnte. Immer noch herrschte Schweigen zwischen den Mädchen. Es war keine Ruhe vor dem Sturm oder ein Schweigen in stiller Einvernehmlichkeit, nein, es war ein anklagendes Schweigen. Die Stille sagte mehr, als tausend Worte je hätten ausdrücken können. Colette war einerseits enttäuscht, andererseits ärgerlich und traurig. Auch hatte sie kein Verlangen, mit Luise zu sprechen.

Die beiden jungen Frauen kleideten sich an und gingen in den Frühstücksraum, obwohl keine von ihnen Hunger verspürte. Dort erwarteten sie den Kutscher, der sie pünktlich abholte und zu Horans Haus brachte. Im Salon warteten bereits

Mary und Bill und starrten in das Kaminfeuer. Sie wirkten verloren in dem großen Raum. Als Luise ins Zimmer kam, schauten beide auf ihren Hals. Die Spuren des letzten Tages hatte sie mit einem schwarzen Seidenschal verdeckt. Horan hatte den Gibsons von Luises Erlebnis berichtet, jedoch sagten sie kein Wort zu ihr. Obwohl Luise wusste, dass sie unschuldig an Dannys Tod war, hatte sie seinen Eltern gegenüber ein schlechtes Gewissen.

Man fuhr zum Friedhof und zu dem Platz, den Horan für das Grab ausgesucht hatte. Es war ein schöner Flecken Erde, in dem Danny seine letzte Ruhe finden sollte. Die Sonne erwachte hier zuallererst und ging erst unter, wenn im Tal schon der Schatten das Licht beherrschte. Zuerst würde nur ein schlichtes Kreuz auf dem Grab stehen. Später sollte es eine Kinderfigur schmücken. Der Pfarrer hielt eine kurze Ansprache, murmelte ein paar Gebete, wünschte Beileid und verschwand. Er war nur Horan zum Gefallen gekommen, denn er fand es unpassend, dass Menschen mittleren Standes hier ihre letzte Ruhe fanden. Jeder sollte auch dort beerdigt werden, wo er lebte, war seine Meinung. Horan hatte deshalb Danny als sein Patenkind eintragen lassen. Somit war der Pfarrer einverstanden gewesen, den Knaben hier zu beerdigen. Außerdem versprach Horan, der Kirche eine Geldsumme zukommen zu lassen, denn er wollte Stillschweigen über die Angelegenheit wissen.

Horan machte Bill und Mary mit dem Friedhofswärter bekannt und gab auch ihm einige Geldstücke, damit er sicher sein konnte, dass die Gibsons das Grab ihres Kindes jederzeit besuchen durften.

Jack war wirklich ein guter Mensch, dachte Luise. Obwohl er diese Menschen erst kurze Zeit kannte, sorgte er sich um sie, und Mary und Bill waren ihm dankbar. Gerne nahmen sie die Einladung zum Lunch in seinem Haus an.

Luise brachte keinen Bissen herunter. Sie glaubte, jeder würde sie anklagen und verurteilen, denn sie bezog die Stille zwischen den Versammelten auf ihre Anwesenheit. Plötzlich hielt sie es nicht mehr aus und lief aus dem Zimmer. Luise rannte den Korridor entlang, fand aber den Ausgang nicht. Panik überfiel sie. Sie bekam keine Luft mehr und riss sich den Schal vom Hals, da sie das Gefühl hatte, dass er sie genauso würgte wie gestern die feuchten, kalten Hände. In der Ferne hörte sie jemanden ihren Namen rufen. Dann wurde es dunkel um sie.

Als sie wieder zu sich kam, saßen Mary und Colette neben ihr. Die eine hielt ihre Hand, die andere kühlte ihre Stirn. Sie selbst lag auf dem Sofa in dem kleinen rosa Zimmer. Luise hörte eine fremde Stimme und sah schemenhaft eine schwarze Gestalt. Ein vertrauter Geruch lag in der Luft. Bill stand an den Kamin gelehnt und schüttelte verständnislos den Kopf. Dann wurde es wieder dunkel um Luise. Als es bereits dämmrig war, erwachte sie erneut. Sie war alleine. Der Versuch aufzustehen war mühselig und schmerzhaft. Die Tür zum Esszimmer war nur angelehnt, sodass ein schwacher Lichtschein durch den Türspalt hindurchdringen konnte. Sie hörte leise Stimmen und versuchte, zur Tür zu gehen, um sie weiter zu öffnen. Erschrockene Gesichter starrten sie an.

»Non, Luise, du darfst noch nicht aufstehen«, schimpfte Colette. Horan und Colette waren gleichzeitig aufgesprungen, um sie zu stützen. Sie führten Luise zu dem Stuhl neben Bill.

»Möchtest du etwas essen?«, fragte Colette sie sanft.

Sie nickte zaghaft, denn sie spürte ein Brennen im Magen. Colette füllte den Teller, Mary reichte ihr Brot, und Horan goss ihr Wasser ins Glas. Mit so viel Zuwendung hatte Luise nicht gerechnet und sofort liefen die Tränen.

»Na, na, Mädchen, wer wird denn gleich wieder weinen?« Bill nahm sie in den Arm und schaukelte sie wie ein Baby. Dabei sprudelte es krächzend aus ihr heraus.

»Es tut mir so Leid. Ich wollte Danny nicht im Stich lassen. Ich hatte ihm doch versprochen wiederzukommen. Er dachte sicherlich, dass ich gelogen habe. Es tut mir so Leid!«, wiederholte sie sich.

»Luise, niemand ist für Dannys Tod verantwortlich«, widersprach ihr Bill, »Danny war von Geburt an schwächlich und oft krank. Wenn jemand schuldig ist, dann wir. Er hätte nicht hinausgehen dürfen, aber wir konnten ihn schließlich nicht festbinden. Als Mary Essen holte, hat der kleine Schlingel die Situation ausgenutzt und ist rausgelaufen. Wir hatten kein Geld, um Medizin zu kaufen, und so wurde er immer wieder krank. Wir sind unserem Herrgott dankbar, dass er so lange bei uns bleiben durfte«, versuchte Bill sie zu trösten, obwohl er selbst Trost gebraucht hätte. Unter Tränen nickte Mary bestätigend.

»Wenn ich zu Hause geblieben wäre, so wie Mr. Horan es verlangt hatte, dann hätten wir die Kutsche nicht verpasst, die uns abholen sollte. Stattdessen habe ich Colette und mich in Gefahr gebracht und kostbare Zeit vertan.«

»Es tut mir Leid, aber ich habe Ihnen in der Aufregung gar nicht erzählt, dass ich keine Kutsche nach Ihnen geschickt habe. Als der Arzt und ich bei den Gibsons ankamen, war Danny bereits verstorben. Er konnte nur noch den Totenschein ausstellen. Ich wollte Ihnen selbst die traurige Nachricht überbringen, aber ich konnte Mary und Bill nicht sofort wieder alleine lassen.«

»Außerdem schlief Danny mit der Gewissheit ein, dass Sie unterwegs zu ihm sind. Er wusste nicht, was es heißt zu sterben, aber er spürte, dass er gehen würde, nur nicht, wohin. Wir erzählten ihm die Geschichte von dem Engel, der die Kinder abholt und zum lieben Gott begleiten würde. Er glaubte, dass Sie sein Engel seien. Mit diesem Glauben schlief er ein. Sie sehen Luise, niemand muss sich Vorwürfe machen. Es war Gottes Wille«, fügte Bill tröstend hinzu.

Luises Hals schmerzte, aber sie war froh, als Colette ihr den Teller mit heißer Suppe nachfüllte, denn so konnte sie essen und brauchte nicht zu sprechen. Immer wieder griff sie sich an den Hals, als ob sie ihm helfen könnte zu schlucken.

Horan fasste über den Tisch nach ihrer Hand und drückte sie einen Augenblick voller Zärtlichkeit. »Du musst Todesangst ausgestanden haben, als dich der Kerl angegriffen hat. Als du schliefst, hat der Doktor dich untersucht. Er meinte, dass es mindestens zehn Tage dauern wird, bis der Hals wieder normal aussieht. Bis dahin sollst du nicht viel sprechen und dich schonen. Allerdings wird sich dein Hals in schillernde Regenbogenfarben verfärben.« Horan hatte übergangslos das Du benutzt, und Luise ließ es geschehen.

»Könntest du den Mistkerl wiedererkennen, wenn er vor dir stehen würde?«, wollte Bill von ihr wissen.

Luise nickte, und Colette fügte hinzu: »Wir wissen sogar seinen Namen. Ginger George wird er genannt. Das hat uns Freddy verraten, der Junge, der uns zu euch geführt hat.«

»Ich werde mich darum kümmern«, meinte Bill und aß stumm weiter.

Danny war tot. Er hinterließ eine Hand voll Menschen, die in der Stunde der Trauer näher zusammengerückt waren.

Tage später saß Jack Horan in seiner Kanzlei und brütete über einem Schriftstück, als sein Sekretär hereinkam.

»Sir, ein Botenjunge gab mir dieses Schreiben.«

Es war die verabredete Nachricht von Mark Petersen.

»Treffe mich heute um 14.00 Uhr an der Parkbank im Hyde Park, die auf der Grenze zum Kensington Garden steht.«

Petersen hatte einen idealen Platz als Treffpunkt gewählt. Hier würde man keinen Verdacht schöpfen, da um diese Zeit viele Menschen durch den Park spazierten. Die Tage wurden wieder länger und heller, und die Leute nutzten die Gelegenheit, um aus ihrem Winterschlaf langsam zu erwachen.

Pünktlich schlenderte Horan auf die Parkbank zu und sah dabei scheinbar interessiert den Gärtnern zu, die versuchten, die Spuren des Winters zu beseitigen. Für eine Entfernung von wenigen Metern brauchte er mehr Zeit, als nötig war. Schließlich gelangte er zu Petersen, den er natürlich erst in diesem Moment erkannte. Mit einem freundlichen Händedruck und lautem »So ein Zufall« nahm er, nachdem Petersen ihn höflich aufgefordert hatte, auf der Parkbank Platz. Dieser hatte zuvor die Augen geschlossen und sein Gesicht der kargen Sonne zu gewendet. Die Beine weit von sich gestreckt, hatte er mehr gelegen als gesessen. Jetzt richtete er sich auf und verschränkte seine Beine übereinander. Petersen und Horan sprachen über belanglose Dinge, da eine größere Familiengesellschaft an ihnen vorbeistolzierte. Petersen war sichtlich nervös, denn er wollte Horan endlich berichten, was er erfahren hatte. Als die Gesellschaft weit genug entfernt war, begann er hastig zu erzählen:

»Hör zu alter Freund, ich habe versucht, die Akten einzusehen, aber es war unmöglich. Steel sitzt auf ihnen. Verlässt er sein Arbeitszimmer, gibt er die Unterlagen seinem Schreiberling, diesem Speichellecker. Mit dem ist nicht gut Kirschen essen. Wie jeder, hat auch er Angst vor Steel und ist ihm deshalb unterwürfig.«

Petersen schwieg und forschte in Horans Gesicht. Der schaute enttäuscht. Petersen grinste und fuhr fort: »Du weißt, welche Wirkung Alkohol auf manche Menschen ausübt?«

Jetzt hellte sich Horans Gesicht auf, denn er verstand sofort, was seinen Freund zum Lachen brachte.

»Du Gauner kennst diesen Trick?«, fragte Mark scheinheilig. »Nun, auf diesen Schreiberling hat bedeutend weniger und vor allem billiger Gin schneller Wirkung gezeigt als der Whisky damals bei meinem Verhör.«

Petersen kniff seine Augen zusammen, als ob er in der Ferne etwas gesehen hätte, was er nicht klar erkennen konnte. »Ja, ja, Jack, was macht eigentlich die kleine Blonde aus Hastings? Ich glaube, Barbara war ihr Name. Sie war damals mit deinem Bruder liiert. Ich kann mich nicht erinnern, ob die beiden geheiratet haben oder nicht«, sagte Petersen laut.

Horan konnte ihm zuerst nicht folgen. Doch plötzlich sträubten sich seine Nackenhaare, denn eine bekannte Stimme kam von hinten immer näher. Wie ein Blitz zuckte ein Name durch seinen Kopf: Steel!

Jetzt verstand er Petersens Gerede. Ohne sich umzudrehen, führte Horan das Gespräch weiter: »Nein, da irrst du dich, Mark. Sie war nicht aus Hastings, sondern aus Brighton. Es war nur eine Jugendliebe, ein Strohfeuer …«

»Ah, die Herren Petersen und Horan«, hatte Steel schon von weitem gerufen. »Wie ich sehe, genießen sie die frische Luft hier draußen. Ja, das tut gut, wenn man sonst modrige Gefängnisluft einatmen muss, dann weiß man einen Platz im Grünen zu schätzen, nicht wahr, Mr. Petersen?«

Jetzt drehte sich Horan zu Steel um und brachte einen erstaunten Gesichtsausdruck zustande. »Euer Ehren, welche Überraschung. Das Gleiche könnte man zu Ihnen sagen, schließlich ist Ihr Arbeitsplatz auch von Gefängnisluft durchzogen.«

»Das ist wohl wahr, Mister Horan. Oft bin ich sogar mittendrin in der Luft, und ich kann eines sicher sagen: Es ist ein gutes Gefühl zu wissen, dass man jederzeit die frische Luft oben atmen kann. Deshalb darf nichts meinen Zorn erregen. Sonst passiert es, dass man sich plötzlich unten wiederfindet, und dann kommt derjenige so schnell nicht mehr in den Genuss von Sonnenschein und Blumenduft. Das wäre doch jammerschade, nicht wahr, Mr. Petersen?«

Petersen konnte nur nicken. Sein Gesicht zeigte keinerlei Regung. Nichts ließ auf seine Gedanken schließen. Steel wusste jedoch, dass Petersen verstanden hatte.

»Einen schönen Tag wünsche ich den Herren.« Steel tippte sich an den Hut und schlenderte pfeifend weiter, die Hände auf dem Rücken verschränkt. Man spürte, wie er sich über seinen gelungenen Auftritt freute.

Als der Friedensrichter außer Hör- und Sichtweite war, zischte Petersen: »Dieser verdammte Bastard, er weiß Bescheid. Wahrscheinlich hat der Schreiberling doch nicht dichtgehalten!«

»Mark, wir dürfen uns nicht wiedersehen. Es ist zu gefährlich. Deshalb sage mir schnell, was du weißt.«

»Zwei der Jungen sind tot, Robby und Pete hießen sie. Den Übrigen geht es schlecht. Sie werden in zwei, spätestens drei Wochen nach Australien deportiert. Jack, sie sind der ›Weißen Feder‹ dicht auf den Fersen. Hast du gehört, es ist nur noch eine Frage der Zeit.« Petersen sah Horan eindringlich an, doch der ignorierte den Blick seines Freundes.

»Weißt du etwas über den Typen, den wir im ›Flying Horse‹ gesehen haben?«

»Ja, er heißt Ian Hook. Du wirst es nicht glauben, aber er ist angeblich der Onkel von einem deiner Jungen. Er versucht mit der Masche ›verlorener Neffe wird vom Onkel heimgeholt‹ an Informationen für Steel heranzukommen. Ich weiß nicht, wer sein angeblicher Neffe sein soll.«

Horan hatte aufmerksam zugehört. »Wieso sagst du ›deine Jungen‹?«

»Jack, wie lange kennen wir uns? Zehn Jahre und mehr? Du kannst ehrlich zu mir sein. Bist du die ›Weiße Feder‹? Ich werde dich nicht verraten.«

»Was wäre, wenn?«

»Dann würde ich mir Sorgen machen.«

»Ich werde dir die Frage insofern beantworten, dass ich dir versichere, dass du dich nicht sorgen musst. Je weniger du weißt, desto sicherer bist du und deine Frau. Danke für deine Hilfe, ich stecke tief in deiner Schuld. Für uns beide ist es besser, wenn wir jetzt Abschied nehmen. Lebe wohl, Mark, und grüße Betty von mir. Richte ihr bitte aus, dass ich ihren Butterkuchen vermissen werde«, sagte er mit einem Augenzwinkern und wollte gehen, doch Petersen hielt ihn zurück.

»Jack, sei vorsichtig! Steel steht kurz vor der Lösung seines Problems.«

»Ich weiß, Mark.« Mit diesen Worten ging Horan in die gleiche Richtung wie zuvor Steel. Er wusste, dass der Friedensrichter irgendwo versteckt hinter einem Baum oder Strauch stand und sie beobachtete. Deshalb schlenderte er ohne Hektik, aber auch ohne Zögern. Hier und da sprach er nochmals mit einem Gärtner oder bestaunte ein Pflänzchen, das sich seinen Weg durch den harten Boden der Sonne entgegen erkämpft hatte. Er fühlte sich erleichtert, als er den Park hinter sich gelassen hatte und nicht mehr Steels Blick im Genick spürte.

Horan winkte sich eine Droschke heran und fuhr nach Hause. Er fühlte sich ausgelaugt. Zum Glück hatte er für heute alle Termine abgesagt, sodass er in Ruhe nachdenken konnte. Er setzte sich in den Salon, kam jedoch nicht zu Ruhe. Zum ersten Mal spürte er dieses Gefühl, das Luise ihm vor ein paar Tagen versucht hatte zu erklären: Hoffnungslosigkeit. Die Welt schien nur noch grau und schwarz. Sein Freund war in Gefahr, und für Luises Problem wusste er auch keine Lösung. Außerdem hatte Horan Angst, einen Fehler zu machen, sodass Steel hinter sein Geheimnis kam. Der Friedensrichter wartete nur auf den richtigen Zeitpunkt. Steels Berufserfahrung sagte ihm, dass Horan irgendwie darin verwickelt sein musste. Horan hatte zwar nur im Hintergrund der Organisation agiert, aber Steel war gerissen. Horan musste aufpassen, was ihm schwer fiel, da er innerlich aufgewühlt und ruhelos war.

Er stand jetzt am Fenster und starrte hinaus. Immer wieder holte er schwer Luft und atmete geräuschvoll aus. Er brauchte einen Rat, eine zweite Meinung oder wenigstens jemanden, der ihm Mut zusprach. In solchen Situationen vermisste er seine Frau besonders. Horan spürte den Schmerz der Trauer fast körperlich. Die Enge des Raumes ließ ihn immer schwerer atmen. Auch die Einsamkeit war erdrückend. Er hielt die Ruhe in dem Haus nicht mehr aus. Alles erinnerte ihn an Sarah und machte ihm schmerzlich aufs Neue bewusst, dass sie nicht wiederkam. Der Anwalt ging in den Flur, nahm seinen Mantel und verließ fluchtartig das Haus. Es gab nur einen Ort, wo er ihr nahe sein konnte.

Es dämmerte bereits, doch es war ihm egal. In der Dunkelheit fühlte er sich geborgen. Hier waren seine Trauer und seine Tränen für andere unsichtbar. In der Stille der Nacht konnte er seinen Gefühlen freien Lauf lassen. Er ging durch die Einsamkeit der Dunkelheit zu dem Ort, wo er seine innere Ruhe wiedererlangte – zum Grab seiner Frau und seiner Tochter. Es war für ihn, als ob er hier eine Verbindung zu Sarah finden würde. Er säuberte den Granit von Schmutz und Blättern und setzte sich dann auf den Rand des Grabsteins. Dann fing er einfach an zu erzählen; von seinen Ängsten, seinem Gespräch mit Petersen, dass Luise ihren Bruder nicht sehen durfte, die Verzweiflung darüber, nicht helfen zu können, von seiner Vorahnung, dass alles ans Tageslicht kommen würde, seine Hoffnungslosigkeit – alles, was er auf dem Herzen hatte. In den Monaten des Alleinseins hatte er die Erfahrung gemacht, dass Probleme kleiner wurden, wenn man sie aussprach. Das konnte er hier in aller Stille tun. Allerdings sprach er nur in seinen Gedanken mit Sarah. Kein Wort kam über seine Lippen, denn auch hier hatte er Angst, belauscht zu werden. Manchmal dachte er, dass es besser sei, wenn Steel endlich alles erfahren würde. Dann wäre das Versteckspiel zu Ende. Es wurde ihm zu anstrengend, jedes Wort abzuwägen. Horan wusste nie, ob seine Freunde noch welche waren oder ob Steel sie schon gekauft hatte.

Horan rutschte noch weiter auf den Grabstein, sodass er sich an die Zypresse lehnen konnte, die hinter ihm stand. Sein Blick folgte den dichten, schwarzen Wolken, die am Himmel entlangwanderten. Nur vereinzelt waren Sterne zu sehen.

Eine Frage kreiste immer wieder in seinem Kopf. Wie konnte er Luise helfen? Es war unmöglich, Steel um eine Besuchserlaubnis zu bitten, denn er würde sie verweigern. Die gefangenen Jungen zu befreien, war ebenfalls unmöglich. Er musste Luise heimschicken, denn sie würde ihren Bruder niemals sehen. Und sein Freund? Der musste London ebenfalls verlassen. Nein, nicht London. Er musste viel weiter weg. Und die Organisation ›Weiße Feder‹ dürfte für einige Zeit nur kleinere Aktionen durchführen, nichts Spektakuläres, aber doch so Wichtiges, dass der Geheimbund nicht in Vergessenheit geraten würde. Zum Beispiel könnten sie Plakate aufhängen. Die Planung könnte er selbst übernehmen. Der Gedanke war gut, sehr gut sogar. Horan war begeistert. Er musste nur seinen Freund überzeugen. Seine zweite Idee, die ihm im Kopf herumspukte, verwarf er wieder, denn die war zu abenteuerlich und unmöglich umzusetzen.

Sein Magendruck war verschwunden. Horan sah wieder einen Lichtschimmer am Horizont. Zwar nicht für Luise, aber für sein Lebenswerk. Er wollte nicht, dass die Organisation zerbrach. Nur in schwachen Momenten wünschte er dem Ganzen ein Ende. Im Grunde seines Herzen wusste er, dass nur diese eine Sache in seinem Leben noch zählte. Schließlich hatte er Sarah versprochen, nicht von seinem Weg abzukommen. Sie hätte ihn unterstützt. Sarah! Er stand auf und kniete vor dem Stein. Zärtlich strich er mit den Fingerkuppen über die eingravierten Buchstaben.

»Oh Sarah, du warst mein Leben! Warum musstest du gehen? Und Emily, ich hatte nicht die Möglichkeit, ihr ein guter Vater zu sein. Sie hatte noch nicht einmal die Zeit gehabt zu erblühen, da war sie schon verwelkt, vom Wind fortgeweht«, dachte er wehmütig.

Immer wieder zeichnete Horan mit seinem Zeigefinger die Buchstaben nach. Dann küsste er ihre Namen auf dem kalten Granit, stand auf und drehte sich um. Ein Windhauch berührte sein Gesicht und wischte die Tränen fort. Es war ein Gefühl, als ob er durch ein Spinnennetz gegangen wäre. Er spürte etwas in seinem Gesicht, konnte es aber nicht greifen. Einen Moment blieb er stehen und schloss die Augen. Horan glaubte, dass jemand in sein Ohr flüstern würde, jedoch konnte er die Worte nicht verstehen. Regungslos verweilte er einen Moment. Jetzt kam es wieder, aber es war kein Flüstern, sondern eher eine Liebkosung. Gänsehaut machte sich auf seinem Körper breit. Er öffnete die Augen und glaubte, einen Nebelschleier zu erkennen, der über das Grab zog. Horan erschauerte. War es Einbildung? Wurde er langsam verrückt? Er schaute auf seine Taschenuhr. Halb zehn – längst noch keine Geisterstunde. Also war alles nur seinem Wunschdenken entsprungen? Lächerlich! Ein gebildeter Mann wie er hielt sich an Wachträumen fest, nur um den Schmerz des Verlustes besser zu ertragen. Er schüttelte den Kopf – welche absurden Gedanken doch durch seinen Kopf geisterten. Sein Verstand sagte ihm, dass es keine sichtbare Verbindung zwischen den Toten und den Lebenden gab. Sein Gefühl strafte ihn Lügen. Es gab mehr zwischen Himmel und Erde, als das, was das Auge sah. Er steckte die Uhr in seine Manteltasche und ging den Weg zurück, den er vor mehr als zwei Stunden gekommen war.

Als er die Treppe seines Hauses hinaufging, stand sein Diener Donald in der Eingangstür und erwartete ihn bereits.

»Was ist los, Donald?«, erkundigte sich Horan.

»Sir, Sie sollen sofort zu Mrs. Petersen kommen.« Donald war aufgeregt und nervös.

»Beruhigen Sie sich bitte. Was ist mit den Petersens?«

»Mr. Petersen ist überfallen worden und liegt im Hospital. Seine Frau hat einen Boten geschickt. Sie sollen sofort in das St.-Elisabeth-Hospital kommen. Oh nein, oh nein, dieser arme Mensch. Wer tut so etwas?«

»Lassen Sie mir Foxfire satteln. Ich werde sofort losreiten, und Sie gehen zu Bett. Sie holen sich in ihrem dünnen Morgenmantel einen Schnupfen. Wir sehen uns morgen Früh.«

Horan rannte so schnell es ging die Treppe hinauf, um sich seine Reitkleidung anzuziehen. Fragen schossen wie Blitze durch den Kopf. Kaum hatte er eine gestellt, kam schon die nächste. Er rannte aus seinem Ankleidezimmer hinaus, nahm, ohne Rücksicht auf sein Bein, mehrere Stufen auf einmal, und lief zum Stall, wo der Stalljunge bereits mit Foxfire am Zügel wartete.

Horan war ein geübter Reiter. Trotz seiner Beinverletzung hatte er sich das Vergnügen nicht nehmen lassen. Steven gab ihm die nötige Hilfestellung, damit er ohne Schwierigkeiten aufsitzen konnte. Dann drückte Horan dem Rotfuchs die Fersen in die Flanke, und sofort galoppierte der Wallach davon.

Es war ein Ritt quer durch die Stadt. Das Krankenhaus lag am äußersten Stadtrand, dort, wo die Armen sich nicht hin verirrten. In der Ferne hörte Horan Big Ben die volle Stunde schlagen. Er zählte die Schläge nicht mit, denn er wusste, dass es elf waren. Zweimal strauchelte das Pferd, konnte sich aber wieder fangen. Horan musste aufpassen, dass Foxfire auf dem feuchten Kopfsteinpflaster nicht ausrutschte. In dem Park, in dem er sich am Mittag mit Petersen getroffen hatte, ließ Horan die Zügel locker, sodass der Wallach in einen leichten Galopp fallen konnte.

Endlich sah er die Mauern vom St.-Elisabeth-Hospital. Er ritt durch das Eingangstor direkt auf die Scheune hinter der Steinwand zu, stieg ab und gab einem Burschen, der eilig aus dem Stall gelaufen kam, die Zügel. Offenbar hatte der Junge im Stroh geschlafen, denn seine Kleidung war übersät mit gelben Halmen.

»Hier Bursche, für dic unterbrochene Nachtruhe«, sagte Horan und drückte dem Stalljungen ein paar Kupferpennys in die Hand. Dann ging er zu der Steintreppe des Krankenhauses. Horan hatte Angst vor dem, was er erfahren und sehen würde. Er hasste Hospitäler. Als sein Vater erkrankte, war dieses Haus für längere Zeit sein zweiter Wohnsitz gewesen. Bei dem Geruch von Blut und Erbrochenem wurde ihm speiübel.

Das Krankenhaus war ein ehemaliges Kloster und wurde von Nonnen geführt. Es waren vier längliche Gebäude, die im Quadrat miteinander verbunden waren. Die Gänge waren überdacht. Ein großer Garten, der durch zwei Meter hohes Buschwerk die Korridore trennte, bildetet den Innenhof. Als vor vielen Jahren eine Choleraepidemie um sich gegriffen hatte, wurde das Gebäude erstmals als Krankenhaus genutzt.

Auf den Gängen hörte Horan leises Stöhnen und Gewimmer, was ihm durch Mark und Bein ging. Viele Geräusche wurden von den dicken Mauern geschluckt, andere drangen durch die Stille der Nacht verstärkt nach außen. Er traf niemanden auf den langen, dunklen Gängen an. Weit hinten, am Ende des überdachten Zwischengangs, der Ost- und Westflügel miteinander verband, erblickte er schemenhaft eine Person. Horan ging auf sie zu und erkannte eine Frauengestalt, zusammengekauert auf einer Steinbank sitzend.

»Entschuldigen Sie, Miss, ich suche einen Freund. Vielleicht können Sie mir weiterhelfen«, sagte er schon von weitem, während er immer näher kam.

Die Frau erhob sich und ging ihm entgegen. Es war Betty, Marks Frau. Weinend fiel sie in seine Arme. Sie zitterte, ihr Gesicht war blass, die Hände eiskalt. Sie brachte keinen Ton heraus, nur die Tränen liefen über ihre Wangen.

Horan hüllte sie in seinen Mantel. Mitfühlend streichelte er über ihren Kopf und versuchte, sie mit einem leisem »Schsch« zu trösten. Als sie sich beruhigt hatte, hielt Horan sie von sich weg, damit er ihr in die Augen schauen konnte.

»Was ist passiert?«

Sie setzten sich auf die Steinbank. Betty zog den Mantel fester um sich und begann zu erzählen:

»Nach dem Treffen mit Ihnen kam Mark sofort nach Hause. Er war aufgewühlt und ruhelos. Er sagte immer wieder, dass Steel alles wüsste. Er hatte Angst um mich, um sich und auch um Sie. Ich versuchte, ihn zu beruhigen, und schlug ihm vor, ins Pub zu gehen, um auf andere Gedanken zu kommen.« Sie stockte in ihrer Erzählung, dann sprach sie mit tränenerstickter Stimme weiter. »Hätte ich ihm nur nicht dazu geraten, dann wäre das alles nicht passiert.«

Horan legte seinen Arm um Betty, bis sie sich wieder beruhigt hatte. Er fühlte sich mies, denn er hatte Petersen da mit hineingezogen.

»Mark ging ins Pub und versprach, in zwei Stunden zurück zu sein. Als er nach vier Stunden noch nicht da war, habe ich Michael, unseren Ältesten, losgeschickt. Er konnte seinen Vater im Pub nicht finden. Der Wirt sagte ihm, dass Mark bereits vor Stunden gegangen sei. Mich befiel ein ungutes Gefühl. Ich rief unseren Nachbarn Walter, um uns bei der Suche zu helfen. Ich spürte, dass etwas passiert war. Das war nicht Marks Art. Wir suchten überall. Nach fast einer weiteren Stunde fand Walter ihn unter der Brücke bei den Schlachthöfen. Sie haben ihn blutüberströmt liegen lassen. Wie ein Tier.« Bei diesen Erinnerungen konnte Betty nicht weitersprechen.

»Wieso sagen Sie: Sie haben ihn liegen gelassen? Woher wissen Sie, dass er nicht gestürzt ist?«, wollte Horan wissen.

»Der Wirt sah Mark vor der Tür mit zwei Männern reden. Ich bin sicher, dass diese zwei Mark so zugerichtet haben. Seine Verletzungen stammen nicht von einem Sturz. Das Gesicht ist zerschlagen. Man kann nicht einmal mehr seine Augen erkennen. Seine Beine sind mehrmals gebrochen, ebenso seine Finger. Außerdem fand Walter eine Eisenstange neben Mark auf dem Boden liegen. Damit haben sie auf ihn eingeschlagen. Die nächsten Stunden werden erst noch zeigen, ob er überleben wird.« Ihre Stimme war ein Flüstern und unterstrich die Tragik des Geschehenen. Betty hatte Horan die ganze Zeit nicht angeschaut, doch jetzt blickte sie in sein Gesicht. »Er wurde wegen Ihnen zusammengeschlagen, das weiß ich, denn er hat keine Feinde. Mark war beliebt. Seine Arbeit verrichtete er sorgfältig. Steel hatte nie Grund, sich über ihn zu beklagen. Wer sind Sie, dass man ihn so bestraft. Dass er fast sein Leben verliert. Er glaubte, dass Sie etwas mit dieser Organisation zu tun haben. Stimmt das? Sind Sie die ›Weiße Feder‹?«

»Ach Betty, es ist furchtbar, aber solange Mark uns nicht sagen kann, was passiert ist, ist alles andere nur Spekulation. Sie vermuten Dinge, die aus der Luft gegriffen sind.«

»Ihr Schweigen hat Mark nur geschadet. Man hat versucht, ihm das Leben aus seinem Körper zu prügeln. Wir wissen nicht, ob er jemals wieder reden kann. War es das wert? Musste Mark für Sie bezahlen? Ich will jetzt wissen, wer Sie sind, damit ich verstehen kann, warum mein Mann so leiden muss.« Sie schrie es fast heraus. Horan hätte ihr am liebsten den Mund zugehalten.

»Sie dürfen jetzt zu Ihrem Mann, Mrs. Petersen«, sagte eine bekannte Stimme.

Horans Kreuz wurde kerzengerade. Er drehte sich langsam um. Fragend schaute er seinen Freund an. Dessen Blick bedeutete ihm, dass Horan ruhig bleiben solle. Betty stand auf und ging in das Zimmer ihres Mannes.

»Du hast mich gerettet, mein Freund«, flüsterte Horan dem Arzt zu.

»Nicht nur dich«, war dessen knappe Antwort.

»Was machst du hier in dem Krankenhaus. Warum gehst du solch ein Risiko ein?«, fragte der Anwalt ihn leise.

»Ich werde versuchen, Ihnen den Zustand von Mr. Petersen zu erklären, ohne dabei viele medizinische Ausdrücke zu verwenden. Aber lassen Sie uns ein paar Schritte gehen. Ich bin ganz steif, und die frische Luft wird mir gut tun«, sagte der Arzt laut, damit jeder Lauscher in unmittelbarer Nähe das auch hörte. Dann erklärte er Horan: »Ein befreundeter Arzt bat mich, seinen Nachtdienst zu übernehmen. Er hat eine Liaison mit einer verheirateten Frau, deren Mann nicht zu Hause ist. Du brauchst dir keine Sorgen zu machen, ich vertrete ihn öfters hier. Natürlich habe ich die Liebschaft mehr oder weniger eingefädelt, damit ich Kontakt zum Krankenhaus habe. Ein Arzt muss öfters die Stellung eines Beichtvaters übernehmen und bekommt so allerlei zugetragen.«

»Sehr schlau, aber wieso hast du mir das verschwiegen?«, meinte Horan beleidigt.

»Manchmal ist es besser, nicht alles zu wissen.«

»Bist du auch der Meinung, dass Steels Männer dafür verantwortlich sind?«, wollte der Anwalt wissen.

»Es ist eindeutig die Handschrift von Steels Handlangern. Mir ist nur schleierhaft, warum sie ihn nicht töteten. Ob sie vielleicht annahmen, dass er bereits tot sei, und ihn deshalb dort liegen ließen, oder ob sie damit etwas Bestimmtes bezweckten? Vielleicht wurden sie gestört und konnten ihren Auftrag nicht zu Ende ausführen. Petersen hat kaum eine Chance, die Nacht zu überleben. Sie haben ihm die halbe Schädeldecke zertrümmert. Was hat er getan, dass man ihm das antut? Es könnte sein, dass …«

»… sie ihn als Köder benutzen, um die ›Weiße Feder‹ zu fangen«, führte Horan seine Gedankengänge fort. »Du siehst, meine Vermutung stimmt. Du musst untertauchen«, versuchte Horan ihn wie viele Male zuvor zu überzeugen.

»Ist Petersen der Freund, den du im Pub getroffen hast?«

»Ja, so ist es. Ich habe ihm jedoch die Geschichte von Luise erzählt und nicht deine, deshalb weiß ich nicht, wieso Betty annimmt, ich könnte das Oberhaupt der Organisation sein.«

»Du wirst es nur erfahren, wenn du sie fragst. Es kann allerdings sein, dass du schlafende Hunde weckst. Erkläre ihr, dass einzig und allein Luise der Grund deiner Nachfragen war. Hoffentlich gibt sie sich damit zufrieden.«

»Was ist mit dir? Willst du immer noch alles riskieren oder verschwindest du endlich aus London?«

»Herrgott, Jack, du nervst. Ich weiß, dass die Luft brennt. Wenn ich gehe, dann nur nach Australien. Dort habe ich wenigstens die Hoffnung, meine Jungen wiederzusehen. Vielleicht zeigt sich mir sogar ein Weg, ihnen zu helfen. Ich kenne bis jetzt allerdings keinen legalen Grund, auf den Kontinent zu gelangen. Man braucht zwar auch dort Ärzte, aber wie erkläre ich, dass ein erfolgreicher Arzt freiwillig in die Verbannung geht? Ich muss mir noch eine glaubhafte Geschichte ausdenken, aber zuerst sehe ich nach Petersen. Kommst du mit?«

Horan zögerte. Er hatte Angst vor dem Anblick, der ihn in Marks Zimmer erwarten würde. Sein Freund nickte ihm aufmunternd zu.

Das Zimmer war nur ein paar Schritte von ihnen entfernt. Schon draußen hörte man Betty weinen. Der Doktor ging vor und öffnete leise die Tür. Horan blieb einen Augenblick im Türrahmen stehen, dann holte er tief Luft und ging hinein. Petersen lag als Einziger in einem großen Zimmer, in dem noch sechzehn weitere Betten standen. Jedes Krankenlager konnte vom nächsten mit einem weißen Leinentuch abgetrennt werden.

Als Horan Marks Körper daliegen sah, war er schockiert. Bettys Erläuterungen über die Art der Verletzungen hatten ihn vorgewarnt, aber was er nun sah, erschütterte ihn. Ungläubig schüttelte er den Kopf. Mark stöhnte leise. Er war zwar bewusstlos, jedoch mussten die Schmerzen sogar in der Ohnmacht furchtbar sein. Arme und Beine waren geschient und verbunden. Sein Kopf war mit weißem Mull umwickelt. Nur die Augenlider, Nasenlöcher und der Mund traten dick geschwollen aus den Verbänden hervor.

Horan ging zu Betty und legte ihr zum Trost die Hand auf die Schulter. Ihre Wut hatte sich gelegt. Eine Nonne, die geräuschlos wie ein Schatten den Raum betreten hatte, schob Horan einen Stuhl zu, damit er sich neben Petersens Frau setzen konnte.

Der Anwalt nahm Bettys Hand und zwang sie so, ihm in die Augen zu blicken. »Betty, bitte glauben Sie mir. Es tut mir in der Seele weh, was mit Ihrem Mann passiert ist. Jedoch bin ich der Meinung, dass er das Opfer eines Raubüberfalls geworden ist. Der Überfall hat nichts mit mir zu tun. Ich schwöre bei allem, was mir heilig ist, dass ich nicht das Oberhaupt der Organisation bin. Mark sollte mir lediglich Informationen besorgen, weil ich der Frau aus Deutschland helfen wollte.« Es war ihm wichtig, dass er ihr das am Krankenlager ihres Mannes sagte.

Betty sagte kein Wort, sondern blickte lange in seine Augen. Sie wollte die Wahrheit seiner Worte kontrollieren. Was sie sah, schien sie zufrieden zu stellen, denn sie nickte zustimmend.

Mark stöhnte erneut, und sein Wehklagen wurde jedes Mal lauter. Der Kopfverband färbte sich rötlich. Bittend sah Horan seinen Freund, den Doktor, an. Der verstand den Blick. Er nahm ein Glasgefäß und füllte etwas weißes Pulver hinein. Dann bat er die Nonne um heißes Wasser. Als diese die Medizin sah, erschrak sie und schüttelte unmerklich den Kopf. Beide flüsterten, aber Horan konnte den Wortfetzen »genug gelitten« heraushören. Er hatte keine Ahnung, um welche Medizin es sich handelte, und im Grunde war es ihm egal. Horan war nur froh, einen Verbündeten zur Seite zu haben. Sein Freund wusste, was zu tun war, damit Mark nicht unnötig litt. Die Nonne redete immer noch auf den Arzt ein. Horan hörte sie Bibelzitate aufsagen, um den Arzt zu überzeugen, dass alles Gottes Wille sei.

Plötzlich fing Petersen an zu schreien. Die Laute schienen unmenschlich – aus einer anderen Welt. Horan hätte sich am liebsten die Ohren zugehalten. Jeder im Raum zuckte zusammen und glaubte, die Schmerzen am eigenen Körper spüren zu können. Die Schwester stürmte hinaus, um den ärztlichen Auftrag auszuführen. Betty flehte den Arzt an, ihrem Mann zu helfen, der nun ohne Unterbrechung schrie. Sie zitterte und weinte.

»Jack, bring' sie hier hinaus«, befahl der Arzt in gereiztem Ton.

Horan nahm die Frau am Arm und wollte sie aus dem Zimmer führen, doch Betty klammerte sich am Metallgestell des Krankenbettes fest.

»Betty, kommen Sie! Wir können Ihrem Mann nicht helfen. Der Doktor weiß, was er zu tun hat. Bitte, kommen Sie mit!« Horan schaffte es, ihre Finger vom Bettgestell zu lösen.

Horan und Betty verließen das Zimmer gerade rechtzeitig, denn die inzwischen zurückgekehrte Schwester hatte begonnen, den Verband von Marks Gesicht zu entfernen. Er hatte zwar aufgehört zu schreien, jedoch war sein Stöhnen fast genauso laut. Horan war froh, dass er den Anblick des zerschlagenen Gesichtes nicht auch noch ertragen musste. Im Hinausgehen sah er, wie sein Freund das weiße Pulver in dem Gefäß mit Wasser auflöste.

Draußen in der klaren Luft des neuen Tages, mittlerweile war es weit nach Mitternacht, atmete er kräftig durch.

»Er wird sterben, nicht wahr?«, stellte Betty mehr fest, als dass sie fragte. Horan wusste darauf nichts zu sagen, aber auch nichts zu erwidern. »Vielleicht ist es besser so«, meinte sie, »er wird nie wieder der Mann sein, mit dem ich zwölf Jahre glücklich war. Nie wieder der Vater für unsere Söhne, den sie lieben und achten«, sagte sie ohne Vorwurf in der Stimme.

»Es wird für Mark getan, was getan werden kann«, fügte Horan leise hinzu.

»Welches Pulver war das?«

»Ich weiß es nicht Betty. Opium – vielleicht.«

Beide setzten sich auf die Steinbank, auf der Betty bei seiner Ankunft verweilt hatte. Kein Geräusch störte die Stille um sie herum. Sie saßen einfach nur da und warteten. Es schienen Stunden vergangen zu sein, als sich die Krankenzimmertür öffnete und ein übermüdeter und von Erschöpfung gezeichneter Arzt zu ihnen trat. Eine ebenso bleiche Krankenschwester huschte an ihnen vorbei; in der Hand eine Schüssel mit den blutgetränkten Verbänden.

Betty erschauerte bei dem Anblick. Sie stand auf und ging schweigend zurück in das Zimmer, um von ihrem Mann Abschied zu nehmen. Horan wollte ihr folgen, doch er wurde am Arm zurückgehalten. Er sah seinen Freund fragend an, obwohl er die Antwort bereits kannte.

»Er hat es überstanden!«

Horan saß lustlos in seiner Kanzlei. Er hatte einige Akten aufzuarbeiten, die durch die Ereignisse liegen geblieben waren. Mark Petersen war beerdigt worden, und sogar Steel hatte an der Beisetzung teilgenommen. Ohne sichtbare Gefühlsregung hatte er der Witwe sein Beileid ausgesprochen und scheinheilig versprochen, alles zu tun, um die Mörder zu fassen. Die Organisation ›Weiße Feder‹ vermied es, in Erscheinung zu treten. Man ließ sämtliche Aktivitäten im Moment ruhen, um Steel nicht die Möglichkeit eines neuen Triumphes zu geben. Horan grübelte ständig über Ian Hook nach, der sich wahrscheinlich als Onkel ausgab und dadurch seinem angeblichen Neffen Informationen entlockte. An Petersens Grab hatte Horan kurz mit seinem Freund über die Angelegenheit gesprochen. Niemand der Anwesenden konnte misstrauisch werden, da es nichts Außergewöhnliches war, wenn der ehemals behandelnde Arzt und ein Freund der Familie sich miteinander unterhielten. Zumal es das erste Mal war, dass die beiden Personen in der Öffentlichkeit zusammen gesehen wurden. Es war an der Zeit, sich genauer mit dem Maulwurf zu beschäftigen, ehe die Angelegenheit außer Kontrolle geriet. Bevor die nächste Aktion stattfinden konnte, musste Horan das ausführliche Gespräch mit seinem Freund nachholen. Heute war ihm allerdings nicht danach zumute. Ihm schwirrten Luises Schwierigkeiten und die seines Freundes durch den Kopf. Horan hatte das Mädchen seit Dannys Beerdigung nicht mehr gesehen. Ihr Hals musste wieder geheilt und der Regenbogen verschwunden sein.

Er hatte keine Lust, weiter auf den Aktenberg zu starren. Von selbst wurde dieser nicht kleiner, und sein Tatendrang, daran etwas zu ändern, hielt sich in Grenzen. Horan nahm Mantel, Hut und Gehstock, verabschiedete sich von seinem Sekretär und wollte gerade die Kanzlei verlassen, als Luise vor ihm stand.

»Ich habe im Moment an dich gedacht und war auf dem Weg zu dir. Wo ist Colette?«, wollte Horan wissen.

»Sie hatte keine Lust mitzukommen.«

»Möchtest du spazieren gehen? Es ist herrliches Wetter, außerdem werde ich hier nur an meine Arbeit erinnert.«

»Gerne«, stimmte Luise zu und hakte sich bei Horan unter.

Jeder in dem Viertel schien den gleichen Wunsch nach Wärme, Sonne und frischer Luft zu verspüren. Wie in einem Ameisenhaufen pulsierte es auf der Straße vor Menschen. Die Blumenhändler boten frische Pflanzen an, Kinder spielten, Erwachsene flanierten. Alle schienen bester Stimmung. Luise und Horan gingen eine Weile schweigend nebeneinander her.

»Wie geht es deinem Hals?«, unterbrach er schließlich die Stille.

»Alles wieder in Ordnung«, antwortete Luise.

»Das freut mich.«

Damit war die Konversation zwischen ihnen erschöpft, obwohl genügend ungeklärte Fragen in der Luft lagen.

»Hast du für dich eine Entscheidung getroffen?«, brachte Jack schließlich hervor, denn es musste endlich ausgesprochen werden.

»Das ist der Grund meines Besuches.«

Gespannt sah Horan Luise an, dann sagte er leise: »Du willst Auf Wiedersehen sagen und nach Hause zurückkehren?«

»Lebewohl werde ich sagen müssen, ich werde auch nach Hause fahren, aber nur, um einiges zu regeln, und ...«, sie holte tief Luft, bevor sie weiterredete, »... dann nach Australien reisen.«

Horan sagte kein Wort. Er blieb stehen, stützte sich schwer auf den Stock und sah nach unten. Menschen schimpften, weil er mitten auf dem Gehweg verweilte und die Leute ihn beinahe umrennen mussten.

»Ehrlich gesagt, mit solch einer Reaktion habe ich nicht gerechnet. Ich dachte, du würdest schimpfen oder sonst was tun, aber dass du gar nichts sagst oder tust ...«, stellte Luise erstaunt fest.

»Meine Liebe, ich stehe mitten auf dem Gehsteig der Orwell Street. Hunderte von Menschen gehen ebenfalls an diesem wunderschönen Tag spazieren. Glaubst du wirklich, ich würde mich wie ein Idiot verhalten und mich dadurch dem Spott der Leute aussetzen? Außerdem, was würde es nutzen? Was du in deinem hübschen Kopf drin hast, kann man dir noch nicht einmal herausprügeln. Stimmt's?«

Luise strahlte, da sie wusste, dass er ihr nun helfen würde.

»Dein Vorhaben ist sehr waghalsig.«

»Ich weiß, Jack. Aber sage mir, was habe ich zu verlieren? Ich gebe die Hoffnung nicht auf, Johann doch noch zu finden. Das einzige Problem ist, wie ich nach Australien komme.«

»Da kenne ich noch jemanden, der das gleiche Problem hat.«
Verständnislos sah Luise ihn an. »Wie meinst du das?«

»Ich habe nur laut gedacht«, lenkte Horan ab. »Luise, ich bin ehrlich zu dir. Natürlich gibt es legale Möglichkeiten, nach Australien zu kommen. Aber trotzdem ist es nicht ungefährlich für eine allein stehende Frau, in ein unbekanntes Land zu reisen. Du hast die Gefahr am eigenen Körper erlebt. Es geschah in derselben Stadt, in der deine Freunde leben, und niemand konnte dich vor dieser Erfahrung schützen. Du weißt, dass du nur um Haaresbreite mit dem Leben davongekommen bist. Wäre Colette nicht so tapfer gewesen, dann würdest du jetzt nicht mehr leben.«

»Jack, ich weiß das auch. Aber verstehe mich bitte. Es gibt für mich keine Alternative. Ich vertraue auf Gott und dass er mir einen Schutzengel zur Seite stellt.«

»Ich hoffe, dass dieser Schutzengel Colette heißt. Hast du mit ihr schon darüber gesprochen?«

»Nicht endgültig. Ich hoffe natürlich, dass sie mitkommt, obwohl sie Angst hat. Zwingen oder überreden werde ich sie nicht, denn ich habe sie schon einmal in Gefahr gebracht. Ich werde mich freuen, wenn sie mitkommen möchte, aber wenn nicht, dann werde ich das akzeptieren. Ich habe nun mal keinen Ehemann, der mich beschützen könnte, und dich kann ich sicherlich nicht überreden, mich zu begleiten.«

Bestürzt sah Horan Luise an. Sie musste lachen, denn sein Gesichtsausdruck sprach Bände. »Du weißt, das hat nichts mit dir persönlich zu tun. Mein Platz ist in London. Hier ist meine Familie begraben. Ich möchte irgendwann neben Sarah und Emily liegen und nicht in der Ferne verscharrt werden. Aber …« Horan führte den Gedanken nicht laut weiter, man merkte jedoch, dass ihn etwas beschäftigte.

»Was ist, Jack?«

»Mir spukt schon seit Tagen ein Gedanke durch den Kopf. Jetzt hast du mich nochmals bestärkt, darüber nachzudenken. Vielleicht ist es doch keine schlechte Idee.«

Sie gingen weiter und gelangten schließlich zur Pension.

»Was werdet ihr heute wieder anstellen?«, wollte Horan wissen.

»Das verbiete ich mir, Mister Jack Horan. Das hört sich an, als ob ich ein Tunichtgut bin. Du weißt, dass ich nett und wohlerzogen bin. Jedenfalls meistens«, sagte Luise mit Schalk in der Stimme. »Aber du bist mein Freund, deshalb werde ich dir verraten, dass ich heute nutzen will, um meinem Patenonkel Fritz von Sydow und seiner Frau Margret zu schreiben. Außerdem warten Tante Elfriede und mein Cousin Detlef bestimmt auch auf Nachricht. Und danach werden wir zu Bill und Mary gehen. Dank deiner Großzügigkeit ...« Luise verbeugte sich voller gespielter Ehrfurcht vor ihm. Horan wusste das und machte passend einen Diener dazu. »... haben sie nun ein neues Quartier und neue Aufgaben. Heute machen wir das neue Heim sauber, und morgen findet der Umzug statt. Ich habe ihnen meine Hilfe angeboten, damit alles rascher geht. Natürlich mit dem Hintergedanken, einen netten Nachmittag zu verbringen und die beiden von ihrer Trauer abzulenken. Ist das genehm, Mr. Horan?«

»Das hört sich ungefährlich an und bekommt meine Zustimmung.«

Beide lachten und umarmten sich zur Verabschiedung.

»Luise, ich werde dich vermissen.«

»Ich weiß!«, antwortete sie mit einem gefährlichen Blinzeln und ging sofort ins Haus.

Horan schaute ihr hinterher, bis sich die Tür der Pension wieder geschlossen hatte. Ja, er würde sie beide vermissen. Es war eine Vertrautheit zwischen ihnen gewachsen, die ihm gut tat. Nach Sarahs Tod hatte er sich von der Außenwelt isoliert. Er war nicht mehr ausgegangen und hatte, außer zu seinem Freund, dem Arzt, keine gesellschaftlichen Kontakte gepflegt. Luise und Colette gaben ihm Wärme und neuen Lebensmut. Mit ihnen war er wieder fähig zu lachen. Sie konnten gemeinsam schweigen, ohne dass die Stille sie erdrückte. Er hatte sie in sein Herz geschlossen und freute sich, wenn er sie sah. Jedoch besaß Luise auch die Fähigkeit, ihn zu reizen, was aber sehr interessant war, denn dem folgten unterhaltsame Diskussionen. Horan fühlte, dass ihre Abreise eine große Lücke in seinem Leben hinterlassen würde. Wieder einmal wurde er von zwei Menschen verlassen. Nur – diese zwei konnte er wiedersehen. Vielleicht könnte er sie für ein paar Monate in Australien besuchen? Wenn er alles richtig organisieren würde, dann müsste es gehen, dass er sie in der fernen Welt wiedertreffen könnte. Der Gedanke beflügelte seine Schritte. Voller Tatendrang schwang er seinen Spazierstock und ging nach Hause.

Horan hatte gerade die Tür seines Hauses geöffnet, als Donald auch schon vor ihm stand.

»Sir, Sie haben Besuch. Ich habe mir erlaubt, einen Lunch für ihn zubereiten zu lassen. Er wartet im Speisezimmer auf Sie.«

Horan ahnte, wer das war. Es gab nur eine einzige Person, die von seinem Butler wie ein Familienmitglied behandelt wurde. Er übergab Cape, Hut und Stock seinem Diener und ging ins Esszimmer.

»Ein schöner Freund bist du! Kaum bin ich aus dem Haus, spielst du den Hausherrn und fällst über meinen Lunch her.«

Sein Freund sah ihn kauend an. Er grinste und biss dabei herzhaft in die Kaninchenkeule.

»Welche Unverschämtheit! Das war mein Abendessen von gestern. Ich habe mich auf die Keule gefreut, und jetzt ist fast nichts mehr davon da«, spielte Horan den Beleidigten. »Gib mir wenigstens etwas ab, sonst fordere ich dich heraus.«

Lächelnd schob ihm sein Freund den Fleischteller mit dem kläglichen Rest zu und putzte sich dann genüsslich den vor Fett glänzenden Mund ab.

»Ach, das hat richtig gut getan«, sagte der Arzt und spülte den Fleischgeschmack mit einem Schluck Rotwein hinunter.

Horan schüttelte verständnislos den Kopf. »So früh am Tag, und du trinkst Wein.«

»Mein lieber Jack, du glaubst doch wohl nicht, dass ich mir ein so köstliches Mahl mit Wasser verderbe. Außerdem bin ich seit sechsundzwanzig Stunden auf den Beinen. Ich habe letzte Nacht Zwillingen geholfen, das Licht der Welt zu erblicken. Außerdem musste ich einem Tischler, der einen offenen Armbruch hatte, den Knochen richten. Für mich ist es jetzt Abend, und ich werde in der nächsten Stunde ins Bett fallen und mindestens acht Stunden schlafen. Deshalb trinke ich um diese Tageszeit einen hervorragenden Rotwein, denn du gestern Abend übrig gelassen hast. Anhand des Bouquets, das an den Zungenrändern einen leichten Geschmack von Erde erahnen lässt, merke ich, dass der Wein seit mindestens zehn Stunden atmen konnte.«

Während des Vortrages hatte er das Glas hochgehoben und gegen das Licht gehalten, das durch das Fenster drang. Der Rotwein hinterließ an der Glaswand ein zäh fließendes Rinnsal. Seufzend trank er den letzten Schluck auf einmal. Er sog die Flüssigkeit genüsslich zwischen den Zähnen in sich hinein und ließ jeden Tropfen an seinen Geschmacksnerven vorbeilaufen. Dann hob er das leere Glas noch einmal in die Höhe. »Ach, das war wahrhaftig ein edler Tropfen, mein Freund.« Erst jetzt stellte er das Weinglas zurück auf den Tisch.

Horan war bei der Vorstellung des offenen Armbruchs der Appetit vergangen. Die einzige Möglichkeit, die Übelkeit zu bekämpfen, wäre ein Schluck Rotwein gewesen. Doch die Flasche war leer. Sein Freund lachte über Horans weiße Nasenspitze.

»Ich wusste nicht, dass du so empfindlich bist, alter Junge.«

Entschuldigend zuckte Horan die Schultern. »Was führt dich, außer, dass du dich bei mir durchfutterst, sonst noch in mein Haus?«

Der Arzt wurde ernst: »Der Hauptgrund meines Erscheinens ist das Problem mit unserer undichten Stelle in der Organisation. Momentan besteht keine Gefahr, da im Augenblick alle Pläne auf Eis gelegt sind. Jedoch, das Problem ist da und muss schnellstens gelöst werden.« Der Arzt war vom ovalen Esstisch aufgestanden und zum kleinen Servierwagen gegangen, auf dem diverse Liköre und auch eine Flasche französischer Cognac standen. Er goss sich einen ein, sah fragend den Anwalt an, der abwehrend die Hände hob, verschloss die Kristallflasche wieder mit dem passenden Glasstopfen und nahm einen kleinen Schluck. Der Cognac schien seine Lebensgeister wieder zu beleben. Danach setzte er sich in den Ohrensessel vor dem Kamin, der um diese Zeit kalt war. Ihm war es einerlei. Er streckte beide Beine von sich und genoss Schlückchen für Schlückchen.

»Soll ich dir auch mein Bett zur Verfügung stellen?«, fragte Horan.

»Du bist doch ein wahrer Freund.«

Erschrocken weiteten sich Horans Pupillen, und die Augen seines Freundes blitzten vergnügt auf. »Nur keine Angst. Ich möchte mit dir über diesen Fremden reden. Je eher wir wissen, woran wir mit ihm sind, desto besser ist es.«

»Das sehe ich genauso. Außerdem habe ich noch etwas anderes, was ich mit dir bereden will. Aber erst später«, fügte Horan hinzu.

»Du machst mich neugierig. Aber du machst die Spielregeln. Weißt du schon, wie wir diesen Mistkerl Ian Hook unschädlich machen können?«

»Am einfachsten wäre es, Hook zu ertränken.«

»Ja, das wäre einfach, aber wir sind keine Mörder. Ich denke, wir müssen dem falschen Onkel getürkte Informationen zukommen lassen, die er an Steel weiterleitet. Irgendwann wird der Informant für Steel unbrauchbar, und dieser wird ihn davonjagen. Allerdings kann es nur gelingen, wenn sein angeblicher Neffe ihm die Falschmeldungen auch zukommen lässt. Hast du schon einen leisen Schimmer, wer von unseren Jungen an den falschen Onkel glaubt?«

»Nein, aber lass uns die Kinder einzeln durchgehen. Ich habe eine Liste von denjenigen zusammengestellt, die vom Alter her dafür in Frage kämen. Mädchen können wir ausschließen. Entweder sind sie noch zu klein oder aber schon zu alt. Das macht die Anzahl der Kinder geringer.«

Die Männer setzten sich wieder an den Esstisch, auf dem immer noch die Reste vom Lunch standen. Sie schoben das Porzellan an die äußerste Ecke des Tisches. Horan holte den Zettel aus dem angrenzenden Arbeitszimmer, außerdem einen Stapel leerer Blätter für weitere Notizen. Er las die Namen laut vor. Bei jedem Kind sah er seinen Freund fragend an.

»Ronan McKenzie, acht Jahre alt?«

Bevor er den Namen zu Ende ausgesprochen hatte, schüttelte sein Kumpel den Kopf.

»Nein, Ronan ist ein großer, kräftiger Kerl. Mit seinen acht Jahren ist er reifer als manches Kind mit zehn. Er würde solch eine Lüge vom wiedergefundenen Onkel nur belächeln. Nein, ihn kannst du streichen.«

»Kevin Russell, auch acht Jahre alt«, las Horan weiter.

Sein Freund hatte sich einen von Horans braunen Zigarillos genommen. Während er diesen anzündete, schüttelte er den Kopf.

»Nein, dasselbe wie bei Ronan.«

»Brian Hurley, sieben Jahre?«

Er überlegte einen Moment. »Was meinst du, Jack? Du kennst ihn besser.«

»Könnte möglich sein«, überlegte der, »aber nein, das glaube ich doch nicht. Er lebt bei den Clarks zu weit außerhalb. Nein, er hat am wenigsten Berührung mit der Organisation. Ihn können wir durchstreichen. Mike Flint, sieben Jahre alt?«

»Mike, der kleine Mike Flint – schmächtig, sehr anhänglich. Das könnte jemand sein, der auf solch ein Gespräch reagiert. Ja, kreise ihn ein. Er kommt in die nähere Auswahl.«

So gingen sie Namen für Namen durch. Es wurden mehr Namen gestrichen als eingekreist. Als sie fertig waren, waren fünf eingekreist. Von diesen waren drei mehr als fraglich, und nur zwei blieben übrig, bei denen die Wahrscheinlichkeit groß war, auf Ian Hook und sein Märchen vom netten Onkel, der seinen verschollenen Neffen heimholt, hereinzufallen. Sie hießen Mike Flint und Terence Hughes.

»Wer ist der unechte Neffe? Nur einer kann es sein.« Horan holte tief Luft. »Am einfachsten wird es sein, wenn wir die beiden Jungen befragen. Jeden einzeln. Dann müsste das Rätsel schnell gelöst sein.«

»So einfach geht das nicht. Wenn sie von unserem Gespräch jemandem erzählen, erfährt es mit Sicherheit auch Ian Hook. Der wäre gewarnt, und wir können ihm keine Falschmeldungen zukommen lassen. Wir werden Mike eine fingierte Nachricht geben und abwarten, was passiert. Ist er der Neffe, dann wird er die Meldung weiterleiten. Falls nicht, muss es Terence sein. Ganz einfach!«

»An welche Mitteilung hast du gedacht?«

»Ich bin müde, und das muss sorgfältig durchdacht sein. Deshalb schlage ich vor, dass ich eine weitere Stunde bleibe, und wir überlegen unser Vorgehen. Morgen komme ich zum Lunch und dann erzählst du mir von der zweiten Sache. Abgemacht?«

Horan stimmte zu. Genau eine Stunde später war ihr Plan perfekt. Horan sollte Mike das neue Fohlen zeigen und ihm die Pflege für Mutterstute und Nachwuchs ans Herz legen. Mike würde bestimmt nicht nein sagen, da in seinem Alter viele Kinder Pferde mochten. Außerdem war es für jedes Kind etwas Besonderes, im Viertel der Reichen sein zu dürfen.

Terence sollte ebenfalls ein Pflegepferd bekommen, da eine weitere Stute in den nächsten Tagen fohlen würde. Das Pferd stand allerdings in einem anderen Stall. Dadurch wurde verhindert, dass sich die Jungen trafen und miteinander redeten. Außerdem würde die Versorgung der Pferde den ganzen Tag in Anspruch nehmen, sodass wenig Zeit für Privates blieb. Da die Burschen nur für die einfachen Arbeiten wie Füttern, Striegeln und Hufpflege verantwortlich sein würden, spielte die Unerfahrenheit im Umgang mit den Tieren keine Rolle. Was sie wissen mussten, wollte Horan ihnen selbst zeigen, um dadurch das Vertrauen der Kinder zu gewinnen.

In jedem Stall gab es eine kleine Kammer, wo Mike und Terence wohnen konnten. So waren die Kinder in einem kontrollierbaren Umfeld. Das Zukommenlassen der Falschinformationen war ausschließlich Horans Aufgabe, da sein Freund nicht in Erscheinung treten durfte.

»Das wäre beschlossen. Wann gehst du zu Mike, um ihm die Pflegschaft zu übertragen?«

»Direkt morgen vor unserem Lunch«, antwortete Horan.

»Dann bis morgen, mein Freund.« Der Arzt tippte mit dem Zeigefinger grüßend an die Schläfe, nahm seine schwarze Tasche und verließ das Haus. Durchs Fenster sah Horan ihm nach, bis Ross und Reiter aus seinem Sichtfeld davongetrabt waren. Horan war gespannt, was sein Freund von der zweiten Idee halten würde. »Sicher gibt es ein riesiges Donnerwetter«, murmelte er vor sich hin, während er die Notizen mit den Namen der Kinder im Aschenbecher verbrannte.

Wie vereinbart, ritt Horan am nächsten Morgen zu den Flints, um mit ihnen über Mike zu sprechen. Jeanne und Bruce Flint waren einfache Leute, die keine eigenen Kinder bekommen konnten und deshalb drei Waisenkinder angenommen hatten. Eine kleine Hütte war ihr Zuhause. Um zu überleben, bauten sie im Garten Gemüse an und besaßen einige Hühner. Zwar hatten sie nicht viel und lebten von der Hand in den Mund, aber trotzdem waren sie zufrieden und glücklich. Seit fast vier Jahren lebten die Kinder Jamie, Tracy und Mike bei dem Ehepaar Flint. Sie waren gute Eltern, und die Kinder wuchsen in einem liebevollen und harmonischen Umfeld auf. Dank Horans Beziehungen belieferten die Eheleute mehrere Familien mit dem selbst angebauten Gemüse aus ihrem Garten.

Mike war ein ruhiger, unauffälliger Junge, der sich über Gott und die Welt Gedanken machte. Er liebte seine Pflegeeltern und seine Geschwister – sie waren seine Familie. Dennoch fragte er seinen Ziehvater immer wieder, wer wohl seine richtigen Eltern seien. Warum seine Eltern ihn nicht genug liebten und ihn ins Waisenhaus gebracht hatten, wo er all das Schreckliche erleben musste und vieles sah, was für Kinderaugen nicht bestimmt war. Vage konnte Mike sich an seine Mutter erinnern, die ihn ins Heim gebracht hatte. Damals hatte Mike jeden Tag vor der Tür gesessen und gewartet, dass sie ihn wieder abholen würde. Aber sie war nicht wiedergekommen.

Er wollte wissen, ob seine Eltern noch lebten und ob er vielleicht Geschwister hatte. Er war gerade sieben Jahre alt und beschäftigte sich mit Gedanken, die sich manch Erwachsener nicht machen würde.

Deshalb war es für Horan nahe liegend, dass sich jemand leicht das Vertrauen des Kindes erschleichen konnte, wenn er sich als dessen Onkel ausgab. Dann allerdings kamen dem Anwalt wieder Zweifel, denn was könnte ein kleiner Junge verraten, der keinen direkten Kontakt zur Organisation hatte? Vielleicht waren Horans Gedanken fehlgeleitet, und er musste in eine andere Richtung nachforschen. Er wollte den Flints allerdings nichts von seinen Vermutungen erzählen, denn Mike sollte auf jeden Fall die Pflege der Pferde übernehmen.

Horan wurde mit einem großen Hallo begrüßt, und sogleich kam Tracy und wollte auf seinen Arm. Sie wusste, dass er nie ohne etwas Süßes zu ihnen kam, und so kramte sie sogleich in seiner Rocktasche nach einer Zuckerstange. Die Ermahnung ihrer Mutter überhörte sie und steckte sie sogleich in den Mund. Sie grinste zu ihren Brüdern, da sie wieder die Erste gewesen war. Horan hatte für jeden etwas dabei, und so saßen bald drei glücklich verklebte Kindergesichter ihm gegenüber.

»Sie kommen zu früh, Mr. Horan, ich bin mit der Abrechnung für diese Woche noch nicht fertig«, entschuldigte sich Bruce.

»Nein, nein«, wehrte Horan die Entschuldigung ab. »Ich komme nicht deshalb. Ich möchte Ihnen einen Vorschlag machen. Eigentlich möchte ich Mike diesen Vorschlag machen.«

Verdutzt schaute dieser ihn an, denn er hatte seinen Namen zwar gehört, aber, da er mit seinem Bruder um den Rest der Zuckerstange kämpfte, das Vorgespräch nicht mitbekommen. Er war der Sieger und ließ das Stück schnell in seinem Mund verschwinden.

»Komm, setz dich zu uns Mike, ich möchte mit dir reden«, forderte Horan ihn auf.

»Habe ich etwas angestellt?«, fragte er ängstlich.

»Hast du das?«, scherzte Horan. Erschrocken überlegte Mike, schüttelte dann aber den Kopf.

»Na siehst du, dann brauchst du auch keine Angst zu haben.« Mike entspannte sich. Lächelnd strich Horan ihm über den Kopf.

»Meine Stute Princess hat ein Fohlen bekommen, und nun brauche ich jemanden, der sich um die beiden kümmert. Der kleine Hengst muss alles lernen, was er als gutes Reitpferd später braucht. Man muss ihm vorsichtig beibringen, sein Bein zu heben, damit man den Huf auskratzen kann. Jeden Tag muss er gestriegelt werden, aber nur ein paar Minuten, damit er sich an die Berührungen gewöhnt, und noch vieles mehr. Deshalb brauche ich einen ruhigen Jungen, der Tiere mag und liebevoll mit ihnen umgeht. Ich dachte an dich, Mike. Ich bringe dir reiten bei, damit du auf Princess ausreiten kannst und der kleine Hengst mitläuft. Er muss Wind, Wasser und alles andere in der Natur kennen lernen. Was sagst du dazu?«

Mike konnte im ersten Moment gar nichts sagen. Er war überwältigt. Er allein sollte für ein Pferd sorgen. Das war wirklich das Größte, was er sich vorstellen konnte.

Horan sah zu den Flints und meinte: »Bevor Sie zustimmen, muss ich allerdings noch etwas hinzufügen ...« Der Anwalt erklärte ihnen, wo Mike wohnen sollte und wie oft er heim durfte.

»... er wird für seine Leistung natürlich bezahlt. Die Arbeit wird etwa ein Jahr dauern, dann ist das Fohlen zu groß. Mike wird dann mit dem Hengst nicht mehr zurechtkommen, weil ihm die Kraft dazu fehlen wird. Aber vielleicht ergibt sich dann etwas anderes. Also, wie denken Sie darüber?«

Das Ehepaar Flint sah sich an. Ihre Blicke verrieten Stolz, jedoch hatten sie auch Zweifel.

»Ich lasse meinen Jungen ungern über Nacht aus dem Haus, aber ich weiß, dass er bei Ihnen in guten Händen ist und ihm nichts passieren wird«, meinte Jeanne.

»Er hilft mir schon viel bei dem Gemüseanbau, deshalb würde mir seine Unterstützung fehlen«, war Bruce' Meinung. Mike schaute enttäuscht. »Allerdings ist es nur von Nutzen, wenn er den Umgang mit Pferden lernt. Vielleicht wird das der Grundstein für seinen späteren Beruf. Außerdem ist Jamie jetzt in dem Alter, wo er seinem alten Vater unter die Arme greifen kann. Nicht wahr, Jamie?« Dieser leckte sich seine zuckerklebrigen Finger sauber und nickte nur kurz. »Wenn Mike Pferdepfleger werden will, dann soll er es tun.«

Bruce sah seinen Sohn stolz an. Der strahlte über das ganze Gesicht. Eine Antwort war nicht nötig gewesen – seine Augen verrieten seine Freude. So wurde die Sache per Handschlag besiegelt. Mike würde mit seiner Familie in zwei Tagen von Horans Kutscher abgeholt werden, damit sich auch die Eltern über seine neue Tätigkeit ein Bild machen konnten. Außerdem wollten Tracy und Jamie unbedingt das Fohlen sehen.

Jetzt musste Horan noch zu den Hughes reiten, um ihnen den gleichen Vorschlag zu machen. Dorothy und Peter Hughes wohnten eine halbe Reitstunde von den Flints entfernt. Das Ehepaar Hughes war schon älter und hatte ein Kind – Terence.

Mr. Hughes war Metzger, bis die Gicht unerträglich wurde und er seinen Beruf nicht mehr ausüben konnte. Die Organisation unterstützte seitdem die Familie. Von dem Augenblick fingen die Probleme mit Terence verstärkt an. Der Junge schämte sich seiner Zieheltern und deren Armut. Er wollte nicht wahrhaben, dass er im Waisenhaus als Säugling ausgesetzt worden war. Terence war felsenfest davon überzeugt, dass seine Eltern reiche Leute waren und man ihn deshalb entführt hatte. In seiner Fantasie hatten die Entführer ihn vor dem Waisenhaus ausgesetzt, weil sie mit einem Säugling nicht zurechtkamen. Er war vier Jahre alt, als er zu den Hughes kam. Damals war seine Welt noch in Ordnung. Je älter aber Terence wurde, desto mehr verachtete er seine Pflegeeltern. Er glaubte, dass seine leibliche Mutter wunderschön und vor allem jung sei.

Dorothy Hughes' beste Jahre lagen hingegen schon hinter ihr. Der harte Kampf des Lebens und die viele Arbeit hatten tiefe Falten in ihr Gesicht gegraben. Sie verdiente ein paar Pennys mit dem Binden von Kränzen dazu. Immer wieder zerschnitten die starren Äste und die Nadeln der Tannen ihre Finger. Oft entzündeten sich die Wunden. Dicke Hornhaut hatte die Handballen unverwundbar gemacht. Das Harz der Pflanzen ließ ihre Hände stets schmutzig aussehen.

All das ließ Terence' Respekt seinen Eltern gegenüber mit der Zeit schwinden. Außerdem glaubte der Knabe, dass ihn seine leiblichen Eltern eines Tages abholen kämen. Mehrmals war er weggelaufen, um selbst nach ihnen zu suchen. Das letzte Mal war er mehrere Tage verschwunden.

Horan hatte ein ernstes Wort mit ihm gesprochen und sogar gedroht, ihm eigenhändig den Hosenboden zu versohlen, sollte es sich wiederholen. Das Ehepaar Hughes durchlebte jedes Mal schlimme Stunden. Sie liebten Terence wie ihren eigenen Sohn und waren traurig und bestürzt, aber auch voller Selbstzweifel.

Der Junge war also das ideale Opfer für Ian Hook. Horan konnte sich gut vorstellen, dass Terence die Geschichte des falschen Onkels glauben würde. Es konnte nichts schaden, wenn Terence einige Zeit von den Hughes getrennt leben würde. Vielleicht fand die kleine Familie so wieder zueinander. Trotz allem Kummer, den der Junge Dorothy und Peter Hughes machte, wollten sie ihren Sohn um nichts in der Welt verlieren.

Als Horan bei ihnen ankam, wurde er ebenso freundlich begrüßt wie zuvor bei den Flints. Dankend nahm er die Tasse Tee an, die Dorothy ihm anbot. Er erklärte sein Anliegen und wartete auf die Reaktion der drei Familienmitglieder.

»Terence, du weißt, dass es eine Ehre für dich ist«, versuchte sein Vater ihm zu erklären.

»Ha«, meinte der Knabe abfällig, »was ist das für eine Ehre, als Stallbursche für jemanden zu arbeiten. Ich bin zu Besserem geboren, als den Stall auszumisten. Irgendwann, vielleicht schon bald, werdet ihr sehen, dass ich Recht habe.«

Diese Worte ließen Horan aufhorchen.

»Terence, wie kannst du so etwas sagen? Schließlich hat Mr. Jack Horan dir diesen Vorschlag gemacht. Er meint es gut mit dir. Mr. Horan könnte viele andere Jungen fragen.«

»Wenn er es wirklich so gut mit mir meint, warum hat er mich zu euch armen Leuten gegeben? Ich wäre lieber im Waisenhaus geblieben. Dann wäre ich schon längst wieder bei meinen richtigen Eltern. So aber wissen sie nicht, wo sie mich suchen müssen«, sagte er provozierend. Wie er so redete, wirkte er eher wie ein Halbwüchsiger und nicht wie ein achtjähriger Junge.

»Terence Hughes, wenn mich nicht die Gicht plagen würde, dann würde ich dich jetzt über das Knie legen«, flüsterte der alte Mann und wandte sich beschämt von seinem Kind ab.

Horan war das Verhalten peinlich. Nicht für sich, sondern für das Ehepaar. Er wusste, dass sie ihr Bestes gegeben und keine Schuld an dem Verhalten ihres Ziehsohnes hatten. »Terence, du weißt, dass die ›Weiße Feder‹ ein großes Risiko eingeht, um Kinder wie dich zu befreien.«

Mit sechs Jahren erfuhren die Kinder, wer sie von ihren Qualen erlöst hatte. Jede Befreiungsaktion passierte bei Nacht und war gefährlich. Die älteren Kinder begriffen, was geschah, und waren stolz, von der ›Weißen Feder‹ gerettet worden zu sein. Keiner hatte den Anführer der Organisation jemals gesehen, deshalb stellten ihn sich die Kinder als furchtlosen Piraten vor und wollten so werden wie er. Man erklärte den Kindern, dass die Aufseher aus dem Waisenhaus sie wieder mitnehmen würden, sollten sie den Geheimbund verraten. Jeder bekam als Zeichen der Mitgliedschaft ein Beutelchen geschenkt, in dem eine weiße Hühnerfeder enthalten war.

»Ich habe nicht um meine Befreiung gebeten«, maulte er.

»Das stimmt, Terence. Aber wünschst du dir wirklich, dass man dich im Waisenhaus gelassen hätte? Du weißt sicher noch, was dort geschehen ist?«, fragte Horan ihn ruhig.

In der Regel wurde es vermieden, das Erlebte bei den Kindern wieder ins Gedächtnis zurückzurufen. Horan sah jedoch keine andere Möglichkeit, Terence zur Vernunft zu bringen. Ängstlich sah Dorothy zu ihrem Sohn. Niemals würde sie die erste Zeit vergessen, die der Junge bei ihnen gewesen war. Jede Nacht hatte er im Schlaf geschrien, ihnen aber nicht viel aus seiner Zeit im Heim erzählt. Horan hatte ihnen jedoch erklärt, dass keine äußerlichen Wunden den Schmerz verdeutlichen. Die Wunden der Kinder waren innerlich.

»Keiner wird dich zwingen, etwas zu tun, was du selbst nicht möchtest«, erklärte nun Horan. »Ich werde einen anderen Jungen fragen, ob er gerne auf dem Hügel für ein wertvolles Pferd sorgen möchte.«

Der Anwalt wusste, dass jetzt Terence' Verstand arbeitete. Die Wörter ›Hügel‹ und ›wertvoll‹ ließen den Jungen aufhorchen. Das war die Umgebung, die er sich erträumte. Wertvoll hieß viel Geld, wodurch man ein besseres Leben kaufen konnte. Das war seine Chance, hier herauszukommen. Auch, wenn er tageweise zurückkommen musste, er würde reiche Leute kennen lernen, und vielleicht waren seine Eltern unter ihnen.

Als Horan dies sagte, war er bereits im Begriff, die Hütte zu verlassen. Der Junge hatte nicht viel Zeit zu überlegen, sondern musste sich schnell entscheiden. Bevor Horan die Tür öffnete, schrie Terence laut: »Ich mache es!« Seine Backen waren rot gefärbt, Schweiß stand auf seiner Stirn. Die Erinnerung an die Zeit im Waisenhaus hatte ihn aufgewühlt. Horan bekam Mitleid mit dem Kind, das er nun mal war. Was er im Kinderheim hatte durchmachen müssen, hatte ihm Jahre seines Lebens geraubt. Horan war überzeugt, dass, wenn die Zeit mit dem Fohlen vorbei sein würde, wieder ein anderes Kind hier leben würde.

»Ich erwarte das Fohlen in acht bis zehn Tagen. In fünf Tagen werde ich nach dir und deinen Eltern schicken, damit wir alles Nähere bei mir zu Hause besprechen können. Bis dahin sei ein braver Junge und benimm dich anständig, Terence.«

Im Hinausgehen zwinkerte Horan dem Ehepaar heimlich zu, das ebenso heimlich lächelte. Sie verstanden ihn ohne Worte und hofften dasselbe wie er für den Jungen.

Horan schwang sich auf sein edles Ross und ritt von dannen. Er spürte die Blicke des Knaben in seinem Rücken brennen, der am Fenster stand. »Einen Penny für deine Gedanken, Junge«, dachte Horan, als er seinem Pferd die Sporen gab.

Endlich zu Hause ließ Horan sich auf das Sofa im Salon fallen. Tausend Gedanken schwirrten durch seinen Kopf, die er nicht einordnen konnte. Er strich mit der Hand über seinen Oberschenkel, in dem er ein kleines Ziehen verspürte.

»Kommen die Schmerzen wieder?«, fragte eine Stimme von der Tür her.

»Guten Tag, mein Freund«, begrüßte Horan ihn erschöpft.

»Das hört sich aber nicht nach einem lebenslustigen Jack an. Ist irgendetwas vorgefallen, dass du schon am Mittag so freudlos bist?«

»Manchmal kommt der Moment, wo man keine Kraft mehr hat und die Gefühle mit einem durchgehen wollen. Stets muss man stark sein, soll für alle Probleme eine Lösung parat haben und seine wahren Empfindungen verstecken. Selbst in dem Moment, in dem man seine liebsten Freunde verlieren wird, muss man Stärke zeigen.«

»Jack, so kenne ich dich nicht. Was soll das heißen: verlieren? Ist es wegen Sarah und Emily?«

»Nein, du Trottel!« Horans Stimmung wurde eine Spur aggressiv. »Die beiden Menschen habe ich schon verloren. Falls du richtig zugehört hast, dann sagte ich ›verlieren werde‹ – das passiert erst noch in der Zukunft.«

Sein Freund schaute ihn zwar bestürzt, aber doch verwirrt an. Er verstand Horans Gefühlsanwandlungen nicht. Um das Gespräch etwas zu entschärfen, versuchte der Arzt, es auf ein anderes Thema zu lenken. »Du warst heute Morgen bei deinen neuen Pferdepflegern?«

Damit legte er den Finger genau in die Wunde. Horan sprang von der Couch auf und fuchtelte mit dem Zeigefinger vor dem Gesicht des Gegenübers. »Eines verspreche ich dir, wenn noch mal solche Botengänge zu machen sind, kannst du das erledigen. Ich musste mir Beschimpfungen eines Achtjährigen gefallen lassen, der ohne Rücksicht auf seine Eltern Dinge sagte, die äußerst verletzend waren. Was glaubst du, wie ich mich fühle. Mich quälen Zweifel und Selbstvorwürfe. Ich habe versucht, für jedes Kind Eltern zu finden, die ich für anständig hielt. Eltern, die ein fremdes Kind wie ihr eigenes lieben würden. Aber weißt du, was dieser Bengel sagte?«

Sein Freund schüttelte den Kopf.

»Er sagte, er habe um seine Befreiung nicht gebeten. Und weißt du noch was?«

Wieder schüttelte der Arzt den Kopf.

»Der Junge hat Recht!«

»Jetzt reicht es aber«, unterbrach er Horan, »ich weiß zwar nicht, was vorgefallen ist, jedoch wirst du mir nicht weismachen wollen, dass das Gerede eines Kindes dich dermaßen in Aufregung versetzt, dass du an dir selbst zweifelst. Das kann ich nicht glauben!« Er fing an zu lachen.

Horan sah verblüfft zu ihm hinüber. Er musste ihm zustimmen. Schließlich konnte er sich seine Laune nicht von einem Dreikäsehoch verderben lassen und stimmte deshalb in das Lachen ein. Jetzt fühlte er sich besser.

»Du hast es genau auf den Punkt gebracht. Er ist noch ein Kind, das hinter seinen Ohren erst trocken werden muss.«

Sein Besucher nickte zustimmend, dann fragte er: »Wie ist dein Eindruck von den Kindern? Liegen wir mit unserer Vermutung richtig?«

»Ehrlich gesagt, ich weiß es nicht. Mike ist sehr ruhig und besonnen …« Horan versuchte, ihm die Charaktere der Kinder und die Beweggründe für seine Vermutung zu erläutern.

Es klopfte und Donald kam ins Wohnzimmer, um ihnen mitzuteilen, dass das Essen serviert sei. Wie immer hatte die Köchin sich selbst übertroffen. Nach der Hühnersuppe gab es rosa gegrilltes Roastbeef mit gebackenen Kartoffeln und frischem Möhrengemüse aus dem eigenen Garten. Als Nachtisch verwöhnte sie die Männer mit einem frischen Kuchen.

»Das ist ein Dinner und kein Lunch!«, meinte ein gesättigter Arzt.

»Erst futterst du und dann beschwerst du dich. Hättest du das direkt gesagt, wäre nur die Hälfte aufgetragen worden«, spöttelte Horan.

»Da ich dich kenne, habe ich meinen Mund gehalten. Aber, mein lieber Jack, wie du bereits angedeutet hast, hatte das köstliche Mal einen bestimmten Zweck, den ich nun gerne wissen möchte. Seit gestern spukt mir deine Anspielung im Kopf herum, aber ich habe keinen blassen Schimmer, was du mir sagen möchtest. Deshalb kläre mich auf.«

Horan atmete tief ein und meinte: »Das werde ich, mein Freund, aber erst lassen wir das Geschirr abräumen. In der Zwischenzeit spendiere ich uns einen alten französischen Cognac.«

Horan goss zwei Schwenker bis zur Hälfte voll. Die Männer prosteten sich zu. Mittlerweile war das Geschirr abgetragen worden.

»Ich will dir erklären, um was es geht«, sagte Horan zu dem Arzt. Sie setzten sich wieder an den Tisch, die bauchigen Gläser in ihren Händen, damit der Cognac die richtige Temperatur erhielt. Stockend begann Horan dem Freund seine Gedanken mitzuteilen. Er spürte eine leise Angst in sich hochkriechen. Wie würde sein Freund reagieren? Horan erklärte und erzählte. Als er merkte, dass ihm aufmerksam zugehört und er nicht unterbrochen wurde, ließ er alle Zurückhaltung fallen und hielt fast ein Plädoyer.

Nach einer Stunde beendete er seinen Vortrag und wartete auf das Donnerwetter. Sein Freund hatte das Glas nur in der Hand gehalten, aber nicht getrunken. Jetzt nahm er mehrere kleine Schlucke hintereinander. Der Arzt blickte stumm in den Kristallschwenker, als ob er auf dessen Boden die Lösung finden würde.

»Was meinst du dazu?«, fragte Horan unruhig, nachdem er vergeblich auf eine Reaktion gewartet hatte.

»Was ist mit dem Maulwurf? Wie willst du das Problem lösen, wenn ich deinem Plan zustimme?«

»Das weiß ich im Moment nicht genau. Aber mit den zwei Burschen haben wir einen Anfang gemacht. Ich werde sehen, was sich daraus entwickelt und ob unsere Vermutung richtig ist. Erst dann können wir weiterplanen und handeln. Vielleicht war unser Verdacht bezüglich des Problems falsch, und wir müssen umdenken. Das kann ich erst in einigen Wochen beurteilen.«

Endlose Minuten verstrichen, dann brach der Arzt das Schweigen: »In Ordnung, Jack. Du kannst alles Notwendige in die Wege leiten.«

Ein Stoß ging mitten durch Horans Herz. Zitternd führte er das Glas zu seinem Mund und trank es auf einmal aus. Seine Augen fingen an zu brennen. Er konnte nicht sagen, ob das am beißenden Geschmack des Cognacs oder an der Antwort seines Freundes lag.

Zur gleichen Zeit, als das Gespräch unter den Männern stattfand, machten sich Luise und Colette mit der Kutsche auf den Weg zu Bill und Mary. Mittlerweile kannten sie die Adresse der Gibsons auswendig. Jedoch würde sie sich bald ändern, denn dank Horans Hilfe hatten Bill und Mary ein neues Heim gefunden. Es war am Rande des Viertels, dort, wo die Wohnqualität bedeutend besser war. Horan hatte Bill eine Anstellung im Stoffwarenlager am Hafen vermittelt. Da Bill sich bestens mit Garnen und Materialien auskannte, wurde er zur Kontrolle der Stoffe eingesetzt, die in die ganze Welt exportiert wurden. Seine Finger waren sensibilisiert für die Unebenheiten im Gewebe. Seit langem würde er wieder ein regelmäßiges Gehalt beziehen. Sogar Mary konnte dort arbeiten. Durch ihrer beider Lohn konnten sie sich das neue Heim leisten. Die Arbeit und eine große, warme Wohnung ließen auf bessere Zeiten hoffen. Ihr Glück wäre vollkommen, dachte Luise, wenn Danny noch leben würde. Jeder Gedanke an das Kind verursachte ihr einen stechenden Schmerz in der Brust. Danny wäre glücklich gewesen, mit seinen Eltern in das neue Haus einzuziehen. Luise und Colette vermieden jedes Gespräch über den Jungen. Sie wollten den Schmerz nicht wecken, obwohl sie wussten, dass die Gibsons ständig an ihren Sohn dachten. Man überspielte die Situationen, in denen die Trauer greifbar war, mit Scherzen und belanglosen Gesprächen.

Die Gibsons besaßen nicht viel, was sie ihr Eigen nennen konnten, und doch waren vier Personen seit Stunden beschäftigt, Gegenstände zu ordnen und zu verstauen. Alles dauerte länger, da immerzu ein Freund oder Nachbar kam, um sie zu verabschieden. Heute war die letzte Gelegenheit, Lebewohl zu sagen, da sie das erste Mal in ihrem neuen Heim schlafen würden. Viele Wünsche der übrigen Anwohner waren ehrlich gemeint, aber manche so genannten Freunde kamen, um Bill auszunutzen. Ein Mann, der fürchterlich roch, wurde sogar ungehalten und frech. Luise sah Mary ängstlich an, da sie spürte, dass der Kerl Streit suchte. Immer wieder ging er zu Bill und wollte von ihm das Versprechen, dass Bill sich um einen Arbeitsplatz für ihn bemühen würde.

»Turner, ich kann dir nichts versprechen, von dem ich nicht weiß, ob ich es halten kann. Es ist undenkbar, mit meiner neuen Arbeit anzufangen und direkt für alle Leute aus dem Viertel um Arbeit zu betteln. Vielleicht bin ich selbst nur für kurze Zeit dort. Ich muss jetzt erst einmal an mich und meine Frau denken. Wenn einige Zeit vergangen ist, kann ich mich um andere Menschen kümmern und sehen, was sich machen lässt«, blockte Bill Gibson weitere Gespräche ab.

»Gehörst wohl jetzt auch zu denen?«, provozierte Turner und zeigte abfällig auf Luise. »Kaum verdienen sie ein paar Pennys, schon glauben sie, dass sie besser sind als unsereins. Aber ich verspreche dir, den Gestank der Armut wirst auch du niemals wieder los. Du kommst aus dem Dreck, genauso wie wir alle, die hier leben. Du wirst nie zu denen gehören. Egal, wo du wohnst«, prophezeite er.

»Da magst du Recht haben, aber ich habe jetzt die Möglichkeit, diesen Gestank loszuwerden. Das werde ich mir durch nichts kaputtmachen lassen. Hast du gehört, Turner?«

Bill stemmte seine Arme in die Hüfte und baute seinen gewaltigen Körper vor ihm auf. Er überragte seinen Gegner um fast eineinhalb Köpfe. Mit einem Schlag könnte er den anderen zu Boden strecken. Aber das wollte Bill nicht, denn er war ein friedlicher Mensch. Er drohte nur. Turner hingegen wollte Krach. Er wollte Bill aus der Reserve locken. Der Mann war klein und schmächtig. Die Hose hing formlos an seinem dünnen Körper und musste mit einem Strick um den Bauch gehalten werden. Wie sein Geruch so war seine Gesamterscheinung: ungepflegt und schmierig. Die Haare standen in alle Himmelsrichtungen; der Bart war voller Läuse. Luise schüttelte sich vor Ekel.

»Dein Sohn ist tot, weil du keine Medizin kaufen konntest. Wäre Danny nicht gestorben, würdest du weiter in diesem Loch hausen, oder glaubst du, die feinen Pinkel hätten dir sonst geholfen. Nur aus Mitleid tun sie es und nicht, weil du besser bist als wir.«

Erschrocken sahen Colette und Luise zu Bill. Der hatte Turner am Kragen gepackt und holte gerade aus, um ihm das Maul zu stopfen, als eine Stimme im Hintergrund ganz ruhig sagte: »Bill, das ist er nicht wert!«

Gibson ließ von ihm ab und dreht sich zu Horan um. Der Baum von einem Mann sackte in sich zusammen. Er ließ die Schultern hängen und sah wie ein Häufchen Elend aus. »Mich kann er beleidigen sooft und soviel er will, aber er darf nicht den Namen meines Sohnes erwähnen.«

Mary ging zu ihrem Mann und umarmte ihn. Jetzt war es unaufhaltsam und brach aus dem Ehepaar heraus. All die unterdrückte Trauer, der Schmerz und die Sehnsucht nach ihrem Kind. Bill wandte sich von Horan und den beiden jungen Frauen ab und ging in den äußersten Winkel des Raumes, damit keiner seine Tränen sehen konnte. Er nahm Mary in seine Arme, und so standen sie da, zwar zu zweit, aber doch einsam.

Horan hatte die hilfsbereiten und netten Nachbarn hinausbefördert. Zu Turner sagte er: »Ihnen gebe ich den guten Rat, sich niemals mehr in der Nähe der Gibsons zu zeigen.«

»Ha, Sie guter Mensch«, zischte Turner durch seine Zahnlücke, »Sie werden sie genauso schnell wieder fallen lassen, wie Sie die Gibsons hochleben lassen.«

Ohne darauf zu reagieren, schloss Horan die Tür vor Turners Nase. Diesen hörte man die Treppe hinunterpoltern und wüste Beschimpfungen ausstoßen.

Luise kam sich so hilflos vor, als sie Bill und Mary eng umschlungen dastehen sah. Sie kannte diesen Schmerz und wusste, dass nur die Zeit die Qual lindern konnte. Keine Worte, keine Berührungen – nichts auf dieser Welt konnte in diesem

Moment helfen. Nur die Zukunft, die dann zur Vergangenheit wird, würde eine Brücke schlagen zwischen Schmerz und Erinnerung.

»Wieso bist du hier, Jack?«, flüsterte Luise.

»Ich war in der Pension …«, wollte Jack gerade leise erklären, als Bill sich zu ihnen drehte und um Verzeihung bat.

»Du musst dich nicht entschuldigen, Bill. Turner hätte eine Tracht Prügel verdient. Er ist ein mieser Dreckskerl. Solche Menschen gibt es überall, egal in welcher Schicht – reich oder arm – sie ändern nur ihr Aussehen, der Charakter bleibt gleich«, antwortete Luise verständnisvoll.

»Er hätte Danny nicht erwähnen dürfen, dann wäre ich ruhig geblieben, aber so …«

»Es ist in Ordnung, Bill. Vielleicht ist es sogar besser, dass du deinen Gefühlen freien Lauf gelassen hast. Seitdem wir euch beim Umziehen helfen, liegt Dannys Name unausgesprochen über uns. Jeder denkt an ihn und versucht, mit gespielter Fröhlichkeit seinen Namen nicht zu erwähnen. Aber auch wenn er nicht mehr auf dieser Welt ist, er wird immer ein Teil von euch sein und dazugehören. Als ich meinen Vater verloren habe, ging es mir ebenso. In der Zeit bis zu meiner Abreise nach London bin ich täglich zu seinem Grab gegangen und habe ihn an meinem Leben, an meinen Träumen und an meinen Entscheidungen teilhaben lassen. Sicher, ich bekam keine Antwort, aber manchmal schaute ich zum Himmel und da teilten sich, genau in dem Moment, die Wolken und ein kleiner Lichtstrahl traf die Erde. Für andere war es nichts Bedeutendes, etwas Alltägliches, aber für mich war es die Antwort, die ich brauchte, um weiterleben zu können.«

»Du hast Recht. Und unser neues Heim ist bedeutend näher an seinem Grab, sodass wir ohne große Mühe und sooft wir wollen zu ihm gehen können.«

Um dem Gespräch ein Ende zu geben, meinte Horan: »Ich war der Ansicht, dass Sie heute nicht mehr hier schlafen wollen, aber wenn Sie weitertrödeln, wird das wohl nichts.«

Sie packten die Stühle und die restlichen Sachen auf das Fuhrwerk, das Bill sich geliehen hatte, und fuhren in das neue Heim der Gibsons. Dort war es schon sehr gemütlich. Colette und Luise hatten den Tag zuvor mit Mary sauber gemacht und die neuen Betten frisch überzogen. Als Willkommensgeschenk hatten Luise und Colette den Gibsons in der Pension Gardinen genäht, die sie heimlich aufgehängt hatten. Das Ehepaar war gerührt. Gewebtes Leinen mit Karos in der Küche sowie Blütenmuster im Wohnzimmer und Schlafbereich zauberten eine behagliche Atmosphäre.

»Luise, Colette, das ist wunderschön«, meinte Mary dankbar. Unbeholfen kam Bill von der anderen Seite und gab den beiden einen Kuss auf die Wange. »Wie in einem Palast sieht es bei uns aus.«

Luise war beschämt. Für sie war es selbstverständlich, ein schönes Zuhause zu haben, jedoch für andere Menschen war es ein Königreich, wenn sie es bekamen. Horan hatte an der Fensterbank gelehnt und alles beobachtete. Er konnte in das fröhliche Lachen nicht mit einstimmen, denn ein dicker Felsbrocken war auf sein Herz gerollt. Die Vertrautheit, die zwischen ihnen entstanden war, würde er vermissen. Nein, er belog sich, er vermisste sie jetzt schon.

»Jack, was ist mit dir? Warum siehst du auf einmal so bedrückt aus?«, wollte Luise wissen.

»Es tut mir Leid, dass ich euch die Stimmung verderbe. Obwohl ich eine erfreuliche Mitteilung für dich habe.«

Erstaunt sah Luise ihn an, dann erhellte ein Lächeln ihr Gesicht. »Du hast einen Weg gefunden, wie ich meinen Bruder sehen kann?«

»Nein, so ist es nicht«, klärte Horan sie auf.

»Es wäre auch zu schön gewesen«, meinte sie enttäuscht.

»Ich weiß, dass du dich von deinem Plan, Johann zu suchen, nicht abbringen lässt. Selbst die weite Reise nach Australien lässt du dir nicht ausreden. Was auch nachzuvollziehen ist. Ich habe dir auch gesagt, dass es nicht unmöglich ist, dorthin zu reisen. Allerdings, wenn ihr alleine fahrt, würde ich wahnsinnig werden vor Sorge um euch. Deshalb …«

»… kommst du mit«, unterbrach ihn Luise.

»Nein, meine Liebe, das Thema hatten wir schon, und ich habe dir erklärt, warum das nicht geht. Ich habe eine andere Lösung gefunden, die mich beruhigt und die ich vor deinem Onkel und mir verantworten kann.«

Wieder stockte er. Vier Augenpaare sahen ihn gespannt an.

»Nun, ganz einfach«, fuhr er mit der Erklärung fort, »du wirst heiraten!«

IV

»Miss Britannia«, vor der australischen Küste, den 5. November 1791

Luise und Colette standen an der Reling und wedelten sich mit einem Fächer Luft zu. Es war Nachmittag, und langsam verlor die Sonne ihre stechende Kraft. Seit dem frühen Morgen spürten die Menschen den brennenden gelben Planeten wie Nadelstiche auf der Haut. Jeder war froh, wenn sich der Feuerball der Wasseroberfläche zubewegte, da man sich von der Nacht Erleichterung versprach. Allerdings waren manche Nächte ebenso stickig wie die Tage, die sie ablösten. Colette tupfte sich mit einem Tuch den Schweiß von der Stirn. Obwohl ihre Kleidung aus hellem, dünnem Gewebe bestand, hielt sie die Wärme fest und war zudem unbequem. Selbst der Fahrtwind war heiß und verschaffte keine Erleichterung. Unter Deck hatten sie zwar Schutz vor der stechenden Sonne, aber nicht vor der Hitze. Die Kabinen waren eng, und durch die kleinen Luken kam kaum ein Windhauch. Selbst bei Sturm schien eine unsichtbare Hand jeden Luftzug daran zu hindern, durch die Öffnungen ins Kabineninnere zu gelangen.

Das Einzige, was man an solch einem Tag tun konnte, war, sich ruhig zu verhalten und zu hoffen, dass die Nacht bald hereinbrechen würde. Mehr als einmal waren die Mädchen versucht gewesen, wenigstens einen der Unterröcke auszuziehen. Doch die Blicke der Matrosen, die Colette und Luise immer wieder auffingen, ließen den Gedanken sofort wieder zerplatzen. Die einzige Erfrischung, die sie bekommen konnten, war ein feuchtes Tuch im Genick und ein Glas warme Zitronenlimonade. Zwar quälten sich die Mädchen jedes Mal mit dem sauren Getränk, jedoch war er ein Muss, denn Vitamin-C-Mangel war der Auslöser der berüchtigten Seefahrerkrankheit Skorbut.

Colette hielt die Hand schützend vor die Augen und schien den Himmel abzusuchen. »Wir haben schon seit Wochen keinen Vogel mehr gesehen und gehört, n'est-ce pas, Luise?«

»Das habe ich auch bemerkt. Ich vermisse das Zwitschern der Vögel, wie ich es von zu Hause kenne. Sicherlich sind wir noch zu weit vom Land entfernt.«

»Ich wünschte, ich hätte Flügel und könnte fliegen, wohin ich wollte. Dann würde mich nichts mehr auf dem Schiff halten.«

Ein schelmisches Lächeln überzog Luises Gesicht. »Das Fliegen hat schon immer dein Interesse geweckt.«

Verständnislos sah Colette ihre Freundin an. Doch plötzlich verstand sie die Anspielung. »Non, Luise, nicht schon wieder diese alte Geschichte!«

»Oh, ich höre gerne alte Geschichten.«

Erschrocken drehten sich die beiden Frauen um. Hinter ihnen stand der Kapitän des Schiffes, Benjamin Fraser. Luise lächelte ihn freundlich an. Auf der langen Reise hatte sie sich schon oft mit ihm unterhalten. Sie mochte seine aufrichtige, direkte Art, die aber nicht jeder vertrug, doch das war dem Kapitän einerlei.

Fraser fuhr schon seit fast vier Jahrzehnten zur See. Ohne Schiff und Wasser sei er nur ein halber Mensch, hatte er Luise verraten. Sein Gesicht war vom Wetter gegerbt, und seine blauen Augen schienen die Farbe des Meeres zu haben, das er befuhr. Seine Haare waren ergraut und lichteten sich an den Stirnseiten bereits. Lachfalten hatten sich in sein gebräuntes Gesicht eingegraben und machten sein Erscheinungsbild sympathisch.

Luise unterhielt sich gerne mit ihm und er sich anscheinend auch mit ihr, denn immer wieder verwickelte er sie in ein Gespräch. Seine zurückhaltende Aufmerksamkeit, die jede Gefühlsregung eines Menschen zu registrieren schien, sie aber nicht gegen ihn ausnutzte, mochte Luise. Bei ihrem ersten Zusammentreffen fiel ihr besonders auf, dass sein Blick stets in den Augen seines Gesprächspartners verankert war. Er schweifte nie ab, so wie es häufig der Fall ist, wenn Menschen sich unterhalten. Das vermittelte den Eindruck, als würde er die Seele des anderen ergründen. Weil er so war, direkt und ohne Kompromisse, mochten nicht alle Passagiere Fraser. Die vornehmen Mitreisenden waren es nicht gewohnt, Befehle zu erhalten oder angeschrien zu werden. So war es aber geschehen im schlimmsten Sturm aller Zeiten, fand jedenfalls Colette, als Kapitän Fraser den Befehl gab, dass alle Reisenden unter Deck bleiben sollten.

Die Gewalt der Natur hatte das Meer zum Brodeln gebracht. Die Segel hatten auf ein Minimum reduziert werden müssen. Das Schiff hatte auf den Wellen getanzt, die sich hoch wie Berge auftürmten. Die Britannia war von einer Seite auf die andere geworfen worden. Der Wind hatte erbärmlich geheult, sodass man hatte glauben können, sämtliche Dämonen und Geister hätten sich zu einem Konzert vereint. In dieser kritischen Situation hatte Kapitän Fraser seinen Augen nicht getraut, als plötzlich alle Passagiere aus Angst vor dem Sturm aus ihren Kojen gekommen waren und den Rest der Nacht auf Deck verbringen wollten. Jeder Wellenschlag hatte das Schiff in gefährliche Seitenlage gebracht, und das Risiko war groß gewesen, dass ein Passagier über Bord ging. So hatte Fraser den Befehl gegeben, dass jeder sich unverzüglich unter Deck begeben sollte, denn schließlich hatte er genug mit dem Schiff zu tun gehabt und hatte sich nicht auch noch um die Landratten kümmern können. Weil diese jedoch Angst gehabt hatten zu ertrinken, falls das Schiff untergegangen wäre, hatten sich einige seiner Anordnung widersetzt. In solch einer Situation, in der jede Sekunde über Leben oder Tod entscheiden kann, war keine Zeit für Höflichkeiten oder Formalitäten gewesen. Fraser hatte ihnen die Notwendigkeit seines Befehls klar gemacht, indem er gedroht hatte, jeden, egal ob Mann oder Frau, eigenhändig über Bord zu werfen, sollten sie nicht innerhalb der nächsten zehn Sekunden in ihren Kajüten verschwunden sein. Empört waren sie die Treppe hinuntergestürmt – Bibelzitate murmelnd und manche Verwünschung denkend.

Luise, die als letzte die Stufen hinuntergegangen war, hatte noch einmal zu Kapitän Fraser zurückgeblickt. Regen war in sein Gesicht gepeitscht, sodass sie seine Gesichtszüge nicht klar hatte sehen können, aber sie hatte geglaubt, ein breites Grinsen zu erkennen. Von diesem Augenblick an hatte sie ihn gemocht.

Nun stand er also vor ihnen und wartete darauf, dass sie ihm seinen Alltag mit einer Geschichte versüßten.

»Kapitän Fraser, Sie wissen sicherlich, dass es nicht von einer guten Kinderstube zeugt, wenn man anderer Leute Gespräche belauscht.«

Bestürzung vortäuschend, fasste er sich ans Herz: »Das würde ich niemals wagen, Ladys. Der Wind hat mir Ihre Worte zugetragen.« Lachend zwinkerte er mit dem Auge. »Bekomme ich nun die Geschichte zu hören?«

»Colette muss das entscheiden, schließlich geht es dabei um sie.«

Diese stand mit roten Wangen neben Luise und zweifelte. »Monsieur Fraser, es ist mir wirklich sehr unangenehm. Wenn Sie die Geschichte hören, müssen Sie sicher lachen und …«

»Mademoiselle, ich verspreche Ihnen, dass ich weder lachen noch irgendetwas anderes denken werde als das, was jetzt schon in meinem Kopf von Ihnen drin ist.« Er tippte sich dabei an seine Stirn. »Ich muss nun allerdings gestehen, dass ich sehr gespannt bin, die Geschichte zu hören.«

So gab Colette nickend ihre Zustimmung, und Luise begann, in ihren Erinnerungen zu graben:

»Solange ich Colette kenne, war sie davon begeistert, dass Vögel fliegen können. Mein Vater erzählte ihr die Geschichte von Ikarus und dass es schon immer Menschen gegeben hat, die es den Vögeln gleichtun wollten. Als Colette lesen konnte, gab er ihr ein sehr wertvolles Buch, in dem das Schaffen und die Träume von Leonardo da Vinci abgebildet waren.«

Anerkennend meinte der Kapitän: »Das ist schon etwas Besonderes. Ich kenne die Aufzeichnungen.«

Dem zustimmend, fuhr Luise fort: »Durch dieses Buch konnte nichts und niemand Colette mehr davon abhalten, an ihren Traum vom Fliegen zu glauben. Sie studierte die Zeichnungen da Vincis bis ins kleinste Detail und fügte etwas hinzu oder vereinfachte sie, denn sie wollte diesen Flugkörper nachbauen. Sie dürfen nicht vergessen, dass wir Kinder waren, unerfahren und verträumt. Für uns gab es die Ausdrücke ›das geht nicht‹ oder ›unmöglich‹ nicht in unserem Wortschatz. Für uns war so lange etwas machbar, bis wir mit eigenen Augen sahen, dass es doch nicht geht, und dann versuchten wir es auf einem anderen Weg. Auf unzähligen Papierblättern hatte Colette Leonardos Flugkörper nach ihren Ansichten verändert. Wenn ich ehrlich bin, hatte diese Zeichnung nichts mehr mit der von da Vinci gemeinsam außer dem Traum vom Fliegen. Wenn Hühner gerupft werden mussten, halfen wir eifrig mit, da wir für Colettes Flugkörper jede Menge Federn brauchten.«

Luise stockte, denn sie musste so grinsen, dass sie nicht fähig war weiterzusprechen.

»Oh, Luise, ich habe es genau gewusst! Du grinst von einem Ohr zum anderen, das ist furchtbar«, beschwerte sich Colette.

»Bitte nicht streiten, meine Ladys, schließlich möchte ich noch den Schluss Ihrer Geschichte hören«, griff Fraser schlichtend ein.

Luise beherrschte sich und erzählte weiter: »Gustav, der Sohn des Schreiners, war in unsere Pläne eingeweiht und ebenso begeistert. Er hatte Holzlatten zu einem Flugdrachengerüst zusammengenagelt. Das wurde mit Pergamentpapier überklebt, und auf das Papier kamen dann die Hühnerfedern, die wie das Federkleid eines Vogels angeordnet und mit flüssigem Wachs festgeklebt wurden. Fein säuberlich, eine neben der anderen.« Luise inspirierte mit ihren Gesten die Gedanken des Kapitäns. »Tage später wollten wir den Flugkörper ausprobieren. Die Aktion sollte geheim sein, aber Gustav hatte es trotzdem seiner Cousine Anna anvertraut. Die wiederum ihrem Bruder Heinrich und der seinem besten Freund Wolfgang und so weiter; immer unter dem Siegel der Verschwiegenheit. Zum Schluss musste fast jeder seine kleine Schwester oder seinen Freund mitnehmen, weil die angedroht hatten, alles zu verraten, falls man sie zu Hause lassen würde. So zog eine Karawane von Kindern zu dem Berg; bepackt mit Decken, Spielzeug für die Kleinen und Verpflegung. Unser Dorf muss an diesem Tag ein Ort der Stille gewesen sein. Als wir endlich nach einem schweißtreibenden Aufstieg auf dem Gipfel standen – obwohl der Berg mehr ein Hügel war, nur aus unserer Sicht war er gigantisch hoch –, verlangten alle erst einmal eine Mittagspause. Außerdem waren die Windverhältnisse nicht zufrieden stellend. Gustav hatte das fachmännisch überprüft, und so wurden die Brote vertilgt.«

»Außer mir, ich bekam nichts zu essen. Schon seit zwei Tagen musste ich hungern, damit ich nicht zu schwer wäre«, fügte Colette hinzu, die dem entgangenen Essen immer noch nachtrauerte.

»Man hat Sie wirklich hungern lassen?«, fragte Fraser amüsiert.

»Oui, ich war so hungrig, ich hätte essen können wie eine Kuh das Gras.«

Nur mühsam konnte sich Fraser ein Lachen verkneifen. Luise erzählte weiter:

»Als wir uns also gestärkt hatten, beschloss Gustav, nachdem er mindestens fünfmal auf seinen Finger gespuckt und ihn in die Luft gehalten hatte, dass es nun so weit war. Obwohl wir alle sehr aufgeregt waren, herrschte Totenstille. Colette wurde in Position gebracht und bekam das Lattengerüst umgehängt. Gustav befestigte ein Seil über ihrer Brust, denn er wollte sie wie einen Drachen hochziehen. Dabei sollte Colette wie ein aufgeregtes Huhn mit den Flügeln auf und ab schlagen.«

»Das klingt äußerst abenteuerlich«, erlaubte sich der Kapitän zu bemerken.

»Ja, das war es auch«, stimmte Luise ihm zu. »Gustav rannte den Berg hinab und zog eine hochrote, wild mit den Armen um sich schlagende Colette hinter sich her, die von einer Horde Kinder angefeuert wurde. Er lief so schnell, dass seine Beine ihn fast überholt und er kopfüber den Berg hinabgestürzt wäre. Colette ging es nicht besser. Aber sie hob tatsächlich einmal kurz vom Boden ab. Das war der Moment, als sie im hohen Bogen auf Gustav flog«, beendete Luise ihre Geschichte. Ihr liefen vor Lachen die Tränen die Wange herunter.

Auch Fraser lachte aus vollem Hals und schlug sich vor Vergnügen auf den Oberschenkel. »Ihnen ist nichts passiert, Mademoiselle Colette?«

»Non, weil ich auf Güstav fiel. Aber Güstav hatte ein gebrochenes Bein.«

»Haben Sie je wieder einen Flugversuch unternommen?«

»Mais non! Monsieur von Wittenstein hat uns sofort das Buch weggenommen. Auch meine Skizzen, sodass wir unsere Fehler nicht erkennen konnten«, meinte Colette lächelnd. »Aber mein Traum ist geblieben.«

»Eine nette Geschichte.«

Fraser und die jungen Ladys hatten nicht bemerkt, dass sich ein weiterer Zuhörer zu ihnen gesellt hatte. Als Luise ihn erblickte, verschloss sich ihr Gesicht, und ihr Lächeln erlosch. Colette blickte den unerwarteten Lauscher erschrocken an. Duncan Fairbanks stand gegen die Takelage gelehnt und klatschte langsam in die Hände. Der Applaus schien spöttisch, jedoch unterstrich er mehr seine Arroganz.

»Da kann man dem Himmel nur dankbar sein, dass unsere kleine Colette nicht von der Anatomie beeindruckt war. Die Studie am toten Menschen wird von Leonardo da Vinci ebenfalls sehr bildhaft und ausführlich in dem Buch beschrieben.« Mit diesem Schlusswort drehte er sich herum und ging genauso leise von dannen, wie er vorher gekommen war.

Luise kaute auf ihrer Unterlippe, die Ader an ihrer Schläfe trat dick hervor. Am liebsten wäre sie ihm an die Kehle gesprungen.

All das bemerkte Kapitän Fraser, als er Desinteresse heuchelnd seine Pfeife stopfte. Er konnte sich beim besten Willen keinen Reim auf dieses Ehepaar machen. Im Beisein von anderen benahmen sie sich gesittet und höflich. In der Gegenwart ihres Mannes war Luise still, beteiligte sich selten an Diskussionen, blieb mehr im Hintergrund, so wie es bei vielen Frauen üblich war. Ihr Benehmen war weder auffällig noch ungewöhnlich. Sobald ihr Gatte jedoch außer Sicht- und Hörweite war, taute Luise auf und plauderte munter darauf los – verstummte jedoch sofort, sobald sie seine Nähe nur erahnte.

Frasers Blick schweifte zu Luise, die immer noch an der Reling stand und aufs Meer blickte. Ihre Freundin sprach leise auf sie ein. Sanfter Wind durchkämmte die Haare der beiden jungen Frauen und wehte einen zarten Parfümgeruch zu ihm. Fraser hatte schon des Öfteren über das Ehepaar Fairbanks gegrübelt. Er fragte sich, ob Luise und Duncan von ihren Familien zur Heirat gezwungen worden waren. Aber solche Frauen waren in der Regel blass, unscheinbar, unterwürfig und hatten keine Ausstrahlung, geschweige denn eine eigene Meinung. Total konträr zu Luise, denn die stand mit beiden Beinen im Leben. Sie war intelligent und gebildet, wusste genau, was sie wollte, und sagte das, was sie nicht wollte. Sie war weder farblos noch unterwürfig. Vielleicht war da ein Geheimnis, von dem Fraser nichts ahnte. Noch nicht! Nachdenklich zog er an seiner Pfeife.

Tabakgeruch breitet sich auf dem Deck aus und schwebte zu Luise. Der Duft erinnerte sie an ihren Vater, der sich abends mit seiner Pfeife und der Zeitung ins Kaminzimmer zurückgezogen hatte, um langsam den Tag ausklingen zu lassen. Oft hatte sie noch bei ihm sitzen dürfen, und er hatte von seiner Arbeit erzählt. Eine Träne drohte über den Lidrand hinauszuschwappen. Luise wischte sie energisch weg. Genauso energisch verdrängte sie die Erinnerungen an ihren Vater, denn ihr Vater war schuld daran, dass sie kein Heim mehr hatte und dass sie seit Monaten auf diesem Schiff festsaß. Tausende Seemeilen entfernt von zu

Hause. Auch hatte sie ihrem Vater zu verdanken, dass sie diesen Menschen Duncan Fairbanks heiraten musste und seinem Zynismus ausgesetzt war. Voller Groll schaute sie über die Weite des Wassers. Sie fing an, dieses Blau zu hassen. Die Farbe des Wassers genauso wie das ewige Blau des Himmels. Das stetige Auf- und Abschaukeln des Schiffes machte sie auf einmal nervös. Ihr wurde übel.

Sie wollte gerade in ihre Koje gehen, als eine Stimme von ganz weit oben schrie: »Land! Land in Sicht!« und mit dem Arm in die Richtung zeigte, in der das Meer zu Ende sein sollte. Fragend schaute Luise Fraser an, der genüsslich an seiner Pfeife paffte.

»Ist das wahr, Kapitän Fraser? Kann da wirklich Land sein?«, wollte sie wissen.

»Das war der Grund, warum ich Sie vorhin aufgesucht habe. Ich wollte Ihnen mitteilen, dass wir heute Land sehen werden, aber dann wurde ich durch Ihre Geschichte abgelenkt und habe es vergessen«, entschuldigte er sich. »In zwei Tagen werden wir den Hafen anlaufen.«

»Endlich!«, flüsterte Luise und ließ den Tränen ihren Lauf.

V

Port Jackson/Sydney, den 7. November 1791

Die Schiffsglocke ertönte, und ein Schauer der Freude durchlief Luise. Es war das Zeichen für die Passagiere, dass sie nun das Schiff verlassen durften. Colette, Luise und Duncan hatten mit ihrem Gepäck an der Reling darauf gewartet. Luise drehte sich noch einmal um und sah zu Kapitän Fraser, ohne den diese Reise um einiges trostloser verlaufen wäre. Sie ging zu ihm, um sich von ihm zu verabschieden.

Luise bedankte sich nochmals beim Kapitän, und auch er dankte seiner Mitreisenden für die vielen Geschichten und schönen Stunden. Sie reichten sich ein letztes Mal die Hände. Dann verriet ihr Fraser: »Ein schwarzer Mann sagte einmal: ›Wer dir Unrecht tut, den lächle an.‹ Er wurde zu meinem Leitspruch und macht mir viele Situationen in meinem Leben erträglich, vielleicht hilft er auch Ihnen.«

Luise wusste nicht, was er meinte, aber bevor sie weitere Fragen stellen konnte, rief Duncan nach ihr. Kapitän Fraser sah in Colettes und Fairbanks Richtung, hob zu einem letzten Gruß die Hand und ging dann zur anderen Seite des Schiffes, um mit seinem ersten Steuermann zu reden.

Jetzt war es also so weit! Luise und Colette hielten sich an dem dicken Tau fest und gingen mit Trippelschritten die Holzrampe hinunter. Endlich standen sie wieder auf festem Boden. Allerdings hatten sie das Gefühl, als ob sich Mutter Erde ebenfalls auf und ab bewegen würde.

Duncan sah sie lachend an und meinte: »Es ist völlig normal, dass ihr wie betrunkene Seeleute schwankt. In kurzer Zeit ist es vorbei. Dann hat sich euer Gleichgewicht wieder umgestellt. Ich erkundige mich nach einer Unterkunft und einer Kutsche für das Gepäck. Wartet hier«, sagte er und war im gleichen Moment in der Menschenmenge verschwunden. Colette sah Luise fragend an, die nur mit den Schultern zuckte.

Die jungen Frauen setzten sich auf ihre Koffer und schauten dem regen Treiben am Kai zu. Luise versuchte, tief einzuatmen, um den Geruch des Landes in sich aufzunehmen, musste jedoch erbärmlich husten. Ein undefinierbarer Gestank verschlug ihr den Atem. Sie forschte, woher der übel riechende Geruch kam. In unmittelbarer Nähe nahmen Fischer ihre Fangbeute aus und warfen die Abfälle neben sich. In der Hitze verwesten die Innereien und stanken zum Himmel.

»Ich möchte wissen, wer solch einen stinkenden Fisch kauft. Horrible!«, rümpfte Colette ihre Nase.

Aber nicht nur der Fischgeruch schwebte über dem Pier. Pferdemist pflasterte den staubigen Weg, Hunde machten ihre Haufen oder pinkelten an den Tisch des Fischverkäufers. Matrosen, die Landgang hatten, verließen torkelnd den Pub und verrichteten ihre Notdurft, egal, wo sie standen oder gingen. Schon der Geruch war mörderisch, aber der Anblick der verdreckten und verlausten Gesellen war für die Frauen unerträglich.

Jedoch nicht nur die Umgebung, sondern auch ihr eigener Zustand ließ Luise und Colette sich erbärmlich fühlen. Die unbequemen Kleider hielten die Hitze fest und schienen ihnen die Luft abzudrücken. Einzelne Haarsträhnen hatten sich aus ihren Knoten gelöst und klebten an den feuchten Schläfen. Luise schmeckte noch das Meersalz auf ihren Lippen, wodurch ihr Durst verstärkt wurde. Als ein betrunkener Matrose auf sie zuwankte und nach ihrem Preis für ein Schäferstündchen fragte, hatte Luise genug. Sie hatte das Gefühl, dass Duncan sie schon vor Stunden hier zurückgelassen hatte. Vielleicht hatte er sie sogar vergessen, jetzt, wo er am Ziel war. Es reichte!

Sie stand auf und ging in die Richtung, in die er verschwunden war. Colette rief ihr noch etwas hinterher, worauf Luise aber nicht reagierte. Schnurstracks ging sie in das Gebäude, das außen auf einem Schild ›Hotel‹ stehen hatte und in dem sie Duncan vermutete. Es war ein einfaches Hotel und das einzige in der Nähe. An dem Tisch, der Empfang und Poststation gleichzeitig war, sah man sie fragend an.

»Madam, Sie wünschen bitte?«, wurde sie von einem rundlichen Mann mit glänzendem Gesicht und Halbglatze angesprochen. Mit seiner spitz nach oben zeigenden Nase und den roten Wangen erinnerte er Luise an einen Zwerg.

Sie wollte gerade antworten, als schallendes Gelächter aus dem Nebenraum zu ihr drang. Sie erkannte dieses Lachen, und sie erkannte dieses Gekicher, das dem Lachen stets folgte. Sie nickte dem Zwerg freundlich zu und ging erhobenen Hauptes in die Richtung, aus der die Fröhlichkeit kam. Dort stand er, genauso, wie sie es vermutete hatte: eine Zigarre zwischen den Lippen und ein Glas in der Hand. Außerdem leistete ihm Mr. Franklin nebst Gattin, Weltenbummler Redfort und das Ehepaar Elisabeth und Thomas Anderson Gesellschaft. Die gleiche Mannschaft wie auf dem Schiff, dachte Luise wütend. Alles Männer, die ihrem Königreich auf dem neuen Kontinent dienen wollten. Die Frauen folgten ihren Männern. Als Duncan sie erblickte, erlosch sein Lachen. Er musterte sie aus zusammengekniffenen Augen, kaute dabei auf seiner Zigarre und fragte, ohne diese aus dem Mund zu nehmen: »Ist das Wasser ausgegangen, meine Liebe?«

Luise überkam wieder das Gefühl, das ein kleines Kind hat, wenn es zurechtgewiesen wird. Sie fühlte sich jetzt nicht nur wegen ihres äußeren Erscheinungsbildes unwohl, nein, nun hätte sie sich selbst ohrfeigen mögen, dass sie hierher gekommen war und sich seinem Spott ausgesetzt hatte.

»Welches Wasser?«, fauchte sie ihn an und versuchte, ihr ramponiertes Kleid glatt zu streichen.

Als sie aufschaute, blickte sie direkt in die grünen Katzenaugen von Mrs. Anderson, die sie langsam von oben nach unten musterte. Spott brachte deren Augen zum Leuchten. Schlange, dachte Luise und reckte ihr Kinn etwas mehr in die Höhe.

»Welches Wasser?«, fragte Duncan. »Das Badewasser, meine Liebe.«

»Ich kann mich nicht erinnern, am Pier eine Badewanne stehen gesehen zu haben, mein Lieber«, antwortete Luise und betonte die letzten zwei Worte.

Duncan runzelte die Stirn, da er offenbar nichts verstand. Luise half ihm auf die Sprünge:

»Colette und ich sitzen seit geraumer Zeit auf unseren Koffern und warten, dass du uns abholst oder wenigstens jemanden schickst.«

Jetzt nahm er doch die Zigarre aus dem Mund: »Ein Bursche sollte euch und das Gepäck hierher bringen. Es tut mir Leid, wenn das nicht geschehen ist«, entschuldigte er sich und wollte auf sie zugehen, doch ihre funkelnden Augen hielten ihn ab. Duncan drehte sich wieder zu seinen Zuhörern und meinte: »Sie sehen, meine Herrschaften, man lernt nie aus. Das nächste Mal bezahle ich erst, wenn ich die Ware auch erhalten habe.«

Schallendes Gelächter begleiteten ihn, als er, ohne Rücksicht auf Luises Blitze, die aus ihren Augen schossen, sie am Arm ergriff und aus der Bar schob. Er ging zu dem Mann an der Rezeption und veranlasste, dass man Colette und das Gepäck sofort ins Hotel brachte. Dann ging er, immer noch Luise am Arm festhaltend, die Treppe hinauf. Im ersten Stock hatte er ein Doppelzimmer und im zweiten ein Einzelzimmer gemietet. Luise wollte gerade lospoltern, als er ihr zuvorkam:

»Spar dir deine Worte. Ich bekomme das Einzelzimmer, und du und Colette könnt das Doppelzimmer beziehen.« Er schien ihre Frage zu erahnen, denn er antwortete, noch bevor sie einen Laut über ihre Lippen brachte: »Ich werde sagen, dass es für Colette besser ist, nicht alleine in einem Zimmer zu wohnen.«

»Können Sie Gedanken lesen?«

»Nein, nur Ihre, denn die stehen in Ihren Augen geschrieben.« Ohne die neue Umgangsform zu hinterfragen, ging er spontan darauf ein.

Auf der Treppe war ein rhythmisches Peng-Peng zu hören. Die Tür flog auf und ein Mann stellte die erste Seetruhe ab. Wortlos ging er wieder, um Minuten später mit der nächsten zu kommen. Als er ein drittes Mal erschien, bat Duncan ihn, die Truhe eine Etage höher in sein Zimmer zu bringen. Dann gab er dem Kerl ein großzügiges Trinkgeld.

Jetzt, als alle Gepäckstücke sicher im Zimmer waren, kam Colette erschöpft die Treppe herauf und ließ sich auf das Bett fallen. Gierig griff sie nach einer Karaffe und trank mehrere Gläser Wasser.

Duncan amüsierte sich über das unkomplizierte Mädchen. Es war keine Schönheit, aber es hatte eine angenehme Ausstrahlung. Er lächelte sie freundlich an.

»Ich werde jemanden schicken, der Ihnen ein Bad einlässt. In einer Stunde erwarte ich Sie auf der Terrasse neben der Bar zum Diner. Sie wissen sicher noch, wo das ist«, sagte er in Luises Richtung.

Als die Tür ins Schloss fiel, ließ sich Luise ebenfalls auf das Bett fallen.

»Mon Dieu, ich bin geschafft. Aber besser am Pier zu sitzen, als euch beide zusammen zu ertragen. Was ist nun schon wieder vorgefallen?«

»Seine ganze Art und Weise, wie er spricht, wie er sich bei anderen benimmt, all das macht mich wütend und aggressiv.«

Luise schloss die Augen und war froh, endlich Ruhe zu haben, als es an der Tür klopfte. Ohne Antwort abzuwarten, trat ein dunkelhäutiges junges Mädchen ein. Es trug einen Eimer mit Wasser und ging damit in das kleine Bad, das an das Schlafzimmer angrenzte. Kurze Zeit später kamen ein zweites und ein drittes Mädchen mit einem Trog heißen Wassers. Luise beobachtete die Mädchen, die nichts sagten, nur kicherten. Sie hatten krauses Haar, dunkle Augen und eine ungewöhnlich breite Nase, die ihren Gesichtern ein derbes Aussehen verlieh. Wenn sie lächelten, blitzten weiße, kräftige Zähne. Ihre Sprache war hart und fremd. Genauso schnell, wie die Mädchen gekommen waren, gingen sie wieder.

Blütenduft strömte aus dem Badezimmer. Colette schnupperte und kräuselte dabei ihre Nase wie eine Katze, die Milch gerochen hat. Sie ging zu dem Holztrog, in dem das heiße Wasser dampfte, und prüfte mit der Hand die Wassertemperatur. Seufzend fragte sie: »Wer geht zuerst in die Wanne?«

Doch noch ehe es entschieden werden konnte, klopfte es wieder und eines der dunkelhäutigen Mädchen kam mit Handtüchern über dem Arm herein. Sie legte sie neben Luise aufs Bett und winkte Colette, ihr zu folgen. Als die sich aber nicht bewegte, zog sie Colette am Arm vom Bett. Diese hatte nun keine andere Wahl und musste mit dem Mädchen gehen.

»Wenn ich schreie, kommst du sofort«, rief sie Luise beim Hinausgehen zu.

»Ehrensache!«, antwortete Luise und folgte ihrer Freundin.

Durch die letzte Tür rechts vom Hotelflur verschwand das Mädchen mit Colette. Als Luise Blütenduft roch, lächelte sie, denn sie musste sich keine Sorgen machen. Sie wollte zurück in das Zimmer gehen, um endlich ihr Bad zu nehmen, als Colette in der Tür erschien und rief: »Luise, gib ihr bitte meine Kleidung mit, merci!«

Luise drehte sich um und erschrak, denn hinter hier stand eines der Mädchen und lächelte sie breit an. Zusammen gingen sie in das

Zimmer zurück, wo Mädchen Nummer zwei bereits beschäftigt war, die Sachen aus dem Koffer in den Schrank zu räumen.

Welch ein Luxus, dachte Luise.

Sie gab dem Mädchen Colettes Unterwäsche, Strümpfe und das hellblaue Kleid mit passenden Schuhen.

Das Mädchen kicherte, denn offenbar fand es solche Kleidung unpassend bei der Hitze. Die Dienstmädchen hatten nur ein helles Trägerkleid an und waren barfüßig; bequem und der Temperatur angemessen. Luise zeigte mit der Hand, dass sie das Zimmer verlassen sollten. Jetzt geht endlich, sonst ist mein Badewasser kalt, dachte sie. Ihre Zeichensprache wurde verstanden, und man ließ sie allein. Energisch schloss Luise die Tür zu und ging ins Bad. Unterwegs streifte sie ihre Kleidung ab und ließ alles an Ort und Stelle fallen. Sie zog das Haarband heraus und stieg in das immer noch heiße Wasser. Der Duft entspannte sie, und sie genoss es. Ein dicker Schwamm und eine kleine Glaskaraffe Badeöl ließen sie die Strapazen der Reise vergessen.

Als Luise auf der Terrasse erschien, saßen Colette und Duncan bereits am ersten Tisch. Die Plattform war aus einfachen Brettern zusammengenagelt und lag im Halbschatten der Nachmittagshitze. Sie bot für zwei runde Tische Platz, an denen jeweils sechs Personen sitzen konnten. Das Schöne an dem Platz im Freien war die einzigartige Aussicht auf die Weite des Meeres. Rechts davon konnte man die Stadt erkennen, die zum Glück weit genug entfernt war, sodass man die Menschen und ihr Treiben nur erahnen konnte. Duncan und Colette hatten Luise noch nicht erblickt, und so konnte sie die zwei ungeniert beobachten. An Colettes ausschweifenden Handbewegungen erkannte Luise, dass sie sich angeregt unterhielten. Duncan saß entspannt in dem Korbsessel, die Beine lang ausgestreckt, die Hände vor der Brust gefaltet, und hörte Colette interessiert zu. Wenn er die Hände bewegte, blinkte sein goldener Ehering in der Sonne. Als Luise den Beweis ihrer Verbundenheit sah, fasste sie unwillkürlich nach ihrem Ring und drehte ihn an ihrem Finger. Eine ungeahnte Wärme machte sich in ihrem Herzen breit. Sie spürte eine ungewollte Nähe zu dem Mann, den sie glaubte zu hassen. Wenn sie ihn so vor sich sah, mal nicht mit zynisch nach unten gezogenen Mundwinkeln, konnte sie nicht leugnen, dass er ihr gefiel, sogar sehr gefiel. Hätten sie sich vielleicht ungezwungen auf einem Fest oder bei Freunden kennen gelernt, wenn alles normal verlaufen wäre, dann ....

»Genug beobachtet?«

Erschrocken drehte Luise sich um. In Gedanken versunken, hatte sie Elisabeth Anderson nicht bemerkt. Peinlich berührt, ertappt worden zu sein, nuschelte Luise etwas, das weder Elisabeth noch sie selbst verstand.

Unbeabsichtigt kam Duncan ihr zu Hilfe, der die beiden Frauen betrachtete und lächelnd meinte: »Ich bin geblendet von so viel Schönheit.«

Verlegen senkte Luise ihren Blick. Sie war froh, dass sie das vanillegelbe Kleid gewählt hatte, denn es unterstrich die zarte Gesichtsbräune. Als sie jedoch wieder aufblickte, sah sie, wie Duncan nicht sie, sondern Mrs. Anderson anerkennend musterte. Ein Kloß wurde in ihrem Hals immer dicker, und sie schluckte mehrmals, um das Gefühl zu unterdrücken. Neidisch musste Luise gestehen, dass niemand mit der Erscheinung einer Elisabeth Anderson mithalten konnte. Die feuerrote Lockenpracht ergoss sich wie Glut über ihre schmalen Schultern. Sie trug ein mintfarbenes, schulterfreies Kleid aus Wildseide, das an den Armen und am Saum mit Blütenranken bestickt war, die den Farbton ihrer Augen hatten: Smaragdgrün. Trotz der langen Schiffsreise war Elisabeths Haut elfenbeinfarben geblieben. Ihre grazile Figur kam in dem Kleid traumhaft zur Geltung, und das wusste sie auch. Die schlanken Arme stemmte sie in die Hüfte und unterstrich damit ihre schmale Taille. Ein Hauch von Rouge und etwas Lippenfett genügten, um ihr Gesicht, das wie aus Porzellan gemeißelt schien, dem Bild einer Göttin entsprechen zu lassen.

Neben dieser Frau kam sich Luise wie eine Klosterschülerin vor. Das Kleid artig bis zum Hals geschlossen, Puffärmel bis zum Ellenbogen und Spitze, die am Handgelenk endete. Die blonden Haare waren zu einem biederen Knoten gesteckt.

Luise blickte wieder in Duncans Richtung, der sie angrinste. Er stand auf und machte eine einladende Handbewegung, an seinem Tisch Platz zu nehmen. Der Gedanke, dass Miss Tausendschön mit ihnen essen sollte, ließ in Luise jegliche Freude an einem entspannten Diner schwinden.

Elisabeth steuerte direkt auf Duncan zu, als eine Stimme aus der dunklen Bar sie zurückhielt:

»Meine Liebe, ich bin hier!« Erst jetzt erblickte sie ihren Ehemann Thomas Anderson, der alleine an einem Tisch im Speiseraum saß. »Du weißt, Honey, ich vertrage die Sonne nicht.«

Jetzt konnte man deutlich in Elisabeths Augen lesen. Zorn flackerte für den Bruchteil eines Augenblickes auf, dann hatte sie sich wieder unter Kontrolle. Sie straffte ihre Schultern und antwortete: »Ich habe dich nicht gesehen. Entschuldige.« Ohne ein weiteres Wort drehte sie sich um und ging zu ihrem Mann, der sich bereits einen Drink bestellt hatte.

Schon auf der Überfahrt nach Australien war Mr. Anderson mehr unter Deck als auf Deck gewesen. Nach dem Grund gefragt, antwortete er stets, dass seine helle Haut, die er von seiner adligen Mutter geerbt habe, keine Sonne vertragen würde. Jedem war aber klar, dass es nicht stimmte, und bald wurde hinter seinem Rücken getuschelt und gelacht. Die Wahrheit war, dass er schon frühmorgens dem Alkohol zusprach und erst spät in der Nacht das letzte Glas leerte. Seine Augen waren lichtempfindlich, und sobald er der Sonne ausgesetzt war, wurde ihm übel und er transpirierte stark. Deshalb blieb er lieber unter Deck. Außerdem konnte dort niemand die Mengen sehen, die er in sich hineinschüttete.

Als Elisabeth in der Bar verschwunden war, setzte sich Luise an den Tisch. Sie tat ihr Leid, so ganz alleine in dem kalten Raum mit einem Mann, der sicher kein angenehmer Gesprächspartner war. Als sie aber hörte, wie Duncan »arme Elisabeth« murmelte, war ihr Anflug von Mitleid sogleich vorbei. Sie war froh, als endlich der Küchenjunge kam und fragte: »Wasch wollen schi eschen?« Der Junge hatte offenbar einen Sprachfehler, denn den meisten Worten folgte ein Zischlaut. Die ehemals weiße Schürze des Jungen war voller Flecken. Ein geronnener Blutfleck, so groß wie eine Handfläche, ließ Schlimmes erahnen. Mit einem ebenso schmutzigen Tuch wischte er über den Holztisch.

»Was gibt es Schmackhaftes?«, fragte Duncan höflich.

»Fisch und Hasche«, zischte der Junge. Dabei flog Speichel aus seinem Mund auf den Tisch, den er mit demselben Tuch wegwischte, das er vorher zum Säubern des Tisches benutzt hatte.

In Erinnerung an die stinkenden Fische am Pier, rief Colette direkt: »Hase!«

Luise nickte, und so bestellte Duncan dreimal Hase mit gebackenen, süßen Kartoffeln.

»Alscho, jeder Hasche, und schu trinken?«

Die drei waren wie auf ein Kommando zurückgewichen, als der Junge wieder zu sprechen anfing.

»Zwei Limonaden und ein Ale«, antwortete Duncan aus sicherer Entfernung.

»Allesch klar, Schir«, sagte der Junge in Colettes Richtung und blinzelte ihr zu.

»Mon Dieu, welch ungepflegte Gestalt.«

»Aber er mag dich, schließlich hat er dir zugeblinzelt«, schmunzelte Luise.

»Zu dir kann er nicht blinzeln, schließlich bist du eine verheiratete Frau«, schoss Colette wütend zurück.

Peinliche Stille machte sich breit. Colette nahm ein weißes Taschentuch aus ihrem Beutel und rieb über den Tisch, besonders da, wo vorher die Spucke des Jungen gelandet war.

»Igitt, dein Taschentuch bekommst du nie mehr sauber.«

»Willst du etwa von so einem dreckigen Tisch essen? Impossible!«

»Es tut mir Leid, meine Ladys, aber es ist die einzige Herberge in der Umgebung. Sicher, es lässt an vielem zu wünschen übrig. Doch schließlich sind wir nicht auf Urlaubsreise und werden auch nur für kurze Zeit bleiben.«

»Da Sie es erwähnen, haben Sie schon genaue Pläne?«, fragte Luise, froh, das Thema zur Sprache bringen zu können.

»Ehrlich gesagt, nein!« Er sah an ihr vorbei auf das offene Meer. Sein Blick wirkte verträumt, doch so gut kannte Luise Duncan mittlerweile. Dieser Blick war nur Tarnung. Hinter seiner Stirn arbeitete es wie bei einem Uhrwerk. »Ich erwarte Post von Jack Horan und hoffe, dass er mir den Aufenthaltsort Ihres Bruders mitteilt. Erst dann kann ich Pläne für die Zukunft machen. Es wäre natürlich möglich, alles selbst in Erfahrung zu bringen, aber das würde unnötig viel Zeit in Anspruch nehmen. Dann, Lady, können wir gerne noch mal über dieses Thema plaudern.«

Da war sie wieder, die Arroganz. Lady, mit dieser Anrede hatte er sie an ihrem ersten Abend betitelt, und das würde sicher auch an dem letzten Tag ihrer Ehe so sein, dachte Luise. Auf der langen Überfahrt nach Australien hatten beide nie ein Wort über den Verlauf ihres Aufenthaltes in Australien gesprochen. Nur ein einziges Mal hatte Luise ihren Mut zusammengenommen und das Gespräch darauf gelenkt.

Ihre Gedanken schweiften zu dem besagten Abend auf dem Schiff. Duncan und sie hatten auf der Brücke gestanden, und er hatte eine Zigarre geraucht, die Kapitän Fraser den Männern spendiert hatte. Es war spät gewesen, und sie hatten alleine an der Reling gestanden. Warmer Wind war durch Luises offenes Haar geweht. Als ob sie nach den Sternen greifen wollte, hatte sie die Arme zum nachtblauen Himmel gestreckt und die frische Luft und die Ruhe genossen. Nur ab und zu war ein Quietschen zu hören gewesen, wenn ein Tau sich am Holz rieb. Luise hatte zum Essen zwei Gläser Wein getrunken und sich leicht wie eine Feder gefühlt. In diesem Moment war es ihr prächtig gegangen, und sie hätte tanzen mögen. Sie hatte sich einmal im Kreis gedreht, jedoch sofort den Alkohol gemerkt und es bleiben gelassen. Wie aus heiterem Himmel, ohne erkennbaren Grund hatte sie ihm die Frage gestellt: »Wie wird es weitergehen, wenn wir in Australien angekommen sind?«

Er hatte den Rauch zum Abendhimmel geblasen und sie lange angeblickt. Luise war nervös geworden. Dann hatte er gesagt: »Wie kann ich über die Zukunft entscheiden, wenn ich noch nicht einmal weiß, was ich mit so viel Schönheit in der Gegenwart machen soll.«

Er hatte eine Locke ihres Haares zwischen Daumen und Zeigefinger genommen und vorsichtig daran gezogen, bis die Strähne geglättet war. Dann hatte er sie losgelassen, damit sie sich wieder in die Form eines Korkenziehers drehen konnte. Nicht boshaft, eher neckisch hatte er ihr den Rauch ins Gesicht geblasen, und hustend hatte sie sich mit der Hand frische Luft zugefächert. Duncan hatte sie lautlos angelacht und war auf die andere Seite der Brücke gegangen. Luise war wütend geworden und hatte sich geschworen, ihn erst wieder in Australien zu fragen.

Nun waren sie in Australien, und es war Zeit, sich über das weitere Vorgehen Gedanken zu machen. Luise überlegte laut, als sie die Zeit zusammenrechnete, die ein Brief von England nach Australien brauchte: »Aber das kann noch Wochen dauern!«

Duncan hörte ihr amüsiert zu. »Nein, das denke ich nicht. Post wird meistens auf schnelleren Handelsschiffen mitgeschickt. Ich rechne in den nächsten Tagen mit der Nachricht. Wenn ich die nötige Information habe, werde ich mir Gedanken machen, wie es weitergeht. Bis dahin, meine Ladys, genießen wir die Sonne, die Ruhe und unser Mahl.«

Duncan hatte bereits den Jungen gesehen, der das Essen auf den Tellern balancierte. Als eine Kartoffel vom Teller auf den Tisch rollte und vom Tisch auf den Boden fiel, hob der Junge sie auf, putzte sie mit seiner schmutzigen Schürze ab und legte sie auf Colettes Teller, aber nicht ohne sie dabei wieder anzuzwinkern. Eigentlich war die Kartoffel von Luises Teller gefallen …

Colettes Gesichtsausdruck sprach Bände. Am liebsten hätte sie ihm den Teller vor die Füße geworfen. Doch die Leute um sie herum und der knurrende Magen hielten sie davon ab.

Duncan schob ihr amüsiert sein Bier zu und meinte: »Trinken Sie einen Schluck, das betäubt den Schlund.« Dann nahm er seine Hasenkeule in beide Hände und biss hungrig hinein.

Als Luise am nächsten Morgen erwachte, wusste sie im ersten Moment nicht, wo sie war. Allerdings brauchte sie nur wenige Augenblicke. Keine Schiffsglocke, die sie unsanft aus dem Schlaf riss, kein Getrampel der Matrosen, die sich schon in aller Frühe auf Deck versammelten – endlich Ruhe und festen Boden unter den Füßen. Das Schönste war, dass sie jederzeit ein Bad nehmen konnte. An Bord wurde das Wasser streng eingeteilt, und so war meistens nur Katzenwäsche möglich. Auch wenn der Gasthof hier sehr spartanisch war, für sie war er der Himmel.

Luise kuschelte sich in ihr Bett und schloss die Augen, als ein grauenhaftes Geräusch sie aus ihren Träumen riss. Wie konnte sie von Ruhe schwärmen, wenn sie das Zimmer mit einem schnarchenden Ungetüm teilte? Auf Zehenspitzen schlich sie sich zu Colette und hielt ihr bei der nächsten Schnarchattacke die Nase zu. Wie ein Fisch auf dem Trockenen schnappte diese mit weit aufgerissenen Augen nach Luft.

»Oh, Luise, du bist so gemein. Ich hatte einen wunderschönen Traum, und ich weiß nun nicht, wie er ausgehen wird.«

»Mit deinem Schnarchen hättest du das Ungeheuer sicher in die Flucht geschlagen.«

»Ach, du bist eine Hexe! Ich habe nicht von einem Ungeheuer geträumt.«

»Nein? Von wem hast du geträumt? Vielleicht von einem netten, gut aussehenden Jüngling, der dir sauber und adrett auf einem weiß gedeckten Tisch dein Essen serviert und einer klaren Aussprache mächtig ist?«

»Du bist garstig, tu n'es pas mon amie!«

»Nun sei nicht gleich wieder so zickig. Natürlich bin ich deine Freundin. Erzähle mir von deinem Traum, vielleicht finden wir gemeinsam einen Schluss.«

Entspannt und mit einem weichen Lächeln auf den Lippen legte sich Colette zurück und zog das dünne Leinentuch bis zum Kinn. Luise machte es ihr nach und wartete auf die Geschichte des verflossenen Traums.

»Ich war in London zur Weihnachtszeit. Dicke, weiße Flocken fielen vom Himmel. Ich streckte ihnen mein Gesicht entgegen. Es war so magnifique. Ich hatte ein Ballkleid an und tanzte durch den weichen Schnee. Dann ließ ich mich hineinfallen und zeichnete mit Armen und Beinen einen Engel, wie wir es als Kinder immer getan haben.« Luise nickte. »Dann stand plötzlich ein eleganter Herr vor mir. Er nahm meine Hand und führte mich in ein wunderschönes Haus. Im Salon war ein geschmückter Weihnachtsbaum, an dem goldene Kugeln das Licht der hundert Kerzen reflektierten, die in dem Baum brannten. Auf dem Boden lagen Geschenke in Weihnachtspapier eingewickelt. Der Mann sah mich an und gab mir das kleinste Geschenk. Es war kleiner als meine Handfläche und in einem roten Karton mit goldener Schleife verpackt. Er lächelte mich an und sagte, dass dieses Geschenk alleine mir gehörte und ich es aufmachen solle … aber dann hat meine allerbeste Freundin versucht, mich zu ersticken.«

Colette nahm scheinbar wütend ihr Kopfkissen und warf es in Luises Richtung. Lachend fing diese das Wurfgeschoss auf und bettelte um Gnade.

»Wer war der schöne Mann? Kenne ich ihn?«

Schamesröte überzog Colettes Gesicht bis zu den Haarwurzeln. Verblüfft setzte sich Luise zu ihr aufs Bett. Colette blickte an ihr vorbei, dann flüsterte sie:

»Es war Jack. Oh Luise, ich will heim. Ich will wieder Schnee schmecken und Regen auf meiner Haut spüren. Ich will auch wieder frieren, genauso wie früher. Ich will grüne Bäume sehen und über eine bunte Wiese laufen. Und …«, Colette schluckte, »… ich will Jack wiedersehen.«

»Du hast nie auch nur mit einer Silbe erwähnt, dass du Heimweh hast. Ich hatte keine Ahnung davon. Oh Gott, es tut mir so Leid, dass ich dich hierher mitgenommen habe. Warum hast du nicht gesagt, dass du Jack liebst? In London oder in Deutschland. Spätestens dort hättest du es mir sagen müssen. Wir hätten noch alles regeln können, aber jetzt …«

»Luise, ich habe es doch da noch nicht gewusst. Eigentlich weiß ich es jetzt auch noch nicht genau. Aber wenn ich an zu Hause und an Jack denke, dann tut es mir hier weh.« Sie zeigte auf ihr Herz und versuchte zu lächeln, was aber kläglich scheiterte.

Luise nahm ihre Freundin in den Arm. »Verzeih mir, dass ich nur an mich und meine Wünsche gedacht habe.«

Traurig legte sich Colette in ihr Kissen und schlief nach einer Weile wieder ein. Luise hoffte, dass sie das Ende ihres Traumes doch noch erfahren würde.

Darauf ging sie ins Bad, wo sich langsam das Licht wie ein Nebelschleier im Raum ausbreitete. Feine Staubteile tanzten im Schein des Sonnenlichts. Nachdenklich sah sie dem Schauspiel zu und fasste einen Plan. Schnell war sie gewaschen, frisiert, angekleidet und auf dem Weg nach unten.

Luise ging in den Raum, der scheinbar für alles genutzt wurde. Als Bar, Dinersalon, Frühstücksraum und als Postlager. Eine vertraute Stimme bestellte Eier, Speck und Tee. Der Junge von gestern Abend wollte gerade in der Küche verschwinden, als Luise ihm zurief: »Für mich bitte dasselbe wie für meinen Mann.«

Es war das erste Mal, dass sie Duncan so betitelte. Sie setzte sich zu ihm an den Tisch und lächelte ihn unschuldig an. Dieser schaute erstaunt, fast erschrocken.

Luise hatte beschlossen, das Kriegsbeil zu begraben, und da sie nun einmal miteinander verheiratet waren, würde sie sich in der Öffentlichkeit auch so verhalten. Natürlich nur bis zu einer gewissen Grenze. Sie wollte Duncan ihr Anliegen vorbringen, und das ging nur in friedlicher Stimmung. Luise wusste zwar nicht, ob er das, was sie ihm erklären wollte, auch verstehen würde, aber auch sie spürte die Sehnsucht nach zu Hause. Jack fehlte ihr, genauso wie Mary und Bill, Tante Margret und Onkel Fritz und Anni.

Luise war fest entschlossen, Duncan zu überzeugen, ihr zu helfen, eine Lösung für das Problem zu finden, denn für ein paar Tage nach zu Hause fahren, war nun mal unmöglich. Sie erläuterte ihm ihr Anliegen, verschwieg aber Colettes Gefühle für Jack. Während des Gesprächs kam das Frühstück, und Duncan griff gierig nach dem frischen Weißbrot, tunkte es in das Rührei, um es dann mitsamt dem Speck zu verzehren. Auch Luise hatte Hunger und unterbrach ihre Rede immer wieder, um es ihm nachzutun. Wenn sie fortfuhr, nickte er manchmal.

»Duncan, was sagst du dazu?« Luise benutzte wieder die persönliche Anrede. Sie musste sich eingestehen, dass sie es schön fand, ihn mit seinem Vornamen anzureden.

Er fragte auch diesmal nicht nach dem Grund und ging darauf ein. »Ich weiß nicht, ob und wie ich dir helfen kann, Luise. Schließlich sind wir am anderen Ende der Welt. Hier ist alles noch rau und derb. Die Menschen genauso wie die Natur. Es ist zwar eine britische Kolonie, aber das ist auch schon alles.« Er wischte sich mit einer Serviette den Mund ab, faltetet sie wieder und legte sie zurück auf den Tisch. Als er ihren enttäuschten Blick sah, nahm er ihre Hand: »Luise, ich kann euch verstehen.« Dann deutete er einen Handkuss an und verließ den Raum, um sich am Empfang mit dem Zwergenwirt zu unterhalten.

Luise blieb ratlos zurück. Hieß das nun, er verstehe sie, habe aber keine Möglichkeit zu helfen, oder war es wieder einmal spöttisch gemeint?

Wut, Verzweiflung und das Gefühl, versagt zu haben, krochen in ihr hoch. Der Küchenjunge kam und wollte das Geschirr abräumen.

»Issst etwasss nicht in Ordnung?«, zischte er höflich. »Nein, alles bestens«, fauchte sie ihn an, bekam aber sofort ein schlechtes Gewissen. »Jetzt muss ich mich wohl bei dir entschuldigen.« Sie lächelte ihn freundlich an. »Könnte ich bitte eine Tasse Kaffee und ein Stück Kuchen für meine Freundin bekommen? Sie schläft nämlich noch.«

»Kein Problem, ich bringe es sofort.«

Luise betrachtete den Jungen heute etwas genauer. Gestern war ihr Blick immer nur an der Schürze hängen geblieben, die er heute wieder umgebunden hatte. Der Fleck war größer geworden, außerdem hatten sich noch kleinere dazugesellt. Rotblonde Stoppelhaare, die wie Stacheln senkrecht in die Höhe standen, passten zu seinem Gesicht, das voller roter Sommersprossen war. Hellblaue Augen schauten keck und frech, jedoch nicht aufdringlich. Tiefe Schatten unter seinen Augen dämpften das jugendliche Strahlen.

Er bemerkte ihren forschenden Blick, und ein breites Lächeln verschönte sein Gesicht. Jetzt sah Luise auch die Ursache seines Sprachfehlers, der eigentlich keiner war. Ihm fehlte unten und oben ein Zahn. Er ahnte ihre Neugierde:

»Ich habe mich mit einem Freund geprügelt. Er wollte mit meiner Schwester ausgehen, aber sie ist erst dreizehn. Seit mein Pa im Gefängnis ist, bin ich der Mann im Haus und muss auf die Mädchen aufpassen.« Sein Kreuz war vor Stolz kerzengerade geworden.

»Und deine Mutter? Ist sie auch arbeiten?«

»Natürlich nicht, denn sie muss sich um die Kleinen kümmern.«

»Wie viele Kinder seid ihr denn?«

»Mit mir sind wir acht Kinder.«

»Ach du große Güte, und du musst für alle sorgen?«

Sein Blick drückte Selbstbewusstsein aus, als er nickte.

Plötzlich schrie jemand wütend aus der Küche: »Connor, wo bleibst du?«

Die Küchentür flog auf, und ein Bär von einem Mann stand im Türrahmen. Er putzte sich an der Schürze die Hände ab und blickte dabei suchend umher, bis er Connor erblickte. Grimmig raunzte er dessen Namen und zeigte in die Küche.

»Jetzt muss ich gehen, sonst bekomm ich Ärger.«

Mit ängstlichen Augen blickte Connor zu dem fast zwei Meter großen Mann hoch, als er sich an ihm vorbei in die Küche schlich. Dort ergoss sich ein Donnerwetter über den Jungen. Dem folgte ein lauter Knall. Kurz darauf kam der Junge mit einem Tablett zurück, auf dem Colettes Frühstück war. Connor schaute nicht hoch, sondern hielt sein Gesicht und seinen Blick gesenkt. Selbst als Luise sich bedankte, sah er sie nicht an. Erst als sie sein Kinn mit ihrem Zeigefinger leicht anhob, musste er notgedrungen hochschauen.

Luise erschrak. Seine Wange war feuerrot. Man konnte noch die Spuren einer Hand erkennen. An der Stirn waren die ersten Anzeichen einer Beule zu erahnen. Als Luise etwas sagen wollte, schüttelte er unmerklich den Kopf. Sie dankte ihm leise und ging mit dem Tablett hinauf zu Colette.

Diese schlief immer noch. Leise stellte Luise das Essen auf den Nachttisch. Dann schob sie den Vorhang beiseite und öffnete das Fenster, um die Morgensonne und frische Luft hereinzulassen. Verschlafen blinzelte Colette ins grelle Sonnenlicht und schnupperte: »Den Geruch kenne ich.«

»Natürlich, du Schlafmütze. Es riecht nach Wasser und Salz. Schließlich sind wir jeden Morgen mit dem Geruch aufgewacht. Ich blicke direkt auf das Meer.«

»Non, nicht *den* Geruch, sondern *diesen*.« Sie nahm einen Schluck Kaffee. »Mmh, magnifique!« Dann tunkte sie den Kuchen hinein und aß voller Zufriedenheit ihr Frühstück.

»Und, meine Liebe, hast du das Geheimnis der roten Schachtel lüften können?«, fragte Luise.

»Non, aber ich habe trotzdem wunderbar geschlafen und fühle mich prächtig. Hast du deinen Gatten heute schon gesehen?«

»Wir haben zusammen gefrühstückt.«

Colette sah von ihrer Kaffeetasse auf und hob verwundert eine Augenbraue, verbiss sich aber jeglichen Kommentar, wofür Luise ihr dankbar war.

Es klopfte, und Sekunden später stand Duncan im Zimmer. Colette verschluckte sich vor Schreck. Hustend zog sie das Laken bis zum Kinn.

So, als wäre es das Normalste auf der Welt und nichts Ungewöhnliches, unaufgefordert in das Zimmer von zwei jungen Ladys einzutreten, genauso ungeniert schaute sich Duncan im Raum um. Colette und Luise folgten seinem Blick. Erst jetzt wurde ihnen das Durcheinander bewusst. Vor dem Diner hatte Luise mehrere Kleider anprobiert, bis sie sich endlich für das gelbe entschlossen hatte. Die Kleider, die nicht in Frage gekommen waren, hatte sie einfach über einen Sessel geworfen, der neben dem Fenster stand. Die Garderobe vom gestrigen Abend lag nachlässig auf dem Boden vor dem Kleiderschrank. Colettes

Schuhe, die sie zum Essen das erste Mal getragen hatte und die sie unmenschlich gedrückt hatten, hatte sie von der Tür aus im hohen Bogen von ihren Füßen geschleudert und dort liegen lassen, wo sie hingefallen waren.

Peinlich berührt sahen sich die Frauen an. Duncan schaute spöttisch, als er zu ihnen sagte: »Ich möchte euch bitten, bequeme Kleidung anzuziehen, falls ihr in dem Durcheinander noch etwas findet. Ich erwarte euch in dreißig, na, sagen wir lieber in vierzig Minuten unten.«

»Wozu?«, wollte Colette wissen. Sie hielt immer noch krampfhaft ihre Bettdecke fest.

»Ich möchte mit euch einen Ausritt unternehmen«, sagte er im Hinausgehen.

Als Duncan das Zimmer verlassen hatte, sprang Colette aus ihrem Bett und stürzte zur Tür, um sie abzuschließen. »So, dass nicht noch jemand unaufgefordert eintritt. Mon Dieu, wie unangenehm! Wohin will er reiten? Hat er überhaupt ein cheval? Er kennt sich hier doch nicht aus!«

Jetzt glaubte Luise, etwas zu ahnen und vermutete, dass der Ausritt etwas mit ihrem Gespräch beim Frühstück zu tun hatte. Sie ließ sich aber nichts anmerken.

»Beeile dich, Colette, wir haben noch genügend Zeit, etwas Ordnung in unser Zimmer zu bringen. Es sieht hier wirklich wie nach einer Katastrophe aus.«

Colette nickte und fragte: »Wo sind nur meine Reitstiefel?« Sie war bald gänzlich in ihrem Kleiderschrank verschwunden; man konnte nur noch das Hinterteil sehen. Prustend kroch Colette aus dem Schrank hervor mit ihren braunen Lederstiefeln als Trophäe. »C'est ça«, rief sie triumphierend.

Luise hatte bereits ihre Hosen an und knöpfte ihre beige Leinenbluse zu.

»Ziehst du nicht deinen Reiterjupe an?«, erkundigte sich Colette.

»Ein Rock ist unbequem.«

»Bon, du hast Recht!«

Minuten später gingen sie zusammen nach unten, wo Duncan bereits wartete. An einem Barren vor der Tür standen drei gesattelte Pferde. Luise betrachtete die Vierbeiner kritisch. Ihr waren diese Pferderasse und der Sattel unbekannt.

»Was sind das für Pferde?«, fragte sie skeptisch.

»Wie sollen wir auf dem Sattel reiten mit diesem Ding in der Mitte?«, fügte Colette hinzu.

Luise streichelte der Fuchsstute über den Kopf. Das Pferd ließ es ruhig geschehen. Als Luise leise mit der Stute sprach, spitzte diese die Ohren. Das Tier war äußerst entspannt. So etwas hatte Luise bei ihren Pferden zu Hause noch nie bemerkt. Sie hatten zwar keine Vollblüter, aber trotzdem wusste sie nie, ob ihr Pferd heute ruhig oder bockig sein würde. Die Stute neigte den Kopf weit nach unten, sodass Luise sie bequem zwischen den Ohren streicheln konnte. Es schien ihr zu gefallen.

»Wie heißt das Pferd?«

Duncan hatte sie stumm beobachtet und antwortete: »Miss Cayen Twist.«

»Darf ich sie reiten?«

Er nickte.

»Bon, dann nehme ich die andere Fuchsstute«, beschloss Colette und versuchte, Luise nachzumachen und das Pferd am Kopf zu streicheln. Doch dieses hob ihn entrüstet, so weit wie es der Strick zuließ. Wütend schnaubte es geräuschvoll ein und aus und bleckte dabei seine Zähne.

»*Sie* ist ein Hengst und heißt Zippo Midnight Pine. Er ist noch recht jung. Der Stallbesitzer sagte, dass er erst seit kurzem zugeritten ist. Sein Temperament ist noch ungestüm und nicht kontrollierbar, aber alles kein Hinderungsgrund, ihn nicht doch zu reiten.«

»Mon cher Duncan, nachdem du ihn so nett beschrieben hast, überlasse ich ihn gerne deiner Reitkunst. Ich verzichte dankend. Dann reite ich das schwarze Pferd, oder gibt es dazu auch noch etwas zu erklären?«

»Das ist die Mutter dieses ungestümen Herrn und heißt Midnight Boston Run. Sie ist genauso lammfromm wie die Fuchsstute, sagte jedenfalls der Stallbesitzer.«

»Hoffen wir, dass er die Wahrheit gesagt hat«, meinte Luise, die immer noch die Stute tätschelte und langsam um sie herumging, stets eine Hand auf dem Körper des Tieres. »Solche Pferde habe ich weder in Deutschland noch in England gesehen. Sie sind kräftiger als mein Pferd. Sissi hatte einen langen, schmalen Kopf. Alles ist irgendwie runder. Aber trotzdem ist es nicht so stämmig und breit wie ein Ackergaul.« Luise streichelte der Stute über die Nüstern und betrachtete alles sehr genau.

»Sie scheinen ein ruhiges Gemüt zu haben, außer dem dort«, meinte Colette und zeigte auf den Hengst.

»Es sind amerikanische Arbeitspferde. Man setzt sie hauptsächlich zum Rindertreiben ein. Deshalb auch dieses Horn in der Mitte des Sattels. Darüber legt man das Lasso, das der Cowboy zum Einfangen der Kühe braucht.«

Luise, Colette und Duncan drehten sich in die Richtung, aus der die Erklärungen kamen. Denn nicht Duncan war der Lehrmeister in Sachen Pferd gewesen, sondern ein ihnen fremder Mann.

»Darf ich mich vorstellen, mein Name ist Steve Parker aus Amerika.« Er reichte jedem seine Hand zur Begrüßung.

»Angenehm, Mr. Parker«, erwiderte Duncan die Begrüßung.

»Nennen Sie mich Steve. Das andere klingt steif und förmlich.«

»Mein Name ist Duncan. Duncan Fairbanks, meine Frau Luise und ihre Freundin Colette Lambert.«

»Ma'ams.« Parker tippte mit dem Zeigefinger an die Hutkrempe. Solch einen Hut hatte Luise auch noch nie gesehen. Es war schon komisch, sie musste nach Australien reisen, um amerikanische Pferde und amerikanische Hüte kennen zu lernen.

»Sind Sie ein solcher Cowboy?«, wollte Colette wissen.

»Gütiger Gott, nein«, spielte Parker den Entrüsteten. »Ich habe mit Ackerbau und Viehzucht nichts im Sinn. Ich bin sozusagen das schwarze Schaf in der Familie«, fügte er augenzwinkernd hinzu.

»Zu was sind Sie dann geschaffen?«, bohrte Colette.

»Nun, ich würde es so ausdrücken: für das Glücksspiel, für den Whisky und für schöne Frauen!« Den letzten Teil seiner Erklärung ließ er regelrecht auf seiner Zunge zergehen, als ob er süße Erinnerungen schmelzen lassen würde.

Peinlich berührt, senkte Colette ihr gerötetes Gesicht, was ein ironisches Grinsen bei Parker hervorrief.

»Wenn Sie kein Cowboy sind und auch sonst mit diesem Bereich nichts zu tun haben, woher wissen Sie dann etwas über diese Pferde?«, wollte Duncan von ihm wissen.

»Mein Vater ist Rinderzüchter in Amerika. Er besitzt über tausend Stück Vieh und natürlich auch einige von diesen Pferden.«

»Ich möchte mit den jungen Ladys einen Ausritt unternehmen und würde mich freuen, wenn Sie sich uns anschließen würden«, lud Duncan ihn ein.

»Warum nicht? Es ist noch recht früh am Mittag, und ich habe erst später etwas vor. Was gibt es Schöneres als ...« Doch auf einmal schien Steve Parker die Stimme verloren zu haben. Er flüsterte nur noch: »... und das mitten in der Wildnis.«

Seine Augen bekamen einen merkwürdigen Glanz, die Gesichtszüge entglitten zu einem in sich gekehrten Lächeln. Ein sonderbares Verhalten, fand Luise. Doch dann erklang ein zuckersüßes Stimmchen hinter ihnen:

»Wollt ihr etwa ohne mich ausreiten?«

Unmerklich zuckte Luise zusammen. Nur eine Person verursachte bei Männern solche Reaktionen – ihr Name war Elisabeth Anderson. Sie schritt, nein, sie schwebte die Holzstufen vor dem Hoteleingang hinunter. Wie immer sah sie hinreißend, einfach perfekt aus. Das Sonnenlicht zauberte kleine Funken in ihre Haare, die zu einem dicken Zopf geflochten waren. Ihre Garderobe war scheinbar so vielfältig, dass sie Luise und Colette sowie die Männerwelt immer wieder mit einem neuen Kleid überraschte. Diesmal war es ein orangegelbes, mit Blütenranken bedrucktes Leinenkleid. Ihre grünen Augen hatten heute ins bernsteinfarbene gewechselt, passend zu ihrer Garderobe. Diamantohrringe in Form von Weintrauben brachen das Licht der Morgensonne. Sie sah aus, als ob sie zu einem Ball gehen würde.

Wieder saß ein Kloß in Luises Hals. Jedes Mal fühlte sie sich neben Elisabeth wie ein hässliches Entlein. Sie hatte keine Lust mehr auszureiten. Bei dem Gedanken, dass Mrs. Wunderbar sie begleiten würde, hätte sie am liebsten losgeheult, so enttäuscht war sie von sich, von der Situation, aber vor allem von Duncan, dessen Blick an Elisabeth klebte.

»Willst du uns nicht miteinander bekannt machen, Darling«, forderte Mrs. Anderson Duncan auf.

Luise hielt sich am Sattel fest, da sie befürchtete, jeden Moment auf Elisabeth zu springen und ihre Haare einzeln auszureißen, jedoch erst, nachdem sie ihr die Augen ausgekratzt hätte. Auf der Schiffsreise hatte Duncan Luise erzählt, dass Elisabeth und er sich aus früheren Zeiten kannten. Wie tief ihre Verbundenheit damals oder auch noch heute war, darüber hüllte er sich in Schweigen. Elisabeth deutete durch Blicke, heimliche Berührungen oder sonstige Intimitäten stets an, dass die beiden sich nicht nur flüchtig kannten. Je mehr Luise sich darüber ärgerte, umso öfter provozierte Elisabeth sie.

»Entschuldige, Elisabeth. Mr. Parker, darf ich Sie mit Mrs. Elisabeth Anderson bekannt machen? Wir reisten zusammen von England hierher. Außerdem ist sie eine langjährige Bekannte meinerseits«, versuchte er, die intime Anrede zu erklären.

In Luise brodelte die Wut. Fragen und Zweifel beunruhigten sie. Am meisten beschäftigte sie allerdings, warum es ihr etwas ausmachen würde, wenn die Leidenschaft zwischen Duncan und Elisabeth noch nicht erloschen war. Im Grunde müsste es Luise einerlei sein, schließlich liebten sie sich nicht, und doch ärgerte es sie, wenn diese Frau sich zwischen Duncan und sie schob – und das tat sie ständig.

Elisabeth streckte dem Fremden ihre tadellos manikürte Hand entgegen, an dem der diamantenbesetzte Ehering mit dem Verlobungsring, den ein einziger großer Saphir zierte, um die Wette strahlte. Langsam ergriff Steve Parker die Hand der Schönen und blickte zuerst in ihre Augen, dann auf die beiden edlen Schmuckstücke.

»Welch eine Schande und doch grenzenlose Freude«, murmelte er.

»Können wir nun endlich losreiten?«, nörgelte Colette, die ungeduldig wurde.

»Du hast Recht. Wir sollten noch vor der stechenden Mittagssonne dort ankommen«, nickte Duncan ihr zu.

»Wo ankommen?«, versuchte Colette, ihr Ziel zu erfahren.

»Meine liebe Colette, das wirst du sehen, wenn wir dort angekommen sind«, feixte er. »Elisabeth, du kannst uns gerne begleiten, allerdings musst du dich umziehen, so kannst du unmöglich reiten«, forderte Duncan sie auf.

»Welche Schande, dieses entzückende Kleid gegen ein unweibliches Reiterdress einzutauschen.« Steve blickte kurz zu Luise und Colette hinüber und hob entschuldigend die Hände. »Sorry, meine Ladys, ich wollte Ihnen nicht zu nahe treten. Meine liebe Elisabeth, ich darf Sie doch Elisabeth nennen?« Diese nickte. »Meine liebe Elisabeth«, fing er von neuem an, »was halten Sie davon, wenn ich Ihnen bei einer Tasse Tee mehr über diese amerikanische Pferderasse erzähle, die anscheinend niemand hier kennt und die man übrigens Quarter Horse nennt? Ich nehme an, dass schon ein anderer Amerikaner vor mir auf diesem Kontinent gelandet ist und die Pferde mitgebracht hat.«

Elisabeth strahlte mit ihren Diamanten um die Wette. »Duncan, Darling, es tut mir Leid, aber sicher kannst du verstehen, dass ich mir dieses interessante Thema um keinen Preis der Welt entgehen lassen möchte. Außerdem wird es mir zu warm, und du weißt ja sicher noch, dass die Sonne nicht gut für meinen Teint ist«, sagte sie provokant in Luises Richtung.

Elisabeth hängte sich bei dem Pferdekenner unter und ging ins Hotel. Luise hörte im Vorbeigehen noch die Frage: »Wissen Sie, Elisabeth, dass dieses Quarter Horse auf einer viertel Meile das schnellste Pferd der Welt ist? Deshalb der Name!«

»Ach wirklich? Wie aufregend!«, kicherte Elisabeth, dann waren sie im Hotel verschwunden.

Luise war Steve dankbar, denn nun konnte sie sich wieder auf den Ausritt freuen. Sie sah den beiden gedankenverloren nach.

»Was ist Luise, willst du Wurzeln schlagen?«, fragte Duncan.

Duncan und Colette saßen bereits im Sattel und versuchten, ihre Rosse zu wenden. Als Colette jedoch nach englischer Reitermanier zu fest am Zügel zogen, weigerte sich Colettes schwarze Stute, einen Huf vor den anderen zu setzen und zog den Kopf der Zügelbewegung entgegen. Und der Hengst testete Duncans Sattelfestigkeit, indem er Bocksprünge machte, als ob er dafür Punkte bekäme. Fairbanks hielt sich tapfer auf dem Pferd, war aber nicht fähig, es zum Stehen zu bringen.

Mittlerweile war es zu einem kleineren Menschenauflauf gekommen. Die Leute grölten und feuerten Duncan an. Es fehlten nur noch Wetteinsätze. Colette saß bewegungslos auf ihrer Stute, aus Angst, die Mutter würde ihrem Kind nacheifern. Die Angst stand ihr ins Gesicht geschrieben.

Die Menschenmenge bewirkte, dass Steve Parker nach draußen eilte, denn er stand auf einmal, natürlich in Begleitung von Elisabeth, wieder im Hoteleingang. Schnell erkannte er die Situation und lief die Stufen hinunter. Von weitem hörte man ihn schon rufen: »Wow!« Er musste fast brüllen, um das Geschrei der Leute zu überstimmen.

Luise stand zitternd neben der Fuchsstute, die trotz der Geräuschkulisse ruhig wirkte. Ängstlich sah sie immer wieder zu den anderen Pferden. Erneut rief Steve laut »Wow!« und ging direkt auf das tobende Pferd zu.

Offenbar wusste der Hengst, was es bedeutete, denn seine wilden Sprünge wurden schwächer, bis er ruhig dastand. Man erkannte nur an seinem heftigen Atem, dass er sich angestrengt hatte.

Steve fasste die Trense des Hengstes und redete ruhig auf ihn ein. Dann streichelte er ihm langsam über den Hals und kraulte seine Mähne. Der Hengst senkte den Kopf und ließ es geschehen. Man konnte spüren, wie die Ruhe und Gelassenheit in das Pferd zurückkehrten.

Schweißgebadet stieg Duncan vom Pferd und lehnte sich schwer atmend an den Holzbarren. Steve band Duncans Pferd daneben, dann ging er zu Colette und reichte ihr die Hand zum Absteigen.

»Hat man Ihnen nicht gesagt, dass man diese Pferde nicht am Zügel reißt?«, fragte Steve.

»Wenn ich das gewusst hätte, hätte ich mich daran gehalten. Das können Sie mir glauben.«

»Woher haben Sie die Quarters?«

»Am Ende des Orts ist ein Stall. Es waren die Einzigen, die noch zu mieten waren. Jetzt weiß ich, warum. Keiner ist fähig, diese Bestien zu reiten!«

»Da täuschen Sie sich. Wären es Bestien, dann hätte diese junge Dame nicht eine Sekunde im Sattel gesessen. Bei dem Rodeo, das Sie hier veranstaltet haben, und bei dem Krach der Leute wäre jedes andere Pferd durchgegangen. Aber nicht ein amerikanisches Quarter. Dass der Hengst Bocksprünge gemacht hat, liegt allein an Ihnen. Sie haben ihm vorne mit dem Zügel im Maul gerissen und gebremst, aber gleichzeitig haben Sie ihm die Sporen gegeben und angetrieben. Er wusste nicht mehr, was er machen sollte. Außerdem hat er sich bei der Aktion auf die Zunge gebissen. Ihre Unfähigkeit hat dieses Spektakel verursacht«, sagte Steve vorwurfsvoll.

»Bei allem Respekt, aber ich habe nichts anderes gemacht als das, was ich bei meinen Pferden zu Hause auch mache. Schließlich reite ich nicht erst seit heute. Ich habe ihn weder geschlagen noch absichtlich gequält. Der Stallbesitzer hat auch nicht gesagt, dass die Pferde anders geritten werden als unsere in England.«

Steve Parker lenkte ein. »Okay, ich nehme es zurück. Ihre Unkenntnis im amerikanischen Reiten war schuld.«

»Ich habe keine Lust mehr auszureiten, egal, wie sie geritten werden«, meinte Colette und wollte ins Gebäude gehen.

Doch Steve hielt sie zurück: »Wenn Sie jetzt kneifen und nicht mehr aufs Pferd steigen, wird Sie diese Angst vielleicht ewig begleiten. Ich rate Ihnen, den Ausritt auf jeden Fall zu unternehmen, schließlich ist keiner zu Schaden gekommen.«

Luise wartete auf Duncans Reaktion, da er von dem Reitfiasko am meisten betroffen war.

»Dem stimme ich zu, aber ich kann Colette nicht dazu zwingen.«

»Wenn Sie möchten, werde ich Ihnen einige Hilfestellungen geben, damit so etwas nicht wieder passiert«, bot Parker an, dessen Hilfe gerne angenommen wurde.

Elisabeth stand auf der untersten Stufe, weit genug entfernt, falls ein Gaul wieder durchdrehen sollte, und nah genug, um jedes Wort zu hören.

Steve schwang sich in den Sattel, schnalzte mit der Zunge, und sofort schritt der Hengst langsam los. Man konnte kaum glauben, dass dieses Pferd vor wenigen Minuten seinem Reiter den Schweiß aus den Poren getrieben hatte. Steves linker Arm hing lässig an der Seite, mit der rechten Hand hielt er locker die Zügel. Als er zum Trab ansetzte, wurde sein Zungenschnalzen fordernder, außerdem gab er kurz Schenkeldruck.

Die Reiter registrierten jede Bewegung. Es schien so einfach und kostete kaum Kraft. Steve wendete sein Pferd, indem er den Zügel an die entgegengesetzte Halsseite legte und seinen Beinschenkel an die ebenfalls entgegengesetzte Seite presste. Im Traben wechselte das Pferd federleicht die Richtung. Nun schnalzte er lauter und presste beide Schenkel fest an den Körper des Hengstes. Die Zügel immer noch locker und durchhängend, fiel der Fuchs in einen leichten Galopp.

Diese Art der Reiterei war für alle Anwesenden fremd und trotzdem faszinierend, zumal man im Sattel fest sitzen blieb und nicht wie im europäischen Reitstil den Po aus dem Sattel hob.

Steve galoppierte nun schneller auf Duncan zu. Jeder hielt die Luft an, als Steve laut die drei Buchstaben rief: »Wow!« Sofort stoppte das Pferd auf seinen Hinterhufen und rutschte auf den sandigen Boden wenige Zentimeter. Dann stand es ruhig und zufrieden.

»Er ist ein Prachthengst«, meinte Parker anerkennend. »Haben Sie die Unterschiede zwischen dem europäischen und amerikanischem Reiten erkennen können?«

Jeder nickte. Sogar Elisabeth war beeindruckt und himmelte ihren Ritter auf dem Ross an.

Lässig blieb Steve auf Zippo sitzen und legte die Zügel am Horn vorbei. Nochmals erklärte er die Feinheiten, und dann mussten ihm Duncan und die Frauen zeigen, was sie von seinem Schnellkurs behalten hatten.

»Ladys and Gentleman, ich glaube, Sie können nun getrost in die Weite der Prärie reiten. Sobald Sie sich unsicher sind, gehen Sie einfach in den langsamen Schritt. Ich wünsche Ihnen viel Vergnügen und wäre froh, Sie heute Abend gesund wieder zu sehen.«

Er tippte an die Krempe seines schwarzen Hutes und wollte sich wieder der Schönheit von Diamanten und edlen Frauen widmen, als Duncan ihm zurief: »Darf ich Sie als Dankeschön heute Abend zum Diner einladen?«

»Nur, wenn diese Schönheit auch eingeladen wird.«

»Mr. Parker, ich bin eine verheiratete Frau«, klärte Elisabeth ihn lachend auf.

»Das finde ich sehr bedauerlich. Bringen Sie Ihren Mann einfach mit, dann lerne ich diesen Glückspilz ebenfalls kennen. Oder haben Sie etwas dagegen, Fairbanks?«

Der schüttelte den Kopf. »Eine hübsche Frau mehr am Tisch kann das Essen nur versüßen.«

»Ihr beiden Schmeichler!«, meinte Elisabeth und spielte das verlegene Mädchen. Steve reichte ihr den Arm. Bevor sie sich aber einhakte, schaute sie zu Luise. Diese konnte Genugtuung in den Augen ihrer Gegenspielerin erkennen. Dann ging der Reitlehrer mit seiner Eroberung wieder ins Hotel zurück, um den Plausch fortzuführen.

Endlich konnte der Ausritt stattfinden. Luise nahm sich vor, sich nur noch auf das Reiten und die Landschaft zu konzentrieren und keinen Gedanken mehr an Elisabeth und ihr gemeinsames Diner zu verschwenden.

Im Schritt führten sie die Pferde an den Häusern vorbei zum Hafen. Draußen auf dem Meer sah man ein Segelschiff auf der Reede liegen. Da der Hafen nur zwei Klippern Platz bot, mussten die anderen auf offener See warten, bis die Schiffe gelöscht waren. Die Miss Britannia lag fest vertäut am Pier und nahm Lebensmittel auf, da sie am nächsten Tag wieder Richtung Heimat auslaufen sollte. Das Schiff, mit dem sie fast ein halbes Jahr unterwegs gewesen waren, war Luise nie so groß vorgekommen wie in diesem Augenblick. Obwohl sie auf dem Pferd saß, glaubte sie, klein wie eine Ameise zu sein. Durch das dunkle Holz der Schiffswände wurde der Eindruck verstärkt. Imposant und mächtig bewegte sich der Koloss fast unmerklich im Wind. Der Mast schien bis in den Himmel zu ragen. Eifrig wurden Kisten, Fässer und Vieh an Bord gebracht.

Fasziniert schaute Luise zu, als ihr Pferd plötzlich stehen blieb. Erschrocken sah sie nach vorn in ein lachendes Augenpaar.

Kapitän Fraser hatte sich ihr in den Weg gestellt. Luise freute sich, den Mann noch einmal zu sehen, bevor er wieder in See stach.

»Guten Morgen, schönes Kind«, sagte er lachend. »Wie ich sehe, wollen Sie die Umgebung hoch zu Ross erkunden. Leider habe ich nie reiten gelernt. Auf einem Schiff war zu wenig Auslauf für ein Pferd.«

»Duncan hat uns zu diesem Ausritt eingeladen. Nach sechs Monaten Schaukeln auf einem Schiff schaukeln wir nun auf dem Rücken der Pferde. Wann geht es wieder nach Hause?«

»Morgen gegen zehn Uhr werden wir den Anker lichten und hoffen, dass der Wind uns schnell in den heimatlichen Hafen bringt.«

»Darf ich Ihnen morgen einen Brief für meine Familie mitgeben? Ich weiß, dass Sie normalerweise keine Post befördern ...«

»Für Sie tue ich fast alles, Luise«, unterbrach er sie. »Ein Schiffsjunge wird ihn entgegennehmen.«

Verlegen reichte sie ihm die Hand zum Dank.

»In fünfzehn Monaten bin ich wieder hier, vielleicht kommen Sie mich besuchen und erzählen mir, wie es Ihnen ergangen ist.«

»Aye, aye, Kapitän!«, sagte Luise und verabschiedete sich mit dem Matrosengruß. Dann ließ sie ihre Stute in einen leichten Trab fallen, um den anderen zu folgen.

Kapitän Fraser blieb alleine zurück. Dieses Mädchen war ihm ans Herz gewachsen. Sie war die Tochter, die man sich als Vater wünschte. Leider war ihm dieses Glück versagt geblieben. Er freute sich jetzt schon auf das nächste Jahr, wenn er sie wieder sehen würde. Hoffentlich würde es ihr gut gehen und ihre blauen Augen immer noch vor Tatendrang sprühen.

Duncan und Colette waren langsam vorausgeritten. Vor dem letzten Holzhaus in der Bucht warteten sie. Duncan sah Luise entgegen. Ihr Zopf wippte auf und ab. Ihre Gesichtszüge wirkten entspannt und froh. Als sie vor ihm anhielt, konnte er den Duft von Seife wahrnehmen. Ihre Augen blitzten freudig, die Wangen waren leicht gerötet. Sie sah so unberührt und natürlich aus. In diesem Augenblick war sich Duncan sicher, dass er die richtige Entscheidung getroffen hatte, und das nicht nur wegen der Umstände. Die Gewissheit ließ sein Herz schneller schlagen. Zu den beiden Frauen gewandt, sagte er: »Ich möchte die unmittelbare Gegend erkunden. Vielleicht gibt es hier ein Haus zu mieten oder zu kaufen. Schließlich können wir nicht ewig im Hotel wohnen.«

Fairbanks lenkte sein Pferd aus dem Hafenbereich eine kleine Anhöhe hinauf. Hier kam man zu den großen zweigeschossigen Häusern. In diesen Anwesen lebten die Regierungsbeamten. Unterhalb davon standen die kleineren. Es erinnerte Luise schwach an die Aufteilung in London. Unten die armen Arbeiter und oben die Reichen. Ihre Gedankengänge waren auch keineswegs von der Hand zu weisen. Man wollte wieder unter sich sein. Offenbar hatte man auch hier eine Armee von Gärtnern damit beschäftigt, das wilde Land fruchtbar zu machen. Die einheimischen Gewächse wurden kultiviert und durch importierte, europäische Pflanzen ergänzt. Hier und da sah man einen Engländer. Man grüßte höflich und taxierte sich neugierig. Viel gefragt oder geredet wurde nicht. Ab und zu sah man ein schwarzes Mädchen, das die Kinder der Weißen betreute oder kühle Getränke servierte. Die Häuser der Regierungsmitglieder waren prunkvolle Bauten, die an der Seeseite eine große Terrasse und einen ebenso großen Balkon hatten. Duncan sah Luise fragend an, die den Kopf schüttelte, denn hier wollte sie nicht wohnen.

Die Reiter ließen die Gegend hinter sich und kamen auf freies, unbebautes Land. So weit das Auge reichte, sah man die scheinbar unendliche Landschaft vor sich. Langsam ritten sie schweigend ins Landesinnere und nahmen die Ruhe und die Schönheit in sich auf.

Sie waren schon einige Zeit unterwegs, als sie in der Ferne eine Baumgruppe erkennen konnten, die schlank und hoch in den Himmel ragte. Langsam bewegten sich die Wipfel im Wind. Duncan drehte sich nach den jungen Frauen um und zeigte auf die Bäume, dann gab er Zeichen, ihm zu folgen. So, wie Steve es ihm vorgemacht hatte, brachte er seinen Hengst in einen leichten Galopp. Das Pferd schien begeistert zu sein, endlich seine Kraft herauslassen zu können. Colette und Luise taten es ihm nach. Das Gefühl der Freiheit auf dem Rücken der Pferde war für jeden zu spüren. Das Bewusstsein, diese lange Reise hinter sich zu haben, überwältigte sie in diesem Moment. Kurz vor der Baumgruppe fielen die Pferde wieder in einen langsamen Trab und danach in den Schritt. Entspannte und lachende Gesichter sahen sich an.

»Oh Duncan, ich danke dir für diese großartige Idee. Es sind wunderbare Pferde«, rief Colette voller Begeisterung.

»Dem stimme ich zu, Colette. Ich hatte noch nie ein solches Pferd unter dem Sattel. Niemals hätte ich meinen Wallach nach einem schnellen Ritt so leicht zum Traben gebracht. Nur unter starkem Zügelzug wäre es mir gelungen, obwohl ich mir da auch nicht sicher bin. Wenn Bandit die weite Ebene nur erahnt hätte, wäre er ab wie ein Blitz«, verglich Duncan.

»Wo ist das Pferd jetzt?«, wollte Colette wissen.

»Jack hat meinen Pferdebestand übernommen. Ich werde ihn zurücknehmen, wenn ich hier alles erledigt habe und wieder in England bin.«

Luise war überrascht: »Du hast nie darüber gesprochen, dass du wieder nach England zurück willst. Wann wird das sein?«

»Meine Liebe, ich glaube wir haben über so vieles noch nicht gesprochen. Priorität hat dein Bruder, schließlich war die Suche nach ihm Pakt unserer Heirat. Außerdem muss ich mich um einige andere Angelegenheiten kümmern. Ich weiß nicht, wann meine Rückreise sein wird, aber ich hoffe, in absehbarer Zeit.«

Verblüfft sah sie Duncan an. Dass sie nichts von ihm wusste, war ihr schon am Tag ihrer Hochzeit klar gewesen, als der Pfarrer den Satz ›in guten und in schlechten Tagen‹ aussprach. Sie hatte einen Unbekannten geheiratet, und bei diesen sechs Worten wusste sie nicht, ob sie auch für sie gelten müssten und würden. Jedoch hatte sie sich im Laufe der Monate keine Gedanken darüber gemacht, denn man gehörte durch das kleine Wort Ja zueinander, ob man sich kannte oder nicht. Es war belanglos in der Zeit der Reise, doch nun war man am Ziel angekommen und musste sein weiteres Leben, seine Zukunft planen. Ab und zu war da ein Gefühl, das sie nicht zu deuten wusste, und irgendwann schlich sich auch das Gefühl der Zusammengehörigkeit ein. Gestern hatte sie es gespürt, als sie Duncan und Colette auf der Terrasse beobachtet hatte. Allerdings war da noch etwas anderes, etwas, das kam, wenn Elisabeth Anderson erschien. Es machte sie wütend, nichts von Duncans und Elisabeths gemeinsamer Vergangenheit zu wissen. Denn so etwas verbindet zwei Menschen, egal, wie man zueinander steht.

Luise hatte das gemacht, wovon ihr Vater ihr abgeraten hatte. Sie war eine Vernunftehe eingegangen. Würde sie die Liebe jemals kennen lernen?

Die drei Reiter ließen die Baumgruppe rechts liegen und ritten schweigend ins Landesinnere. In Australien war es Sommer. Alle Blumen standen in voller Blütenpracht. Schon um die Mittagszeit waren die Temperaturen fast unerträglich.

Luise schloss die Augen und gab sich ganz den Bewegungen ihrer Stute hin. Ihre Körperbewegungen schmiegten sich in den Rhythmus des Pferdes. Sie träumte von zu Hause, vom Ritt auf ihrer Stute Sissi über weite Blumenfelder. Sie atmete durch die Nase und hoffte, die Gräser und Feldblumen von zu Hause zu riechen. Luise schnupperte in alle Richtungen, konnte aber die vertrauten Duftnoten nicht wahrnehmen. Die Aromen, die sie hier roch, waren ihr fremd. Es war nicht das Einzige, was ihr fremd vorkam. Nur fremde Geräusche, fremde Pflanzen und Tiere waren um sie herum. Selbst der Mann, der neben ihr ritt, war fremd. Nur ihre Freundin Colette war ihr vertraut.

Luise öffnete wieder die Augen und blickte zum Himmel. Colette hatte ihrem Pferd erneut das Kommando für einen leichten Trab gegeben und war ein gutes Stück vor ihnen. Sie strahlte über das ganze Gesicht und schien in diesem Augenblick sorglos und froh. Doch nun wuchs in Luise das Heimweh. Die Sehnsucht nach Tante Margret, Anni, Onkel Fritz und all den anderen wurde von Minute zu Minute größer. Sie vermisste sogar das Grab ihres Vaters, wo sie ihm ihre Sorgen, Wünsche und Träume erzählt hatte. So wie Jack, Mary und Bill den Ort immer wieder aufsuchten, um sich ihren Lieben näher zu fühlen, genauso brauchte auch sie diese Stelle. Nun waren sie schon über ein halbes Jahr von Deutschland fort. Bald war wieder Weihnachten, und der Todestag ihres Vaters würde sich jähren. Luise seufzte laut.

»Was ist mit dir?«, fragte Duncan besorgt. Sein Hengst ging brav neben der Stute, sodass er Luise hatte beobachten können.

»Oh Duncan, ich habe solches Heimweh.«

Im selben Moment, als sie das sagte, war sie über sich selbst erschrocken. Noch nie hatte sie ihm gegenüber ihre Gefühle geäußert.

Duncan nahm ihre Hand und streichelte sie. »Ich weiß, Luise.«

Verblüfft über die Zärtlichkeit in seiner Stimme und über das Verständnis, das sie in seinen Augen erkennen konnte, war Luise nicht fähig, ihm ihre Hand zu entziehen. Sie konnte sie ihm auch nicht entziehen, als er ihre Hand zu seinem Mund führte und einen Kuss auf die Innenseite drückte. Obwohl sie Lederhandschuhe trug, brannte der Kuss auf ihrer Haut. Erschrocken befreite sie ihre Hand und sah ihn verwirrt an. Sein Blick war ebenso brennend wie sein gehauchter Kuss. Hilflos gab Luise ihrem Pferd die Sporen und ritt zu Colette, die ahnungslos ein Lied trällerte. Völlig außer Atem kam Luise seitlich neben Colettes Pferd.

»Wie siehst du denn aus, ma chère? Hast du Fieber? Deine Wangen sind ganz rot. Duncan soll dich untersuchen, schließlich ist er Arzt. N'est-ce pas?« Suchend sah sich Colette nach ihm um.

»Nein, mir fehlt nichts, ich bin nur zu schnell geritten«, antwortete Luise hastig, der sich bei dem Gedanken, dass derselbe Mann sie untersuchen sollte, dem sie das erhitzte Gesicht zu verdanken hatte, noch heißer wurde.

Colette schien beruhigt und wechselte das Thema.

»Ach Luise, ist das nicht ein herrlicher Tag? Diese unendliche Weite, ideal zum Reiten, und dann dieses traumhafte Pferd. Ich habe mich regelrecht in Midnight verliebt. Sie hört auf das kleinste Kommando. Sie ist so brav – ach, ich wäre froh, sie würde mir gehören.«

»Da scheint jemand glücklich zu sein.« Duncan hatte aufgeholt und die letzten Worte gehört.

»Oui, Duncan. Ich möchte mich bei dir bedanken. Ich hatte so viel Heimweh, aber nun ist es vorbei. Das hat mir gefehlt, ein Tag in der Natur. Das Schiff und das viele Wasser um mich herum, immer nur blau, haben mich traurig gemacht. Aber heute ist alles parfait.«

»Seht ihr den Felsen mit den Bäumen hinten am Horizont? Da gibt es Wasser für die Pferde. Lasst uns traben.«

Schnell hatten sie den Fels erreicht, der bizarr mitten in einer Wiese stand. Der Stein wirkte mächtig, als ob er die Wildnis bewachen würde. Er hatte die Höhe eines Kirchturms, die übrigen waren halb so groß. Mehrere eiförmige Steine lagen verstreut in der näheren Umgebung. Alle waren sandfarben in verschiedenen Hell- und Dunkeltönen. Bäume spendeten Schatten. Einige wuchsen sogar aus den Zwischenräumen der Steine heraus. Sie stiegen ab und lockerten die Sattelgurte.

»Steve Parker hat mir erklärt, dass man bei den Quarters einfach die Zügel auf den Boden hängen lässt. Die Pferde sind so trainiert, dass sie sich nur in einem kleinen Radius bewegen. Da er mir versicherte, dass unsere Pferde sehr gut ausgebildet sind, denke ich, dass wir es so versuchen.«

»Was passiert, wenn ein Löwe oder Tiger sie erschreckt?«

»Das werden wir sehen, wenn es so weit ist, allerdings kann ich dich beruhigen, Colette, es gibt hier keine Löwen oder Tiger.«

Luise hatte seit dem Kuss kein Wort mehr mit Duncan gesprochen. Um jeglichen Kontakt mit ihm zu vermeiden, ging sie zu dem Baum, der am weitesten entfernt war, und betrachtete ihn genauer. Kleine, grüne und sehr feste Blätter bildeten die Baumkrone. Auf dem Boden lagen brüchige, ausgetrocknete Rindenstücke. Der Stamm war hell, fast weiß, deshalb schien er glatt und eben zu sein, aber bei näherem Betrachten sah sie, dass er von einer dünnen Rinde überzogen war. Luise wollte ein Blatt pflücken, reichte aber nicht heran.

»Warte, ich helfe dir.«

Ehe sie sich versah, hatte Duncan sie um die Hüfte gefasst und hochgehoben, damit sie einen kleinen Ast abbrechen konnte. Luise glaubte, ihr Herz würde zerspringen. Duncan ließ sie vorsichtig zurück auf den Boden gleiten und hielt ihre Taille weiter fest. Auf seiner Stirn standen Schweißperlen. Noch nie war Luise seinem Gesicht so nahe gewesen. Erst jetzt bemerkte sie die kleine Narbe auf seiner Wange. Sie war nicht groß, vielleicht zwei Zentimeter, aber die Wunde musste tief gewesen sein. Auch sah sie zum ersten Mal die Farbe seiner Augen. Sie hatte gedacht, dass sie blau seien, jedoch waren sie mehr taubengrau. Zu den Irisrändern wurde die Farbe dunkler. In seinem rechten Augen entdeckte sie einen kleinen roten Punkt unterhalb der Pupille. Luise erkundete jeden Zentimeter seines Gesichtes. Seine Haut war glatt und gründlich rasiert, seine dunklen Haare waren locker zusammengebunden. Dichte Brauen umrahmten die Augen, die Luises Gesicht ebenso erkundeten. Seine Nase war gerade, seine Ohren lagen akkurat an seinem wohlgeformten Kopf an. Plötzlich trafen sich Duncans und Luises Blicke. Da war es wieder, das Gefühl im Bauch. Sie glaubte, er würde sie mit seinen Augen verbrennen. Was war nur los mit ihr?

Plötzlich rief jemand: »Juchhe!«

Duncan schloss für einen Moment die Augen. Als er sie wieder öffnete, war das Brennen gegen einen gleichgültigen Ausdruck vertauscht worden, den Luise bereits kannte. Er ließ sie los und ging in die Richtung, aus der der Ruf erschallt war. Luise folgte ihm in sicherem Abstand. Suchend sahen sie sich um, als sie Colettes Stimme hörten:

»Hier oben bin ich.«

Lachend winkte sie mit den Armen vom höchsten Steinbrocken, der hier zu finden war.

»Um Himmels willen, Colette, wie bist du dort hinaufgekommen?«

»Du musst um den Felsen herumgehen, dann kannst du bequem raufklettern. Man kann Kilometer weit sehen.«

Luise folgte Colettes Anweisung, kam dabei an ihrer Stute vorbei, der sie den abgerissenen Zweig hinhielt, den sie immer noch in ihrer Hand hatte. Cayen schnupperte und schnaubte geräuschvoll, dann zupfte sie mit den weichen Lippen ein paar Blätter ab und zerkaute sie gemächlich mit ihren breiten Backenzähnen. Ein wohltuender Geruch breitete sich aus. Es schien der Stute allerdings nicht zu schmecken, denn sie spuckte die gekauten Blätter wieder aus. Luise schnupperte in die Luft.

»Es ist Eukalyptus«, klärte Duncan sie auf, der diesmal Abstand hielt. Sein Blick hatte sich verändert. Nüchtern wie ein Schulmeister sah er sie an. »Ich habe es mir gedacht, als ich die Blätter sah. Auch der Baumstamm ist charakteristisch für diese Pflanzenart. Im Herbst verlieren die Bäume nicht die Blätter, sondern sie stoßen ihre Rinde ab. Keine Ahnung, warum das so ist. Es sind robuste Pflanzen, denen Temperaturschwankungen nichts ausmachen. Sie haben sehr hartes Holz und können sogar Buschbrände, die es hier in der Trockenzeit öfters gibt, überstehen. Der Koalabär ernährt sich von Eukalyptus.«

»Woher weißt du das alles? Woher hast du gewusst, dass es hier Wasser für die Pferde gibt? Wieso kennst du fremde Pflanzen?«, fragte ihn Luise erstaunt.

»Glaubst du, ich mache einen Ausritt, ohne zu wissen, wohin? Ich habe mich heute Morgen beim Wirt erkundigt. Er sagte mir die Richtung und nannte mir gravierende Orientierungshilfen in der Natur und hat mir auch einiges über die Pflanzen hier erzählt. Ich interessiere mich sehr für mögliche neue Heilpflanzen. Vielleicht finde ich dadurch neue Mittel, um manche Krankheiten zu lindern oder sogar zu heilen.«

Luise hasste diese Situationen, in denen er sie belehrte oder zurechtwies. Sie musste sich bremsen, denn die Wut auf ihn und der Zorn über sich selbst schienen in ihrem Kopf zu explodieren. Was war jetzt anders als zuvor unter dem Baum? Sie hatte keine Ahnung und dachte nur, dass sie mit Colette darüber reden musste. Luise hatte in die Ferne geschaut, während sie ihren Gedanken nachhing.

»Es scheint dich nicht zu interessieren, was ich dir erkläre«, meinte Duncan, nachdem er ihren abschweifenden Blick registriert hatte.

Luise zuckte gleichgültig mit den Schultern und ging zu Colette, die immer noch auf dem Felsen stand und wie ein Pirat in die Ferne spähte.

»Ich rufe und rufe, weil ihr euch das ansehen sollt, aber keiner hört auf mich. Habt ihr Liebesgeflüster abgehalten?«, fragte sie hämisch lächelnd.

»Halt' deinen Mund«, zischte Luise wütend. Im selben Augenblick tat es ihr auch schon Leid. »Verzeih mir, Colette. Ich werde es dir später erzählen«, sagte sie zu ihrer Freundin und legte versöhnlich den Arm um ihre Schultern. »Was soll ich mir ansehen?«, fragte sie, um abzulenken.

»Siehst du das Feuer am Horizont? Glaubst du, dass das Feuer auch zu uns kommen kann?«

»Ich glaube nicht, denn es ist noch sehr weit weg, aber fragen wir Duncan, den Allwissenden.«

Duncan stand am Fuß der Steine und schaute sich interessiert einige Wände an. Die Mädchen waren vorsichtig hinuntergestiegen und gingen zu ihm. Die Stellen, die er betrachtete, lagen im Schatten der Sonne. Als sich ihre Augen an die Dunkelheit gewöhnt hatten, sahen auch sie die Zeichnungen auf den Steinwänden. Sie knieten sich neben ihn und betrachteten die Bilder genauer. In verschiedenen Brauntönen, in Schwarz und Weiß sowie in einem dunklen Rot waren Tiere, Menschen, aber auch Symbole dargestellt. Sie konnten Vögel, Schlangen und ein Tier mit einem langen Schwanz und Beinen erkennen. Am untersten Rand der Zeichnungen waren Hände gemalt.

Luise legte ihre Hände auf die gemalten. Sie waren kleiner und dicker als ihre.

»Was ist, wenn der Maler wieder hierher kommt und uns erwischt?«, wollte Colette wissen, der es unheimlich wurde.

»Wenn der Maler zurückkommt, brauchen wir keine Angst zu haben, denn das hier kann nur ein Kind gemalt haben. Nur ein junger Mensch kann auf die Idee kommen, eine Steinwand zu bemalen. Sicher hat hier eine Familie gerastet, das Kind hatte Langeweile und deshalb mit Erdfarbe und Ruß und vielleicht auch mit Blut dieses Gekritzel an die Wand geschmiert.«

»Mit Blut? Formidable! Vielleicht haben sie jemanden umgebracht.«

»Nun geht aber die Fantasie mit euch durch. Ich werde mich danach erkundigen«, versprach Duncan. Dann fragte er Colette: »Hast du Hunger?«

»Mir knurrt schon der Magen.«

Luise unterbrach Colette schnippisch: »Hast du ihm schon von deiner Entdeckung berichtet?« Sie hoffte, dass sie bei einem drohenden Feuer heimreiten würden, denn auf ein Picknick hatte sie weiß Gott keine Lust mehr.

»Nein, das habe ich ganz vergessen. Duncan, ich habe ein riesiges Feuer am Horizont gesehen, aber Luise meinte, es sei zu weit weg, um uns in Gefahr zu bringen, n'est-ce pas, Luise?«

»Wenn Luise das meint, dann wird es so sein«, antwortete Duncan, ohne weiteres Interesse am Feuer oder an Luise zu zeigen.

Sie gingen zu den Pferden, die friedlich grasten. Er kontrollierte die Sattelgurte und tätschelte jedem Pferd den Hals. Zum Dank schnaubten sie und rieben ihren Kopf an seinem Arm. Duncan nahm von seinem Sattelknauf einen Leinenbeutel und ging zu dem Baum, an dem er vorher Luise hochgehoben hatte. Dieser spendete genug Schatten, und von dort hatten sie die kleine Herde im Blick. Er setzte sich an den Stamm und schlug die Beine übereinander. Dann wies er die Frauen an, sich neben ihn zu setzen. Er kramte im Beutel und holte ein Tuch heraus, das er auf dem Boden ausbreitete. Dann legte einen kleinen Laib Brot, für jeden einen Apfel und Räucherspeck darauf. Nun schnitt er mit seinem Taschenmesser den Speck in kleine Teile, ebenso die Äpfel, und legte alles zurück auf das Tuch. Colette griff ohne Aufforderung nach einem Stück Obst und biss herzhaft hinein. Duncan brach das Brot mit den Händen und reichte den Mädchen Speck und Brot. Luise hatte keinen Appetit, schüttelte den Kopf und sah demonstrativ in eine andere Richtung. Bevor Duncan etwas dazu sagen konnte, meldete sich Colette zu Wort:

»Hast du auch etwas zu trinken, oder muss ich nachher wie ein Pferd aus dem Bach saufen?«

Duncan lachte. Colette war erfrischend natürlich und wie immer unkompliziert und geradeheraus. Er holte aus seiner Satteltasche eine braune Flasche.

»Hier, nimm, aber spucke nicht hinein«, gab er schelmisch Anweisung.

Colette nahm einen kräftigen Schluck, dann reichte sie Luise die Flasche, doch die lehnte stumm ab, stand auf und ging spazieren.

»Was hat Luise? Ist sie traurig?«

»Sie ist wütend, weil sie glaubt, dass ich sie gerügt habe.«

»Und, hast du das?«

»Ja«, lautete seine knappe Antwort.

Colette schüttelte den Kopf. »Ihr seid terrible. Wir müssen zusammenhalten und uns nicht gegenseitig ärgern. Schließlich sind wir weit weg von zu Hause und kennen hier keinen Menschen, den wir Freund nennen können. Oder magst du Luise nicht?«

Er blieb ihr die Antwort schuldig, denn die schwarze Stute hatte sich weiter als die Übrigen vom Futterplatz entfernt. Leise auf sie einredend, ging er zu Midnight, als ein schriller Schrei die Ruhe zerriss.

Colette war aufgesprungen, ein Stück Apfel in der Hand, das andere zwischen den Lippen. Duncan lief in die Richtung, aus der der Schrei gekommen war. Er rannte um die Felsen herum, die nun voll im Sonnenlicht lagen. Auf der anderen Seite stand Luise, bewegungslos, als ob sie zu Stein geworden wäre. Außer Atem blieb Duncan neben ihr stehen und konnte nun den

Grund erkennen. Vor Luise stand ein Aborigine, ein Ureinwohner Australiens.

Er war kleiner als Duncan, mit einem dicklichen Bauch und fast schwarzer Hautfarbe. Dunkle Locken umrahmten seinen Kopf wie einen Helm. Ohne mit der Wimper zu zucken, schaute er Luise aus seinen schwarzen Augen an. Der Eingeborene und Luise standen so dicht, dass Luise das Weiß des Augapfels erkennen konnte, das mit kleinen roten Adern durchzogen war. Der Fremde hielt einen Furcht einflößenden Speer in seiner rechten Hand.

Duncan ließ weder ihn noch Luise aus den Augen. Während er den Fremden ungeniert betrachtete, blickte Luise diesem fest in die Augen. Duncan grinste in sich hinein, denn er ahnte, warum Luise den Blick starr geradeaus hielt. Der Eingeborene war nackt. Außer einem Gürtel, der aus dünnen Baumfasern bestand, bedeckte nichts seine Haut. Im Gürtel steckte ein breites, flaches und krummes Stück Holz. Der Fremde folgte dem Blick des weißen Mannes und nahm das Holz aus dem Gürtel, um es Duncan zu reichen. Das Holz war kunstvoll bemalt, doch konnte Duncan sich nicht vorstellen, wozu man dieses Ding brauchen könnte. Der Eingeborene zeigte in die Luft und machte Bewegungen, als ob er fliegen wollte. Dann nahm er das Holz und warf es in hohem Bogen von sich. Es war nur noch als kleiner Punkt am Himmel zu sehen. Duncan vermutete, dass man mit dem Wurfholz Vögel vom Himmel holen konnte. Er blickte den Eingeborenen fragend an, als ein Pfeifen in der Luft zu hören war. Der Schwarze schaute hoch und zeigte auf einen dunklen Punkt am Himmel, der schnell größer wurde. Im selben Moment fing er das krumme Stück Holz wieder auf. Verblüfft blickte Duncan den Mann an, der ihn mit weißen Zähnen anlachte. Duncan war in das Gelächter eingestiegen.

»Ich glaube, wir können ohne Angst wieder gehen«, sagte er zu Luise, »aber drehe ihm nicht den Rücken zu, sondern geh langsam rückwärts.«

Luise tat, was er verlangte. Duncan folgte ihr und hob zum Gruß die Hand, als der Eingeborene sie in seiner Sprache ansprach. Abrupt blieben beide stehen. Der Mann ging auf Duncan zu und überreichte ihm das Wurfholz als Geschenk. Duncan verbeugte sich, um ihm so seine Dankbarkeit zu zeigen. Der Ureinwohner machte jedoch keine Anstalten zu gehen, da er offenbar auf etwas wartete. Duncan zog sein Band aus den Haaren und überreichte es dem Eingeborenen. Luise sah zu Duncan, dessen dunkle Haare glatt auf die Schultern fielen. Jetzt war er es, der verlegen mit den Schultern zuckte. »Ich habe sonst nichts, was ich ihm geben könnte.«

Der Fremde plapperte etwas und ging zufrieden von dannen. Luise atmete auf. Duncan wollte zurückgehen, als ein leises Danke ihn abhielt.

Er sah Luise fragend an.

»Danke, dass du gekommen bist.«

»Gern geschehen. Warum hast du geschrien?«

»Er stand plötzlich vor mir und sah mich an. Ich blieb ruhig, weil ich hoffte, dass er gleich wieder verschwinden würde, aber als er nach meinen Haaren griff, habe ich mich erschrocken.«

»Er war doch friedlich. Ich glaube, nur die dunkle Haut und vor allem die nackte Haut haben dir Furcht eingeflößt. Hätte er Kleider getragen, hättest du sicherlich auch mit ihm diskutiert.«

Dann ging Duncan den Weg zurück, den er gekommen war.

Ungeduldig wurden sie von Colette empfangen.

»Mon Dieu, wo wart ihr so lange? Ich bin sämtliche Tode gestorben, denn ich dachte, ihr kommt nicht mehr wieder.«

Duncan beruhigte sie. Luise setzte sich indessen an den Baum und aß nachdenklich ein Stück Brot. Da es schon später Nachmittag war, wurde es Zeit, wieder nach Hause zu reiten. Duncan nahm die Zügel der Rösser und führte sie zu dem Bach, um sie zu tränken. Luise hatte sich im Gras der Länge nach ausgestreckt und schloss die Augen. Ohne Colette anzusehen, fragte sie dann: »Glaubst du, dass australische Männer genauso aussehen wie europäische?«

Im Hotelzimmer ließen Luise und Colette sich erschöpft auf ihr Bett fallen. Indes brachte Duncan die Pferde ihrem Besitzer zurück. Man wollte sich um sieben Uhr abends in der Bar zu einem Drink treffen, um anschließend zu dinieren. Der Ritt nach Hause war schweigend verlaufen. Jeder war froh, als sie Port Jackson sahen. Zur Entspannung bestellte Luise am Empfang ein Bad. Sie wollte heute Abend besonders hübsch aussehen und nicht wie eine Klosterschülerin neben Miss Wunderbar wirken, wie sie Elisabeth Anderson in ihren Gedanken nannte.

»Für wen willst du dich hübsch machen?«, neckte Colette sie.

»Colette …«, wollte Luise sie zurechtweisen, doch dann fingen ihre Augen an zu leuchten, und es sprudelte aus ihr heraus, als ob sie froh wäre, endlich laut zu denken.

»Ach Colette, ich weiß nicht, was mit mir passiert. Ich glaube, ich bin eifersüchtig auf Elisabeth. Man kann aber nur eifersüchtig sein, wenn man liebt. Aber von der Liebe verstehe ich nichts. Niemand hat mir erklärt, woran ich merke, ob ich verliebt bin. Wie erkenne ich, ob er mich auch mag? Manchmal glaube ich, etwas in seinem Blick zu erkennen, heute war es ganz deutlich, aber im nächsten Moment ist es wieder verschwunden, und er schaut mich an, als ob er verärgert sei. Was soll ich tun? Ich kann ihn doch nicht fragen, was Liebe ist und wie man sie bemerkt. Reicht dafür das Kribbeln im Bauch, oder muss man mehr spüren? Dich, Colette, kann ich zwar fragen, aber erklären kannst du es mir auch nicht. Elisabeth ist darin erfahren, aber sie wird mir sicher nicht antworten wollen.«

Colette sah ihre Freundin liebevoll an. »Es stimmt, ich weiß ebenso wenig darüber wie du, aber ich denke, dass du das ganz allein herausfinden wirst. Wenn die Zeit dafür reif ist, wirst du es merken, davon bin ich überzeugt, und nun machen wir dich so schön wie nie zuvor.«

Colette betrat den Schankraum, in dem Duncan mit Steve Parker in ein Gespräch über Pferdezucht vertieft war. Das Ehepaar Anderson stand daneben. Elisabeths Platz war dicht neben Steve, dem sie förmlich an den Lippen hing. Sie sah wie immer wunderschön aus. Das champagnerfarbene Kleid, auf dem rosafarbene Schmetterlinge eingewebt waren, betonte ihre schmale Taille, die durch einen passenden rosa Gürtel, der mit cremefarbenen Glanzbändern umnäht war, ihre Figur makellos erschienen ließ. An ihren Ohren steckten Perlenstecker, eine dazu passende Perlenkette schmückte ihren Hals. Wie so oft trug sie das Haar offen, dem die Salzluft und die Sonne sichtbar nichts anhaben konnten. Dunkelrot glänzte es im Schein der untergehenden Sonne.

Erstaunt bemerkte Duncan, dass Colette alleine war. »Wo ist Luise?«

»Sie braucht noch ein paar Minuten.«

»Sicher muss sie noch die tausend Knöpfe ihres niedlichen gelben Kleides schließen«, bemerkte Elisabeth.

»Dafür sind eher Ehemänner zuständig«, schoss Colette zurück und freute sich innerlich schon auf den Moment, wenn Luise erscheinen würde.

Elisabeth sah Colette giftig an. Für sie waren die beiden Frauen nur zwei unschuldige Mädchen, die von nichts Ahnung hatten und schon gar nichts von den Vorlieben der Männer wussten. Ihr war das nur recht so. Auch wenn sie verheiratet war, hatte sie gegen ein kleines Abenteuer nichts einzuwenden. Schließlich war sie mit ihrem stets angetrunkenen Ehemann ans andere Ende der Welt gereist. Niemand konnte ihr verübeln, wenn sie Spaß wollte, und den würde sie auch haben. Denn versauern wollte sie nicht, und da sie mit Abstand die schönste Frau hier war, würde es ein Leichtes sein, sich die Zeit in ihrer neuen Heimat zu versüßen.

Mr. Redford und Lady Density kamen in die Bar. Sie hatten sich auf dem Schiff kennen gelernt und schienen nicht mehr voneinander lassen zu können, obwohl sie betonten, sich nur sympathisch zu finden. Lady Density wollte sich von den Strapazen der Reise erholen, bevor sie ihre Stelle als Lehrerin für die Kinder der Regierungs- und Verwaltungsbeamten antrat. Mr. Redford schwankte noch zwischen der Möglichkeit, Australien näher zu erkunden oder mit dem nächsten Schiff nach Indien zu reisen. Ihn hielt es nie länger an einem Ort, denn er hatte das unruhige Gemüt eines Weltenbummlers, aber Lady Density war eine nette Unterbrechung in seinem Vagabundenleben. Wenn die Abwechslung nicht Lady Density hieß, dann hieß sie Lady Murray wie in Kapstadt oder Lady Hill wie auf Jamaika. Jedenfalls würde sie nicht Lady Anderson heißen, denn für diese Taube war er zu alt, dessen war er sich sicher. Fairbanks oder dieser Neue würden das Rennen machen, denn diese Gentlemen waren genau nach ihrem Geschmack. Wie sie an diesen Trottel Anderson gekommen war, gab einigen schon auf der Schiffsreise Rätsel auf. Sie war der Traum eines jeden Mannes, verschwendet an einen Säufer.

Redford und seine Begleitung gesellten sich zu den bekannten Herrschaften, wurden Mr. Parker vorgestellt und orderten kühle Getränke. Man plauderte über unverfängliche Dinge, als Redford einen Pfiff ausstieß, da er in dem Augenblick zur Tür schaute, als Luise eintrat.

Duncan wollte gerade einen Schluck aus seinem Glas nehmen, als er in der Bewegung innehielt und die Augen aufriss. Er stellte sein Bierglas auf die Theke und ging zu seiner Frau. Luise konnte Stolz in seinen Augen sehen. Indes registrierte Colette jede Bewunderung, die von den übrigen Gästen ausging. Selbst Elisabeth blickte anerkennend zu Luise hinüber. »Eins zu null«, flüsterte sie Colette zu, »aber noch nicht gewonnen!«

»Luise, du siehst umwerfend aus«, stellte Duncan fest und küsste ihr die Hand.

Luise glaubte, jeder könnte sehen, wie ihr Herz vor Aufregung schlug. Wie in Trance war sie die Treppe hinuntergegangen und musste sich am Türrahmen abstützen. Jedoch war sie nicht zu aufgeregt, um das Brennen zu spüren, das der Kuss wieder in ihr ausgelöst hatte. Sie sah fragend zu Colette, die mit dem linken Auge blinzelte. Das war das abgemachte Zeichen, und langsam beruhigten sich ihre Nerven. Duncan führte sie zu den anderen und stellte sich neben Luise. Er sagte nicht viel, aber seine Gestik, seine Blicke sprachen Bände.

Luise hatte sich für ein Kleid entschieden, das sie zuvor noch nie getragen hatte. Auf dem langen Weg nach Australien hatten sie mehrere Tage Aufenthalt in Kapstadt, um Proviant an Bord zu nehmen. Die beiden jungen Frauen hatten die Geschäfte am Hafen durchstöbert. Luise war fasziniert vor dem Kleid stehen geblieben, das in einem Fenster ausgestellt war. Sie hatte es anprobiert, und es war wie für sie geschneidert gewesen. Der Preis war ihr zu hoch erschienen, und so hatte sie mit dem Ladenbesitzer gefeilscht. Der Mann, ein Vollblutitaliener, war kleiner als Luise gewesen, schwarzhaarig und voller Temperament. Als Luise bezahlt hatte, hatte sich Giuseppe ans Herz gegriffen und gemeint, dass sie an seinem viel zu frühen Tod schuld sei, schließlich sei der Preis ein Hungerlohn für die viele Arbeit, die er in dieses Kleid investiert hatte. Als er gehört hatte, dass Luise aus Deutschland kam, war er versöhnt gewesen, da seine besten Kunden aus Hamburg kamen. Endlich hatte er wieder seine Deutschkenntnisse anwenden können, die fast nur aus Liebesfloskeln wie »Dein Mund ist rot und süß wie eine Kirsche!« oder »Mein Liebling, ich bin verrückt nach dir!« bestanden.

Luise hatte lachen müssen und ihm klar gemacht, dass sie wohl nicht die richtige Person sei, der diese Wörter gelten sollte. Als er gehört hatte, dass la bella signorina bald weiterreisen würde, hatte er ihr einen Schal zur Erinnerung geschenkt. Sie sollte ihn, Giuseppe Zingale, nicht vergessen und jedes Mal daran denken, dass er nun mit gebrochenem Herzen in Kapstadt sitzen würde. Luise hatte selten so viel gelacht. Zumal es auch noch eine Maria Zingale gab, die im oberen Stockwerk saß und fünf Bambini hütete.

Die Blicke der Anwesenden bestätigten Luise, den richtigen Kauf getätigt zu haben. Das Kleid war aus kobaltblauer Seide, die mit einer türkisfarbenen Spitze überdeckt war. Etwa zehn Zentimeter breite Tüllbänder, die in weichen Falten gelegt waren, umschlossen die Schulterkuppen. Der Ausschnitt verlief spitz, sodass man den Ansatz der Brüste erkennen konnte. Die saßen fest gepresst in einer Art Korsett, die Luises weibliche Formen zur Geltung brachten. Der Rockteil fiel weich bis auf den Boden und endete in einer kleinen Schleppe. Luises Haare waren kunstvoll mit Perlennadeln hochgesteckt. Ohrringe aus kleinen, an einem Goldfaden aufgereihten Perlen schmückten ihre Ohren. Ihr Gesicht hatte durch den Ausritt eine frische, gesunde Farbe erhalten. Durch die aufgelegte Schminke wirkten ihre Augen noch strahlender. Rosa Lippenfett glänzte auf ihrem Mund.

Duncan hatte noch immer kein Wort mit ihr gewechselt, sondern sich nur mit den übrigen Gästen unterhalten. Luise gab Desinteresse an seiner Person vor und erkundigte sich höflich nach Miss Densitys neuer Stelle. Als die Gläser geleert waren, ging man auf die Terrasse.

Luise war erstaunt, als sie den Tisch sah. Eine weiße Tischdecke und Blumendekoration gaben der einfachen Umgebung ein stilvolles und gepflegtes Ambiente. Duncan hatte sogar ein Menü bestellt.

»Ist es nicht die Aufgabe einer Ehefrau, sich um das Essen zu kümmern, anstatt sich nur um die eigene Erscheinung zu sorgen?«, fragte Elisabeth honigsüß.

Duncan sah zu Luise und schien darauf zu warten, dass sie die Frage beantwortete.

»Da mögen Sie Recht haben, aber mein Mann wollte uns alle überraschen. Er weiß, dass ich Überraschungen liebe, und deshalb ist ihm nichts zu mühsam, außerdem habe ich ihn auch überrascht. Nicht wahr, Darling?«, fragte sie und sah ihn mit verführerischem Augenaufschlag an.

Duncan spielte mit und antwortete: »Weiß Gott, Liebling, das hast du!« Er ergriff ihre Hand und hauchte wieder einen Kuss auf die Innenfläche.

Elisabeth lächelte peinlich berührt in die Runde. Sie wusste nicht, was sie davon halten sollte. Auf dem Schiff war sie der festen Überzeugung gewesen, dass beide nichts außer dem gleichen Ring am Finger verbinden würde, nun aber war sie sich dessen nicht mehr sicher. Oder wollte Duncan sie eifersüchtig machen, weil sie heute viel Zeit mit Steve Parker verbracht hatte? Sie wurde in ihren Gedanken unterbrochen, denn eine weiche, schwitzende Hand griff nach ihrer, und ein warmer Mund presste einen feuchten Kuss auf ihren Handrücken. Elisabeth wollte schon losschreien, als ihr klar wurde, dass es ihr Mann Thomas war.

»Siehst du, Honey, noch jemand, der seine Frau zu schätzen weiß. Einen Whisky, Junge.«

Man sah Elisabeth an, was sie dachte und fühlte.

Luise sah verblüfft zu dem jungen Mann, der ihnen den ersten Gang servierte. Nein, es konnte nicht derselbe sein. Dieser Junge war sauber angezogen, hatte eine tadellos weiße Schürze umgebunden, schien gebadet zu haben, und seine Haare waren akkurat gescheitelt. Nun sah der Junge sie an, und ein Grinsen machte sich breit. Als er die Lippen dabei leicht öffnete, sah Luise, dass ein Schneidezahn fehlte. Leise flüsterte sie: »Connor, bist du es wirklich?«

»Lady Luise, wenn ich mir erlauben darf, Sie sehen wie eine Königin aus«, zischte er ebenso leise durch die Zahnlücke.

Duncan zwinkerte beiden zu, denn er hatte das Flüstergespräch mitbekommen. Als Connor außer Hörweite war, fragte Luise: »Wie hast du das geschafft?«

»Mit Geld kann man fast alles erreichen.«

»Du hast ihm Geld gegeben, damit er sich ordentlich kleidet?«

»Nein, nicht ihm, sondern dem Koch.«

Luise war nun doch bestürzt. Sicher hatte der Koch seiner Anordnung noch ein paar Ohrfeigen hinterhergeschickt. Sie nahm sich vor, sobald sich die Gelegenheit ergab, mit Duncan über den Jungen zu sprechen.

»Erzählen Sie uns etwas über sich, Mr. Parker. Woher kommen Sie?«, fragte Colette ihn neugierig.

Bereitwillig gab er Auskunft: »Ich bin in Amerika aufgewachsen. Mein Interesse gilt den Mustangs, den wilden Pferden, die noch nie einen Sattel auf ihrem Rücken hatten, die reite ich zu. Wenn ein Bronco, so heißt dieses unverdorbene Pferd, das erste Mal einen Strick um den Hals fühlt, dann weiß es instinktiv, dass man ihm die Freiheit nimmt.«

»Wenn Sie so etwas behaupten, dann setzen Sie voraus, dass ein Tier denken kann, und das, mein lieber Mr. Parker, ist absurd. Die meisten Menschen können nicht denken, obwohl sie die Veranlagung haben. Wieso soll dieses dumme Vieh wissen, dass es eingefangen wird?«, mischte sich Thomas Anderson in das Gespräch ein. Er hatte, anstatt seine Suppe zu löffeln, mehr Whisky geordert.

»Ich gebe Ihnen Recht, Mr. Anderson, das klingt grotesk. Auch ich würde so denken, wenn ich nicht selbst dabei gewesen wäre. Die Tiere haben einen Instinkt, der bei vielen Menschen nicht vorhanden ist. Besonders bei Leittieren ist er sehr ausgeprägt. Ich sah einen prachtvollen Hengst mit seiner Herde in den Tod stürzen, weil wir sie einfangen wollten. Wir haben ihn nicht dorthin getrieben, sondern waren weit von ihm entfernt. Er wusste, dass wir ihn jagten, ihn und seine Stuten, und deshalb hat er den Freitod gewählt, davon bin ich überzeugt.«

»Das ist doch grausam«, meinte Colette, den Tränen nahe.

»Blödsinn, es ist männlich, wenn man solch ein wildes Tier bezwingt. Ich wusste vom ersten Moment an, dass Sie ein ganzer Mann sind«, kommentierte Elisabeth, während sie Steve mit den Augen verschlang.

Duncans Lächeln gefror, als er ihr Benehmen sah. Luise glaubte nun, dass er noch immer Gefühle für Elisabeth haben musste. Gleichgültig, wie aufreizend sie sich zurechtmachte, neben Elisabeth würde sie immer die Verliererin sein. Nach dieser Erkenntnis reichte Luise Duncan ihr Glas, damit er es mit Wein auffüllte. Als er keine Anstalten machte nachzugießen, bat sie Steve: »Wären Sie so liebenswürdig, mir noch etwas Wein nachzuschenken, Mr. Parker?« Sie betonte seinen Namen übertrieben, vor allem das Mister.

»Nennen Sie mich Steve. Ich hoffe, dass ich dann auch Luise zu Ihnen sagen darf. Wenn man schon so weit weg von zu

Hause ist, kann man sich beim Vornamen nennen. Das macht die Situation vertraulicher.«

»Gerne, Steve! Wenn wir hier im fernen Australien amerikanische Sitten einführen, dann müssen wir das auch mit einem deutschen Brauch tun. Bei uns in Deutschland besiegelt man das mit einem Bruderkuss.«

Colette verschluckte sich und sah erschrocken zu ihr. Anscheinend hatte Luise zu viel getrunken. Langsam drehte Luise den Kopf zu Duncan, der wie versteinert dasaß. Noch langsamer drehte sie ihren Kopf in Elisabeths Richtung, die puterrot angelaufen war und deren Augen Wut widerspiegelten.

Der Einzige, den das Ganze amüsierte, war Thomas Anderson, der mittlerweile einen Alkoholpegel erreicht hatte, bei dem er sich wohl fühlte.

»Eine exzellente Idee. Jeder führt aus seinem Land eine Sitte ein, wir importieren sie praktisch auf diesen Kontinent. Einfach grandios, Mrs. Fairbanks. Elisabeth, überlege dir auch etwas, was wir in das Land einbringen könnten. So, nun küsst euch schon«, forderte Anderson Luise und Steve auf.

»Thomas, das geht nun wirklich zu weit. Das ist nicht deine Angelegenheit. Duncan ist schließlich der Ehemann.«

Damit spielte Elisabeth Duncan den Ball zu. Sie wollte, dass er die bizarre Situation beendete, denn sie empfand es als Niederlage, dass Luise von Steve das Du angeboten bekam. Nun wollte Luise ihn auch noch küssen.

»Nun sei nicht albern, Elisabeth. Mr. Fairbanks wird es hoffentlich überstehen, ohne dass er zu den Duellwaffen greift. Ich schätze Sie doch richtig ein, Fairbanks, Sie sind doch ein Mann mit Humor, oder?«

Luise konnte sich nun nicht mehr aus der Situation zurückziehen, was sie auch nicht wollte. Duncan sollte einen Denkzettel bekommen. Ihre Verbindung war eine reine Zweckehe. Geschlossen, um leichter nach Australien auszuwandern. Jetzt waren sie hier, und jeder konnte seines Weges gehen.

Luise hauchte Steve einen Kuss auf die Wange. Sie spürte die Blicke ihres Gatten auf ihrem Rücken, vermied es aber, in seine Richtung zu schauen. Plötzlich herrschte Stille am Tisch. Elisabeth war wütend wie ein Kind, da sie sich als Verliererin sah. Thomas war schadenfroh, Colette peinlich berührt, Steve Parker blickte amüsiert in die Runde, und Luises Schweigen wirkte wie das eines trotzigen Kindes. Duncans Gesicht zeigte jedoch keine Regung.

Endlich kam das Essen. Keiner der Gäste hatte noch großen Appetit, außer Thomas Anderson, der seit langem das erste Mal wieder Vergnügen am Essen fand. Luise stocherte auf ihrem Teller herum. Mit der Gabel schob sie Karottenstückchen zu Karottenstückchen, Erbse zu Erbse. Die gebackene Kartoffel wurde sorgsam geschält, in Stücke geschnitten und zu einem kleinen Berg aufgehäuft. Als sie sich mit dem Messer über das Geflügel hermachen und es ebenfalls in Kleinteile zerlegen wollte, fragte Duncan: »Kann es sein, dass das Diner nicht nach deinem Geschmack ist?«

Erschrocken sah sie in seine eiskalten Augen. Luise blieb ihm eine Antwort schuldig und aß stumm ihr erkaltetes Gemüse.

Schließlich wandte sich Colette wieder an Steve Parker: »Warum sind Sie nach Australien gekommen, Mr. Parker? Gibt es hier auch wilde Pferde, die Sie einfangen können?«

Steve antwortete, ohne Colette die persönliche Anrede anzubieten: »Normalerweise müsste ich in Spanien sein, um dort eine neue Pferderasse kennen zu lernen, die Andalusier. Wir haben von einem Mexikaner gehört, dass es die schönsten Pferde sein sollen. Da ich alles Schöne liebe, wollte ich mich davon selbst überzeugen.«

»Sie weichen aus, Mr. Parker«, beharrte Colette.

»Wenn ich Ihnen das erzähle, sinke ich wahrscheinlich in Ihrer Achtung, Miss Lambert, denn ich bin auf dem falschen Schiff gelandet.«

»So etwas kann nur passieren, wenn man zu tief ins Glas geschaut hat«, frotzelte Thomas Anderson zwischen zwei Schlucken.

»Sie haben es auf den Punkt gebracht«, gab Parker zu.

»Dann sind Sie mir doppelt sympathisch«, lachte Anderson.

»Meine Freunde und ich«, fuhr Steve fort, »feierten unseren Abschied feucht und fröhlich. Im Morgengrauen machten wir uns auf den Weg zum Hafen, und ich ging an Bord der Pegasus, glaubte ich zumindest. Ich legte mich in eine freie Koje und schlief meinen Rausch aus. Als ich wieder wach wurde und an Deck ging, sah mich der Kapitän überrascht an, denn von einem Passagier hatte er nichts gewusst. Es stellte sich heraus, dass dieses Schiff ein Handelsschiff und auf dem Weg nach Australien war. Deshalb bin ich hier gelandet.«

Parker sah kurz zu Elisabeth, die darauf wieder zu neuem Leben erwachte, denn nach dem Zwischenfall mit dem Bruderkuss war sie regelrecht in sich zusammengesunken.

»Wie konnten Sie auf ein falsches Schiff gelangen? Spätestens, als der Kojenbesitzer sich selbst ins Bett legen wollte, hätte es auffallen müssen«, schlussfolgerte Colette skeptisch.

»Ich weiß, es klingt verrückt, aber das Schiff, auf dem ich reisen sollte, hieß Pegasus, ich bin auf der Pergasus aufgewacht. Die Koje gehörte dem Kapitän. Ich habe mich noch beim Einschlafen über den Komfort gewundert. Da Sturm herrschte, von dem ich allerdings auch nichts mitbekam, und der Kapitän die Brücke nicht verlassen konnte, bemerkte er den blinden Passagier nicht. Nachdem ich nun mal hier bin, werde ich mir das Land anschauen. Ich habe meiner Familie aus Kapstadt eine Nachricht zukommen lassen. Außerdem wäre es eine Schande, wenn mir all diese Schönheiten entgangen wäre. Meine Ladys, ich erhebe das Glas auf Sie!«

Duncan und Anderson taten es ihm nach. Letzterer, weil er gerne mit einem vollen Glas anstieß, Ersterer aus Höflichkeit.

»So, nun habe ich von mir erzählt, jetzt sind Sie an der Reihe, Mr. Fairbanks und Mr. Anderson. Was hat Sie veranlasst, auf diesen Kontinent zu kommen?«

»Führen wir jetzt einen Kinderbrauch ein? Nach dem Motto, erzähle mir von dir, und ich erzähle etwas von mir?«, fragte Duncan bissig. Ihm schien es nicht zu passen.

»Haben Sie etwa ein Geheimnis, Mister Fairbanks?« Parker und Anderson sahen Duncan gespannt an.

»Hat nicht jeder ein kleines Geheimnis, Mr. Parker?«, antwortete Duncan mit einer Gegenfrage.

»Da ist was dran. Also, Mr. Fairbanks, erzählen Sie uns Ihres.«

Widerwillig gab Duncan Auskunft: »Bevor spekuliert wird, ist es besser, Rede und Antwort zu stehen. Leider ist meine Geschichte weniger spektakulär oder dramatisch. Mein Beruf ist Arzt.«

Steve pfiff durch die Zähne: »Oh Jesus, ein Studierter! Darauf wäre ich nie gekommen«, meinte er, während er sich eine Zigarre an der Kerze anzündete.

»In einem Land, in dem sämtliche Entwicklung noch in Kinderschuhen steckt, braucht man Ärzte. Ich möchte mithelfen, hier ein Krankenhaus zu gründen, und außerdem will ich mich um die medizinische Versorgung der Gefangenen kümmern. Die wenigen Ärzte vor Ort untersuchen lieber gesunde, reiche Menschen.«

»Hört, hört, ein wahrer Samariter sitzt bei uns am Tisch. Sie fühlen sich wohl auserwählt, die armen Seelen zu retten, die hier im fernen Land ihre Schuld verbüßen müssen?«, lallte Thomas Anderson.

»Wie darf ich das verstehen?«, wollte Duncan wissen.

»Wenn mich einer fragen würde, hätte ich dieses Pack auf hoher See einfach über Bord geworfen. In England waren sie Abschaum und hier sollen sie einen neuen Kontinent bevölkern. Welch eine Schande für unser Königreich. Aber mich fragt ja niemand«, meinte Anderson und widmete sich wieder seinem Glas.

»Wie können Sie so etwas sagen? Die meisten der Gefangenen haben nichts Schwerwiegendes verbrochen. Es sind Lappalien, Kleinigkeiten. Wegen Diebstahls eines Brotlaibs oder von ein paar Strümpfen wurden sie verbannt. Die wenigsten sind Mörder oder Schwerverbrecher.«

»Nein, wie rührend. So, wie Sie reden, wären Sie besser Anwalt anstatt Arzt geworden. Es ist der Dreck unserer Gesellschaft. Jeder, der gegen das Gesetz von England verstößt, ist ein Krimineller und hat für mich jedes Recht auf Menschlichkeit verloren. Abschaum muss vernichtet und nicht noch medizinisch behandelt werden. Ich weiß aus sicherer Quelle, dass die übelsten Verbrecher, die Mitglieder der ›Weißen Feder‹, hierher verbannt werden. Die hätte ich als Erstes über Bord geworfen. Diese Bastarde haben nichts Besseres verdient. Ich bedauere nur, dass sie den Anführer noch nicht geschnappt haben, aber das ist nur noch eine Frage der Zeit, bis er am Galgen baumelt«, sagte Mr. Anderson.

Luise hatte Duncan erschrocken angeschaut. Er hoffte, dass sie Ruhe bewahren würde und nicht ihr Temperament durchgehen ließ. Sie senkte den Blick, und er wusste, dass sie sich der Gefahr bewusst war.

»Die meisten, die so viel Nächstenliebe empfinden«, fing Anderson wieder an, »wollen dadurch von ihren eigenen Sünden ablenken. Ist das nicht so? Sicher sind auch Sie aus England geflüchtet. Warum Sie aber Ihre blutjunge Frau da hineingezogen haben, ist mir ein Rätsel. Sie wird hier vertrocknen und welk werden wie eine Blume ohne Wasser, denn sie hat nicht diesen Überlebensgeist wie meine Rose hier.«

Er blickte seine Frau mit Augen an, denen man neben der Fleischeslust auch die Gewissheit ansehen konnte, dass seine Blume nur an seiner Seite überleben konnte, auch wenn sie sich ab und zu von jemand anderem pflegen ließ.

Dieselbe Frage, die Anderson Duncan gestellt hatte, konnte man an ihn und Elisabeth weiterreichen. Was bewog eine Frau wie Elisabeth dazu, ein Scheusal zu heiraten und ihm hierher zu folgen? Anderson konnte sie in den Augen der Männer lesen und grinste in sich hinein, denn er würde sie bestimmt nicht beantworten.

Duncan schien sich über den Heiratsgrund der Andersons keine Gedanken zu machen. Zwar hätte er gerne mit Anderson diskutiert, aber dessen Zustand ließ darauf schließen, dass keine sachliche Konversation möglich sein würde. Außerdem befürchtete Duncan, sich in Rage zu reden. Die Gefahr war zu groß, dass sein Geheimnis aufgedeckt werden würde, denn Menschen, die freiwillig nach Australien übersiedelten, vertraten meist die gleiche Meinung wie Anderson. Diese wollten, dass ihr Königreich vom Pöbel befreit wurde. Oft waren es Männer, die in England weder Ruhm noch Anerkennung gefunden hatten. Es waren keine herausstechenden Persönlichkeiten. Sie liefen mit der Meute und fielen nicht besonders auf. Aber sie hatten eines gemeinsam: Sie waren ihrem Land treu ergeben, wollten ihm in der Fremde dienen, um dadurch die ersehnte Achtung zu erhalten, die sie zu Hause nicht erlangen konnten. Wenn diese Menschen die Möglichkeit bekamen, die ›Weiße Feder‹ zur Strecke zu bringen, dann würden sie diese jagen.

Duncan sah schweigend zu der einen Person, die seine andere Identität kannte, und bat mit den Augen darum, ihn nicht zu verraten. Außer Jack und Bobby gab es nämlich noch einen dritten Menschen, der sein Geheimnis kannte, und der saß ihm gegenüber. Als Duncan sich nach jenem Lunch bei seinem Freund Jack Horan dazu entschlossen hatte, nach Australien zu gehen, hatte er niemals damit gerechnet, auf sie zu treffen. Doch dann stand sie plötzlich vor ihm. Die Person, die er jahrelang nicht gesehen hatte. Elisabeth!

Steve, der von britischen Verhältnissen keine Ahnung hatte, fragte nun: »Von was reden Sie? Gibt es bei Ihnen auch Indianer?«

»Wir haben doch keine Wilden in unserem Königreich«, antwortete Thomas Anderson erbost.

»›Weiße Feder‹ ist in Amerika der Name eines Indianerhäuptlings.«

»Ha, ha, ein Häuptling, das wäre unsere ›Weiße Feder‹ sicher auch gerne. Er ist ein Krimineller, der an den Galgen gehört.«

»Kann mir jemand erklären, was es mit diesem Namen auf sich hat?«, wollte Steve ungeduldig wissen.

»Ich werde Ihnen die Frage beantworten«, versuchte Duncan die Situation zu entschärfen. »Eine Organisation, die in London und Umgebung Ungerechtigkeiten und Fehler der Reichen anprangert, nennt sich ›Weiße Feder‹. Ich teile keineswegs Mr. Andersons Meinung, dass es Kriminelle sind. Sie wollen lediglich Missstände aufzeigen.«

»Sie waren mir auf dem Schiff schon unsympathisch, Fairbanks, aber ich wusste nicht, warum. Jetzt habe ich es aber erkannt. Sie sind ein Verräter. Jawohl, ein Verräter an der Krone Englands.«

Luise wich jede Farbe aus dem Gesicht, denn sie fürchtete, dass Duncan nicht länger der nette Gentleman bleiben würde. Elisabeth sah ihren Mann wütend und Duncan flehend an. Der Einzigen, dem die Situation Freude bereitete, war Steve Parker, der solche brenzligen Momente liebte. Er hatte zwar nicht verstanden, um was es eigentlich ging, aber das war zweitrangig. Ein Boxkampf, so wie es ihn oft samstagabends im Saloon gab, wenn die Cowboys wegen einer Bardame stritten, der würde ihm Vergnügen bereiten.

Duncan wusste, dass er Anderson überlegen war, und das ließ ihn ruhig werden. Er rief nach Connor.

»Mein Junge, bringe uns den besten selbst Gebrannten, für die Ladys Sherry und eine große Kanne Kaffee.«

Connor nickte, nahm einen Teil des Geschirrs vom Tisch und lief damit in die Küche. Steve war enttäuscht, Elisabeth dankbar.

Colette hatte kein Vergnügen mehr an der Gesellschaft von Thomas Anderson, obwohl Duncan mit seinem Ruf nach Schnaps und Kaffee die beleidigenden Angriffe Andersons schlagartig beendet hatte. Sie wollte lieber ihrem Tagebuch die Ereignisse der letzten Tage anvertrauen und verabschiedete sich.

Zum ersten Mal betrachtete Luise Steve Parker genauer. Er war ein interessanter Mann. Wahrscheinlich so alt wie Duncan, groß, breitschultrig, kein Gramm Fett zu viel. Wenn er die Arme bewegte, sah man unter seinem Jackett die Muskeln spielen. Er hatte wasserblaue Augen, die freundlich blickten und, wenn er lachte, hinter dünnen Schlitzen verschwanden. Sein braunes Haar war kurz geschnitten und leicht gewellt. Er hatte einen schwarzen Lederanzug an, der selbst hier in Australien fremd wirkte. Als sehr angenehm empfand Luise seine warme, weiche Stimme, ebenso sein kehliges Lachen. Für sie war er ein attraktiver, sympathischer Mann.

Er schien ihren Blick gespürt zu haben, denn er sah ihr unvermittelt in die Augen und grinste. Erschrocken wollte sie wegsehen, aber sein Blick hielt sie gefangen. Vorsichtig erwiderte sie sein Lächeln.

Connor stellte die gewünschten Getränke auf den Tisch. Dazu reichte er Süßigkeiten. Dann räumte er den Rest des Geschirrs ab.

Duncan hatte wirklich alles bestens organisiert. In diesem Moment erinnerte sie nichts daran, dass sie auf einem gänzlich unerforschten Kontinent, praktisch mitten in der Wildnis saßen. Anderson goss sich direkt das Glas mit dem hellgrünen Schnaps voll und kippte es auf einmal hinunter. »Puh, was ist das für ein Teufelszeug?«

»Eukalyptusschnaps, das Einzige, was es hier gibt. Man muss vorsichtig sein, es ist, wie Sie richtig bemerkten, ein Teufelszeug.«

»Na, dann nehme ich besser noch einen, damit sich mein Körper daran gewöhnt.«

Elisabeth schaute entschuldigend zu Duncan. Ihr war die Sauforgie ihres Mannes peinlich. Sie tat aber auch nichts, um ihn davon abzuhalten. Stattdessen wandte sie sich an Luise und fragte in ungewöhnlich vertrautem Ton: »Wie war eigentlich der Ausritt?«

Diese räusperte sich und suchte nach passenden Worten. »Nun, er war schön.«

»Einfach nur schön?«, fragte Elisabeth zurück.

Luise wusste nicht, ob Duncan schon von dem Zwischenfall mit dem Eingeborenen erzählt hatte. Hilfe suchend sah sie zu ihm.

»Ja, ich kann Luises Antwort nur bestärken, es war wirklich … schön«, bestätigte er, und ermutigt begann Luise zu erzählen.

In allen Einzelheiten schilderte sie ihren Ausritt. Berichtete von der imposanten Größe des Schiffes, von den Gerüchen am Hafen, den weiten Ebenen, sie schilderte alles, was langweilig und uninteressant war. Sie war gerade dabei, die Bäume in der Ebene zu beschreiben, als Anderson sie genervt unterbrach:

»Meine Güte, wenn ich mir diese Einöde und Langweile vorstelle, bereue ich es, überhaupt hierher gekommen zu sein. Verschonen Sie mich mit Details Ihres langweiligen Ausritts.«

Andersons rüpelhaftes Benehmen kam ihr gerade recht. Luise spielte die Beleidigte und schenkte sich als Belohnung einen Sherry ein. Aber sie freute sich zu früh, denn sie hatte nicht mit dem Mangel an Feingefühl ihres Ehegatten gerechnet.

»Der Ausritt war bis zu diesem Zeitpunkt wirklich nicht aufregend gewesen, allerdings wurde es dann beinahe gefährlich, denn was dann kam …« Duncan hielt kurz in seinem Gespräch inne, da seine Zigarre ausgegangen war und er sie an einem Streichholz wieder entzünden musste.

Luise schloss die Augen und dachte: Lieber Gott, schicke einen Donnerschlag vom Himmel und lasse mich durch den Knall in Ohnmacht fallen. Dann kippte sie den Sherry auf einmal hinunter und goss sich, während sie hustend den ersten noch schluckte, den zweiten ein.

Duncan schaute über dem Feuerschein der Kerze zu ihr hinüber. Er paffte ein paar Mal, dann hatte sich der Tabak der Zigarre wieder entzündet. Die Anwesenden sahen erwartungsvoll in seine Richtung.

»Also, ich möchte Sie nicht länger auf die Folter spannen. Leider ist Colette schon zu Bett gegangen, sie hatte es nämlich entdeckt …«

Luise verstand nun nichts mehr. Sie wusste allerdings nicht, ob es an dem Sherry oder ihrer Begriffsstutzigkeit lag. Was hatte Colette damit zu tun? Luise erinnerte sich nur, dass Colette bei den Pferden geblieben war und die Geschichte auch nur vom Erzählen kannte. Nun war Luise alles egal, und sie goss sich den dritten Sherry ins Glas. Die Worte Duncans hörte sie nur noch im Hintergrund. Ihr wurde übel, und sie musste, obwohl sie im Freien saßen, weg von dem Zigarrenqualm und frische Luft atmen.

»Entschuldigt mich bitte, ich muss ein paar Schritte gehen.«

Ohne Antwort abzuwarten, war sie aufgestanden und hörte dadurch nicht mehr, wie Duncan von dem Feuer berichtete. Luise ging zu dem schmalen Pfad, der seitlich hinunter zum Meer führte. Sie spürte, dass die Luft ihr gut tat, die vom Wasser zu ihr geweht wurde. Ein paar Bäume säumten den Weg. Gegen den letzten lehnte sie sich mit dem Rücken. Luise schloss für einen Moment die Augen und konzentrierte sich auf das Rauschen des Meeres. Alles war ruhig und friedlich. Vereinzelt drangen Wortfetzen zu ihr hinüber. Sie konnte lautes Gelächter und die Worte »... versoffener Trottel« vernehmen. Dann war es wieder ruhig, angenehm ruhig. Obwohl schon mehr als eine halbe Stunde vergangen war, hatte sie kein Verlangen zurückzugehen. Sie löste die Haarnadeln und fuhr sich mit den Händen durch die Locken.

»Jetzt müsste man malen können«, sagte eine vertraute Stimme hinter ihr.

»Du hast mich erschreckt, Duncan!«

»Das wollte ich nicht. Ich hielt es nur für besser, nach dir zu sehen, schließlich bist du schon eine Weile fort. Da ich nicht wusste, wie viel Sherry du verträgst, fühlte ich mich verpflichtet nachzukommen.«

Unter anderen Umständen wäre sie über so viel Aufmerksamkeit erfreut gewesen, aber sie empfand seine Worte wieder als Zurechtweisung.

»Weil niemand hier ist, der uns zuhören kann und ich noch genügend Alkohol in mir habe, möchte ich eines klarstellen. Du bist zu nichts verpflichtet. Wir hatten einen Pakt geschlossen. Nun sind wir in Australien, und somit ist der Vertrag erfüllt. Ich werde meinen Bruder alleine suchen, und du kannst gehen, wohin du willst. Geh deinen Geschäften nach oder geh zu Elisabeth. Am besten, wir lassen noch morgen unsere Ehe annullieren, dann brauchst du dich zu gar nichts mehr verpflichtet zu fühlen. Außerdem trinke ich Sherry, so viel ich will, und mir ist es egal, wie giftig du mich dabei ansiehst.«

Luise hatte gesagt, was sie dachte, aber Duncan sah sie verständnislos an. Er kniff die Augen zusammen, fasste sie an den Schultern und presste sie an den Baumstamm. Luise war so überrumpelt, dass sie nicht imstande war zu reagieren.

»Es ist mir gleich, was du trinkst und wie viel du trinkst, aber es ist mir nicht egal, mit wem du anstößt. Wenn dann derjenige noch das bekommt, was nach dem Gesetz nur mir zusteht, habe ich weiß Gott das Recht, giftig zu schauen.«

Nun verstand Luise nichts mehr. Duncan drückte sie fester gegen den Stamm.

»Du weißt nicht, von was ich rede? Dann werde ich es dir zeigen.«

Hart presste er seine Lippen auf ihre. Sie spürte die Kante seiner Zähne und stöhnte leicht vor Schmerz. Erschrocken ließ er von ihr ab und sah sie entschuldigend an. Er stemmte seine Hände rechts und links neben den Stamm, sodass sie gefangen war. Das zweite Mal in ihrer Ehe sahen sie sich in die Augen. Dann flüsterte er: »Vergib mir!«

Sein Mund kam näher, sein Blick tief in ihren Augen. Als sie sich nicht bewegte, schloss er die Augen und berührte vorsichtig und weich ihre Lippen. Luise spürte ein loderndes Feuer und glaubte zu verbrennen. Ihre Hände vergruben sich in seinen Haaren, die weich und dicht waren. Er seufzte leise. Doch dann stieß sie ihn zur Seite und japste nach Luft.

»Was ist passiert? Habe ich dir wehgetan?«

Sie schüttelte den Kopf und traute sich nicht, ihn anzublicken. Er musste sie für töricht und kindisch halten.

»Luise, bitte antworte mir. Was ist passiert?«

Sie schaute an ihm vorbei und sagte: »Ich konnte meine Luft nicht länger anhalten.«

Zuerst verstand er nicht, was sie meinte. Ungläubig fragte er: »Du hast noch nie geküsst?«

»Natürlich habe ich schon einen Kuss bekommen«, antwortete sie barsch.

Er überhörte ihre Antwort und klärte sie auf: »Du musst durch die Nase atmen, wenn der Mund verschlossen ist. Ganz einfach so.«

Er umfasste ihr Gesicht, zog sie zu sich und küsste sie erneut. Danach sah er Feuer in ihren Augen leuchten. Auch ihm wurde heiß. Wieder zog er sie an sich, doch dieses Mal kam sie ihm entgegen. Ohne Mühe fanden sich ihre Lippen und verschmolzen. Luise gab sich einfach dem Brennen hin, das sich immer stärker in ihrem Körper ausbreitete. Sie hatte das Gefühl zu fliegen. Ja, so musste es sein, wenn man von der Erde abhob. Sie stöhnte leise auf. Doch unvermittelt ließ er sie los und drehte sich weg. Sein Haar hatte sich völlig aus dem Band gelöst und hing wild herunter. Luise hätte sich gerne an seinen breiten Rücken geschmiegt, aber Worte, die er mehr zu sich selbst sagte, hielten sie ab: »Sie wird mich hassen«, murmelte er.

Wer würde ihn hassen? Etwa sie, Luise? Das ergab keinen Sinn. Er konnte nur Elisabeth meinen. Sie spürte, wie Tränen hochstiegen. Duncan drehte sich zu ihr um. Sein Gesicht war im Schatten des Mondlichtes, sodass sie seine Augen nicht sehen konnte. Zärtlich wollte er ihr mit dem Handrücken über die Wange streicheln – vielleicht als Entschuldigung, vielleicht als Lebewohl? Doch sie wies die Hand zurück und sagte mit fester Stimme: »Fass mich nie wieder an!«

Seine Haltung wurde kerzengerade. Dann antwortete Duncan mit ebensolch fester Stimme: »Keine Angst, ich werde es nicht wieder tun, außer du willst es auch.« Dann drehte er sich dem Meer zu.

Niedergeschlagen ging Luise zurück. Das Brennen in ihrem Körper war in Übelkeit umgeschlagen. Sie hasste ihn, ja, sie hasste ihn aus vollem Herzen. Nie wieder dürfte er sie anfassen. Nie wieder würde sie ihn so nah an sich heranlassen. Weder körperlich noch gefühlsmäßig. Er hatte ein Spiel gespielt, und sie war die Verliererin.

Als sich Luise der Terrasse näherte, sah sie Elisabeth am Geländer stehen. Auf sie wollte Luise auf keinen Fall treffen, deshalb bewegte sie sich geräuschlos wie eine Katze und versteckte sich hinter einem Baum.

Wenig später kam Duncan den Weg hoch, ging zu Elisabeth und lächelte sie an. Er sprach ein paar Worte mit ihr, worauf sie nickte. Dann umarmte er sie. Als Luise das sah, hämmerte ihr Herz in der Brust. Ihr wurde schmerzlich deutlich, was sie längst geahnt hatte; sie hatte sich in Duncan verliebt. Ja, sie, Luise Fairbanks, geborene von Wittenstein, hatte sich in den Partner ihrer Vernunftehe verliebt. Doch sie erkannte es erst, als sie ihn wieder verloren hatte. Aber hatte sie seine Liebe jemals besessen? Was bedeutete schon ein Kuss, was bedeutete eine Umarmung? Nichts in der Welt, in der Duncan Fairbanks lebte. In seiner Welt war kein Platz für sie. Lautlos verließ Luise den Schutz des Baumes und lief zum Eingang, um dann leise in ihr Zimmer zu gehen. Sie war froh, dass sie keinem auf dem Weg dorthin begegnete. Froh war sie auch, dass Colette bereits schlief und sie ihr nichts erklären musste. Luise verkroch sich in ihr Bett und gab sich ihrem Schmerz und ihren Tränen hin.

Als Duncan Elisabeth am Geländer hatte stehen sehen, hatte er sich an ihr vorbeischleichen wollen, denn ihm war nicht nach einer Unterredung. Aber sie hatte ihn bereits entdeckt, und jeder Rückzug war zwecklos. Er ging auf sie zu und sah, dass sie geweint hatte. Deshalb umarmte er sie. Anderson hatte diese Frau nicht verdient. Sicher, Elisabeth wusste ihre Reize auszuspielen, schließlich hatte Duncan es selbst hautnah erlebt. Aber sie wusste auch, wie weit sie gehen durfte.

»Wie geht es dir?«, erkundigte Duncan sich nach einer Weile des Schweigens.

»Schlecht«, war ihre knappe Antwort.

»Wie konntest du einen solchen Menschen heiraten? Du kannst jeden Mann erobern. Warum ausgerechnet ihn?«

Elisabeth entzog sich seiner Umarmung und hielt sich mit beiden Händen an der Brüstung fest, den Blick abgewendet zum Meer. »Hätte ich bei dir Chancen, Duncan?«

»Lizzy«, so hatte er sie während ihrer Beziehung genannt, »ich bin verheiratet. Das mit uns ist vorbei, schon lange. Wenn du ehrlich bist, hast du auch kein Interesse mehr an mir. Du willst mich nur auf die Probe stellen«, neckte er sie.

Sie lächelte ihn an. »Lizzy, so hat mich schon seit ewigen Zeiten keiner mehr genannt. Es klingt so zärtlich, so vertraut. Aber auch bitter nach Vergangenheit. Du fragst, warum ich Thomas geheiratet habe? Ich bin ehrlich. Er war nicht der Mann, den ich vom ersten Augenblick geliebt habe und heiraten wollte. Nein, da gab es in meinem Leben nur einen, und der warst du.«

Überrascht sah Duncan sie an. Das war ihm neu. Sie hatten eine schöne Zeit, eine wilde Zeit gehabt, aber er hatte sich damals nicht binden wollen. Es war außerdem zu gefährlich gewesen. Die Organisation war noch nicht stabil genug gewesen. Für Frau und Familie hatte er keinen Sinn gehabt. Dass sie so dachte, hatte er nie geahnt, nicht gewusst, dass sie ihn liebte. Sicher, verliebt sein gehört zu einer Beziehung dazu, aber unter Liebe verstand er etwas anderes.

Elisabeth erriet seine Gedanken: »Du hast es wirklich nicht gewusst?«

Er schüttelte den Kopf.

»Vielleicht hätte ich es dir sagen sollen, damals. Als ich Thomas kennen lernte, war ich nicht mehr die Jüngste. Ich musste schauen, dass mich noch jemand wollte, bevor es zu spät war. Ich suchte einen Platz, an dem ich bleiben, an dem ich mich fallen lassen konnte. Thomas gab mir diesen Ort, und ich war glücklich. Er war nicht immer dieser Rüpel, der sich seiner Trunksucht hingibt. Früher, vor fünf Jahren war er anders. Er war gut aussehend, gepflegt und trug mich auf Händen. Thomas war stolz, mich zur Frau zu haben, und ich war glücklich, ihn zu haben. Ein Heim, ja, endlich einen Ort zu haben, wo ich hingehöre. Ich lernte, ihn zu lieben. Nicht wie dich, wild und ungestüm. Eher ruhig und mit einer inneren Zufriedenheit.« Schweigend hörte Duncan ihr zu. Ihre Stimme war gedämpft, mit einem Hauch Melancholie: »Es war an unserem ersten Hochzeitstag. Ich war schwanger, und wir wollten seinen Eltern die frohe Botschaft abends mitteilen. Zuvor machten wir einen Ausritt. Da passierte der Unfall, der mein ganzes Leben veränderte. Von einem Moment zum anderen war alles anders, alles vorbei. Thomas Pferd stürzte – er fiel. Das Pferd trat Thomas in den Unterleib. Diesen Schrei werde ich nie vergessen.« Flüsternd fuhr sie fort: »Seit dem Unfall können wir keine Kinder mehr bekommen. Wir leben nebeneinander, nicht einmal wie Bruder und Schwester, eher wie Opfer und Täter. Du hast ihn heute Abend erlebt. Damit ich gehe, will er mich verletzen. Seine Worte stimmen, denn alles, was ich habe, gehört ihm. Ich bin, was ich bin, durch ihn.«

»Ich kenne dich nicht wieder, Lizzy. Wenn ich damals so etwas zu dir gesagt hätte, du hättest mir die Augen ausgekratzt. Du kannst mir nicht erzählen, dass du so verletzlich geworden bist und diesen Schwachsinn auch glaubst. Da steckt etwas anderes dahinter. Wo ist euer Kind?«

Elisabeths Finger verkrampften sich ineinander. Sie zitterte und war nicht fähig zu sprechen, nicht in diesem Augenblick. Duncan legte seine Hand auf die ihre und drückte sie sanft. Sie erwiderte seinen Druck und lächelte ihn durch einen Tränenschleier an.

»Sie haben es mir weggenommen.«

»Wer hat dir dein Kind genommen und warum?« Duncan ahnte, dass sie noch niemals darüber gesprochen hatte, dass sie diesen Schmerz mit sich selbst hatte ausmachen müssen.

»Seine Eltern. Unsere Tochter war ein halbes Jahr alt, als ich sie das letzte Mal sah.«

»Oh Lizzy, warum habt ihr das erlaubt? Ihr seid die Eltern des Kindes. Warum seid ihr nicht dagegen vorgegangen?«

»Ich habe sie angefleht, mir mein Kind zu lassen, aber sie machen mich verantwortlich; für Thomas' Trunksucht und für das Elend, das dadurch über die Familie hereingebrochen ist. Eine wie ich könnte keine gute Mutter sein. Ich solle mich um meinen Mann kümmern. Weil ich nicht standesgemäß bin, hatten sie von Anfang an etwas gegen mich. Mit dem ersten Enkelkind, hatte ich gehofft, würde sich das ändern. Ich habe falsch gedacht.«

»Und dein Ehemann, hat er nicht versucht, sich zu widersetzen? Schließlich ist er nicht immer betrunken.«

»Doch, das hat er, aber sie drohten, ihm das Geld zu entziehen. Er hat immer von ihrem Vermögen gelebt. Wie hätten wir unsere Tochter ernähren sollen? Das ist auch der Grund, warum wir nach Australien gegangen sind. Weit weg von zu Hause, weit weg von Samantha.«

»Ist das ihr Name?«

Ein Lächeln erhellte ihr Gesicht, und ihre Augen bekamen das besondere Strahlen, wie es nur eine Mutter bekommen kann. »Ja, aber ich habe sie Sammy genannt. Der Name war so lang für das kleine Wesen. Ihre Haare sind rot wie meine, aber sie hat die Augen ihres Vaters. Oh Duncan, ich wäre eine gute Mutter geworden, ich weiß es. Aber ich habe nie eine Chance bekommen, es zu beweisen. Wenn Thomas nicht angefangen hätte zu trinken, vielleicht wäre dann alles wieder gut geworden. Aber sein Trost ist der Alkohol.«

»Warum gehst du nicht fort und fängst von vorne an? Du erinnerst dich sicherlich noch an Jack Horan. Er kann dir helfen, deine Tochter wiederzubekommen.«

»Oh Duncan, du verstehst nicht. Der Unfall war meine Schuld. Wegen mir ist das Pferd gestürzt. Thomas musste das alles erleiden, weil ich meinen Dickkopf durchsetzen musste. Ich wollte unbedingt diesen unwegsamen Weg reiten, obwohl ich wusste, dass der Boden aufgeweicht und rutschig war. Ich bin ihm davongaloppiert, und er ist mir gefolgt. Verstehst du jetzt, welche Schuld ich in mir trage? Deshalb kann ich ihn nicht verlassen. Deshalb muss ich das als Strafe ertragen.«

»Wenn du fort willst, dann geh, aber bitte spiele nicht die Leidende, die bestraft wird für ihre Sünden. Wo ist die Lizzy, die voller Kraft durchs Leben ging? Die Lizzy, die kein Nein akzeptierte, der keine Hürde zu hoch war?«

»Duncan, ich bin keine zwanzig mehr, deshalb gibt es keinen Neuanfang. Mein Platz ist bei meinem Mann, auch wenn du es nicht verstehst. Das alles habe ich nie zuvor einem Menschen erzählt, und ich weiß, dass du schweigen wirst. Aber nun haben wir genug von mir geredet, was ist mit dir und deiner Frau? Weiß sie, wer du bist?«

Er sah sie erschrocken an. »Nein, sie darf es nicht wissen, jedenfalls jetzt nicht. Ich möchte dir danken, dass du mich während des Essens nicht verraten hast. Auch ich weiß, dass ich dir vertrauen kann.«

»Das bin ich dir schuldig. Aber was ist der wirkliche Grund für die Reise, und warum hast du diese Frau geheiratet, wenn du ihr nicht vertraust?«

In knappen Sätzen beantwortete er ihre Fragen und erzählte von dem verschollenen Bruder und der Situation in England. Verschwieg aber, dass mehrere seiner Jungen deportiert worden waren, und erwähnte auch nicht, dass John einer von ihnen war. Elisabeth war schlau und konnte eins und eins zusammenzählen. Es entsprach der Tatsache, dass er hier ein Krankenhaus bauen wollte, weil das am unauffälligsten war. Der Plan war während der Überfahrt entstanden. Er würde dem Gouverneur von Australien die Idee so verkaufen, dass dieser glauben würde, er wäre selbst darauf gekommen. So konnte Duncan ungehindert an brauchbare Informationen kommen.

»Aber warum musstest du heiraten? Du hättest alleine die Reise unternehmen können.«

»Sicher, aber für Luise wäre es alleine zu gefährlich gewesen, außerdem ist man als Ehepaar unauffälliger.«

»Seit wann kennst du sie?«

»Luise hat mich erst kurz vor der Hochzeit kennen gelernt, aber ich habe sie schon vorher gesehen. Man hatte sie überfallen, und sie war nur knapp dem Tod entkommen. Als ich sie das erste Mal sah, lag sie ohnmächtig … und dabei …« Er stockte. Offen ausgesprochen hatte er es noch nie, eigentlich hatte er noch nicht einmal darüber nachgedacht.

Elisabeth sah ihn verständnislos an, doch dann verstand sie: »Du liebst sie!«

Verlegen lächelte er und kratzte sich am Hinterkopf. Bevor er ihr aber eine Antwort geben konnte, wurden beide durch ein Rascheln unter der Terrasse erschreckt. Sie hatten einen ungewollten Zuhörer gehabt.

»Hast du ihn erkannt?«, fragte Duncan Elisabeth.

»Nein. Warum hat er uns belauscht?«

Er zuckte mit den Schultern. »Verdammt«, presste er zwischen den Lippen hervor, »wir waren unvorsichtig. Haben wir meinen zweiten Namen erwähnt?«

»Jetzt beruhige dich. Wir haben nichts gesagt, was dich in Gefahr bringen könnte. Jemand weiß jetzt, dass wir beide Eheprobleme haben, Duncan.«

Trotz des Schreckens lächelte er sie an und sagte zu ihr: »Da ist sie wieder!«

Fragend sah sie ihn an.

»Die alte Lizzy hat eben gesprochen. Die Elisabeth, die ich vermisst habe. Die, die jede Hürde nahm. Die nichts zu Boden warf und mir stets Mut machte.«

»Du irrst, diese Lizzy ist vor vielen Jahren gestorben.«

Plötzlich raschelte es wieder unter ihnen, doch erleichtert stellten beide fest – bei ihrem vermeintlichen Zuhörer handelte es sich um ein Känguru.

Als am nächsten Morgen das Tageslicht durch die trübe Fensterscheibe drang, wurde es von Luise begrüßt, die seit Stunden wach lag. Unruhig hatte sie sich im Bett hin und her gewälzt, da der gestrige Abend sie aufgewühlt hatte. Nun drang das Morgenlicht durchs Fenster. Es war Zeit, den Brief zu schreiben, den die Britannia nach Europa mitnehmen sollte. Aber was konnte Luise schreiben? Die Wahrheit, dass sie unglücklich war und heimwollte oder dass sie sich in Duncan verliebt hatte, er aber eine andere liebte? Sie würde lügen müssen, denn sie wollte ihre Lieben daheim nicht beunruhigen. Deshalb erzählte sie von der Überfahrt, den netten Gesprächen mit Kapitän Fraser, alles belanglose Dinge. Sie wusste allerdings, dass ihr Onkel fähig war, zwischen den Zeilen zu lesen. Deshalb erwähnte sie auch

Duncan und dass er gut auf sie achtete, so, wie er es ihnen versprochen hatte. Sie beschrieb den Ausritt und versuchte ihnen ihren Eindruck vom Land zu vermitteln. Luise erwähnte natürlich nichts von dem Aborigine, von Elisabeth, ihrem ersten Kuss und davon, dass sie sich von Duncan scheiden lassen wollte. Aber sie schrieb ihnen, dass er ein Haus mieten wollte und dass sie sich bis zu diesem Zeitpunkt mit Colette ein Zimmer im Hotel teilte. Alles sehr beruhigend und doch war herauszuhören, dass sie viel erlebte, dass es vorwärts ging.

Als Luise den Brief durchgelesen hatte, war sie mit ihrer Arbeit zufrieden und klebte ihn zu. Sie zog sich an, denn ihr knurrender Magen meldete sich. Luise schrieb Colette eine Notiz, dass sie frühstücken sei und anschließend zum Hafen gehen wolle.

Leise öffnete sie die Zimmertür und schlich die Treppe hinunter. Ebenso leise ging sie in den Schankraum, in der Hoffnung, dass alle anderen noch schliefen. Aber sie hatte falsch gedacht. Eine Person, der sie heute Morgen auf keinen Fall hatte begegnen wollen, saß schon da und schien die Ruhe und den duftenden Kaffee zu genießen.

»Möchten Sie sich nicht zu mir setzen?«, fragte Elisabeth höflich.

Zweifelnd blickte Luise sie an.

Elisabeth lächelte und schien zu ahnen, was Luise dachte. »Ich möchte nicht alleine sein.«

Höflich setzte sich Luise zu ihr. Elisabeth trug zwar ein frisches Kleid, aber Luise zweifelte, dass sie geschlafen hatte. Dunkle Schatten lagen unter ihren Augen, und sie schien noch bleicher als sonst.

»Wollen wir nicht Frieden schließen? Schließlich sind wir Tausende Meilen von daheim entfernt. Hier gibt es noch nicht viele Frauen, die wir zum Tee einladen können. Wir zwei wären ein Anfang, um eine Teeparty zu veranstalten.« Elisabeth reichte ihr die Hand und sagte: »Ich heiße Elisabeth.«

Beide hatten die traditionellen, von strengen Normen geprägten Welten Englands und Deutschlands hinter sich gelassen und waren nun auf sich selbst gestellt. Da war es ratsam, wenn man sich zusammentat und versuchte, Freundschaft zu schließen. Elisabeth war mehr als zehn Jahre älter als Luise und hatte mehr Lebenserfahrung.

»Vielleicht sollten wir wirklich versuchen, Freundschaft zu schließen«, beendete Luise ihre Gedanken.

Leider konnte sie Elisabeths nicht lesen. Diese grinste in sich hinein. Ihre Lebensphilosophie war schon immer gewesen, sich den Feind zum Freund zu machen.

Ohne besondere Geschehnisse rann die Zeit durch die Sanduhr. Es war Anfang Dezember, als Luise, Colette und Duncan zum Diner bei Sir Attkins eingeladen wurden, um die Vorbereitungen zum Bau des Krankenhauses zu besprechen. Duncan hatte Kontakt zu ihm aufgenommen, da Attkins eng mit dem Gouverneur zusammenarbeitete. Aber es hatte noch kein konkretes Gespräch stattgefunden.

Endlich kam etwas in Bewegung. Die Langweile war fast unerträglich geworden. Meistens war Duncan alleine unterwegs, sagte er jedenfalls, um Erkundigungen einzuholen und Kontakte zu knüpfen. Elisabeth war des Öfteren mit Steve Parker zu sehen. Thomas Anderson verbrachte mehr Zeit denn je in seinem Zimmer.

Es war Samstagabend, und Luise und Colette hatten sich ihre besten Kleider angezogen. Die kleine Colette entpuppte sich mehr und mehr zu einem schönen Schmetterling. Die dünne Gestalt bekam attraktive, frauliche Formen. Sie hatte ein honigfarbenes Kleid gewählt, das durch eine besondere Webtechnik in hellen und dunklen Farbnuancen schimmerte. Hellblau war die Garderobe, die Luise ausgesucht hatte. Wenn sie einen Schritt nach vorne oder zur Seite machte, öffnete sich der Rock, und man konnte mehrere Lagen verschiedener Blautöne sehen. Der dunkelste Ton wiederholte sich in der Stola, die sie um ihre Schultern gelegt hatte.

Duncan wartete bereits am Empfang. Er trug einen dunkelblauen Gehrock, der an der Seite einen ebenfalls dunkelblauen Seidenstreifen hatte. Die Schleife, die sein weißes Hemd zierte, war in Farbe und Material dem Streifen am Hosenbein gleich. Die drei musterten sich, und jeder war mit dem anderen zufrieden.

Sir Attkins hatte mehrere finanzstarke Herrschaften eingeladen, um für das Krankenhausprojekt Interesse zu wecken. Duncans Plan, seine Idee als die Erfindung seines Gastgebers zu verkaufen, war aufgegangen.

Duncan, Luise und Colette wurden den Gästen vorgestellt. Unter anderem Pastor Michigan, dem Bankier Chamberlain, dem Geologen Willis und dem reichen Mr. Silverpenny, dessen Name mehr als treffend war. Jeder der Herren hatte eine angetraute Ehehälfte an seiner Seite, außer Willis. Der war von der Schönheit Colettes und der Tatsache, dass sie alleine war, entzückt und wich den größten Teil des Abends nicht mehr von ihrer Seite. Man nahm im Stehen Champagner ein und lernte in einer zwanglosen Atmosphäre die Gesprächspartner kennen. Es war offenbar auf jedem Fest dasselbe, egal in welchem Land, egal in welcher Gesellschaft. Die Frauen standen zusammen, und die Herren gesellten sich zueinander. Die Gastgeberin machte Luise und Colette mit den übrigen Ladys bekannt.

»Meine liebe Mrs. Fairbanks, ich darf Sie doch Luise nennen?« Es war mehr eine Feststellung als eine höfliche Frage, zu der Luise nur nicken konnte. »Wissen Sie, meine Liebe, hier in der Ferne müssen wir Frauen zusammenhalten und uns gegen Unmoralische und Gottesabtrünnige verbünden, die es auf diesem Kontinent mehr als genügend gibt.«

Die anderen Ladys stimmten dem zu, und Luise und Colette wurden ihnen vorgestellt. Zuerst der Pastorengattin Emma Michigan, die ebenso breit wie hoch war und sogar die Leibesfülle von Anni, der Köchin zu Hause, um einiges übertraf. Mrs. Michigan schielte immer wieder zu der verschlossenen Tür, hinter der Luise das Esszimmer vermutete. Emma, mit Doppelkinn und Stiernacken, an dem eine zweireihige Perlenkette bis über den Busen hing, strengte das Stehen sichtlich an, und sie ließ sich seufzend in einen Sessel fallen, wobei ihr Spitzenhäubchen verrutschte. »Ich bin schon ganz schwach, Josefine. Wegen deiner Dinereinladung habe ich heute Nachmittag zum Tee nur zwei winzige Stückchen Kuchen zu mir genommen. Wann begeben wir uns endlich zu Tisch, meine Liebe?«

»Du musst dich noch etwas gedulden, Emma«, lächelte Josefine sie spöttisch an, schaute zu Luise und verdrehte ironisch die Augen. »Sie könnte wirklich auf einige Mahlzeiten verzichten«, flüsterte sie Luise zu.

Nun wurde Bankiersfrau Felicitas Chamberlain vorgestellt. Mrs. Chamberlain war das Gegenteil der runden Emma. Was diese zu viel hatte, fehlte Lady Chamberlain. Um fast eine Kopflänge überragte sie sogar Luise. Sehr markant stach ihre Nase hervor. Sie war spitz, dünn und lang. Als Kind hatte sich Luise so eine Hexennase vorgestellt. Allerdings fehlte die Warze. Die hohen Wangenknochen machten das Gesicht hager. Eigentlich war alles hager und dünn an Mrs. Chamberlain, sogar ihre Stimme. Sie war schrill und tat in den Ohren weh. Ihre Erscheinung erinnerte Luise an Fräulein Helga, eine Lehrerin aus dem Internat. Die hatte die Angewohnheit gehabt, sich von hinten an die Mädchen heranzuschleichen und sie dann mit ihrer schrillen Stimme zu erschrecken. Luise konnte sich vorstellen, dass diese Rolle auch wunderbar von Lady Chamberlain besetzt werden könnte.

Josefine erzählte, dass sie die zweite Frau von Mr. Chamberlain sei. Gerade wollte Luise einen Schluck Champagner trinken, als Mrs. Chamberlain hinzufügte: »Ich war die Privatlehrerin der beiden kleinen Chamberlains.«

Luise verschluckte sich; sie hatte es geahnt.

Die letzte in dem Frauenquartett war Mrs. Silverpenny, die Gattin des wohl reichsten Mannes auf diesem Kontinent. Sie war nicht viel älter als Luise, doch Mr. Silverpenny hätte ihr Vater sein können.

»Das ist Susan Silverpenny, deren Namen bei dem Reichtum eigentlich Mrs. Golddukaten lauten müsste«, klärte Josefine Luise auf.

Susan Silverpenny schien diese Aussage nicht zu stören. Sie lächelte Josefine freundlich an und meinte: »Ich höre doch keinen Neid aus deiner Stimme, meine liebe Josefine? Du weißt, jeder bekommt das im Leben, was er verdient. Ich habe nun mal George verdient.« Jetzt lachte Josefine laut und hielt sich vor Schreck die Hand vor den Mund.

Luise musterte Mrs. Silverpenny über ihren Champagnerkelch hinweg. Sie war eine attraktive Frau mit glatten, braunen Haaren. Ihre Augen blickten stolz und voller Selbstbewusstsein. Susan hatte eine sinnliche Ausstrahlung. Ihr Kleid war einfach und hochgeschlossen. Allerdings war am Ansatz der Brüste die cognacfarbene Spitze herzförmig herausgeschnitten, sodass man deren Ansatz sehen konnte, was sehr aufreizend wirkte. Susan war sich ihrer Attraktivität bewusst. Durch eine einfache Bewegung, um ihren Rock glatt zu streichen, oder die Art, wie sie das Glas zum Munde führte, versprühte sie Sinnlichkeit, war weibliche Verführung. Bevor sie jedoch diese Bewegungen vollends ausführte, schaute sie stets zu ihrem Gatten, der sich von ihrem Anblick nicht lösen konnte. Selbst als Michigan ihn in ein Gespräch verwickelte, wendete er seinen Blick nicht von seiner Frau. Susan sah ihren Mann an und strich kaum sichtbar mit der Zungenspitze über den Rand des Glases, als ob sie auch den letzten Tropfen des Getränkes in sich aufnehmen wollte. Luises Augen wurden immer größer. Dass jemand so etwas in der Öffentlichkeit tat, war ihr fremd. Sie hatte bisher geglaubt, dass nur käufliche Frauen ihre Reize vor aller Augen zur Schau stellen würden. In dem Moment, als Susan den letzten Tropfen vom Glas leckte, schaute auch Duncan zu ihr. Er schmunzelte, als er Silverpennys schmachtenden Blick sah. Dann blickte Duncan zu Luise, und sein Schmunzeln wurde breiter. Luise lief feuerrot an.

»Das wird aber auch Zeit!«, hörte sie Emma Michigan erleichtert sagen, als ein Diener verkündete: »Meine Herrschaften, es ist angerichtet.«

Man begab sich in den Esssalon. Duncan rückte seiner Frau den Stuhl zurecht und setzte sich links neben sie. Rechts von Luise nahm der – ebenso wie seine Frau sehr gut genährte – Mr. Michigan Platz. Er griff direkt nach seinem Löffel und wollte sich seiner Brühe widmen, als seine Frau ihm das Besteck abnahm und sagte: »Henry, du weißt, dass du deine Serviette umbinden musst, sonst wird das Hemd bekleckert«, und machte sich mit der Serviette an seinem Kragen zu schaffen.

»Aber Emma, was sollen die anderen Gäste von mir denken? Du behandelst mich wie ein Baby.«

»Aber das bist du doch auch, nur ein sehr großes«, sprach die Pastorenfrau, und als sie das weiße Tuch in seinem Kragen mit dem dicken Hals verstaut hatte, kniff sie ihm voller Wonne in die Wange und gab ihm seinen Löffel zurück. Endlich durfte er seine Suppe essen. Die übrigen Gäste kannten offenbar die Umgangsformen des Pastorenehepaars, denn kein Kommentar war zu hören. Colette und Duncan lächelten amüsiert.

Luise betrachtete die auffallende Tischdekoration. Die Tischdecke war aus feinstem, gebleichtem Leinen, ebenso die Servietten, deren Rand mit einem rosa eingefärbten Seidenfaden umhäkelt war. Das Porzellan war hauchdünn und am Rand mit einem goldenen Muster aus Blütenblättern verziert. Blumenarrangements, die an drei Plätzen in der Mitte auf dem Tisch standen, waren in flache Schalen gesteckt, die die gleiche Verzierung hatten wie das Geschirr.

»Gefällt Ihnen meine Tischdekoration?«

Erschrocken zuckte Luise zusammen. Sie hatte Raum und Zeit vergessen und sich ganz der Betrachtung hingegeben.

»Ich habe noch nie so etwas Schönes gesehen«, antwortete Luise auf die Frage ihrer Gastgeberin.

»Ich bin glücklich, wenn jemand meine Bemühung, die Tafel zu verschönen, überhaupt bemerkt. Die Ladys, die schon oft bei uns zum Diner waren, haben dafür keinen Sinn«, meinte Josefine mit einem abfälligen Blick zu Emma, die gerade versuchte, das letzte Stück Petersilie vom Tellerrand auf ihren Löffel zu kratzen. »Trevor, bringen Sie bitte ein frisches Gedeck«, bat Josefine ihren Butler, der wie eine Salzsäule neben der Tür stand. Ernst blickend überreichte er das Gewünschte und stellte sich erneut neben die Tür, wo er wieder erstarrte. Josefine reichte Luise die Tasse, Colette die Untertasse, die genauso neugierig blickte. Behutsam hielt Luise die Tasse fest und strich mit dem rechten Zeigefinger über die Malerei. Sie konnte feine Unebenheiten spüren, die von der Struktur der Farbe herrühren mussten. Jedoch waren sie so fein, dass man sie mit bloßem Auge nicht sehen konnte.

»Halten Sie die Tasse ans Licht der Kerze«, forderte Josefine Luise auf.

Der Lichtschein war deutlich am Boden des hauchdünnen Porzellans zu erkennen. Außerdem konnte Luise schwarze Striche erkennen. Behutsam drehte sie die Tasse um und sah auf dem Boden die feinen Linien, die untereinander angeordnet waren. Fragend sah sie zu Josefine. »Mein Vater bekam das Geschirr vom Stadthalter von Schanghai als Abschiedsgeschenk. Das sind chinesische Schriftzeichen der Manufaktur, die es hergestellt hat.« Josefine schob ihr die Schale mit den unbekannten Blüten hin. »Fassen Sie die Blüten an. Keine Angst, sie zerbrechen nicht.«

Luise stutzte: »Es sind keine echten Pflanzen.«

»Es sind chinesische Seidenblumen. Man nennt sie Lotusblüten. Sie wurden passend zum Geschirr kreiert. Nirgendwo sonst auf der Welt gibt es Künstler, die ein Handwerk so meisterlich beherrschen«, schwärmte die Gastgeberin.

»Dem kann ich nicht zustimmen, meine liebe Josefine. Wenn ich an die Glasbläser von Venedig denke, kann man ihre Kunst ohne weiteres mit dieser vergleichen. Hauchdünne Gläser, meisterhaft geschliffen und mit Gold- und Diamantstaub verziert. Das sucht seinesgleichen«, entgegnete Willis, der Geologe.

»Dem ist nichts zu entgegnen, Peter«, stimmte sie nun zu. »Wenn sich jemand für mein Porzellan interessiert, würde ich am liebsten nur noch davon erzählen.«

»Das hört sich ja alles sehr interessant an, jedoch merke ich, wie mein Kreislauf absackt. Was hast du dir als Hauptgang ausgedacht, meine liebe Gastgeberin?«

»Gesottenes Känguru mit dunkler Soße und dazu …«

»Igitt! Ich esse doch kein wildes Tier«, ekelte sich die Pastorengattin.

»Meine liebe Mrs. Michigan, Sie kennen doch den trockenen Humor meiner lieben Frau. Natürlich gibt es das nicht. Wir haben für diesen Abend ein Lamm schlachten lassen, und ich bin sicher, dass unser Koch es exzellent zubereitet hat.« Attkins blickte warnend zu seiner Frau, deren Wangen vor Wut rot angelaufen waren. Hastig nahm sie zur Beruhigung einen Schluck Wasser. Dann lächelte sie entschuldigend in die Runde. »Mein Temperament ist wohl mit mir durchgegangen. Ich hoffe, mein Dessert wird dich trösten und versöhnen, Emma.«

Drei Mädchen und drei Knaben brachten jeweils zwei Gedecke, die unter einer Silberkuppel versteckt waren, und stellten jedem Gast eines auf seinen Platz. Auf Nicken der Gastgeberin hoben die Bediensteten gleichzeitig die Haube vom Teller und ein entzücktes »Ah!« war zu hören.

Warmer Essensgeruch durchzog das Zimmer und machte selbst die Satten wieder hungrig. Das leicht rosa gebratene Lammfleisch lag in einem Tupfer brauner Soße. Dazu gab es jeweils drei kleine Rosmarinkartoffeln und daneben dünne Bohnenstängeln, die von einem hauchdünnen Scheibchen Schinken ummantelt waren. In der Mitte lag eine kaum sichtbare Silberzwiebel, leicht angedünstet.

»Dieses Arrangement gebührt, dass wir auf die Gastgeberin einen Toast aussprechen«, meinte Mr. Chamberlain und erhob sein Glas.

»Nun lassen Sie uns aber essen, denn es gibt nichts Schlimmeres als ein erkaltetes Stück Lamm«, forderte Attkins seine Gäste auf.

Erfreut spießte Emma die Silberzwiebel auf und schloss für ein paar Sekunden die Augen, um sich dann über das essbare Kunstwerk herzumachen.

Nach dem Diner fragte der Butler Josefine, ob er den Mokka im Kaminzimmer servieren solle. Emma, deren Augen und Ohren alles registrierten, rief voller Entsetzen: »Um Himmels willen, nur nicht bewegen. Ich bin so gesättigt, dass ich keinen Schritt gehen kann. Josefine, lass uns hier am Tisch den Mokka und die Pralinen einnehmen.« Dabei fächerte sie sich mit ihrem Spitzentaschentuch Luft zu. Nach der dritten Portion Nachtisch war sie etwas tiefer in den Stuhl gerutscht.

Sir Attkins schaute verwundert, denn der Kaffee wurde stets im Kaminzimmer eingenommen, wo Frauen und Männer an getrennten Tischen saßen und jeder seine Gesprächsthemen vertiefen konnte. Oft handelten Männer politische Dinge ab oder beredeten Geschäftliches. Heute Abend würde es wohl anders laufen. Also nickte er dem Diener zu, der daraufhin den Gästen Kaffee, Zigarren, Sherry und Cognac am Dinertisch servierte.

Emma seufzte genussvoll, als die Praline in ihrem Mund zu schmelzen begann. Ein Schlückchen Sherry rundete ihr Wohlbefinden ab. Die Stimmung war ruhig, nur zu ruhig. Feinfühlige konnten eine leichte Spannung im Zimmer spüren. Die Männer wollten endlich das höfliche Geplänkel beenden, das sie anstrengte, und harte, kernige Diskussionen führen. Luise wusste, dass Duncan auf den Zeitpunkt gewartete hatte, um über seine Pläne zu reden. Sie sah ihm an, dass er mit der Situation unzufrieden war. Duncan hatte sich Gespräche erhofft, die ihn und sein Vorhaben vorwärts bringen sollten. Sinnlose Zeit war verstrichen, seit er auf diesem Kontinent eingetroffen war. Wie sollte er je seine Jungen finden, wenn er untätig herumsaß. Er zwang seinen Blick auf sein Glas Brandy, da er sonst Mrs. Michigan missmutig angeschaut hätte. In seinen Gedanken hatte er nur Spott für sie übrig. Er nippte an seinem Glas, als Emma ihn auch noch ansprach:

»Haben Sie sich schon nach einem passenden Haus umgeschaut? Sicher möchten Sie Ihrer Gemahlin nicht länger dieses schäbige Hotel zumuten. Oh, ich wüsste ein schönes Haus für

Sie. Nun, es ist zwar nicht ganz neu und es hat auch eine unangenehme Geschichte. Aber Sie glauben bestimmt nicht an Geister oder Untote. Schließlich wissen Sie als Arzt am besten, wann jemand tot ist, mausetot.«

Mrs. Michigan sah Duncan mit Unschuldsmiene an. Josefine schloss für einige Sekunden die Augen, bevor sie mit leiser und doch sehr scharfer Stimme direkt zu Emma sprach:

»Unsere Gäste müssen nichts von diesem Haus und der damit verbundenen Geschichte wissen. Wir hatten ein Abkommen des Schweigens, meine liebe Emma. Warum stopfst du dir nicht noch ein paar Pralinen in deinen Mund und hältst ihn dann fest verschlossen?«

Emma zuckte ungerührt die Schultern. Mrs. Silverpenny war um die Nasenspitze etwas weißer geworden und sah Hilfe suchend zu ihrem Mann. Nun war das Interesse bei den Übrigen geweckt.

»Madam, excusez moi, aber Sie können nicht verlangen, dass ich nun nicht neugierig bin.«

»Das Gleiche gilt für mich«, mischte sich Willis ein.

»Oh nein«, rief Mrs. Silverpenny hysterisch, »ich möchte davon nie wieder etwas hören. Nicht jetzt, wo ich gerade dabei bin, es zu vergessen.«

Spott lag in der Stimme, als Josefine antwortete: »Du wirst mir doch nicht einreden wollen, dass du so etwas vergessen kannst. Auch wenn wir nicht mehr darüber sprechen, so etwas wird in die Geschichte unserer Stadt eingehen und von Generation zu Generation weitererzählt werden.«

»Herrgott noch mal«, unterbrach sie Willis, »würden Sie uns bitte aufklären, um was es geht?«

Das Ehepaar Attkins sah zu Emma Michigan und ihrem Mann, diese sahen zu dem Ehepaar Silverpenny und den Chamberlains. Dann nickte Josefine unmerklich Reverend Michigan zu.

»Es war nicht geplant, mit dieser Geschichte an einem Dinerabend Gäste zu unterhalten. Schließlich wollten wir sie willkommen heißen und nicht ängstigen. Es wäre auch kein Wort gefallen, würden wir Männer, wie üblich, unseren Brandy im Kaminzimmer einnehmen«, rügte der Reverend seine Gattin Emma. Dann zündete er sich eine Zigarre an und begann zu erzählen: »Mit den ersten Gefangenen vor drei Jahren kam auch

Friedensrichter Hopkins von Plymouth auf den Kontinent. Zuerst allein. Etwa ein Jahr später traf Anne Hopkins mit ihren fünf Kindern ein. Nach außen hin waren sie eine nette, unauffällige Familie. Aber in Hopkins schlummerte das Böse. Aus krankhaftem Vergnügen heraus quälte er Gefangene aufs Schrecklichste. Hopkins brauchte keinen Grund, um sie auspeitschen zu lassen, bis das Blut spritzte oder die Rippen brachen. Tote nahm er ohne Reue oder Rührung in Kauf. Es war schockierend, was sich hinter den Gefängnismauern abspielte, und ich möchte Sie mit weiteren Details verschonen.«

»Haben Sie nichts dagegen unternommen?«, fragte Duncan entrüstet.

»Ich weiß, es klingt unwahrscheinlich, aber wir haben davon nichts geahnt. Hopkins war eine angesehene, freundliche Persönlichkeit, der man so etwas nicht zutraute.« Michigan legte seine Zigarre in den Aschenbecher und nahm einen Schluck Cognac. Die Stille wurde unerträglich. Niemand traute sich, etwas zu sagen. Endlich fuhr er fort: »Was dann geschah, konnte keiner von uns voraussehen. Vier Sträflingen gelang die Flucht aus dem Gefängnis. Sie kamen bei Nacht in sein Haus und töteten Adam Hopkins. Das Leben seiner Familie verschonten sie, denn sie wollten nur Rache an Hopkins nehmen, da ein getöteter Gefangener der Bruder eines Entflohenen war. Anschließend sind sie in den Norden geflüchtet, aber nicht ohne eine Trophäe mitzunehmen.« Michigan schüttelte sich und nahm wieder einen Schluck aus seinem Glas. »Entschuldigen Sie, aber ich habe wieder das Bild vor Augen. Überall in seinem Arbeitszimmer war Blut. Sogar an der Decke.«

»Welche Trophäe?«, fragte Willis entsetzt.

»Seinen Kopf. Sie haben ihn enthauptet.«

Fassungslos wandte sich Colette direkt an Emma: »Mon Dieu, Mrs. Michigan, wie können Sie annehmen, dass wir in solch ein schreckliches Haus ziehen möchten. Impossible!«

Emma berührte Colettes Gefühlsausbruch nicht im Geringsten. »Kindchen, man sieht von dem Blut doch nichts mehr. Wir haben alles sauber gemacht. Nun ja, die Decke müsste nochmals abgewaschen werden. Die Leiter war zu kurz. Aber wenn man …«

»Danke, Mrs. Michigan«, unterbrach Duncan sie höflich, »danke für Ihre Fürsorge, aber ich habe mich bereits nach etwas Passendem umgesehen – und auch gefunden.« Erstaunt blickte

Luise ihn an. »Nun ja, es ist kein Haus, jedenfalls noch nicht, wie soll ich sagen …« Duncan lachte verlegen: »Ich habe ein Stück Land erworben. Hiermit möchte ich mich bei Sir Attkins bedanken, der mir bei den Formalitäten behilflich war, und auch bei Mr. Willis. Er hat sich Grund und Boden angesehen und geprüft, ob es für mein Vorhaben geeignet ist, und das ist es.« Willis unterstrich den Satz mit einem Kopfnicken. »Das Land liegt außerhalb der Stadt, dort, wo wir unseren ersten Ausritt hin gemacht haben«, erklärte er und lächelte Luise zu.

»Sie wollen in der Einöde ein Haus bauen? Das können Sie Ihrer Frau nicht zumuten. Bei den Wilden und den gefährlichen Tieren. Nein, dann nehmen Sie doch besser das Haus der Hopkins. Ich verspreche Ihnen, dass ich mich höchstpersönlich darum kümmern werde, dass alle Blutflecken entfernt werden.«

»Emma, nun sei still. Hier, iss noch ein paar Pralinen.« Josefine schob ihr die Schale mit der Schokolade hin.

»Ich wollte meine Frau überraschen. Sie wissen sicherlich, dass sie von einem Weingut in Deutschland stammt und mit den nötigen Fachkenntnissen über Weinanbau vertraut ist. Schließlich sollte sie ursprünglich den elterlichen Hof übernehmen.« Duncan sah zu Luise und erkannte in ihren Augen, dass er das besser nicht erwähnt hätte.

»… und die Liebe hat sie nach Australien entführt. Nein, wie romantisch«, rettete Mrs. Silverpenny die Situation.

Dankbar griff Duncan nach dem Strohhalm. »So könnte man das auch ausdrücken. Ich habe mit ihrem Patenonkel vor unserer Abreise eine Vereinbarung getroffen und hoffe, dass in drei Monaten das Handwerkszeug und die Weinstöcke hier ankommen werden.«

Luise erinnerte sich an den letzten Abend zu Hause vor ihrer Abreise. Duncan, ihr Cousin und ihr Patenonkel hatten sich zurückgezogen und waren erst nach Stunden wieder aufgetaucht. Alle drei lächelten zufrieden, als ob sie ein gutes Geschäft gemacht hätten.

Nun ergriff Duncan Luises Hand und sah sie an. »Das, meine Liebe, ist mein verspätetes Hochzeitsgeschenk!«

Ihre Augen bekamen einen verräterischen Glanz. Sie war unfähig, auch nur ein Wort zu sagen. Dafür waren vom Rest der Runde lauter »Ahs!« und »Ohs!« zu hören, denn jeder war gerührt von der Geste der Liebe. Doch Luise schwirrten tausend

Fragen durch den Kopf. Warum tat er das? Das würde heißen, dass sie länger als geplant in Australien bleiben würden. Wollte er sie vielleicht doch glücklich machen? Blödsinn, hier waren keine Gefühle im Spiel. Bei dem Gedanken, dass sie ein eigenes Heim bekommen würde mit einem Garten und Weinstöcken, fühlte sie ein leichtes Kribbeln im Bauch. Was aber bedeutete das für sie und ihren Bruder? Wenn sie ein Haus bauen würden, wann hätte Duncan Zeit, nach Johann zu suchen? Würde er überhaupt noch suchen? Fragen über Fragen und keine Antworten. Luise wurde unruhig und wäre am liebsten in die Pension zurückgefahren, um mit Duncan über alles zu sprechen, als ein Wort, ein Name an ihr Ohr drang und ihr den Atem stocken ließ.

Luise blickte Duncan an. Sie glaubte, den Namen missverstanden zu haben. Doch Duncans Gesicht ließ keinen Zweifel. Sie hatte sich nicht verhört. Niemand sah die leichte Veränderung in seinem Gesicht, denn der Schein der Lampen war zur vorgerückten Stunde schwächer geworden. Nur sie erkannte, dass etwas nicht stimmte. Auch Colette sah aus, als ob sie jeden Moment in Ohnmacht fallen würde. Fragend blickten deren Augen Luise an. Luise wollte etwas sagen, als Duncan seine Hand auf ihren Schoß legte. Erschrocken sah sie zu ihm. Sein Blick gebot ihr zu schweigen. Sie fühlte ein Dröhnen der Angst in ihrem Kopf. Er würde hier erscheinen. Tausende Kilometer von daheim entfernt würden sie wieder aufeinander treffen. Luises Atem ging flach, ihr Kopf schien jeden Moment zu platzen. Sie ergriff Duncans Hand, die immer noch auf ihrem Schoß lag und drückte sie fest zusammen. Er ließ es geschehen, ohne mit der Wimper zu zucken. Langsam ließ der Druck in ihrem Kopf nach, und sie lockerte den Griff ihrer Hand, die sie nun verkrampft zu einer Faust ballte. Er zog jedoch seine Hand nicht weg, sondern streichelte zärtlich ihre Finger. Duncan räusperte sich:

»Warum kommt eine so wichtige Person von London nach Australien? Es erscheint mir merkwürdig.« Er sagte es lächelnd, jedoch war ihm die Frage ernst, todernst.

»Nun«, erklärte Attkins, »er ist in Ungnade gefallen. Laut Rechtsprechung war das Urteil, das er vollstrecken ließ, korrekt. Doch das Volk sah es anders und forderte seinen Kopf. Um die Bevölkerung zu beruhigen, gab man ihm den Rat, sich nach einer neuen Heimat umzusehen. Der Zufall wollte es, dass die Stelle des armen Hopkins frei wurde. Ich kenne ihn nicht, aber schlechter als Hopkins kann er nicht sein.«

»Darf man den Grund erfahren, warum er beim Volk in Ungnade gefallen ist?«, wollte Duncan wissen.

»Da kann ich Ihnen leider keine genaue Auskunft geben. Aber es war die Obrigkeit, mit der er sich angelegt haben soll. Er muss an einem aus dem Westend, einem Studierten, ein Exempel statuiert haben und ihn auf dem Marktplatz öffentlich zur Schau gestellt haben. Er sollte vierundzwanzig Stunden dort angekettet bleiben. Jedoch wurde er am nächsten Morgen erschlagen aufgefunden, trotz eines Wachpostens. Sogar der Pöbel ist auf die Straßen gegangen und hat protestiert. Wie der arme Mensch hieß, weiß ich nicht. Er soll Anwalt gewesen sein, so hörte ich jedenfalls.«

Luise, Duncan und auch Colette erstarrten. Keiner traute sich, den anderen anzusehen. Colette wagte sich schließlich mit piepsiger Stimme zu fragen: »Monsieur, wissen Sie, warum der Anwalt auf dem Marktplatz angekettet wurde?«

Luise schloss für den Bruchteil einer Sekunde die Augen. Das Herz schlug ihr bis zum Hals. Diesmal muss es jeder sehen, dachte sie.

»Leider weiß ich nichts Konkretes, aber ich hörte, dass bei ihm der Verdacht bestand, mit einer Verbrecherbande zu sympathisieren. Oder war er das Oberhaupt der Bande? Nein, denn dann hätte man ihn direkt gehängt«, grübelte Sir Attkins. »Sie sehen, mein Kind, dass ich Ihnen nichts Genaues dazu sagen kann, aber gedulden Sie sich noch einige Zeit, dann können Sie ihn selbst fragen. Wir rechnen damit, dass Steel in den nächsten fünf bis sechs Monaten hier eintreffen und sein neues Amt antreten wird.«

Vier Monate später

Die Wände des Hauses waren fertiggestellt, und heute sollte der Dachfirst gesetzt werden. Duncan hatte Häftlinge gefunden, die das Bauhandwerk verstanden, manche waren sogar Meister in ihren Berufen. Er hatte wochenlang die Gefängnisse nach Zimmerleuten und Glasern durchsucht, bis er genügend Kräfte zusammen hatte. Neunundzwanzig Gefangene lebten nun bei und mit ihnen. Sir Attkins, der die Funktion des Friedensrichters vorübergehend innehatte, war Duncan behilflich gewesen, die Formalitäten zu erledigen. Es waren nur zwei Bedingungen an die Umsiedlung der Gefangenen gestellt worden. Sie durften keine Mörder oder sonstige Schwerverbrecher sein, und alle mussten in der Nacht angekettet werden. Zuerst ließ Duncan von den Hühnerdieben, Glücksspielern, Schuldnern und all den anderen Missetätern eine große Scheune bauen, in der genügend Platz war. In der Mitte wurde ein Kamin gemauert, dessen Abzug durch das Dach nach außen führte. Dort konnten sich die Gefangenen ihr Essen zubereiten. Nur am Sonntag wurde für alle gekocht und die Mahlzeit gemeinsam eingenommen. Jeder musste sich eine Pritsche zimmern, an der sie Duncan nachts an einem Fuß ankettete. Sicherlich, es war keine Garantie dafür, dass sie nicht doch die Kette von der Pritsche abreißen und flüchten würden. Jedoch, wo sollten sie hin? Außerdem wussten die Gefangenen, dass sie bei Fairbanks ein neues Zuhause bekamen, mit anständigem Essen und ohne Schläge.

Für Duncan war es die Chance gewesen, unauffällig nach Luises Bruder und seinen Jungen zu suchen, da er Einsicht in alle Gefangenenlisten bekam, ohne Aufsehen zu erregen.

»Mrs. Luise, soll ich noch Wasser aus dem Fluss holen?«, zischte Connor durch seine Zahnlücke.

Luise lächelte ihn an, kam aus der Hocke hoch, stellte sich neben ihn und legte einen Arm um seine Schulter. Mit der Hand wischte sie sich den Schweiß von der Stirn. Der Dreck hinterließ einen dünnen Streifen über ihrem linken Auge. Die Sonne ging endlich langsam unter. Sie hatte den ganzen Tag unerbittlich auf die gebrannt, die arbeiten mussten.

»Nein, Connor, für heute reicht es. Wir haben die Pflanzen genügend eingeschlämmt. Bevor die Sonne aufgeht, muss man sie wieder gießen und nochmals gegen Abend.« Sie wischte sich mit ihrer Schürze das Gesicht; der Schweiß brannte in ihren Augen.

Colette kam von ihrem Arbeitsplatz am anderen Ende des Feldes und lockerte während des Gehens ihr Kopftuch, sodass die Haare auf die Schultern fallen konnten. Sie lächelte Connor an, und als sie neben ihm stand, fasste sie seinen Rotschopf und wippte ihn hin und her. »Très bon, mon ami! Sehr gute Arbeit!«

»Merci!«, antwortete dieser sichtbar glücklich.

Als Duncan auf seinem Hengst herübergaloppierte und kurz vor ihnen erst das Tempo verringerte, wirbelte das Pferd eine Staubwolke auf, die Luise, Colette und Connor einhüllte. Sie mussten husten und begannen zu schimpften.

»Alle Achtung! Heute Morgen hatte ich nicht damit gerechnet, dass ihr so gut vorankommen würdet«, zollte Duncan ihnen Respekt.

»Es blieb uns nichts anderes übrig, als so schnell wie möglich zu pflanzen. Die Rebstöcke sahen nach der langen Reise mitgenommen aus. Ich hoffe, dass wir einen Großteil retten können. Wenn es nur die Hälfte schafft, dann kann ich nächstes Jahr Ableger ziehen. Wir können von Glück reden, dass das Schiff nur einen Monat Verspätung hatte«, lächelte Luise.

Duncan sah zu seiner kleinen Familie, die ihn aus erhitzten und müden Gesichtern anstrahlte.

»Wenn Glück die Luft gelb färben würde, dann hätte die Nacht keine Chance, den Tag zu verdunkeln.«

»Mon Dieu, ein Poet hat gesprochen.«

Alle lachten, am lautesten Connor. Seit der Junge für sie arbeitete, sah man ihn fröhlich und glücklich. Hier gab es keinen Koch, der ihn misshandelte. Hier hatte er Freunde gefunden und wurde für seine Arbeit ordentlich bezahlt. Jedoch das Schönste für ihn war, dass seine Mutter ebenfalls für die Fairbanks arbeiten konnte. Joanna und ihre Kinder führten seit langem erstmals ein sorgenfreies Leben. Sie hatten zu essen, ein Dach über dem Kopf und wurden mit Respekt behandelt. Zum ersten Mal war die Nacht zum Schlafen da und nicht wie in den vergangenen Jahren zum Arbeiten, damit wenigstens die Kinder etwas zu essen hatten. Connor war dankbar, dass Luise und Duncan ihnen diese Chance gaben. Keine Zeit der Welt hätte ausgereicht, um ihnen das immer wieder zu sagen.

Als Luise Duncan damals auf den Jungen und sein Schicksal aufmerksam gemacht hatte, war sie enttäuscht gewesen, denn er hatte scheinbar gleichgültig reagiert. Wie sich später herausstellte, hatte sie ihm Unrecht getan, denn er bezog Connor in seine Pläne mit ein, allerdings unter dem Siegel der Verschwiegenheit.

Luise dachte wieder daran, wie sie vor vier Monaten das Haus des Ehepaares Attkins verlassen hatten und in der Kutsche saßen. Duncan, Luise und Colette waren voneinander weggerückt und hingen ihren Gedanken nach, und doch verband sie ein sehr starkes Gefühl. Das Gefühl der Angst.

Steel! Steel würde kommen. Niemand konnte abschätzen, was das für sie heißen würde.

»Woher kennst du Steel? Dass du ihn kennst, konnte ich an deiner Reaktion bemerken«, fragte Luise und riss Duncan aus seinen Gedanken.

»Jeder in London kennt den Namen Steel und verbindet mit ihm nichts Gutes.« Er hoffte, dass ihr die Antwort genügen würde.

»Interessiert es dich nicht, woher ich ihn kenne?«, fragte sie ihn nun.

»Jack hatte es mir erzählt«, antwortete er scheinbar gleichgültig. Oft war Duncan versucht, Luise in sein Geheimnis einzuweihen, aber nun war es gut, dass sie nichts wusste.

»Kann Steel uns gefährlich werden? Schließlich weiß er, dass ich meinen Bruder suche und dass Johann in dieser Bande tätig war, die Steel am meisten zu hassen scheint«, fragte Luise zögernd.

In ihren Augen spiegelte sich Angst. Gerne hätte er sie in den Arm genommen und ihr versprochen, dass alles gut wird. Aber er wusste nicht, ob er das Versprechen halten könnte.

»Zum Glück wird er erst in einigen Monaten eintreffen, bis dahin haben wir genügend Zeit, darüber nachzudenken«, war die Antwort, die sie am wenigsten hören wollte. Enttäuscht sah sie ihn an und versank wieder in Schweigen. Duncans Gedanken jedoch rasten. Es war wichtig, Elisabeth zu informieren, denn sie kannte Steel ebenfalls. Was war in London geschehen? War Horan der Tote? Wenn ja, hatte er vor seinem Tod geredet? Duncan wäre am liebsten zu Fuß zur Pension zurückgelaufen, um einen klaren Kopf zu bekommen, aber auch, um seinen Gefühlen freien Lauf zu lassen. Seiner Wut ebenso wie seinen Tränen. Tränen, die er weinen wollte um einen toten Freund. Auch, wenn der Tote nicht Jack war, so war es doch jemand, der für ihn gestorben war.

Colette unterbrach Duncans Gedanken. Bleich fragte sie: »Glaubst du, dass er von Jack Horan geredet hat? Der Anwalt, der erschlagen wurde – könnte es Jack sein?«

Nur ein Flüstern war ihre Stimme, doch dröhnte sie wie ein Donnerhall in seinem Kopf. Duncan rieb sich mit der Hand das Genick unterhalb des Haaransatzes. Dabei schloss er für ein paar Sekunden die Augen und antwortete: »Ich weiß es nicht, Colette! Ich hoffe nicht, dass dies der Grund dafür ist, dass ich von Jack solange nichts gehört habe. Verdammt, England ist so weit weg. Selbst wenn ich noch heute Nacht einen Brief abschicke, ehe die Antwort uns erreicht, ist Steel schon dreimal hier angekommen.«

Colette fing an zu weinen.

»Um Himmels willen, Colette, bitte werde nicht hysterisch. Das ist das Letzte, was ich jetzt gebrauchen kann – schreiende Frauenzimmer.«

Luise warf Duncan einen zornigen Blick zu und versuchte, Colette zu beruhigen. »Du bist ein gefühlloses Ungeheuer, Duncan Fairbanks!«, fauchte Luise ihn an.

»Colette, ich kann verstehen, dass du dir Sorgen machst, jeder von uns tut das«, versuchte Duncan, die Situation zu glätten. Zu Luise gewandt sagte er: »Es tut mir Leid.«

Luise nickte und streichelte Colette über den Rücken.

Im Hotel angekommen, brachte Luise ihre Freundin zu Bett. Kurze Zeit später schlief Colette schluchzend ein. Luise war zu aufgewühlt, um auch nur ans Schlafen zu denken. Sie ging hinunter in der Hoffnung, dass es auch in dieser Küche heiße Schokolade geben würde. Von weitem hörte sie bekannte Stimmen. Duncan sah sie verwundert an. »Du schläfst noch nicht?«

»Ihr anscheinend auch nicht.«

Zusammen mit Duncan saßen Connor und Elisabeth am Tisch. Duncan nahm einen Schluck Whisky aus seinem Glas. Er sah erschöpft aus. Die Schleife, die vorher akkurat um seinen Hemdkragen gebunden war, hatte sich aufgelöst, und die zwei dunklen Enden baumelten rechts und links neben der Hemdknopfleiste. Connor, der mit seiner kindlichen Unschuld nichts von der aufgetretenen Spannung spürte, sprudelte zischend heraus: »Mrs. Luise, ist das nicht wunderbar? Sie werden ein eigenes … Aua!«

Duncan hatte ihm unter dem Tisch gegen sein Bein getreten und somit seinen Redeschwall unterbrochen.

»Was ist so wunderbar, Connor?«, fragte Luise den Jungen und sah dabei Duncan fest in die Augen. Er sollte nicht die Möglichkeit haben, Connor zu beeinflussen.

Dieser rieb sich den schmerzenden Unterschenkel und sah wütend zu Duncan. Er wusste nicht, was er falsch gemacht hatte.

»Also, ich warte auf eine Antwort«, forderte Luise und stemmte zur Verdeutlichung ihres Ärgers die Hände in die Taille.

»Jetzt sei doch nicht böse«, versuchte Elisabeth Luise zu besänftigen, was natürlich genau das Gegenteil bewirkte, »er wollte dir eine Freude machen, und nun nimmst du sie ihm durch dein kindisches Verhalten.«

»Anscheinend weiß hier jeder Bescheid außer mir.«

»Er hat dir doch heute Abend bereits auf eurer Dinerparty gesagt, dass …« Weiter kam Elisabeth nicht, denn Duncan unterbrach sie.

»Lass gut sein, Elisabeth. Ich kann Luises Zorn verstehen. Komm, Luise, wir gehen spazieren, dann werde ich dir alles erklären.«

Draußen wehte ein schwacher Wind. Vollmond erhellte mit tausend Sternen die Nacht.

»Möchtest du dich bei mir unterhaken?«, fragte Duncan freundlich.

»Nein!«, war kurz und knapp Luises Antwort.

Duncan ging an ihr vorbei und schlug die Richtung zum Hafen ein. Stumm schien er Riesenschritte zu machen. Luise musste fast laufen, um mit ihm auf gleicher Höhe zu sein. Das Kleid war hinderlich und brachte sie zum Schwitzen. Sie konnte sein Tempo nicht mehr mithalten und blieb stehen. Duncan aber setzte unbeirrt seinen Weg fort. Er hatte seine Arme hinter seinem Rücken verschränkt und schaute nach unten auf den Boden, wo seine Füße den staubigen Sand aufwirbelten.

»Duncan!«, rief Luise wütend.

Er hielt inne, drehte sich zu ihr um und fragte: »Was habe ich nun schon wieder getan, das deinen Zorn verursacht?«

Sie stutzte, denn sie war sich keiner Schuld bewusst.

»Du verstehst nicht, was ich meine? Dann werde ich es dir erklären. Ich gehe rechts, du willst links. Ich versuche, höflich zu sein, du wirst zickig. Ich bin nett zu dir und beziehe dich ein, doch du denkst, dass ich etwas von dir will, und gehst auf Distanz, sodass keine Konversation möglich ist. Verdammt noch mal, was verlangst du von mir? Hast du Angst vor mir oder hast du vielleicht Angst vor dir selbst? Darüber solltest du dir Klarheit verschaffen.«

Seine Augen verloren ihren grimmigen Blick und schauten zärtlich, aber auch müde. Er setzte sich auf einen der Findlinge, die zuhauf, wie von Menschenhand platziert, dort standen. Er löste das Band, fuhr auflockernd durch seine Haare und umschlang sein rechtes Knie. Doch sie schien wie angewurzelt zu sein. »Setz dich, ich beiße nicht.«

Luise nahm auf dem äußersten Rand des grauen, glatten Steines neben Duncan Platz.

»Oh Luise, mach es uns doch nicht so schwer«, bat er. »Ich habe versprochen, dass ich dir nicht mehr zu nahe trete.«

Luise entspannte sich. »Also, ich höre?«, sagte sie steif, obwohl ihr Herz gerne anders entschieden hätte.

Duncan sah sie von der Seite an, strich sich eine Haarsträhne, die der Wind vor sein Gesicht geweht hatte, hinter das linke Ohr und versuchte zu erklären:

»Luise, auch, wenn unser Aufenthalt zeitlich begrenzt sein wird, wir müssen uns ein Heim schaffen. Mir rinnt die Zeit wie Sand durch die Finger, und wir haben nichts, aber auch gar nichts bis jetzt erreicht. Ich weiß nicht, wo dein Bruder ist, auch nicht, wie ich es anstellen soll, ihn zu finden. Das Wichtigste dabei ist, dass wir kein Aufsehen erregen und uns so normal wie nur möglich verhalten. Jedoch werden wir als Neulinge immer beobachtet werden, deshalb müssen wir raus aus diesem Umfeld. Deine Fachkenntnisse in Sachen Weinanbau sind die perfekte Tarnung für unser Vorhaben. Auf dem Land sind wir vor ungewollten Blicken geschützt. Niemand sieht, was wir machen oder wer zu Besuch kommt. Stell' dir vor, ich würde Johann finden. Überall gäbe es hier Verstecke für ihn. Das war der eine Grund, warum ich es arrangiert habe. Der zweite, ebenso wichtige Grund ist jedoch, dass ich zwar ein gebrochenes Bein wieder richten, aber kein Haus bauen kann, also brauche ich Fachkräfte. Die Gefängnisse sind voll von fähigen Männern. Durch den Kontakt mit Sir Attkins und seinem Interesse, ein Krankenhaus zu bauen, komme ich hoffentlich an die Gefangenenlisten heran. Kannst du dir vorstellen, welche Vorteile es noch mit sich bringt?«, fragte er ohne Arroganz in der Stimme. Sie schüttelte den Kopf. »Nun, wenn ich sämtliche Gefangenenlisten der Gefängnisse hier im Umfeld einsehen werde, dann werde ich wissen …«

»… ob Johann hier ist. Oh mein Gott, Duncan …« Luise war unfähig, mehr zu sagen. Nach einigen Überlegungen fügte sie jedoch hinzu: »Denk an Friedensrichter Hopkins! Je länger es dauert, desto …«

Duncan legte ihr den Zeigefinger auf den Mund und brachte sie zum Schweigen. Wieder war es da. Sie verbrannte bei lebendigem Leib. Luise konnte kaum schlucken, geschweige denn atmen. Sie hätte am liebsten nach ihm geschrien, da ihr Körper danach verlangte. Doch der Verstand, der für Sekunden ausgeschaltet gewesen war, kehrte zurück. Sie drehte den Kopf nach vorne und blickte stur in den Himmel. Duncans Stimme zwang sie zur Normalität zurück.

»Du musst dir nicht so viele Gedanken machen. Wichtig ist nur, dass unser Plan aufgeht, deshalb müssen wir auf Gott vertrauen. Ich habe das Land erworben …«

»Warum hat jeder oder besser gesagt: jede davon gewusst? Nur ich, die mit dir dort hinziehen muss, erfahre es als Letzte und stehe wie eine dumme Gans vor den anderen da. Warum hast du das getan?«, fauchte sie ihn an.

»Ich kann deinen Ärger verstehen, aber versetze dich bitte auch in meine Lage.«

Seine Augen strahlten etwas aus, was sie nicht sehen wollte, deshalb blickte sie auf ihre Schuhspitzen, mit denen sie Muster im Staub zeichnete.

»Ich wollte dich wirklich mit dieser Entscheidung überraschen, aber ich hatte Angst vor deiner Reaktion.«

Nun sah sie ihn verwundert an, widmete sich dann aber wieder ihren Zeichnungen.

»Ja, auch ich habe Ängste. Zum Beispiel, dich zu enttäuschen. Deshalb habe ich Elisabeth mit zu dem Land genommen, um sie nach ihrer Meinung zu fragen. Ich wollte wissen, ob ich es einer Frau zumuten kann, außerhalb der Stadt zu leben. Willis brauchte ich, um die Bodenqualität zu bestimmen. Ich wollte alles richtig machen, bevor ich dir davon erzähle.«

»Was hat Willis gesagt?«, fragte sie nun interessiert.

Sofort sprudelte es aus ihm heraus: »Der Boden ist ideal für Weinanbau. Genügend Sonne und Wasser in der Nähe. Das Beste ist, dass unter einer dünnen Schicht Grund, genau da, wo das Haus stehen soll, sich eine dicke Steinplatte befindet, sodass wir einen natürlichen und stabilen Boden haben werden. All das waren Gründe, dieses Land zu erwerben.«

Wieder saßen sie schweigend nebeneinander.

»Aber es ist so weit draußen vor der Stadt, mitten in der Wildnis«, wandte Luise ein.

»Ja, genau das Gleiche hatte Elisabeth auch gesagt. Als sie die Einöde sah, meinte sie, dass du dort nicht leben willst, es wahrscheinlich auch nicht könntest. Sie hätte zwar keine Probleme damit, aber so wie sie dich einschätzen würde …«

Er drehte sich von ihr weg und tat, als ob er etwas gesehen hätte. Sie sollte nicht erkennen, dass er sie anlog. Aber er hoffte, dass diese Notlüge ihn an sein Ziel bringen würde.

Nach einer scheinbaren Ewigkeit fragte Luise: »Wann wirst du mit der Suche nach den Handwerkern beginnen?«

Er schloss erleichtert die Augen und stieß ein Dankgebet zu allen Geistern, die es gut mit ihm meinten. »Morgen bekomme ich die ersten Listen.«

Connors Mutter Joanna holte Luise aus ihren Erinnerungen zurück in die Gegenwart. Wenn die Arbeiter mit einem Teilstück fertig waren, wurden sie von Joanna mit einem leckeren Mahl für ihre Leistung belohnt.

Joanna und ihre Familie hatten das Privileg, mit den Fairbanks zu speisen. Duncan mochte es, wenn die vielen Kinder mit ihnen am Tisch saßen und alle durcheinander sprachen. Es war für ihn der Höhepunkt des Tages.

Langsam schlenderten die Männer herüber, denn Connor hatte die Essensglocke geläutet. Alle Arbeiter waren höflich und zogen den Hut, wenn sie an Luise vorbeigingen. Duncan hatte das Glück, dass alle Männer ordentlich und fleißig waren. Schon beim ersten Gespräch hatte er deutlich gemacht, dass jeder wieder zurückmüsste, der sich nicht der Gemeinschaft fügen würde. Keiner der Verurteilten tanzte aus der Reihe oder stiftete Unfrieden.

Heute ging wieder ein arbeitsreicher Tag zu Ende. Die Arbeiter wuschen sich in einem großen Wasserfass den Staub von ihren Händen und aus den Gesichtern. Unter lautem Gejohle setzten sie sich auf ihre Pritschen und machten sich über das Essen her. Meistens ging Duncan noch zu ihnen hinüber und besprach mit den Vorarbeitern die Planung für den nächsten Tag. Auch hier hatte er zuverlässige Männer, die ihm alles genau erklärten. Danach entspannten sich die Arbeiter oft noch mit Karten- oder Würfelspielen, bis die Lichter gelöscht wurden. Heute würde es nicht anders sein. Jedoch nur für die Arbeiter, denn die Fairbanks erwarteten einen Gast.

Joanna wollte nicht stören, doch Duncan bestand darauf, dass sie auch heute das Mahl zusammen einnehmen würden. Allerdings würde man auf den Gast noch warten. Ihr wäre es recht gewesen, wenn sie sich hätte zurückziehen können. Sie hatte Geburtstag und fühlte sich, trotz der netten Menschen um sie herum, einsam. Ihre Kinder hatten sie mit einem Strauß Blumen überrascht, und die Mädchen hatten einen Kuchen gebacken. Trotzdem war ihr, wie in den letzten beiden Jahren, nicht zum Feiern zumute. Ihr Mann fehlte ihr. Paul war ein guter Mensch gewesen, der nur durch Korruption eines anderen, eines Reichen, hierher deportiert worden war.

Es war ihnen gut gegangen, damals in London. Paul war ein Meister seines Handwerks, und durch die Schreinerei verdienten sie genügend Geld, sodass die Kinder sogar die Schule besuchen konnten. Aber dann, von einem Moment zum anderen, war alles vorbei gewesen. Sie war ihm hierher gefolgt, denn sie gab die Hoffnung nicht auf, irgendwann wieder mit Paul zusammen zu sein. Joanna liebte ihren Mann, der seinen jüngsten Sohn noch nie gesehen hatte.

Jeden Abend schloss Joanna Duncan und Luise in ihre Gebete ein, denn sie gaben ihr und den Kindern eine zweite Chance. Obwohl die momentanen Lebensumstände eher primitiv waren, fühlten sie sich wieder wohl. Das Zelt, in dem Joanna mit den Kindern schlief, war tagsüber stickig und heiß, und in der Nacht froren sie darin. Aber sie nahm das alles gerne in Kauf, denn hier bekamen sie zu essen und wurden mit Respekt behandelt.

»Na endlich, da kommt unser Gast«, rief Duncan Luise zu.

Alle drehten sich in dieselbe Richtung, denn es gab nur einen befahrbaren Weg zu ›Second Chance‹, wie das neue Heim heißen sollte. Schon von weitem sah man die Staubwolke. Als das Fuhrwerk näher kam, konnte man die Konturen zweier Männer ausmachen. Luise beobachtete Joanna, die genauso neugierig wie alle anderen versuchte, etwas zu erkennen. Jetzt wurden die Pferde langsamer, und nach ein paar Minuten waren die Gesichter zu erahnen, aber immer noch nicht klar zu erkennen. Joanna ging einen Schritt vor und formte mit ihren Lippen einen Namen, den außer ihr niemand hörte. Luise trat an ihre Seite und legte den Arm um sie. Ganz zaghaft drückte sie die Frau, die sie ungläubig anblickte und ihre Hände ineinander verkrampft an den Mund presste. Wieder sagte sie leise den Namen, den Luise verstehen konnte, da sie ihn kannte. Nun kam auch Connor an die Seite seiner Mutter und schaute sie fragend an.

»Alles Gute zum Geburtstag!«, flüsterte Luise.

Joanna schaute von Luise zu Duncan, von Duncan zu Connor. Angst lag in ihren Augen. Angst, dass sie träumte und jeden Moment aufwachen würde. Erst, als einer der Männer von dem Kutschbock sprang, zu ihr herüberrannte und immer wieder ihren Namen rief, wusste sie, dass es wahr war. Er war da! Sie lief auf ihn zu und weinte und lachte gleichzeitig. Ihr Mann war heimgekommen.

Es war schon spät am Abend, doch Duncan musste immer wieder die Geschichte erzählen, wie er Paul ausfindig gemacht hatte. Nach dem dritten Mal streikte er. Joanna brachte die jüngeren Kinder zu Bett, die natürlich nicht schlafen gehen wollten, da sie befürchteten, dass ihr Vater am nächsten Morgen nicht mehr da sein würde. Als ihnen Paul jedoch bei seinem Ehrenwort versprach, dass er nun für immer bleiben würde, beruhigten sie sich und folgten ihrer Mutter. Connor und seine älteste Schwester Rose baten Duncan, noch einmal die Geschichte zu erzählen, allerdings nicht die Kinderversion, die teilweise so zum Lachen war, dass die Großen wussten, dass Duncan sie für die Kleinen erfunden hatte. Duncan gab sich geschlagen und fing wieder von vorne an, nun jedoch die nüchterne Version.

Er erzählte, wie er bei der Durchsicht der Gefangenenliste auf den Namen Paul McArthur gestoßen war. Zuerst war es für ihn nur ein Name wie jeder andere. Eines Abends hatte er mit Joanna am Feuer gesessen, da beide nicht schlafen konnten. Er hatte dem Vollmond die Schuld gegeben und sie dem Datum, denn es war ihr Hochzeitstag. Duncan hatte Joanna nie gefragt, woher sie kam oder was ihr Mann verbrochen hatte. An diesem Abend hatte er mehr von ihr wissen wollen, weil er gespürt hatte, dass es ihr gut tun würde zu reden. So hatte sie ihre Geschichte erzählt. Was Joanna über Paul gesagt hatte, auch die Art, wie sie über ihn gesprochen hatte, hatte Duncan zu einem Bild geformt. Dieser Paul McArthur konnte kein schlechter Mensch sein, nein wahrlich nicht, oder würde sonst eine Frau mit ihren Kindern die weite und beschwerliche Reise nach Australien auf sich nehmen? Das tat man nur, wenn dieser Mensch diese Strapazen wert war. Paul schien es zu sein. Duncan hatte mit Luise darüber gesprochen, und beide hatten gehofft, dass es ihm gelingen würde, die Familie wieder zusammenzuführen.

Heute war es endlich so weit gewesen, und wieder waren Attkins und Willis Duncans Verbündete. Sir Attkins hatte Duncans Plan zugestimmt. McArthur durfte die Reststrafe unter der Obhut der Fairbanks verbüßen. Natürlich musste Duncan sich für Paul verbürgen. Willis hatte sich bereit erklärt, ihn aus der Haftanstalt abzuholen.

Joanna scheuchte nun Rose und Connor ins Bett. Von dem jüngsten Spross wollte Paul sich nicht trennen. Paul junior war in seinen Armen eingeschlafen. Der Vater blickte immer nur in das kleine Gesichtchen und streichelte die rosa Wangen. Dann sah er zu Luise und Duncan.

»Danke«, war das Einzige, was er noch sagen konnte.

Einige Monate später

Das Haus war fertig gestellt, das Dach gedeckt und die Fenster gesetzt. Heute sollten die Bodendielen dort verlegen werden, wo keine Steinplatte den natürlichen Bodenbelag darstellte. Man hatte die Zimmer so angeordnet, dass Eingangsbereich, Küche und Wohnzimmer mit Kamin den Steinboden hatten. Esszimmer, Schlafräume und Wohnstube bekamen Holzböden. Die dafür gefällten Baumstämme wurden mit einem Pferdegespann zum Haus gebracht. Dort befreiten sie die Zimmerleute von der Rinde. Gleichmäßig führten sie die sichelförmigen Messer über den Stamm. Nach jedem Schnitt wurden die Sicheln aufs Neue geschärft. Flink ging den Männern die Arbeit von der Hand. Zwischendurch wurden Witze gerissen und Sprüche geklopft. Es war warm, und der Schweiß der Anstrengung glänzte auf ihren nackten Oberkörpern.

Colette hatte sich immer noch nicht an den Anblick gewöhnt und schaute starr zur anderen Seite, wenn sie an den Arbeitern vorbeimusste. Das führte dazu, dass die Scherze um einige Grade lockerer wurden. Seit Duncan die Gefangenen mehrmals ermahnt hatte, waren die Kommentare harmloser. Außerdem wussten die Männer, dass Willis an dem Mädchen Interesse hatte, und mit dem wollten sie es sich nicht verscherzen, auch, wenn er in ihren Augen eher ein Milchgesicht war.

Willis war ein langer, schlaksiger Kerl mit einem länglichen Kopf, Nickelbrille, kurz geschnittenem, braunem Haar, das stets akkurat gescheitelt war. Dank glänzender Pomade lag es am Abend immer noch so exakt wie morgens, wenn er ankam. Manchmal schlief er bei den Fairbanks im Küchenzelt, wenn es wieder einmal spät geworden oder abends der Whisky zu gut gelaufen war. Dann konnte man glauben, er hätte im Sitzen geschlafen, denn morgens war nicht ein Härchen verrutscht. Jeder konnte erkennen, dass Willis in Colette verliebt war, nur Colette sah es nicht. Sie hoffte immer noch auf eine Nachricht von Jack. Jedoch hatte man seit dem Abend bei den Attkins nichts mehr aus der Heimat gehört. Willis war fast täglich auf ›Second Chance‹ und lief Colette hinterher, um ihr Tipps und Anregungen zur Gestaltung des Gartens oder der Blumenbeete zu geben. Peter Willis war ein netter Kerl, und vor allem meinte er es ehrlich, deshalb war er ein gern gesehener Gast.

Heute waren alle aufgeregt, denn man hatte bei der Rodung des Geländes eine Höhle entdeckt, deren Eingang hinter Gestrüpp und kleineren Felsbrocken versteckt war. Nun versuchten Männer mit Äxten und Messern den Gang frei zu schneiden. Jedoch war Willis heute der wichtigste Mann, da seine geologischen Fachkenntnisse gefragt waren. Mit stolz geschwellter Brust zwängte er sich durch den Eingang, der zwar mannshoch, jedoch sehr eng war. Duncan folgte ihm mit einer Fackel in der Hand. Alle anderen warteten gespannt, bis Duncan fast dreißig Minuten später am Eingang erschien und Bericht erstattete. Die Höhle war ideal, um Lebensmittel zu kühlen. Man würde sie näher untersuchen, da sie größer als erwartet sei.

Jeder ging zurück an seine Arbeit. Colette und Luise hatten Stoffballen geliefert bekommen, aus denen sie Gardinen nähen wollten. In der Schneiderei am Ort hatte Luise die schweren Stoffe für das Esszimmer und Wohnzimmer fertigen lassen. Für die Küche und für die Schlafräume wurden leichte Stoffe verwendet, damit der kühle Nachtwind ungehindert die stickige Luft des Tages vertreiben konnte.

Colette maß gerade die Fensterlänge, als sie innehielt und weinte. Luise ahnte den Grund. Auch sie fühlte schwer in ihrem Herzen, denn die Erinnerungen an Bill, Mary und Danny waren noch immer gegenwärtig. Vor über einem Jahr hatten sie in England die Gardinen für das neue Heim der Gibsons genäht. Schon seit Tagen war die Stimmung gedrückt, hin und her gerissen von ihren Gefühlen. Auch Luise hatte Heimweh nach ihren Liebsten, jedoch wurde das Heimweh von der Sehnsucht nach ihrem Bruder verdrängt. Der Gedanke, dass sie mit ihm zusammen zurück nach Deutschland reisen würde, ließ den Schmerz erträglich werden. Colette wollte nicht reden und beugte sich schweigend über ihre Arbeit. Die letzte Stoffbahn war zugeschnitten, als Luise Duncan und Willis kommen sah.

»Am liebsten würde ich mich in ein Lagerfeuer setzen«, meinte Duncan.

Willis rieb sich immer wieder über die Arme, um die Kälte wegzuwischen. Die beiden Männer waren über eine Stunde in der Höhle geblieben, in die sich noch nie ein Sonnenstrahl verirrt hatte.

»Colette, sei so nett und koche uns Tee. Am besten nimmst du Peter mit. Er ist schon fast ein Eisblock«, bat Duncan.

Willis grinste Duncan an und lief hinter Colette her, die eilig zu Joanna ging.

»Wäre ein Schluck Rum nicht ratsamer, damit ihr euch keine Erkältung zuzieht?«, fragte Luise.

»Du machst dir Sorgen um mich?«

»Nein, nicht um dich, sondern um Willis. Wer soll ihn pflegen?«

»Colette!«

Sie wusste, es hatte keinen Zweck, sich auf sein Wortgeplänkel einzulassen.

»Den Rum trinken wir nach dem Tee. Ich habe nur einen Vorwand gesucht, um beide loszuwerden.«

Luise ging zwei Schritte auf ihn zu, da seine Stimme leiser wurde, als er weitersprach:

»Ich habe gewusst, dass es richtig war, dieses Stück Land zu erwerben.« Seine Augen leuchteten freudig. Er zog sie etwas weiter vom Haus weg zu einem dicken, alten Baum, wo sie ungestört reden konnten.

»Was ist mit der Höhle?«, fragte sie.

Duncan blinzelte sie durch die Sonne an: »Stell dir vor, Luise, die Höhle zieht sich durch den ganzen Berg. Nach dem Eingang kommt eine kleinere. Ideal zum Frischhalten von Obst und Gemüse. Von diesem Raum, der übrigens Stehhöhe hat, führt ein weiterer Gang tiefer in den Berg hinein. Der mündet in einen größeren Raum, der allerdings nicht so hoch ist. Wenn man sich längere Zeit darin aufhalten würde, müsste man erfrieren. Er ist ideal als Kühlkammer für Fleisch, Fisch, einfach für alles. Jetzt kommt aber das Beste. Kaum einsehbar, da ein großer Stein davorliegt, gibt es einen weiteren Gang. Der Einstieg ist niedrig. Man muss auf dem Bauch hineinrobben. Dann jedoch gelangt man in einen fast runden Raum, der in etwa vier Meter Höhe eine Öffnung hat, durch die Licht dringt und somit auch Frischluft. An der gegenüberliegenden Wand des Ganges konnte ich eine weitere Öffnung sehen, etwa einen Meter hoch. Leider endet der Weg nach drei Metern. Ich glaube, dass es ein direkter Weg aus dem Berg ist und dass außen ein Fels davor liegt. Das muss ich untersuchen, genauso wie die obere Öffnung. Luise, weißt du, was das bedeutet?«

»Natürlich weiß ich das. Wir brauchen kein Kühlhaus zu bauen. Unsere Lebensmittel können wir im Berg lagern. Außerdem haben wir ein Versteck für Johann. Aber Willis weiß davon. Glaubst du, wir können ihm vertrauen?«

»Willis weiß nichts von der kleineren Höhle. Ich wusste zwar nicht, was mich erwartet, aber ich hatte ihn vorsorglich damit beauftragt, die Stabilität der ersten beiden Höhlen zu untersuchen und zu erkunden, ob man den Eingang vergrößern kann. Deshalb hat er den versteckten Weg nicht gesehen. Ich glaube schon, dass man ihm vertrauen kann. Was er jedoch nicht weiß, kann er auch nicht verraten. Das Gleiche gilt für Colette«, fügte Duncan noch schnell hinzu, denn in diesem Augenblick kamen Colette und Willis zurück.

Duncan nahm Willis die zwei Becher ab und kippte den Tee gegen den Baum. »Komm, Peter, der Tee ist etwas für Frauen. Ich lade dich zur Feier des Tages zu einem richtigen Männergetränk ein.« Duncan legte den Arm um Peters Schulter und führte ihn von den Frauen weg.

Das Haus war fertig. Paul hatte mit meisterlichem Geschick die Küchenmöbel und anderes Mobiliar angefertigt. Luise rannte im Haus umher und bestimmte den Stellplatz für das Sofa, das im Ort beim Polsterer gekauft worden war. Genauso wie die Ohrensesseln und die Essgarnitur mit den dazugehörigen Stühlen. Sie überwachte gerade die Männer, die eine schwere Wäschetruhe ins Haus trugen, als Duncan meinte: »Wir bekommen Besuch.«

Er hatte zufällig den Weg hinuntergeschaut und die Kutsche gesehen. Noch waren die Gesichter der Personen nicht zu erkennen, jedoch kannte Luise nur eine Person, deren Haare wie ein Flammenmeer leuchteten. Sie schluckte den bitteren Geschmack, den der Anblick verursacht hatte, hinunter und scherzte und alberte mit Duncan und den Männern, als die Gäste ankamen.

»Hier scheint das Arbeiten Spaß zu machen«, meinte eine Stimme, über die Luise sich freute.

Steve Parker strahlte sie an. Er umarmte Colette und Luise und streckte Duncan freundschaftlich die Hand hin. Dann half er Elisabeth beim Aussteigen. Im Schutz eines großen Sonnenschirms saß ihr Mann Thomas neben ihr. Zum Gruß schwenkte dieser den Schirm und hielt ihn dann wieder vors Gesicht. Luise wunderte sich: Elisabeth und Thomas Anderson zusammen mit Steve Parker auf einer Spazierfahrt zu sehen, war sehr eigenartig.

Durch den Bau des Hauses hatten sie kaum Kontakt gehabt, jedoch war die Gerüchteküche wegen Elisabeth und Steve schon am überkochen. Jedes Mal, wenn Luise in der Stadt Einkäufe tätigte, hörte sie den neuesten Klatsch. Sie gab darauf nicht viel und hielt sich mit jeglichem Kommentar zurück. Auch Duncan gegenüber erwähnte sie nie ein Wort, aber eher aus Angst, dass seine Gedanken Elisabeth gelten könnten.

»Es freut uns, dass ihr den weiten Weg auf euch genommen habt«, grüßte Duncan steif.

»Wir sind bewusst schon am Vormittag losgefahren, weil ich glaubte, dass die Sonne dann nicht so brennen würde, aber das war mir wieder eine Lehre«, stöhnte Anderson.

Die Gäste wurden ins Haus gebeten. Die Küche war schon einen Tag vorher eingeräumt worden, sodass Joanna dem Besuch

Tee und frische Waffeln anbieten konnte. Stolz zeigte Duncan ihnen das Haus.

»Ihr Heim gleicht einer Ranch in Amerika. Durch den groben Steinboden und die rustikalen Wände ist es dem Land angepasst. Das gefällt mir«, lobte Steve.

»Es hat nichts, aber auch gar nichts mit der Eleganz deines Hauses in England gemein«, kommentierte Elisabeth süffisant und schaute dabei Luise von der Seite an. Die blieb äußerlich ruhig, doch innerlich brodelte sie. Sie war mittlerweile stark genug, ihre Gefühle zu kontrollieren. Luise hatte auch gehofft, dass Elisabeth sie nicht mehr provozieren könnte, aber weit gefehlt. Allein das Erscheinungsbild dieser Frau, die in einem Kleid von hellblauem Leinen frisch und adrett aussah, setzte bei Luise Aggressionen frei, und Elisabeth wusste das.

Nach dem Tee wollte Duncan ihnen ein Teil des Landes zeigen. Thomas Andersons Reaktion erstaunte niemanden, als er dankend ablehnte. Steve wollte die Weinstöcke besichtigen und bat Luise, ihn herumzuführen. Elisabeth hatte an solchem Bauernkram kein Interesse. Sie schien krampfhaft nach einem Grund zu suchen, um mit Duncan alleine zu sein. Als ihr nichts Plausibles einfiel, versuchte sie es mit der Wahrheit:

»Zählt ihr zwei Hübschen die Weinstöcke, ich gehe mit Duncan spazieren und krame mit ihm in gemeinsamen Erinnerungen.«

Auf so viel Unverfrorenheit konnte selbst Luise nichts erwidern. Sie warf ihrem Mann einen zornigen Blick zu. Steve lächelte, und Colette grummelte verächtliche Worte in ihrer Muttersprache.

Anderson blieb im Haus und machte es sich mit einer Flasche kühlem Wasser im Wohnzimmer gemütlich. Allerdings verdünnte er das Wasser mit einer gelben Flüssigkeit, die er vorsorglich in einer kleinen, flachen Flasche mitgebracht hatte, die genau in seine Jackentasche passte. Ihn schien das Geplänkel nicht zu beunruhigen.

Auf dem Weg zu den Weinstöcken drehte sich Luise immer wieder nach Elisabeth und Duncan um. Steve reichte ihr den Arm und versuchte, sie abzulenken, indem er alles mögliche fragte. Als Duncan und Elisabeth außer Reichweite des Hauses und ungewollter Zuhörer waren, schnauzte Duncan sie an:

»Was soll das, Elisabeth? Warum spielst du solch ein Theater. Außerdem finde ich es unverschämt, dass du mit Ehemann und Geliebtem hier auftauchst.«

Elisabeth zog die rechte Augenbraue hoch und ließ ihn aussprechen, dann meinte sie: »Eins wollen wir jetzt ein für alle Mal klären, Mr. Duncan Fairbanks. Ich kümmere mich nicht um dein Leben, also mische du dich auch nicht in meines ein. Ich bin nicht gekommen, um mir von dir Vorhaltungen machen zu lassen. Ich bin nur hier, um dir das zu geben, bevor es in falsche Hände gerät.«

Sie zog einen Brief aus dem Kleiderärmel und gab ihm den zerknitterten Umschlag. Duncan nahm ihn verblüfft entgegen und las den Absender. Ihm wurde schwindlig. Elisabeth, die sein blasses Gesicht sah, umfasste seine Hüfte, denn sie glaubte, dass er ohnmächtig würde.

Dieses Bild war das Letzte, das Luise von den beiden sah, bevor sie den Weg zu ihrem Weingarten einschlug.

»Keine Angst, ich werde nicht ohnmächtig.«

Elisabeth ließ ihn los.

»Woher hast du den Brief?«

»Es gibt so viele Zufälle im Leben. Ich war gerade in der Pension, als der Postsack kam und die Post geordnet wurde. Du weißt, die Leute stehen vor dem Schalter und warten auf Nachricht, wenn das Schiff im Hafen anlegt. Emma Michigan, die Quatschtante der Stadt, wartete dort ebenfalls. Der Kerl am Schalter las alle Namen vor, die Post erhalten hatten. So wurde auch dein Name vorgelesen. Emma schrie laut, dass sie den Brief weiterleiten würde, und war im Begriff, sich nach vorne zu drängeln. Allerdings war ich beweglicher, sodass meine Hand schneller den Brief greifen konnte. Sie sah schon sehr verdutzt aus, als sie ins Leere griff. Ich konnte dich nicht erreichen, und so musste ich zu dir kommen. Mit meinem Mann alleine ist die lange Fahrt reine Tortour, also fragte ich Steve. Duncan, ich hoffe, dass die Zeilen Gutes berichten. Übrigens, das Schiff mit unserem alten Freund Steel liegt im Moment mit Ruderschaden vor der Hafeneinfahrt. Es ist noch zu weit weg, deshalb können sie die Passagiere nicht mit dem Beiboot übersetzen. Aber ich hörte, dass der Schaden rasch zu beheben sei. In wenigen Tagen ist er da.«

»Elisabeth, was ich zu dir gesagt habe, tut mir Leid.«

»Ich weiß, Duncan. Aber ich habe dir bereits gesagt, dass die alte Elisabeth tot ist. Dass dir die Neue nicht gefällt, ist dein Problem. Ändern wirst du daran nichts. Also, lebe du dein Leben und lass mich meines leben. Übrigens, euer Haus gefällt mir.«

Darauf drehte sie sich um und ging den Weg weiter. Sie wollte ihn alleine lassen, damit er den Brief ungestört lesen konnte. Außerdem sollte er nicht ihre Tränen sehen. Tränen, die ihm nur gezeigt hätten, dass sie über die neue Elisabeth unglücklich war.

London, den 27. Februar 1792

Mein lieber Freund,

ich bete zu Gott, dass dich diese Zeilen bei bester Gesundheit erreichen. Sicher habt ihr euch auf dem neuen Kontinent eingelebt. Wie soll ich dir, mein Freund, die Lage hier in London beschreiben, ohne dass du dich sorgst?

Es gibt nur den direkten Weg: Sicher erinnerst du dich an den Onkel, von dem manche Kinder begeistert schienen. Ich hatte ihn durch Zufall getroffen, schlecht sah er aus, grau und mit Blessuren im Gesicht, aber immer noch voller Tatendrang. Seine imposante Begleitung riet mir später, meine Arbeit ruhen zu lassen. Trotz überzeugender Argumente möchte ich seinen Rat nicht ernst nehmen. Ich weiß, dass sonst alles zu schnell in Vergessenheit gerät. Es ist nicht mein Verlangen, die Lust daran zu verlieren, deshalb halte ich meine Entscheidung für richtig.

Bis auf ein Kind geht es den Übrigen gut. Dieses Kind hatte zu sehr seinem Onkel vertraut und sich in der Kühle der Nacht erkältet. Sein kleiner Körper hatte keine Kraft mehr, gegen die erneut aufkommende Krankheit zu kämpfen. Wir haben für seine kleine Seele gebetet.

Etwas Gutes gibt es zu berichten. Der Hund meiner Patentante, du erinnerst dich sicher an ihre Wohnung mit den selbst genähten Gardinen, hat wieder Junge bekommen. Diese Rasse, die ich schon einmal hatte und die du immer haben möchtest. Zwei sind es, ein Rüde und ein Weibchen, wahre Prachtgeschöpfe. Allerdings finde ich ihre Namen nicht sehr originell – Jack und Jacky. Aber meine Patentante wollte mir ihre Dankbarkeit aufs Neue beweisen.

Mein Freund, ich habe erfahren, dass man an meiner Gesellschaft großes Interesse hat, dem ich mich nicht entziehen kann. Es soll in den nächsten Wochen geschehen, denn die Unterkunft wird schon vorbereitet.

Wegen der unerwarteten Gastfreundschaft glaube ich, dass mein Ziel Sarah und Emily sein wird. Sie wiederzusehen, lässt den Schmerz mindern, euch nicht auf dem fernen Kontinent zu besu-

chen. Vielleicht ist es besser, meinen Lieben zu folgen, aber ich zweifele noch. Deshalb seid umarmt und vergebt mir mein klägliches Scheitern.

Schon Dutzend Mal gedachte ich der Abende überraschender Zweisamkeit, die mir stets wohl taten. Jetzt ist das Getränk in der braunen Flasche endgültig zur Neige gegangen, und ich weiß nicht, wer mir diese Sorte wieder beschaffen kann.

Mein Freund, noch ein Rat zum Schluss, von dem ich hoffe, dass er für dich von Nutzen sein wird: Verschließe dich nicht! Auch wenn du glaubst, du schützt das Gegenüber. Oft ist das Eingeständnis der Wahrheit die Befreiung der Menschen, denen du das Beste geben willst!

In Gedenken der gemeinsamen Träume, Wünsche und Hoffnungen der letzten Stunden auf dieser Seite des Kontinents.

Grüße Luise und Colette von mir. Sage ihnen, dass mir etwas auf dieser Welt gefehlt hätte, wenn wir uns nicht begegnet wären. Sie haben mir zu manch grauem Haar verholfen, aber auch einige Lachfalten geprägt.

Umarme sie von mir.

In Liebe und in Erinnerung
dein Freund Jack.

Duncan las den Brief immer und immer wieder. Die Zeilen, die er nicht verstand, machten ihm Angst. Viele Sätze ergaben für ihn keinen Sinn. *Er* hatte einen Hund besessen, aber niemals Jack. Warum war es so wichtig, dass Jack den Hund seiner Patentante erwähnte, die Duncan noch nicht einmal kannte? Warum dieses Wirrwarr an unverständlichen Aussagen? Endlich hielt er die Nachricht in Händen, auf die er nun schon seit Monaten gewartet hatte. Aber er konnte aus ihr keine Antwort auf seine Fragen erkennen. Nur eines war sicher, Jack war alleine auf sich gestellt, denn er, Duncan, hatte seinen Freund im Stich gelassen, um sich selbst in Sicherheit zu bringen. Aber zu welchem Preis? Jack schien sich mit dem Gedanken zu tragen, seinem Leben ein Ende zu bereiten. Das war das Einzige, was Duncan klar herauslesen konnte. Aber er, sein Freund, er war nicht da, um ihn davon abzuhalten. Wie sollte er mit dieser Schuld weiterleben? Verzweifelt strich er sich mit der Hand durchs Gesicht. Eine Wut, die ihm fast den Atem raubte, versuchte, seinen Körper zu übernehmen. Duncan wollte tief durchatmen, um gegen diese Wut anzukämpfen, doch die Luft schien die Lunge nicht zu erreichen. Die Angst, die der Wut half, sich auszubreiten, schnürte ihm den Brustkorb zu. Gedanken, die in seinem Kopf dröhnten, unterstützten seine Panik. Er wollte schreien, doch er konnte nicht. Er wollte laut heulen, doch die Tränen kamen leise. Die Hilflosigkeit raubte ihm fast den Verstand. Er musste fort.

Duncan rannte an Luise, Steve und Colette vorbei, die gerade von ihrem Spaziergang zurückkamen. Vorbei an Elisabeth, die seinen Namen rief. Er rannte bis zum Eingang der Höhle. Dann zwängte er sich hindurch und tastete sich in der Dunkelheit an den Wänden entlang, bis er in den hintersten Schlupfwinkel kam. Dort kauerte er sich auf den Boden und schrie aus voller Kraft. Erst in diesem Moment, als seine Tränen unkontrolliert flossen und seine Stimme an den Wänden der Höhle widerhallte, erst da konnte er wieder durchatmen.

Duncan trug den Brief ständig mit sich herum. Immer wieder las er die Sätze und versuchte, sie zu entschlüsseln. Luise hatte, seit sie Duncan und Elisabeth in vertrauter Umarmung gesehen hatte, kaum mit ihm geredet. Beide gingen sich aus dem Weg, wenn auch aus unterschiedlichen Gründen. An dem besagten Tag war er erst spät in der Nacht zurückgekommen. Luise war wütend. Was sie sagte, war ihm einerlei, er hörte nicht zu. Sie gingen in ihre getrennten Schlafzimmer. Luise knallte die Tür, er schloss seine lautlos. Seit diesem Tag lebte Duncan wie in Trance.

Vor Jahren, als die Rettung eines Kindes fehlgeschlagen war, hatte er Opium geraucht, um den Schmerz und die Enttäuschung zu betäuben. Es war in solch einer Spelunke gewesen, die in der hintersten Ecke einer Stadt existierte. Dunkel und düster war das Haus gewesen, in dessen Keller diejenigen auf Strohmatten gelegen hatten, die vergessen wollten und das nötige Geld dazu hatten. Drei Tage hatte er alles wie durch einen Wattebausch wahrgenommen. Jack hatte ihn dort herausgeholt, zurück in die Gegenwart.

Jack! Einerlei, was Duncan dachte, immer wieder kam Jack, sein Freund, darin vor, den er im Stich gelassen hatte. Genauso wie damals registrierte er sein Tun und seine Mitmenschen nur durch einen Nebel, diesmal allerdings ohne Rauschmittel. Weil er unruhig schlief, waren seine Augen rot unterlaufen und lagen tief in den Augenhöhlen. Seine Haut war aschgrau, die Haare strähnig, sein Gesicht bedeckt von dunklen Bartstoppeln. Seine Kleidung hatte er seitdem nicht mehr gewechselt. Jeder, der mit ihm reden wollte, bekam eine barsche Abfuhr. Colette, die ebenfalls keine Chance hatte, mit ihm zu sprechen, wandte sich an Luise, die das Ganze anscheinend nicht berührte.

»Luise, du musst mit Duncan reden. Etwas stimmt nicht mit ihm.«

»Vielleicht will Elisabeth nichts mehr von ihm wissen«, war ihre gehässige Antwort.

»Luise, das ist kindisch. Sprich mit ihm.«

»Nein, das werde ich nicht tun. Er ist mir egal.«

»Wie hast du dich verändert. Früher hast du das Samariterkreuz auf der Stirn getragen, und bei deinem eigenen Mann versagst du.«

»Jetzt reicht es. Ich muss mir das von dir nicht gefallen lassen. Ich habe gesehen, wie er Elisabeth unter dem Baum umarmt hat. Und nun lass mich in Ruhe.«

In Colette kochte die Entrüstung hoch, trotzdem gab sie nicht auf: »Luise, vielleicht war es nicht so, wie du geglaubt hast.«

»Ich weiß, was ich gesehen habe.«

Luise drehte sich um und stieß einen Schrei aus. Duncan war lautlos hinter sie getreten. Sein erbärmlicher Anblick gab ihr einen Stich ins Herz. Sie wollte seitlich an ihm vorbeigehen, als er sie am Arm festhielt und sie dadurch zwang, ihn anzusehen.

»Luise, hilf mir«, flehte er leise.

Sie wollte ihm eine ruppige Antwort entgegenschleudern, doch sie konnte es nicht. Selbst in seinem jämmerlichen Zustand brannte seine Hand wie Feuer auf ihrem Arm und breitete sich in ihrem Körper aus. Oh Gott, sie liebte ihn und hatte Angst, etwas zu verlieren, was sie nie besessen hatte, wonach sie sich jedoch sehnte. Sie sah ihm in die Augen. Dann legte sie die Arme um ihn und streichelte über seinen Rücken. Er umfasste ihre Taille und vergrub sein Gesicht in ihren Haaren. Duncan hielt sie, als ob er sie nie mehr loslassen wollte. So nahe wie in diesem Moment waren sie sich noch nie gewesen. Schweigend verbunden in diesem Moment, der jedoch mehr aussagte, als tausend Worte es hätten tun können.

Als Duncan nach fast zwei Stunden aus dem Badezimmer kam, war er wieder der gut aussehende Mann. Luise hatte ihm von Joanna ein leichtes Mahl zubereiten lassen, das er in der Küche in sich hineinschlang. Duncan und Luise hatten kaum miteinander geredet, und doch war etwas Neues zwischen ihnen entstanden. Luise beobachtete, wie alle Lebensgeister in ihn zurückkehrten.

Er lächelte sie an und fragte: »Hast du Lust, mit mir auszureiten?«

Sie nickte.

Als Luise angekleidet zu den Ställen kam, waren die Pferde bereits gesattelt. Sie saßen auf und galoppierten aus dem Stand den kleinen Hügel hinauf, der sie in die offene Weite des Landes führte. Als ›Second Chance‹ außer Sicht war, fielen sie in einen leichten Trab und kurz darauf in den Schritt. Duncan und Luise waren atemlos und schnaubten fast ebenso wie ihre Pferde. Schweigend ritten sie nebeneinander her.

»Duncan, was war mit dir?«, durchbrach Luise die Stille und sah ihn mit ängstlichen Augen an.

Sein Blick wurde traurig, doch seine Gesichtszüge verhärteten sich. »Später«, war die knappe Antwort.

Luise schloss die Augen und vertraute sich vollkommen ihrem Pferd und dessen gleichmäßigen Bewegungen an. Fest und sicher war der Schritt des Pferdes auf dem ausgetrockneten Boden. Luise wiegte sich im Gleichklang mit dem Tier. Als sie die Augen wieder öffnete, spürte sie Duncans Blick auf sich ruhen. Diesmal schaute sie nicht weg, sondern erwiderte seinen Blick. Verlegen kaute sie auf der Lippe, denn sie registrierte eine sonderbare Veränderung. Er brauchte sie nicht einmal mehr zu berühren, um das Feuer des Verlangens in ihr wachzurufen. Erschrocken sah sie ihn an. Sein Blick war voller Zärtlichkeit und Zuneigung.

Sie waren nun fast zwei Stunden von ›Second Chance‹ entfernt, und Luise spürte ein leichtes Hungergefühl. Sie wollte nicht jammern, aber das Brennen im Bauch verstärkte sich. Duncan nickte und zeigte auf einen Felsen, der fast so groß war wie das Steinmassiv nahe ihrem Haus. Im leichten Trab ritten sie auf den Steinberg zu.

»Ich wusste, dass du irgendwann Appetit bekommen würdest, deshalb bat ich Colette, uns etwas einzupacken«, lachte er. Er breitete eine Decke im Schutz der Steinwand aus, die erfrischenden Schatten spendete.

Aus einem Leinensack holte Duncan Brot, gebratenes Hähnchen, Äpfel und Käse sowie Waffeln heraus. Der letzte Griff in den Beutel brachte eine Flasche Bier hervor. Entspannt lehnten sie sich gegen die Felswand und genossen das Panoramabild und das Mahl. Luise blickte zu Duncan, der die Augen geschlossen hatte. Ungestört konnte sie ihn betrachten. Lange, dunkle Wimpern, die eigentlich zu schade für einen Mann waren, warfen kleine Schatten auf sein Gesicht. Schwarze Augenbrauen ließen seinen Blick oft strenger wirken, als er war. Um die Augen hatten sich feine Lachfalten gegraben. Wieder sah Luise die kleine Narbe auf der Wange. Irgendwann würde sie ihn fragen, woher dieses Zeichen stammte. Sein Mund war wie die Wimpern für einen Mann ungewöhnlich schön. Ebenmäßig geschwungen waren seine Lippen. Sein dunkles Haar lag glänzend auf den Schultern. Luises Blick fiel wieder auf die kleine Narbe an der Wange, oberhalb des Mundes.

»Gefalle ich dir?«, fragte er, ohne die Augen zu öffnen.

»Nun ja, ich … eigentlich ja, aber … ich wollte nur …«, stotterte sie und fragte ihn dann erbost: »Wieso tust du, als ob du schlafen würdest?«

Jetzt drehte er seinen Kopf zu ihr, und sein Blick entfachte ein Feuer in ihr, dem sie sich nicht widersetzen konnte und, wenn sie diesmal auf ihr Herz hörte, auch nicht wollte. Es erlosch, als er aufstand und ein paar Schritte von ihr wegging.

Plötzlich griff er in die Hosentasche und zog etwas Weißes, scheinbar ein Blatt Papier, hervor. Ohne ein Wort streckte er ihr es hin. Sie nahm es entgegen. Luise erkannte die Schrift, und ihr Herz verkrampfte sich. Im Bruchteil einer Sekunde wurde sie wieder in das Arbeitszimmer ihres Onkels versetzt, wo ein Brief ihr ganzes Leben verändert hatte. Da ihre Knie zitterten, lehnte sie sich gegen den Stein. Luises Finger wurden feucht. Trockenheit machte sich in ihrem Mund breit. Das Herz schlug bis zum Hals. Duncans Verhalten der letzten Tage, die sie nun auf den Brief zurückführte, hatten gezeigt, dass diese Zeilen Schlimmes zum Inhalt hatten. Stumm setzte Duncan sich zu ihr, zog seine Knie an und vergrub sein Gesicht in ihnen, die Arme schützend darübergelegt. Sie begann zu lesen, schüttelte verständnislos den Kopf und begann von neuem.

»Hilf mir, den Brief zu verstehen«, murmelte er, als er endlich aufblickte.

»Ich verstehe ihn auch nicht. Was meinte er mit dem Onkel? Welche Patentante hat Hunde bekommen? Du kennst seine Familie besser als ich.«

»Seine Patentante ist vor vielen Jahren gestorben. Ich hatte einen Hund, aber Jack noch nie. In dem Brief steht jedoch, dass er schon diese Rasse Hund hatte, aber ich sie mir immer gewünscht habe. Seit Tagen grübele ich darüber nach, aber ich komme zu keinem Ergebnis. Heute Morgen glaubte ich, jeden Moment wahnsinnig zu werden, weil ich keine Antwort finden kann.«

Wieder spürte Luise eine innige Verbundenheit mit ihm. Ein Gefühl von tiefer Zärtlichkeit erwärmte ihren Körper. Der Gedanke, dass er sie brauchte, nur sie und sonst niemanden, erfüllte sie mit großer Liebe zu ihm. Gerne hätte sie ihn in den Arm genommen, doch die Angst, diesen Moment zu zerstören, hinderte sie daran. Sie rutschte etwas näher an ihn heran und legte den Brief so vor sich, dass auch er ihn einsehen konnte, dann las sie laut vor:

»*... Sicher erinnerst du dich an den Onkel, von dem manche Kinder begeistert schienen. Ich hatte ihn durch Zufall getroffen, schlecht sah er aus, grau und mit Blessuren im Gesicht, aber immer noch voller Tatendrang.*

Wen könnte Jack damit meinen, Duncan? Überlege, denn du musst ihn kennen, sonst würde er es nicht schreiben. Vielleicht ist es kein Onkel, aber er wurde so genannt. Ich weiß, dass Kinder fast jeden fremden Mann Onkel nennen.«

Duncan sah sie erstaunt an. »Luise, du hast Recht. Es ist nicht sein Onkel, sondern ein Mann, den manche Kinder so genannt haben. Besser gesagt, er hat sich manchen Kindern gegenüber als der verschollene Onkel ausgegeben. Jacks Vermutung von damals war also richtig.«

»Welche Kinder sind das, und von welcher Vermutung redest du?«

Duncan war aufgesprungen und ging eine Paar Schritte nach rechts und dann nach links, eine Hand auf dem Rücken verschränkt, den Zeigefinger der anderen Hand auf seinen Mund gelegt, überlegte er. »Lies weiter laut vor«, bat er.

»... Seine imposante Begleitung riet mir später, meine Arbeit ruhen zu lassen. Trotz überzeugender Argumente möchte ich seinen Rat nicht ernst nehmen ...«

Wieder lief er hin und her und wiederholte leise murmelnd Worte des Briefes: »... *Seine imposante Erscheinung* ... Wen kennen wir, der ihn dermaßen einschüchtern kann, dass er seinen Lebensinhalt ruhen lässt?«

»Oh mein Gott, du meinst die ›Weiße Feder‹ und die Kinder, die von ihr gerettet wurden?«

»Ja, ich teile deine Meinung. Es handelt sich um gerettete Kinder und um die Organisation.«

»Kennst du dich etwa damit aus? Weißt du, wer das Oberhaupt ist? Ist es Jack?«, fragte Luise.

»Warum willst du das wissen?«

»Weil ich diesem Mistkerl die Pest an den Hals wünschen möchte, vorausgesetzt, es ist nicht Jack.«

Duncans Vorsatz, ihr die Wahrheit zu sagen, zerplatzte. »Warum reagierst du so aggressiv? Ich kann dich beruhigen, ich würde es wissen, wenn Jack der Anführer wäre.« Er hoffte, dass sie sich damit zufrieden geben und nicht weiter bohren würde.

»Da bin ich sehr froh. Wegen diesem Gespenst sitzt mein Bruder im Gefängnis und ich in Australien. Und warum? Weil Johann Plakate verteilt hat. Ist das nicht Grund genug, ihn zu verachten?«

Duncan drehte sich ruckartig von ihr weg, da alle Farbe aus seinem Gesicht gewichen war. Dieses Gefühl, das ihre Augen zum Leuchten brachte, machte ihm Angst. Was, wenn sie erfuhr, wer er wirklich war. Ihr Groll war verständlich, auch er hatte dies alles nicht gewollt. Wenn Steel, dieser Schweinehund ...

»Es ist Friedensrichter Steel!«

»Steel ist der Anführer der ›Weißen Feder‹?«

»Natürlich nicht. Steel ist die imposante Erscheinung, von der Jack geschrieben hat. Jack erzählte mir von seinem Zusammentreffen im Gerichtsgebäude, als er von Steel wissen wollte, ob dein Bruder unter den Gefangenen ist. Schon damals hatte Jack Angst, dass Steel ihn in Verbindung mit der Organisation bringen würde.«

Ungläubig sah Luise Duncan an. Sie hatte nie ein Wort von dem Zusammentreffen der beiden erzählt. Was hatte er damit zu tun? Wieder drang in ihr Bewusstsein, dass sie nichts über sein Leben wusste. »Woher weißt du das?«

Spott lag in seinem Blick, als er ihr die Antwort gab. Allerdings war dieser Spott nur ein Mittel, um weitere Fragen im Keim zu ersticken. Duncan war zu dicht dabei, sich zu verraten.

»Lady, glaubst du, ich kaufe die Katze im Sack? Ich weiß mehr über deine Angelegenheiten, als dir sicher lieb ist. Außerdem ist Jack mein bester Freund. Er hat mir alles über seine Rolle als Mr. Carpenter erzählt.«

Luises Wangen hatten sich bei dem Gedanken an das Gespräch mit Steel verfärbt. Duncan beobachtete sie aus den Augenwinkeln. Seine Muskeln waren gespannt, denn er erwartete, dass Luise ihn nun mit Fragen bedrängen würde. Aber sie blieb ruhig. Er konnte erkennen, dass sie überlegte. Luise kaute wieder auf ihrer Unterlippe, als sie dann meinte: »Was meinst du damit, die Katze im Sack kaufen. Ich habe dich nicht gebeten, mich zu heiraten …«

»Es ist nicht so gemeint. Im Grunde hast du die Katze im Sack gekauft.«

»Nicht die Katze, sondern den Kater!«

Jetzt musste Duncan lachen, und sein Körper entspannte sich. »Komm, lass uns weiter den Brief analysieren. Vielleicht schaffen wir es, ihn ganz zu verstehen.«

Damit war die Situation gerettet und Luise wieder abgelenkt. Sie waren sich einig, dass Steel ihrem Freund Jack gedroht haben musste, damit er mit seinen Aktivitäten aufhörte. Das setzte allerdings voraus, dass der Friedensrichter ahnte, dass Horan etwas mit der Organisation zu tun hatte. Allerdings schien Steel sich nicht sicher zu sein, denn er hatte ihn nicht verhaftet.

Im zweiten Abschnitt seines Briefes kam Jack wieder auf den Onkel zu sprechen. Jetzt, da Luise das Rätsel um den ersten Onkel gelöst hatte, fiel Duncan das Gespräch ein, das er kurz vor seiner Abreise mit Jack geführt hatte. Duncan ließ dieses Gespräch nochmals in seinem Kopf stattfinden und konnte sich fast an jedes Wort erinnern. Er schmunzelte, als er an Jacks Entrüstung dachte, als er ihm seinen Kaninchenbraten aufgegessen hatte: *»Das war mein Abendessen von gestern. Ich habe mich schon auf die Keule gefreut, und jetzt ist fast nichts mehr davon da.«*

Es war für Duncan unglaublich, dass es schon so lange her war. Wieder kam das damals stattgefundene Gespräch zurück in seine Erinnerung:

»Ich denke, wir müssen dem falschen Onkel getürkte Informationen zukommen lassen, die er an Steel weiterleitet. Irgendwann wird der Informant für Steel unbrauchbar, und dieser wird ihn davonjagen. Allerdings kann es nur gelingen, wenn sein angeblicher Neffe ihm die Falschmeldungen auch zukommen lässt.«

Doch anscheinend war dieser Plan nicht aufgegangen.

»Ich weiß jetzt, was Jack mit dem zweiten Abschnitt meint. Lies ihn bitte noch mal laut vor.«

Bis auf ein Kind geht es den Übrigen gut. Dieses Kind hatte zu sehr seinem Onkel vertraut und sich in der Kühle der Nacht erkältet.

Duncan schwieg. Er schüttelte ungläubig den Kopf.

»Duncan, was ist? Was meinte Jack damit.«

In knappen Sätzen erzählte Duncan von dem damaligen Zusammentreffen mit Jack und dessen Plan.

»Ich nehme an, dass die Sache aufgeflogen und deshalb fehlgeschlagen ist.«

»Meinst du, das Kind ist tot?«

»Ich befürchte es. ›In der Kühle der Nacht erkälten‹ war der Ausdruck für eine Foltermaßnahme, die in den Waisenhäusern praktiziert wurde. In den Kellern der Heime, wo es auch im Sommer feucht und kalt ist, steht ein riesiger Holztrog, der mit Wasser gefüllt ist. Die Kinder wurden bestraft, indem sie in diesem Behälter angekettet wurden. Die Kette wurde um ihre Schulter gelegt. Damit es jedoch keine Blessuren auf ihrem Körper gab, waren die Ketten mit Katzenfell umwickelt. Das Wasser stand ihnen bis zum Kinn. Das Gewicht zog langsam den Kopf unter Wasser. Am Anfang, wenn sie noch Kraft hatten, versuchten sie, ihren Kopf an der Oberfläche zu halten. Aber je länger es dauerte, umso schwächer wurden sie. Entweder sie hatten Glück und wurden vor ihrem Tod wieder abgekettet, oder aber sie ertranken. Das hing von dem jeweiligen Wärter ab. Andere wurden durch die Kälte des Wassers krank und starben später. Die kleinen Körper wurden dann am Ufer der Themse gefunden, ohne Spuren der Gewaltanwendung. Ich musste oft genug den Totenschein auf Ertrinken ausstellen.«

»Das ist ja schrecklich.«

»Ja, Luise, es ist furchtbar. Deshalb kannst du nicht sagen, du wünschst der ›Weißen Feder‹ die Pest an den Hals. Diese Organisation hat Hunderte von Kindern gerettet. Was aber noch wichtiger ist, diese Männer, die sich in einem Geheimbund zusammengetan haben, gaben Tausenden von kleinen Seelen Hoffnung. Die Hoffnung, dass man sie vielleicht als Nächste rettet.«

Luise wurde still. Zusammengesunken saß sie auf der Decke und starrte auf den Boden.

»Es tut mir Leid. Ich wusste nichts davon, außer dem, was uns Jack einmal erzählt hatte. Es ist unfassbar, was Menschen diesen Kindern antun.«

»Glaube mir, ich habe schon sehr viele geschundene kleine Körper gesehen. Jedes Mal hätte ich brüllen können vor Wut. Die Menschen, die dafür verantwortlich waren, hätten wir ohne Skrupel umgebracht. Aber wem hätte es genützt. Wir mussten im Untergrund arbeiten, was natürlich sehr gefährlich war. Aber nun ist die Organisation gestorben, und die Kinder wurden ihrer letzten Hoffnung beraubt. Das Ganze nur, weil ...«

»... weil die ›Weiße Feder‹ nach Australien geflohen ist und sie im Stich gelassen hat.«

Duncan war so erschrocken, dass er im ersten Moment nichts zu sagen vermochte. Er versuchte, in ihrem Gesicht zu lesen, und hatte Angst, was er vielleicht sehen würde. Doch er sah nichts außer Tränen, die lautlos ihre Wangen hinunterliefen. Luise hatte ihre Augen geschlossen und den Kopf gegen den Felsen gelehnt. Duncan konnte nichts sagen, nichts erklären. Sie hatte keine Frage gestellt, auf die er ausweichend hätte antworten können. Nein, sie hatte eine Behauptung aufgestellt, die er schlecht entkräften konnte, außer er würde lügen. Das Schlimmste war, dass sie laut ausgesprochen hatte, was er nicht hören wollte. Er hatte alle im Stich gelassen. Nicht nur Jack, sondern alle Kinder, die sich nun ihrem Schicksal hingeben mussten.

Was würde jetzt aus ihm, aus ihr werden? Er setzte sich neben sie und wartete. Luise öffnete die Augen und sah ihn an. Ihre dichten Wimpern waren von den Tränen dunkel und schwer. Ihre Augen aber noch blauer als sonst.

Luise wollte etwas sagen, als ein Schatten auf sie fiel. Sie blickten erschrocken hoch und sahen einen Eingeborenen. Lautlos war er an sie herangetreten. Der Wilde hatte einen Speer in der Hand und starrte sie an. Duncan legte schützend seinen Arm um Luise. Als der Fremde einen Schritt auf sie zuging, presste sie sich dichter an Duncan, was seinen Beschützerinstinkt herausforderte. Er sprang auf und stellte sich vor sie. Der Aborigine sah genauso aus, wie der, dem sie bei ihrem ersten Ausritt begegnet waren. Dunkle Hautfarbe, krauses Haar, fast schwarze Augen und vor allem – nackt. Diesmal traute sie sich, ihn länger anzuschauen. Als sie jedoch Duncans Blick von oben spürte, blickte sie beschämt weg.

»Erkennst du ihn?«

Luise schüttelte den Kopf.

»Es ist unser Freund, dem wir bei unserem ersten Ausritt begegnet sind.«

Nun erhob sich Luise und stellte sich neben Duncan.

»Wie kommst du darauf?«, wollte sie wissen.

»Mein Haarband ist um seinen Speer gebunden.«

»Das bedeutet gar nichts. Vielleicht hat er den anderen umgebracht und das Band als Trophäe behalten.«

»Du hast eine blühende Fantasie, meine Liebe«, stellte Duncan lächelnd fest.

Langsam bewegte er sich auf sein Pferd zu, das im Schatten des Berges graste, und griff in die Satteltasche. Der Fremde beobachtete jede Bewegung. Luise konnte erkennen, dass seine Hand, die den Speer umklammerte, sich verkrampfte, als ob er zum Wurf bereit sei. Duncan schien die Gefahr zu ahnen, denn er drehte sich langsam zu dem schwarzen Mann um und lächelte ihn freundlich an. Dann zog er vorsichtig das gekrümmte, bunte Holzstück hervor. Der Eingeborene, der immer noch regungslos dastand, hatte alles beobachtet. Als er das Wurfgeschoss sah, nickte er und lachte. Sein Griff lockerte sich, und der Speer lag nun entspannt zwischen seinen Fingern. Auch Luises Nerven beruhigten sich, als der Eingeborene laut lachend und in seiner Sprache etwas sagte. Dann nahm er den Speer, wickelte das Band ab und schwenkte es wie eine Fahne.

»Siehst du, er ist es«, triumphierte Duncan. Er ging auf ihn zu und schüttelte seine Hand, dabei lachte er laut, als Zeichen der guten Absichten. Jedenfalls interpretierte Luise die Situation so und hoffte, dass der Fremde ebenso dachte.

Dieser schien sich zu freuen, denn ein angenehm klingender Redeschwall ergoss sich über die beiden. Der Eingeborene zeigte zum Himmel, dann zum Berg und dann wieder in die Ferne, ohne seinen Redefluss zu unterbrechen.

»Ein Gewitter wird kommen«, meinte Duncan.

»Du verstehst seine Sprache?«, fragte Luise verblüfft.

»Nein, aber es ziehen schwarze Wolken von Norden auf. Das bedeutet nichts Gutes. In spätestens einer halben Stunde sind sie über uns, und dann wird es sicher stürmisch. Wir haben keine Zeit mehr, nach ›Second Chance‹ zu reiten. Ich denke, dass er uns einen Unterschlupf zeigen will. Wenn ich seine Hinweise verstehe, dann sollen wir ihm folgen.«

»Kannst du ihm vertrauen?«

»Ich vertraue niemandem, aber es bleibt uns nichts anderes übrig. Ich habe hier noch kein Gewitter im Freien erlebt und weiß daher nicht, was uns erwartet.«

»Vielleicht regnet es nur ein bisschen, und es kommt überhaupt kein Gewitter.«

»Ja, vielleicht.«

Mehr sagte er nicht, rollte die Decke wieder zusammen und befestigte sie am Sattel. Zum Glück hatten sie noch Proviant übrig. Zwar war ihr Wasservorrat auf einen halben Liter reduziert, doch da sie nur zwei Stunden von zu Hause fort waren, bestand keine Gefahr zu verdursten.

Jetzt galt es, sich vor dem möglichen Unwetter in Sicherheit zu bringen und dem Fremden zu folgen. Der Eingeborene lief um den Berg herum. Erst jetzt sahen sie, wie groß dieses Massiv war. Die Hinterseite des Berges war stark zerklüftet und mit wildem Buschwerk bewachsen. Näher kommendes Gewittergrollen war zu hören. Plötzlich war der Einheimische in einer Höhle verschwunden.

»Was machen wir mit den Pferden?«, fragte Luise ängstlich und zuckte beim ersten Donnerschlag zusammen.

»Wir satteln sie ab und lassen sie laufen. Ihnen macht das Unwetter nichts aus.«

»Sie werden sicher das Weite suchen, wenn das Gewitter kommt«, erwiderte sie skeptisch.

Duncan gab den Pferden einen Klaps und entließ sie in die Wildnis in der Hoffnung, dass sie später zurückkommen würden. Luise folgte den Männern in die Dunkelheit der Höhle. Der Sturm war nun über ihnen, und sie konnten den Regen auf die Erde prasseln hören. Innen hallten Stimmen von den Wänden wider. Qualm lag in der Luft. Ihre Augen gewöhnten sich langsam an das karge Licht. Sandiger Boden in einer riesigen Halle, so würde sie den Ort beschreiben. Duncan hatte ein Zündholz entfacht Die Stimmen kamen näher. Von einem Moment zum anderen waren sie von schwarzen Frauen, Männern und Kindern umringt. Luises Herz klopfte bis zum Hals, denn schwarze Pupillen, die im Weiß des Augapfels wie Kohle wirkten, starrten sie an.

Die fremden Menschen murmelten leise durcheinander. Duncan flüsterte ihr etwas zu, was sie nicht verstand. Dann wurde es still. Luise tastete sich an einer Wand entlang und hatte das Gefühl, dass sie tiefer in die Höhle eindrang. Keine fremd klingenden Laute waren mehr zu hören. Doch dann durchdrang ein leiser, gurgelnder Ton die Stille. Sie hatte das Gefühl, als ob etwas an ihren Stiefeln entlangkroch. Vielleicht eine Schlange oder eine Riesenspinne? Luise blieb regungslos stehen. Sie spürte, dass das Etwas an ihren Füßen größer wurde. Es gluckerte um sie herum, und da wurde ihr klar, dass es kein Tier, sondern Wasser war. Wasser rann den Höhleneingang hinein und geradewegs auf sie zu. Das Geräusch wurde lauter, und dann wurde der Boden unter ihren Füßen weggerissen, sodass sie den Halt verlor, stürzte und tiefer in die Höhle rutschte. Sie schrie vor Schreck und vor Angst. Dann wurde sie an ihrem Arm gepackt und hochgezogen.

Luise war vollkommen durchnässt. Ihre Zähne schlugen unkontrolliert aufeinander. Sie schaute nach unten, wo sie das sich spiegelnde Wasser wie eine breite Silberader erkennen konnte. Sie standen auf einer Art Felsvorsprung, einen Meter darüber. Wer weiß, wie weit das Wasser sie noch mitgerissen hätte, das wie ein Bach immer tiefer in die Höhle strömte.

Ein anderer Aborigine mit einer Fackel in der Hand war aus der Dunkelheit heraus neben sie getreten. Sein Gesicht war weiß angemalt und wirkte gespenstisch und Furcht einflößend.

Durch den Schein des Lichtes konnte Luise das erste Mal die Größe der Höhle erkennen. Sie schaute in die Tiefe, wo das Wasser, das sie eben noch gepackt und mitgezogen hatte, langsam zu einem kleinen Rinnsal verkümmerte. So schnell, wie es gekommen war, war es auch wieder verschwunden. Luise sah zu dem Fremden mit dem weißen Gesicht. Es war dick mit Kalk eingeschmiert. Um den Hals hatte er schwarze Federn und ein kleines Säckchen gebunden, das ihm bis zum Bauchnabel reichte. Auch an der Hüfte hatte er einen kleinen Beutel befestigt. Sein gekrümmtes Wurfholz war daneben festgeschnürt. Er sagte etwas zu ihr, von dem sie nicht einmal erahnen konnte, was es zu bedeuten hatte.

Luise fror, und ihr Körper schmerzte. Ihre helle Bluse hatte Schlamm- und Dreckflecken und war am Arm zerrissen. Blut sickerte durch den Stoff. Jetzt, da sie die Wunde bemerkt hatte, spürte sie auch das Brennen. Der Fremde fasste nach ihrem Oberarm, sah sich die Verletzung an und sagte etwas zu seinem Begleiter. Dann zeigte er ihr, dass sie mit ihm gehen sollte. Luise folgte dem Ersten und der Zweite ihr. Sie gingen, bis sie wieder die bekannten Laute der Menschengruppe hörte. Duncan eilte ihr entgegen.

»Oh Luise, ich habe mir solche Sorgen gemacht. Ich war kurz vor der Höhle, um die Sättel reinzuholen. Ich glaubte, dass du mit den anderen Frauen mitgegangen wärst. Doch dann hörten wir dich schreien. Ich bin so froh, dass die Männer dich gefunden haben.« Erleichtert umarmte er sie. »Setz dich ans Feuer, damit deine Sachen trocknen können.«

Duncan führte sie um eine Steinwand herum. Hier war ein Höhlenraum, der wie ein Zimmer wirkte. Unbekannte Malereien waren an den Wänden. Zwei große Feuer brannten in einiger Entfernung voneinander. Es entstand eine wohlige Wärme, die die nackten Menschen wärmte. Duncan führte Luise zu der ersten Feuerstelle. Sie zitterte immer noch und fühlte sich elend.

»Darf ich dich untersuchen?«, fragte Duncan behutsam.

Sie nickte nur.

Er tastete ihren Kopf, vorsichtig die Rippen und die Gliedmaßen ab. Anschließend sah er ihr im Schein eines Streichholzes in die Augen. Als er ihren Nacken, die Schultern und den Rücken berührte, stöhnte sie leise.

»Zum Glück ist nichts gebrochen, allerdings hast du starke Prellungen. Die Schürfwunde ist zwar tief, aber nicht bedrohlich. Ich wasche sie aus und lege einen Verband darüber. Morgen wirst du glauben, dass eine Herde Pferde über dich galoppiert sei. Dein Körper wird ein einziger Schmerz sein.«

Er holte die Wasserflasche, befeuchtete ein Taschentuch und tupfte damit die Wunde ab. Luise zog vor Schmerz die Luft zwischen ihren Schneidezähnen ein. Unbeirrt säuberte er die Abschürfung, nahm sein Hemd, riss ein Stück vom Saum ab und wickelte es um den Arm.

Die Aborigines schauten interessiert zu. Der Mann mit den Beuteln um Hals und Hüfte sagte zu den anderen: »Mullamullun!«

Ein Lautes: »Ah!« war zu hören, und alle nickten. Der weiß geschminkte Mann nahm den Arm von Luise und murmelte einige Wörter. Dann entfernte er den Verband wieder und legte eine trockene Pflanzenrinde auf die Wunde. Luise hatte das Gefühl, als ob eine nicht sichtbare Salbe auf der Rinde war, denn es wurde feucht und kühl auf ihrem Arm. Dann jedoch verwandelte sich die Kühle in eine angenehme Wärme, die sich in ihrem Körper ausbreitete. Die Gliederschmerzen ließen wie von Zauberhand nach. Mit dem Stoff band der Einheimische die Rinde fest.

»Das Wort heißt sicherlich Arzt oder so ähnlich«, flüsterte Luise Duncan zu, der die Sache mit Interesse verfolgt hatte. »Sicherlich ist das ein Schamane. So heißen die Mediziner bei den Urvölkern.«

Duncan fragte ihn: »Was ist das?« Dabei betonte er jeden Buchstaben und sprach sehr langsam. Dann zeigte er auf den Arm von Luise.

Der Mann schien zu verstehen und gab bereitwillig Auskunft, jedoch verstand Duncan kein Wort. Allerdings nickte er dem Fremden zu, was den zu begeistern schien, denn sein Redeschwall wollte nicht enden. Der Mann fasste Duncan am Arm und zog ihn zu der Höhlenwand mit den Zeichnungen.

Dort begann er von neuem zu erzählen und zeigte auf die Bilder. In seinen Erzählungen kamen immer wieder dieselben Laute vor. Luise glaubte, öfters die Wörter Wandjina, Gunabibi[1] zu hören.

Farbmischungen in Gelb, Orange, Braun und Rot zeigten Figuren oder Zeichen, die bestimmte Bedeutungen zu haben schienen. Alle Menschen, die in der Höhle anwesend waren, lauschten den Worten ihres Schamanen. Einige setzten sich auf den Boden, andere lehnten sich gegen die Wand. Es schien sich um die Geschichte ihrer Vorfahren zu handeln, die hier malerisch verewigt war. Plötzlich verstummte der große Redner, und die Menschen ließen sich wieder am Feuer nieder.

---

[1] Ahnengeister

»Du musst die nassen Sachen ausziehen«, ermahnte Duncan Luise.

Sie war so gefesselt gewesen, dem Aborigine zuzuhören, dass sie vergessen hatte, dass sie völlig durchnässt war.

»Du kannst dich in die Decke einwickeln, bis deine Kleidung getrocknet ist.«

Duncan holte die Decke und hielt sie Luise vor, sodass sie vor fremden Blicken sicher war. Sie stand mit dem Rücken zu ihm. Als sie sich entkleidet hatte, dreht sie sich um und nahm die Decke, um sie um ihren Körper zu wickeln. Sie sah sein Verlangen in den Augen, und diesmal erwiderte sie seinen Blick.

Ein kleines Mädchen zupfte an Duncans Hemd. Er konnte kaum den Blick von Luise wenden, zwang sich aber, freundlich auf das Kind herunterzublicken. Es hatte ein großes Blatt in der Hand, auf dem dicke, weiße Stücke lagen, die heiß dampften. Der Geruch von gebratenem Fleisch drang in Duncans Nase und ließ ihn nun seinen Hunger spüren. Auch Luise hatte den Duft gerochen.

»Hast du Hunger?«, fragte er.

Sie nickte, und er führte sie zu den Menschen, von denen einige ebenfalls große Blätter mit weißem Fleisch in den Händen hielten. Der Mann, der anscheinend Arzt und Oberhaupt des Stammes war, lächelte sie freundlich an und führte ein dickes Stück Fleisch in seinen Mund, auf dem er genüsslich herumkaute. Zögerlich nahm Luise ein Stück und steckte es in den Mund. Zuerst kaute sie vorsichtig. Als sie merkte, dass der Geschmack angenehm war und vor allem ihren Hunger stillte, biss sie herzhaft zu. Nun lachten die Einheimischen und rieben sich den Bauch als Zeichen des Wohlbefindens. Wieder sprach der Medizinmann und deutete auf die Wandbilder, die im Schatten des Feuers lagen. Deshalb konnte Luise nichts erkennen, jedoch schienen die anderen zu wissen, wovon er redete. Wieder vernahm sie fremde Worte, von denen eines immer wieder zu hören war: Pukauwayangana[2]. Aber erneut wusste Luise nicht, was das Wort bedeuten könnte.

Nachdem alles aufgegessen war, gingen drei Männer zu dem Feuerplatz, an dem seit geraumer Zeit nur noch Glut den Boden

---

[2] Der Name der Fruchtbarkeitsstätte für Knaben. Männer, die an diesen Ort kommen, zeugen männliche Kinder, und Frauen werden hier schwanger.

des Platzes erhellte. Die Männer griffen nach etwas, das seitlich in die Höhe stach. Luise dachte, es sei ein Holzstück, aber als die Aborigines daran zogen, kam ein Tierkörper aus der Glut hervor, der in der Wärme des restlichen Feuers gegart worden war.

Entgeistert schaute Luise den Männern zu, die das Wild zerteilten. Duncan und sie bekamen eine Portion davon, die Luise dankend ablehnte. Jedoch akzeptierten die Menschen das nicht und drückten Luise den grünen Teller mit dem heißen Fleisch in die Hand. Sie schaute zu Duncan, der keine Probleme mit dem fremden Essen hatte. »Du musst etwas essen. Es ist Kängurufleisch.«

»Ich muss überhaupt nichts essen und schon gar nicht dieses Tier.«

»Hier leben nun mal Kängurus, und die werden gejagt und gegessen wie bei uns Rehe. Versuche ein kleines Stück, schon als Zeichen der Dankbarkeit.«

Dem Argument der Gastfreundschaft konnte sie sich nicht entziehen. Zaghaft biss sie in das gegrillte Fleisch. Es schmeckte tatsächlich. Wieder lachten die Menschen um sie herum und rieben sich die Bäuche, was Luise ihnen nun nachahmte.

Als das Essen beendet war, meinte Duncan: »Ich sehe nach dem Wetter. Bleib hier am Feuer sitzen.«

Er stand auf und zeigte mit den Händen seinem neu gewonnen Freund, dass er nach draußen gehen wollte. Dieser folgte Duncan. Eine Frau mit einem Baby lenkte Luise ab. Sie lächelte Luise an und drückte ihr das Kind auf den Arm. Es war ein kräftiger Junge, der satt und gut gelaunt war. Seine Mutter war noch sehr jung, fast selbst noch ein Kind. Die dunklen Augen des Babys glänzten im Schein des niederbrennenden Feuers. Er lachte und gurgelte fröhlich. Luise wiegte ihn hin und her. Leise summte sie ein Kinderlied, an das sie sich plötzlich erinnern konnte: »Kleine Maus, musst nach Haus, in dein Bett, ach wie nett …« Der Junge sah sie an und gab in seiner Babysprache Antwort. Das Kind auf dem Arm griff nach der Decke und zog in Höhe ihrer Brüste daran. Sie lachte und löste seinen Griff von dem Stoff.

Luise war so mit der Mutter und dem Kind beschäftigt, dass sie Duncans Rückkehr nicht bemerkte, der sie lächelnd beobachtete. Horans Brief fiel ihm wieder ein. Nun wusste er, was

Jack mit dem letzten Abschnitt meinte, als er davon sprach, sich seinem Gegenüber nicht zu verschließen, auch, wenn man glaubte, es dadurch zu beschützen. Wenn er Luise endlich die Wahrheit über sich erzählte, wäre die Last von seiner Seele genommen, und nichts würde mehr zwischen ihnen stehen. Er hatte damals ihrem Onkel ein Versprechen gegeben. Im Grunde war es nur gedacht, um Fritz von Sydow zu beruhigen, aber als Duncan ihm die Worte gesagt hatte, hatte er für sich bereits eine Entscheidung getroffen. Er ging langsam auf Luise zu. Erst jetzt sah sie ihn, und ihre Augen leuchteten. Sie gab der Mutter ihr Kind zurück. Duncan setzt sich neben Luise auf den Boden, der mit grünen Blättern ausgelegt war. Er wollte nicht länger warten und ihr hier und heute alles erzählen, als das Stammesoberhaupt Duncan zu sich winkte. Enttäuscht atmete er laut aus, bat mit seinen Augen um Verzeihung und ließ Luise ein zweites Mal alleine. Aber sie hatte gespürt, dass er ihr Wichtiges mitzuteilen hatte. Tausend Fragen wollte sie beantwortet haben, doch sie musste geduldig sein. Ihre Kleidung, die sie auf großen Felsbrocken nahe dem Feuer ausgebreitet hatte, waren getrocknet, sodass Luise sich wieder ankleiden konnte. Dann ging sie zu Duncan, der bei den Männern saß. Ein Lächeln huschte über sein Gesicht, als sie sich an ihn schmiegte.

»Ich glaube, dass Frauen hier nicht erwünscht sind.«

Erst jetzt sah Luise, dass die Frauen alle auf der anderen Seite des Feuers mit ihren Kinder saßen, dicht an der Glut zum Wärmen. Niemand sprach ein Wort. Die Männer schienen zu warten, dass Luise wieder ging.

»Ich gehe nicht ohne dich«, flüsterte sie.

Als Zeichen, dass Luise zu ihm gehörte, legte Duncan beschützend den Arm um sie. Der Medizinmann sprach ein paar Worte zu den Übrigen. Bei dem Wort Pituri[3] gab es ein lautes »Ah!« und zustimmendes Nicken. Man holte eine Pfeife hervor, stopfte sie mit Kraut und zündete sie an einem glimmenden Stück Holz an. Der Schamane paffte einige Male, bis der Tabak zu rauchen anfing. Ein sonderbarer Geruch breitete sich aus. Die Pfeife wurde herumgereicht. Jeder Mann nahm einige kräftige Züge. Als sie zu Duncan kam, fing der Schamane an zu singen. Eine leise eintönige Melodie. Für Luise hatte es etwas Mys-

[3] einheimischer Tabak

tisches. Nachdem auch Duncan den Dampf inhaliert hatte, wollte er die Pfeife weitergeben. Jedoch hielt Luise seine Hand fest, führte den Pfeifenkopf an ihre Nase und atmete den aufsteigenden Rauch ein. Erst dann ließ sie Duncans Arm wieder los, damit der Nächste in den Genuss der Pfeife kommen konnte.

Luise spürte ein leichtes Schwindelgefühl im Kopf. Sie sah zu Duncan, kniff ein Auge zusammen, da das Bild vor ihr leicht zu verschwimmen begann. Ihre Augen tränten und der Speichelfluss im Mund ließ sie mehrmals schlucken, aber um ihren Bauchnabel herum breitete sich ein warmes, wohliges Gefühl aus.

»Mir ist ganz schwummerig. Ich glaube, ich bekomme Fieber.«

»Nein, meine Liebe, du hast sicherlich Drogen zu dir genommen.«

»War vielleicht etwas im Essen?«

»Natürlich nicht, du hast den Tabakrauch eingeatmet. Ich glaube, dass es so etwas Ähnliches ist wie Opium in Asien.«

»Du scheinst dich bestens damit auszukennen.«

»Natürlich, schließlich bin ich Arzt und muss mich mit vielen Dingen auskennen. Morgen ...«

»Morgen? Was wird Colette sagen, wenn wir über Nacht nicht nach Hause kommen. Sie wird sich Sorgen machen.«

»Sie wird das Richtige denken.«

Wieder wurde die Pfeife herumgereicht, und Duncan nahm ein paar kräftige Züge. Er blies Luise den Qualm ins Gesicht. Süßlicher, würziger Kräutergeruch erfüllte nun die Höhle. Dieses Mal ließ Luise die Pfeife weiter zu ihrem Nachbarn wandern.

In der Höhle war es ruhig geworden. Frauen und Kinder schliefen am Rand der immer noch warmen Asche, ohne Decke, nur auf grüne Zweige und Blätter gebettet. Nur ab und zu hörte man einen Laut, wenn eines der Kinder träumte. Luise empfand Ruhe und Frieden. Sie hatte auch keine Angst mehr vor den Unbekannten, sondern fühlte sich wohl und behütet. Ihr war es leicht ums Herz. Zum ersten Mal seit dem Tod ihres Vaters hatte sie das Gefühl, dass alles gut werden würde.

Der Medizinmann stand auf und ging zu der glühenden Asche des zweiten Feuers, wo er unter leisem Gemurmel die Pfeife ausklopfte. Der restliche Tabak fiel in die Glut und verglimmte. Der undefinierbare Geruch verstärkte sich. Nun winkte der Mann Luise und Duncan zu sich und deutete auf das Lager, das für sie vorbereitet worden war. Dann zeigte er nochmals zu der Höhlenmalerei, die kaum zu erkennen war, da die Dunkelheit mehr und mehr zunahm. Duncan holte die Decke und breitete sie über Luise aus, die sich auf den Blättern ausgestreckt hatte. Sie blickte in das verglimmende Feuer. Ihr Körper war bleiern, nicht einmal den Kopf konnte sie heben. Jedoch waren ihre Sinne hellwach. Duncan setzte sich im Schneidersitz neben sie, ohne ein Wort, ohne einen Blick zu ihr. Er starrte nur in die Glut.

»Willst du dich nicht zu mir legen?«, fragte sie leise.

Das Gefühl, dass nichts mehr zwischen ihnen stand, machte diese Frage leicht, und sie wollte ihn spüren. Sein Leben vor ihrer Zeit interessierte sie nicht – nicht in diesem Moment. Sie sah nur Duncan Fairbanks, ihren Mann. Groß, dunkelhaarig, mit sanften Augen – jemand, der sie beschützte, jemand, den sie liebte. Am liebsten hätte sie es laut herausgeschrien – ja, sie liebte diesen Mann mit einer Leidenschaft, die ihr immer noch fremd war. Sie wusste nicht, was kommen würde, sie fühlte nur, dass sie ihn wollte.

Der Duft in der Höhle hatte sich verflüchtigt, schien aber immer noch über ihnen, in ihnen zu schweben. Duncan legte sich hinter Luise, stützte den Kopf auf seine Hand und schaute über ihre Haare in die Glut. Seinen linken Arm hatte er locker um ihre Taille gelegt. Luise spürte seinen warmen Atem an ihrem Hals. Sie drehte sich zu ihm um. Ihre Augen hatten sich mittlerweile an die Dunkelheit gewöhnt, sodass sie sein Gesicht erkennen konnte. Ihr Herz schlug heftig. Sie hörte ihr eigenes Blut rauschen. Duncan bewegte sich keinen Millimeter auf sie zu. Jede Faser ihres Körpers sehnte sich nach ihm. Sie spürte seinen heißen Atem im Gesicht. Er roch süßlich, so wie die Luft um sie herum. Sie hatte ihre Hand in seinen Nacken gelegt und ihn sanft an den Haarwurzeln gestreichelt. Sein Atem ging leise, jedoch unruhig.

»Sag es«, forderte er sie auf.

Jetzt musste sie lächeln, denn sie hatte ohne Absicht sein Blut in Wallung gebracht. Sein Atmen wurde heftiger, sein Körper bebte.

»Ja, ich will dich, genauso stark wie du mich, mein Liebster!«, flüsterte sie ihm ins Ohr, bevor sie sein Ohrläppchen zärtlich mit ihren Zähnen biss.

»Oh Luise«, stöhnte er, »ich habe mich so sehr nach diesen Worten gesehnt.«

Sie öffnete ihre Lippen, die er mit einem zärtlichen Kuss verschloss. Langsam streichelte er ihren Körper, ohne von ihren Lippen zu lassen. Mit zittrigen Fingern öffnete Duncan die Bluse und küsste sanft ihre Brüste. Seine Lippen wurden fordernder, und die Flammen in ihrem Schoß loderten heißer als jedes Lagerfeuer in der Höhle. Als er mit seinem Mund zärtlich ihren Bauchnabel liebkoste, erschauerte sie. Keuchend griff sie in seinen Haarschopf und zog sein Gesicht zu ihrem Mund. Luise half ihm, sich zu entkleiden und zog, während er sie immer fordernder küsste, die restliche Kleidung aus. Sie schloss die Augen und atmete seinen Geruch ein, den jede Pore seiner Haut verströmte. Feucht und heiß war ihr Schoß. Ihre Beine umschlangen seinen Oberkörper und zogen ihn dichter heran. Ihre Hände und ihre Körper schienen miteinander zu verschmelzen, als ob sie eins wären. Als Duncan in sie eindrang, spürte sie einen kurzen, stechenden Schmerz, dem eine Gefühlswoge folgte, auf der sie zum Himmel schwebte. Sie fühlte sich leicht wie eine Feder und dem Irdischen entrückt. Sie presste die Beine stärker an seinen Oberkörper, damit dieses Beben in ihrem Schoß nie wieder aufhören sollte. Als sie schreien wollte, verschloss Duncan mit einem Kuss erneut ihre Lippen.

Ihre Körper waren nass vom Schweiß und dampften in der abgekühlten Höhlenluft. Die Haare klebten an den feuchten Schläfen. Langsam hob Luise ihren Blick, um in seinen Augen zu lesen. Was sie erkennen konnte, war mehr, als sie je erwartet hatte. Ihre Augen brannten von den aufsteigenden Tränen des Glücks. Behutsam strich er ihr eine Strähne zurück. Voller Zärtlichkeit war seine Stimme, als er leise zu ihr sagte:

»Ich liebe dich, mehr, als du erahnen kannst. Seit der ersten Sekunde, als ich dich gesehen habe, liebe ich dich. Lange, sehr lange habe ich auf dich gewartet. Jetzt weiß ich, was Jack gemeint hat. Ich hoffe, dass dieser Traum bald in Erfüllung gehen wird.«

Luise hatte keine Ahnung, wovon er redete: »Welcher Traum?«

»Pst, Liebling, morgen werde ich es dir erklären.«

Dann half er ihr abermals, wie ein Vogel in die Lüfte zu entschweben und frei zu sein.

Luise erwachte, weil ihr Kopf schmerzte. Ihr war zum Erbrechen schlecht. Als sie den Kopf zur Seite drehen wollte, um nach den anderen zu sehen, stöhnte sie vor Schmerzen. Da sich alles drehte, schloss sie wieder die Augen.

Langsam versuchte, sie nur ein Auge zu öffnen. Jemand hatte erneut ein Feuer entzündet, sodass die Höhle leicht beleuchtet war. Duncan stand nackt vor ihr.

Luise hatte in den letzten Stunden jeden Muskel, jede Stelle seines Körpers gespürt, aber gesehen hatte sie fast nichts. Jetzt, wo auch ihrem Auge nichts mehr verborgen blieb, war sie verlegen. Duncan kniete neben ihr. Sein Oberkörper war gebräunt, und seine Muskeln strotzten vor Kraft.

»Das sind die Nachwirkungen des Tabaks und des Sturzes. Versuche, dich zu entspannen«, riet er liebevoll.

»Willst du dir nicht etwas anziehen? Die Eingeborenen könnten denken, dass du in ihren Stamm eintreten willst«, versuchte Luise lächelnd, ihre Verlegenheit zu verbergen.

»Wir sind alleine. Der Stamm ist weitergewandert.«

Luise schloss wieder die Augen, während Duncan ihr die Stirn mit kleinen, kreisenden Bewegungen massierte. Sie versuchte, nicht an ihre Schmerzen zu denken. Stattdessen ließ sie das Geschehene an sich vorüberziehen und war froh, dass sie Duncan nicht in die Augen blicken musste. Beim zweiten Eintauchen in die Unendlichkeit der körperlichen Liebe hatte er sie an seinen Erfahrungen teilhaben lassen. Er war ein guter Lehrmeister und sie eine gelehrige Schülerin. Allein der Gedanke an seinen Kopf in ihrem Schoss bewirkte, dass ihr Atem wieder keuchend ging. Entsetzt, zu solchen Gefühlen fähig zu sein, blickte sie ihn bestürzt an.

»Es erfüllt mich mit Stolz, dass es dir gefallen hat«, flüsterte er an ihrem Ohr.

»Ich wusste nicht … ich will … Wieso weißt du, was in meinem Kopf vorgeht?«

»Vielleicht habe ich magische Fähigkeiten«, lachte er.

»Das kann schon sein, denn mir geht es besser.«

Luise versuchte aufzustehen. So ungehemmt wie Duncan konnte sie aber mit ihrer Nacktheit nicht umgehen, deshalb zog sie die Decke um ihren Körper. »Wie spät ist es?«

»Die Sonne geht gerade auf.«

Luise sah über seine Schulter auf die Felsenwand. Diesmal waren die Malereien vom Feuer angestrahlt und deutlich zu erkennen. Sie ging näher heran. Es waren Bilder von einer Frau und einem Mann, die sich körperlich vereinigten.

»Hast du das gesehen?«, fragte sie ihn überrascht.

Er nickte und trat hinter sie, nahm ihr die Decke weg und umschlang sie beide mit dem Tuch, sodass sie eins waren. Mehrere Bilder zeigten den Akt aus verschiedenen Perspektiven. Auf anderen Bildern sah man die Frau mit einem dicken Bauch, ein weiteres stellte die Geburt da. Der Kopf des Kindes hatte gerade den Schoß der Mutter verlassen. Auf dem letzten Bild legte die Mutter den Säugling, einen Jungen, in die Hände eines Mannes.

»Welche Bedeutung hat das?«

»Ich würde sagen, die Empfängnis und die Geburt eines neuen Menschen.«

»Duncan, das sehe ich auch, aber warum hat es jemand an die Höhlenwand gemalt?«

»Das kann ich dir nicht beantworten. Mmh, du duftest gut.« Duncan hatte sein Gesicht in die Kuhle ihres Halses gelegt.

»Das tue ich nicht. Ich würde mir gerne die Zähne putzen, ein Bad nehmen und frische Kleider anziehen. Stattdessen rieche ich nach Schweiß, den Tabak schmecke ich immer noch auf der Zunge, und ich fühle mich schmutzig. Ich dufte nicht, ich stinke.«

»Kein Parfüm der Welt könnte besser riechen als du in diesem Moment«, flüsterte ihr Mann, während er ihr Ohr und ihren Hals liebkoste.

Luise spürte seine Erregung, und sie konnte auch die ihre nicht verleugnen. Ihre Körper wurden gegen die kalte Felswand gepresst. Als Luise auf die Höhlenmalerei schaute, hatte sie ihren eigenen Paarungsakt vor Augen. Zweimal sah sie sich aus der Vogelperspektive, zweimal schallten ihre Schreie an den Felswänden wieder.

Ihre Knie zitterten, und ihr Körper tat an allen möglichen Stellen weh. Sie sank auf ihre Oberschenkel und atmete heftig. Duncan hatte sich mit dem Rücken an die Wand gestellt und keuchte ebenfalls.

»Machen das alle Männer und Frauen so, auf diese Art und auch sooft?«

Er lachte wegen ihrer Unerfahrenheit und Natürlichkeit, die so eine Frage hervorbringen konnten.

»Ich glaube schon, dass viele es so machen. Manche mehr, andere weniger. Das erste Mal wird immer etwas Besonderes bleiben.«

»Duncan, wie wird es sein, wenn wir wieder zu Hause sind? Ich habe so viele Fragen an dich.«

»Ich weiß, Luise. Ich werde sie dir heute noch beantworten, damit nichts mehr zwischen uns steht und wir neu anfangen können. Aber zuerst werden wir baden. Komm, ich zeig dir etwas.«

Er zog sie an der Hand in die Höhe und führte sie in die Nähe der Stelle, an der der Eingeborene Luise aus dem Wasser gerettet hatte. Nicht weit davon entfernt war eine Mulde im Boden, dreimal so groß wie eine Badewanne, die bis zum Rand mit Wasser gefüllt war.

Luise fühlte die Temperatur. Das Wasser war eiskalt. Duncan machte nicht viel Aufhebens, sondern kletterte hinein. Das Wasser reichte bis zu seinen Oberschenkeln.

»Ich dachte, du willst ein Bad nehmen. Es ist angenehm frisch«, sagte er und setzte sich.

»Will ich auch, aber keines, in dem ich erfriere. Wieso weißt du hiervon?«

»Mein Freund hat es mir gezeigt, bevor er weiterzog.«

Langsam, Stück für Stück tauchte Luise in das Wasser ein. Es war eisig, allerdings tat die Kühle ihrem Körper gut. Zuerst brannten einige Stellen, dann jedoch konnte sie entspannen. Sie wusch ihr Gesicht, spülte den Mund, machte ihre Haare nass und kletterte wieder heraus. Nun fühlte sie sich sauber und frisch. Mit der Handfläche streifte sie die Wassertropfen von der Haut. Ihre Körper waren krebsrot. Schnell gingen Luise und Duncan zurück zum Feuer und rubbelten sich mit der Decke ab. Sie blieben nackt am Feuer sitzen, bis die Wärme der Flammen sich in ihren Körpern ausgebreitet hatte. Unbefangen konnten sie das Nebeneinander genießen. Nachdem sie ihre Kleider wieder angezogen hatten, nahm Duncan den letzten Rest ihres Proviants und teilte ihn auf. Zwischen zwei Bissen Brot sagte er: »Frage mich, Luise, dann kann ich leichter antworten. Du musst keine Angst haben.«

»Bist du die so genannte ›Weiße Feder‹?«

Er nickte. »Ich bin der Gründer dieser Organisation. Wie es dazu gekommen ist, brauche ich dir nicht mehr zu erklären, denn Jack hat es dir erzählt.«

»Ja, ich weiß, wie es dazu gekommen ist. Aber warum hast du England verlassen? Warum diese Ehe mit mir, warum ...«

»Halt, alles nacheinander. Jack hat mich bedrängt, England zu verlassen, da wir Informationen bekamen, dass unsere Tarnung kurz vor der Aufdeckung stand. Wir nahmen an, dass Steel jemanden auf uns angesetzt hatte, der die Kinder ausfragt, in dem er sie unter Druck setzt ...«

»Der Onkel, den er in seinem Brief beschrieb«, schlussfolgerte Luise.

»Ja, das nehme ich an.«

Duncan schilderte den Plan, den Jack und er ausgearbeitet hatten.

»Deshalb sollte ich außer Landes, aber nur so lange, bis sich die Wogen geglättet haben. Es ist nicht meine Art davonzulaufen. Jedoch hat mich die Verhaftung der älteren Jungen, zu denen auch dein Bruder gehört, nicht mehr ruhig werden lassen. Es gab keine Möglichkeit, sie in London zu befreien, deshalb kam mir recht früh der Gedanke, nach Australien zu reisen. Allerdings ist über dieses Land nicht viel bekannt. Keiner kennt genau die Örtlichkeiten, die Gefängnisse und alles sonst, was man an Informationen braucht. In England konnten wir uns leicht die Baupläne sämtlicher Gefängnisse beschaffen und entsprechend planen und vorgehen. Aber hier muss man sich erst alles mühselig und zeitintensiv erarbeiten. Ich glaube, ich hätte nicht so viel Mut gehabt, meinen Plan in die Tat umzusetzen, wenn du nicht mit ins Spiel gekommen wärst.«

Erstaunt sah ihn Luise an. Seine Gesichtszüge wurden weich, und er lächelte liebevoll. »Ich habe dich das erste Mal ohnmächtig in Jacks Salon gesehen. Du warst knapp dem Tod entronnen, und Jack ließ mich kommen, damit ich dich untersuchen sollte. Man hatte dich gewürgt, dein Hals war dick angeschwollen, und du hattest Atemnot.«

Unbewusst fasste Luise nach ihrem Hals. Sie erinnerte sich an die Panik, die damals in ihr aufgestiegen war.

»Als ich dich da liegen sah, mit roten Wangen, blonden Haaren, war es um mich geschehen. Ich wusste es nicht in diesem

Augenblick. Aber später wurde mir klar, dass ich dich von der ersten Sekunde an liebte und begehrte.«

Jetzt musste Luise lachen. »Das hört sich nach den Liebesschwüren eines noch recht unreifen Jünglings an.«

Er drohte ihr mit dem Zeigefinger. »Mach dich nicht über mich lustig, schließlich kehre ich mein Innerstes nach außen.«

»Wenn du momentan so ehrlich bist, dann erkläre mir dein Verhältnis zu Elisabeth und warum du mich damals abgewiesen hast«, forderte sie ihn zaghaft auf.

»Ich hatte Angst, dass du mich hassen würdest, wenn du mein Geheimnis kennst. Aber ich hatte auch Angst vor mir selbst, denn ich spürte, dass ich meine Beherrschung verlieren würde. Was das Verhältnis zu Elisabeth betrifft, wir sind gute Freunde. Sie war bei der Entstehung der ›Weißen Feder‹ dabei und weiß einiges über mich. Wir haben uns schon vor Jahren aus den Augen verloren. Es war reiner Zufall, dass Elisabeth mit ihrem Mann auf demselben Schiff gereist ist wie wir.«

»Ich spüre doch das Knistern zwischen euch und dann die gemeinsame Vergangenheit …«

»Luise, ich bin mehr als zehn Jahre älter als du. Natürlich hatte ich andere Frauen, und es gab auch welche, mit denen ich länger als eine Nacht mein Lager geteilt habe. Eine der Frauen heißt Elisabeth. Sie gehört zu meiner Vergangenheit. Dies kann ich nicht ungeschehen machen, und du musst es akzeptieren. Ich kann dir versichern, dass ich dich liebe und du die Frau meines Lebens bist. Das musst du mir glauben. Luise, wirst du mir vertrauen können? Sind deine Gefühle für mich stark genug, dass du unterscheiden kannst zwischen Wahrheit und Lüge?«

Sie verstand nicht, was er meinte.

»Es werden harte Zeiten kommen. Wenn ich weiß, wo ich Johann und die anderen finden werde, kann es sein, dass ich für einige Zeit fort muss.«

Erschrocken sah sie ihn an.

»Ich habe Informationen bekommen, dass sie wahrscheinlich auf Vandiemensland sind. Das bedeutet, dass ich dorthin muss. Du wirst hier zurückbleiben müssen. Aber ich weiß, dass du dich auf Joanna, Paul und einige andere verlassen kannst. Außerdem hast du Colette an deiner Seite. Dank meines Erbes und meines Berufes wirst du genügend Geld zur Verfügung haben, dass es dir an nichts mangeln wird. Das Einzige, was mir im Moment Kummer bereitet, ist unser alter Bekannter Steel. Ich bin immer wieder aufs Neue froh, dass wir unseren Wohnsitz außerhalb der Stadt haben.«

»Wie kann es sein, dass du Informationen bekommst? Wissen deine Informanten, wer du bist?« Angst beschlich sie.

»Jahrelange Erfahrung haben meinen Blick für Menschen geschärft, denen ich vertrauen kann. Es gibt immer jemanden, der jemanden kennen, der etwas weiß. Die musst du ausfindig machen, und dann geht alles seinen Weg. Der Beruf des Arztes hat mir manche Türen geöffnet. In der letzten Stunde ihres Lebens haben mir hohe Herren genauso vertraut wie Verbrecher, und alle wollten eines – ihr Gewissen erleichtern. Jeder ist dankbar, wenn man ihm hilft, und als Gegenleistung verraten sie dir manches Geheimnis. Die Gefangenen, die jetzt auf dem Gut oder beim Bau des Krankenhauses helfen, habe ich unter bestimmten Kriterien ausgewählt, und bis jetzt hat mich mein Instinkt nicht getäuscht. Die Männer, die für uns arbeiten, wissen das Wichtigste, und das ist die Gewissheit, dass es ihnen hier besser geht als irgendwo sonst auf diesem Kontinent. Allein aus diesem Grund kann ich mich auf sie verlassen. Außer dir ist nur noch Elisabeth eingeweiht, und ihr kann ich vertrauen.«

»Woher weißt du das so genau?«

Sein Blick schweifte zur Höhlenwand und wieder zurück. Er sah ihr in die Augen, als er diese Frage beantwortete: »Luise, du musst nicht eifersüchtig sein und versuchen, Misstrauen zwischen Elisabeth und mir zu entfachen. Es wird dir nicht gelingen. Meine Vergangenheit mit Elisabeth ist Sicherheit genug.«

Dies sagte er so resolut und fest in Wort und Stimme, dass Luises sechster Sinn ihr signalisierte zu schweigen. Sie stand wortlos auf und suchte ihre Sachen zusammen. Die körperlichen Schmerzen, die sie ignoriert hatte, machten sich bemerkbar. Sie wollte heim, denn das Gefühl, bei Duncan die zweite Geige zu spielen, tat weh. In Gedanken schimpfte sie mit sich selbst. Hätte sie ihn nicht danach gefragt, dann wären ihr seine Antworten erspart geblieben. Luise fühlte sich plötzlich kraftlos.

Duncan löschte mit dem restlichen Wasser das Feuer. Zischender Rauch stieg von dem nassen Holz empor. Dunkelheit breitete sich aus. Dann ergriff er Luises Hand und führte sie hinaus in einen neuen Tag.

Nichts erinnerte mehr an den Sturm der vergangenen Nacht. Luise schien es, als ob sie Tage in der Höhle gelagert hätten. Draußen standen ihre Pferde friedlich grasend nebeneinander und schnaubten kurz, als Duncan ihnen den Sattel auflegte. Die Sonne strahlte vom wolkenlosen, blauen Himmel. Grillenzirpen und Insektenbrummen schien sie willkommen zu heißen.

»Woher kam letzten Abend das viele Wasser, das mich in die Höhle mitriss?«

»Ich kann es nur so erklären, dass der Boden zu sehr ausgetrocknet war, um diese heftigen Wassermassen aufzunehmen. Vom Berg kam gestern das Wasser in Strömen gelaufen und wurde direkt in die Höhle geleitet. Zusammen mit dem Wasser vom Land entstand dann diese Überschwemmung. Die Höhle ist innen etwas abschüssig, sodass es schnell zum Fließen kam und dich mitriss. Ich nehme an, dass es drinnen unterirdisch weiterfließt.«

Luise nickte anerkennend mit dem Kopf. »Gute Erklärung, Herr Lehrer, allerdings muss ich sie dir glauben, da ich sie nicht kontrollieren kann.«

»Das weiß ich«, antwortete er schelmisch und schwang sich in den Sattel.

Als Luise sich in den harten Ledersattel setzte, konnte sie ein Stöhnen nicht unterdrücken. Sie hatte das Gefühl, auf rohem Fleisch zu sitzen.

Er lachte nur und gab seinem Pferd die Sporen. Plötzlich drang ein Laut durch die Stille, den Luise zuvor noch nie gehört hatte. Er glich dem Ton, den Wind erzeugt, der durch einen hohlen Stamm weht. Doch dieser Laut war nicht eintönig, sondern fast eine Melodie aus dumpfen, schweren Tönen. Sie drehte sich um und sah auf einer kleinen Anhöhe ihren schwarzen Freund, der in ein übergroßes Horn blies. Die Melodie begleitete sie noch einige Minuten.

Sie galoppierten schon geraume Zeit durch das dichte Gras des Buschlandes, als Duncan sein Pferd zum Stehen brachte. Luise tat es ihm nach. Er legte den Zeigefinger auf seinen Mund als Zeichen, dass sie schweigen sollte. Ein Schwarm Vögel erhob sich in die Lüfte und zog schimpfend seine Kreise. Plötzlich lugte ein Känguru hinter einem Baum hervor, aus seinem Beutel schaute neugierig sein Junges. Mutter und Kind schienen die Fremden nicht zu bemerken. Keine zehn Meter von ihnen entfernt knabberten sie Grünes an einem Ast. Duncan führte Zippo näher an die graubraunen Tiere heran. Große, dunkle Augen schauten neugierig aus einem pelzigen Gesichtchen. Die Nase bewegte sich wie bei einem Kaninchen hin und her. Das Kleine kratzte sich mit seinem Vorderbein am Ohr.

Luise und Duncan kamen näher an die Tiere heran. Das Muttertier hatte die Mahlzeit beendet und putzte sich das Gesicht. Vorsichtig legte es die kurzen Vorderläufe hinter die Ohren und strich sie dann nach vorne. Dies wiederholte es einige Male, bevor es die Füße ableckte. Lange Wimpern gaben dem Gesicht etwas Vertrautes. Das dichte Fell verlockte zum Anfassen, jedoch erschreckte ein lang gezogener Vogelschrei die zutraulichen Tiere. Das Kleine versteckte sich im Beutel, und die Mutter hüpfte mit langen Sprüngen ins dichte Buschwerk der Umgebung.

»Hast du diese Augen gesehen? Um solche Wimpern beneiden es sämtliche Frauen dieser Welt. Und dann das Kleine! Wenn ich daran denke, dass diese Wilden so ein süßes Tier verspeisen. Mir wird jetzt noch schlecht bei dem Gedanken, dass ich das auch gegessen habe.« Luise wurde wütend.

»Was esst ihr an Ostern?«, fragte Duncan.

»Lamm mit Bohnen. Warum?«, antwortete Luise.

Er erklärte nichts, zog nur die Augenbrauen hoch. Luise wusste, was er meinte.

Sie wendeten ihre Pferde und galoppierten los.

Fast zwei Stunden waren sie unterwegs, als sie in der Ferne ihr Haus erblickten. Plötzlich blieb Duncan stehen. Sie waren zwischendurch getrabt, galoppiert und auch Schritt gegangen, alles, ohne ein Wort zu sprechen.

»Luise, was wird sein, wenn wir zu Hause sind?«

Sie zuckte mit den Schultern. Duncan sah auf sein Sattelhorn und fragte leise: »Wirst du in mein Zimmer ziehen? Werden wir als Ehepaar zusammenleben?«

Wieder sagte Luise nichts. Sie wollte seine Augen sehen, denn nur da konnte sie seine wirklichen Fragen lesen. Er blickte endlich auf und sah zu ihr. Seine Gesichtsmuskeln waren angespannt, er presste seine Zähne aufeinander.

Was sollte sie antworten? Sie waren sich so nahe gekommen, hatten das Schönste miteinander erlebt, was Mann und Frau teilen können. Warum fiel ihr dieses kleine Wort der Zustimmung so schwer? Liebte sie ihn doch nicht genug? Vor was hatte sie Angst? Sie stieg vom Pferd und blickte auf die Farm. Duncan trat vor sie und legte den Zeigefinger unter ihr Kinn, damit sie ihn ansehen musste. Angst, Unsicherheit, doch auch Liebe lagen in seinem Blick. Sie war sich sicher, wenn sie ihn jetzt zurückstoßen würde, wäre die Tür zu und der Schlüssel verloren. Jedoch hämmerte ein Name immer und immer wieder in ihrem Kopf. Wie ein Stachel pikste er in ihrem Gehirn, und dieser Name schien alles zu vergiften: Elisabeth! Sollte Elisabeth wirklich gewinnen?

Er legte seine Stirn an ihre und schloss die Augen: »Verstoße mich nicht noch einmal«, flüsterte er kaum hörbar.

Eine Woge der Liebe durchflutete Luise. Sie legte ihre Arme um seinen Hals und vergrub ihr Gesicht in seinen dunklen Haaren, die der Wind ihr ins Gesicht wehte. Der Geruch war ihr nicht mehr fremd, sondern ein Teil von ihr geworden.

»Ich bin deine Frau und ich gehöre zu dir!«

Seine Arme umschlangen sie und pressten ihren Körper so stark zusammen, dass sie Angst hatte, ihre Rippen würden brechen. Ein zärtlicher, langer Kuss besiegelte das Versprechen.

»Komm, wir wollen endlich nach Hause«, sagte Duncan glücklich.

»Was werden Colette und die anderen denken? Ich sehe schrecklich aus«, meinte Luise und zupfte ihre Kleidung zurecht.

»Du bist die Schönste von allen«, versicherte ihr Duncan.

Die letzten Meilen galoppierten sie nebeneinander. Colette hatte sie schon von weitem erkannt und Joanna gerufen. Als Colette Luises strahlendes Gesicht erkennen konnte, war sie verblüfft und meinte zu Joanna: »Luise sieht anders aus. Sie scheint von innen heraus zu leuchten!«

Joanna nickte wissend: »Sie ist eine Frau geworden!«

VI

›Second Chance‹, den 14. Oktober 1792

»Luise, es ist so weit.«

Es war mitten in der Nacht. Im ersten Moment wusste sie nicht, was los war, denn sie hatte tief und fest geschlafen.

Sie blinzelte und war mit einem Schlag hellwach. Duncan saß auf der Bettkante. Er fuhr sich mit den Händen durchs Gesicht, verschränkte dann die Hände ineinander, hielt sie vor seinen Mund und pustete immer wieder in den Zwischenraum der beiden Daumen.

Luise setzte sich neben ihn. Die oberen Knöpfe des Baumwollnachthemdes hatten sich geöffnet. Ihre Haare fielen auf ihre Schultern. Lust flackerte in seinen Augen auf. Als sie es bemerkte, schloss sie schnell ihr Nachthemd.

»Oh nein, Mr. Fairbanks. Erst sagst du mir, was los ist. So schlimm kann es nicht sein, immerhin reagieren deine Sinne noch sehr gut.«

Seitdem sie zurück waren, und das waren fast zwei Wochen her, hatten sie sich in jeder Nacht geliebt. Jedes Mal war es anders, schöner, intensiver. Luise hatte ihre Ängste und Zurückhaltung verloren und genoss die körperliche Vereinigung immer wieder aufs Neue. Doch jetzt war sie nicht in Stimmung, denn etwas lag in der Luft. Duncan war heute Nachmittag in die Stadt gefahren. Gegen Abend war sie unruhig geworden, weil er noch nicht zurück war. Nun saß er vor ihr, stumm und regungslos. Wieder strich er sich durchs Gesicht und ließ sich erschöpft rückwärts auf ihr Bett fallen.

»Wir haben ihn gefunden!«

»Wen habt ihr gefunden?«

Er drehte seinen Kopf zu ihr und gab keinen weiteren Hinweis, aber sein Blick verriet alles.

Plötzlich verstand sie und konnte ihren Freudenschrei gerade noch im Kissen ersticken.

»Sei leise! Noch ist er nicht da, aber bald, in den nächsten zwei Wochen. Du musst die Höhle vorbereiten. Aber heimlich, niemand darf etwas davon mitbekommen. Weder Colette noch Connor noch Joanna – niemand. Hast du verstanden?«

Sie konnte nur nicken. Das Kissen vor ihre Brust gepresst, flüsterte sie seinen Namen: »Johann!«

»Weißt du, wo ich Luise finden kann? Ich muss dringend mit ihr reden!« Wütend stand Joanna vor Colette und fuchtelte mit dem Kochlöffel herum.

»Sie spricht mit ihrem Vater.«

»Oh!«, meinte Joanna. »Dann werde ich warten.«

Luise hatte auf dem Grundstück einen Platz gefunden, auf dem sie ein Kreuz und eine Bank errichten ließ. Hier fühlte sie sich ihrem toten Vater am nächsten. Wenn sie Heimweh hatte oder Fragen sie beschäftigten, führte sie Gespräche mit ihm. So hatte sie ihm natürlich auch die frohe Botschaft mitgeteilt, dass Johann und sie bald eine Familie wären.

Gut gelaunt kam sie in den Hausgang, wo Joanna sie schon erwartete.

»Mrs. Luise, ich muss dringend mit Ihnen reden. Wir haben einen Dieb im Haus. Jemand stiehlt seit mehreren Tagen immer wieder Vorräte. Ich kann kochen, was ich will, dem Halunken scheint alles zu schmecken. Erst gestern habe ich das Fleisch eingepökelt, und heute Morgen ist es weg – einfach so – weg! Dann das Brot, am Montag gebacken, heute verschwunden. Es ist ungeheuerlich, dass so etwas in diesem Haus passiert. Sie müssen eine Wache vor meinem Vorratshaus aufstellen. Die soll ihn direkt erschießen.«

Luise versuchte, sie zu beruhigen, aber Joanna war so außer sich. »Sie können Mr. Duncan sagen, dass ich auch schon einen Verdacht habe. Mit dem kann ihr Mann dann kurzen Prozess machen. Erbarmungslos!«

»Ich spreche noch heute mit Duncan, aber Sie sagen zu niemandem ein Wörtchen. Wir zwei trinken jetzt erst einmal heißen Tee und essen Ihren wunderbaren Hefekuchen dazu.«

Luise hatte überhaupt keinen Hunger und auch keine Lust auf Unterhaltung, aber um Joanna zu beruhigen, musste sie auf diese eingehen. Sie wusste genau, wer die Vorräte entwendet hatte, aber das konnte sie ihr natürlich nicht sagen.

Joanna goss den Tee in das feine englische Porzellan, schnitt zwei dicke Stücke Hefekranz ab und bestrich beide großzügig mit Butter. Dann setzte sie sich und beruhigte sich langsam.

»Ich verstehe nicht, warum er auch den Topf mitgenommen hat. Wozu braucht er meinen Kochtopf?«

»Vielleicht gründet er einen neuen Hausstand«, antwortete Luise und blickte dabei in die Tasse, die sie zu ihrem Mund führte. Sie hoffte krampfhaft, dass ihr jemand zu Hilfe kommen würde, bevor Joanna noch weitere Fragen stellen konnte. Tatsächlich kam Connor in die Küche gelaufen, und Luise atmete in Gedanken auf.

»Mrs. Luise, ein fremder Reiter kommt zu uns«, zischte er.

Neugierig ging Luise vor das Haus, um den Fremden zu empfangen. Er brachte sein Pferd vor ihr zum Stehen, stieg ab und begrüßte sie.

»Mrs. Fairbanks, ich überbringe Ihnen eine Einladung zum Empfang unseres neuen Friedensrichters Mr. Steel. Ort und Zeit können Sie aus diesem Schreiben ersehen. Sie möchten mir bitte Ihre Antwort mitteilen.«

»Mein Mann ist auf dem Feld.«

»Ich warte, denn ich habe meine Order.«

Zu Connor gewandt, der das Ganze mit Interesse verfolgte, sagte sie: »Hole Mr. Fairbanks!« Dann bat sie den Boten in die Küche, wo sie Joanna auftrug, ihm Tee und Gebäck vorzusetzen.

Luise blieb draußen. Es war zu ärgerlich. Duncan wollte mit den Männern die Rebstöcke beschneiden, denn nur heute hatte er Zeit dafür. Fast täglich und manchmal sogar nachts wurde er zu Patienten gerufen. Seitdem er die Gefängnisse medizinisch betreute und dadurch die Wärter kontrollieren konnte, waren die Misshandlungen an den Inhaftierten rückläufig. Allerdings nahm Duncan an, dass er nicht alle zu sehen bekam. Es sprach sich herum, dass Duncan den Gefangenen schon mal Tabak zusteckte oder auch mal einen Brief an die Angehörigen weiterleitete. Einem Wachsoldat, der ihm deshalb Schwierigkeiten machen wollte, stellte Duncan nur zwei Fragen: »Wollen Sie mit

Betäubung Zähne gezogen bekommen oder ohne? Wollen Sie eine klaffende Wunde mit Schmerzmittel genäht bekommen, oder wollen Sie jeden einzelnen Stich spüren?«

Der Wachmann schluckte, denn jeder von ihnen hatte schon einmal die Schreie gehört, wenn ein Kamerad von einem Viehdoktor verarztet wurde. Duncan hatte schon vielen Wachmännern geholfen, sodass er mehr Freunde als Feinde unter ihnen hatte. Jeder, der ihm etwas Böses wollte, hatte etliche gegen sich.

Ausgerechnet heute, an seinem freien Tag, musste er vom Feld geholt werden. Regen lag in der Luft, und die Arbeit musste endlich verrichtet werden.

Luise sah Connor und Duncan kommen. Ihr Mann zog sich während des Laufens sein Hemd über. Er sah ihren besorgten Blick. »Kein Grund zum Aufregen, Liebling. Wo ist er?«

»In der Küche.«

Duncan gab ihr einen flüchtigen Kuss auf die Stirn und eilte in die Küche. Luise ging zu ihrer Bank und wartete. Drückend war die Luft, das aufsteigende Gewitter war zu spüren. Im Moment war alles zu viel für sie. Die Hitze, die Vorbereitungen in der Höhle, die Anspannung, ob mit Johann alles in Ordnung sein würde, und jetzt auch noch die Einladung. Sie hatte damals in London gehofft, diesem Menschen niemals wieder begegnen zu müssen. Vielleicht machte sie sich unnötige Sorgen, und Steel würde sie nicht mehr erkennen. Wie sollte sie ihm sonst erklären, was sie hier in der Ferne tat? Wenn Johann befreit werden würde, dann lag es doch auf der Hand, dass sie etwas damit zu tun hatte. Warum kam dieser Mensch ausgerechnet jetzt hier an? Tränen traten in ihre Augen. Sie fühlte sich hilflos und ohne Kraft. Mit Colette durfte sie ihre Ängste nicht besprechen, denn Duncan hatte sie davor gewarnt. Nicht, dass er Colette nicht trauen würde, er wollte sie beschützen. Das leuchtete Luise ein, jedoch schien Colette etwas zu spüren. Sie unterstellte Luise, ihr etwas zu verheimlichen. So war es auch gestern und heute Morgen. Das zerrte ebenfalls an Luises Nerven. Wenn alles nur schon vorbei wäre, dachte sie. Sie stieß heftig ausatmend die verbrauchte Luft aus ihren Lungen.

Zusammengekrümmt, die Arme ihren Bauch umschlingend, so fand Duncan seine Frau auf der Bank sitzend. Er hielt die Einladung in der Hand. Luise hörte den Fremden wegreiten.

»Was ist mit dir?«, erkundigte er sich besorgt bei ihr.

»Ich halte es nicht mehr aus, Duncan. Colette ist mit mir böse, weil ich ihr nichts sagen darf, obwohl sie wie eine Schwester für mich ist. Joanna will den Dieb, der ihre Lebensmittel stiehlt, zum Abschuss freigeben. Dabei bin ich es, die schon seit Tagen durchs Haus schleicht und Sachen entwendet. Mir ist speiübel vor Angst, dass dir etwas passieren könnte oder dass Johann verletzt wird. Und als Krönung all dieser Dinge, muss ich einen Mann treffen, der mein Feind ist. Ich habe Angst, Duncan, Angst, dass alles schief geht.«

Er nahm sie in den Arm. »Ich werde mit Colette sprechen und ihr den Brief von Jack zeigen. Außerdem werde ich ihr die Sache mit Johann erzählen. Es stimmt, Colette ist wie ein Familienmitglied. Sie denkt mit Recht, dass wir ihr etwas verheimlichen. Allerdings darf sie nie erfahren, wer ich wirklich bin«, ermahnte er seine Frau. »Die Einladung ist für Sonntag. Wir haben noch eine Woche Zeit. Bis dahin ist Johann bei uns. Was hast du alles in die Höhle gebracht?«

Duncan versuchte, sie abzulenken. Liebevoll sah sie ihn an und konnte es nicht mehr fassen, dass sie in ihm einmal einen Gegner gesehen hatte.

»Ich liebe dich!«, kam es ihr spontan über die Lippen.

»Etwas Schöneres könntest du nicht sagen!« Zärtlich war sein Kuss, der ihr dieselbe Botschaft vermitteln sollte. »Also, was haben wir bis jetzt in der Höhle?«, fragte er nochmals.

»Feuerholz, Zündhölzer, Decken, ein dickes Strohlager, Verbandsmaterial, Kochtopf, Essen und Kerzen.«

»Wasser?«

»Das wollte ich erst kurz vorher holen, damit es frisch ist.«

»Gut gedacht«, lobte er sie.

Allerdings hatte sein Ablenkungsmanöver wenig genutzt. Als Colette kam, veränderte sich Luises Gesichtsfarbe.

»Ich glaube, ich lege mich etwas hin. Mir ist wieder schwindelig.«

Luise stand auf und ging schnell ins Haus, bevor sie Colette in die Augen sehen musste. Vom Dachfenster des Schlafzimmers konnte sie beide beobachten. Duncan sprach mit Colette. Dann gab er ihr den Brief. Colette setzte sich auf die Bank und las die Zeilen, die er schon mehrere Wochen mit sich herumtrug. Er nahm Colette in die Arme und strich ihr über die Haare. Luise konnte am Zucken von Colettes Schultern erkennen, dass sie weinte. Auch ihr kamen Tränen. Luises schlechte Gewissen ihrer Freundin gegenüber schnürte ihr die Luft ab. Sie hatte einen Mann gefunden, der sie liebte, und mit ihm hatte sie Australien als neue Heimat akzeptieren können. In wenigen Tagen würde sie ihren Bruder umarmen können. Sie wären eine Familie, und alle ihre Träume wären wahr geworden. Aber was hatte Colette? Nichts, außer dem leeren Gefühl im Herzen, der Hoffnungslosigkeit für die Zukunft und einem Land, das nicht ihr Zuhause war. Und sie, Luise, war schuld daran.

Luises Magen krampfte sich wieder zusammen. Sie legte sich aufs Bett und hoffte, dass ein traumloser Schlaf sie erlösen würde. Kaum war sie eingenickt, hörte sie eine Stimme, die ihren Namen rief. Sie öffnete die Augen und blickte in Colettes verweintes Gesicht.

»Ich habe die ganze Zeit gespürt, dass etwas nicht stimmt! Mon Dieu, warum hast du es mir nicht gesagt?«

»Ich hatte Angst.« Luise hatte sich in ihrem Bett aufgesetzt. Wie früher lagen sie sich in den Armen und versuchten, sich gegenseitig zu trösten.

»Wir wollten dich beschützen. Kannst du mir verzeihen?«

»Ich habe mich so alleine gefühlt. Immer waren wir dicke amies, Freundinnen, und nun, seit du eine richtige femme bist, hast du dich um mich nicht mehr gekümmert. Ich dachte, dass ich irgendwann gehen muss.« Wieder kamen Tränen.

Luise war bestürzt. Nie hätte sie vermutet, dass Colette solche Gedanken beschäftigten.

»Colette, hör mir bitte zu«, versuchte Luise die Freundin zu beruhigen. »Ich verspreche dir, dass sich niemals etwas zwischen uns ändern wird. Du bist meine beste Freundin, bis an mein Lebensende. Hast du mich verstanden?«

Allmählich beruhigte sich Colette. Beide Frauen sprachen über ihre Ängste, Wünsche und Hoffnungen. Es klopfte an der Tür, und Joanna trat ein, mit zwei dampfenden Tassen auf dem Tablett.

»Dr. Fairbanks schickt mich. Er meint, das wäre genau das Richtige.« Sie stellte das Tablett auf den kleinen Tisch neben dem Fenster und ging zurück in ihre Küche. Süßer Duft breitete sich im Zimmer aus.

Luise sah Colette lächelnd an. »Siehst du, es ist gar nicht so schlecht, einen Mann zu haben.«

Endlich erhellte ein zaghaftes Lächeln das Gesicht ihrer Freundin. Schweigend genossen sie die Schokolade. Vieles war zwischen ihnen geklärt, aber dennoch hatte Luise Angst, ihre Freundin auf den Brief und das bevorstehende Ereignis anzusprechen.

»Du hast den Brief gelesen?«

Colette nickte.

»Hat Duncan dir von Johann berichtet?«

Diesmal verneinte sie.

Luise klärte Colette über den Stand der Dinge auf, die aufmerksam zuhörte. Stunden schienen vergangen zu sein, als es Zeit wurde, sich für das Abendessen umzuziehen. Als sie das Zimmer verlassen wollte, meinte Colette:

»Der Brief von Jack ist sehr merkwürdig. Ich verstehe manches nicht. Auch, was er von Mary schreibt, ergibt keinen Sinn.«

»Wieso von Mary?«

»Ja, die Frau mit den selbst genähten Gardinen. Die haben wir genäht. Außerdem hatte Jack doch die Patenschaft von Danny übernommen, damit er auf dem Friedhof beerdigt werden kann.«

Es klopfte an der Tür, und Duncan trat ein. »Ich wollte mich fürs Essen umziehen, aber wie ich sehe ...«

»Nein, bleib! Colette, sage ihm, was du denkst.«

Sie wiederholte ihre Überlegungen. Duncan überlegte, dann nickte er zustimmend.

»Was bedeuten dann die Hunde? Wenn alles für etwas anderes steht, dann sind die Hunde keine Hunde, sondern ...«, grübelte Luise.

»Es sind Kinder. In seinem Brief schreibt er, dass er einen Hund hatte und ich mir immer einen gewünscht habe. Als ich dich in der Höhle mit dem Kind auf dem Arm gesehen habe, kam mir der Gedanke, dass es Kinder sein müssten, allerdings hielt ich es für absurd. Doch als ich Bobby zu mir genommen hatte, sagte ich zu Jack, dass ich mir viele Kinder wünsche.«

»Das würde bedeuten, dass Mary und Bill erneut Eltern geworden sind, Eltern von Zwillingen«, jubilierte Colette.

»Diese frohe Botschaft muss gefeiert werden. Ich spendiere eine der letzten Flaschen französischen Rotweins, die ich noch besitze«, versprach Duncan.

Luise strahlte ihre Freundin an. Alles war zwischen ihnen wieder wie früher, nur dass sie jetzt zu dritt waren.

Drei Tage später

Luise lief in ihrem Schlafzimmer auf und ab. Immer wieder blickte sie aus dem Fenster. Vor fast fünf Stunden hatte sie mit Colette Stellung bezogen. Voller Anspannung erwartete Luise den Fackelschimmer in der Dunkelheit, denn es war das Zeichen, dass Duncan mit ihrem Bruder kommen würde. Verabredet war, dass Luise dann in die Höhle gehen sollte. Abwechselnd hatten Luise und Colette das Schwarz der Nacht nach dem Licht abgesucht. Colette war vor Übermüdung eingeschlafen. Auch Luises Augen brannten. Als sie selbst kurz vor dem Einnicken war, blickte sie nochmals nach draußen. Noch weit entfernt glaubte sie, einen hellen Punkt ausmachen zu können, der hin und her wanderte. Er wurde tatsächlich größer, und schon sehr bald war sie sich sicher, dass es das Signal war.

Sie weckte Colette. Leise verließen sie das Haus und schlichen im Schutz der Dunkelheit zur Höhle. Sie tasteten sich an der Steinwand entlang bis zum ersten Raum. Colette sollte hier auf Duncan warten. In der anderen Höhle bereitete Luise alles für den Ernstfall vor. Jedoch hoffte sie, dass man weder Wasser noch Verbandsmull oder sonst etwas brauchen würde. Luises Nerven waren aufs Äußerste angespannt. Duncan hatte mit ihr und Colette immer wieder alles durchgesprochen. Jede Eventualität wurde in Betracht gezogen, sogar, dass einem der Männer etwas passieren könnte. Die beiden Frauen hatten keine Ahnung, wie die Befreiung vonstatten gehen sollte. Duncan hatte auf ihre Fragen nicht geantwortet. Er verriet ihnen nur, dass Johann im Lexington-Gefängnis saß.

Luise wischte sich ihre schwitzenden Hände an der Hose ab. Sie zitterte vor Anspannung, Aufregung und Angst. Ihr Mund war ausgetrocknet, und trotzdem konnte sie nichts trinken. Sie war hellwach, und dennoch fühlte sie sich zum Umfallen müde. Seit sie von Johanns Existenz wusste, waren ihr viele Gedanken durch den Kopf geschossen. Jetzt würde sie ihn endlich kennen lernen.

Plötzlich hörte sie flüsternde, erregte und ängstliche Stimmen. Luise glaubte sogar, eine Frauenstimme zu hören, die nicht zu Colette gehörte. Leise rief sie Duncans Namen. Er kam durch den niedrigen Eingang gekrochen. Sein Blick streifte sie kurz, bevor er sich bückte und einen Menschen in den Raum zog. Es war ein junger Mann, der leblos auf dem Boden lag.

Duncans Augen waren voller Sorge, eine tiefe Falte lag auf seiner Stirn. Sein Mundwinkel war rot verschmiert – Blut? Er zog den Körper weiter in den Raum, sodass Colette und ein Mann hereinkriechen konnten. Zuletzt erschien Elisabeth, die Luise hier am wenigsten erwartete hätte. Ihr elegantes Abendkleid aus roter und schwarzer Spitze wirkte deplatziert. Sie war auffallend geschminkt. Blutroter Lippenstift – blutrot! Luise sah zu Duncans Mund. Es war derselbe Farbton.

Hastig öffnete Elisabeth die Knöpfe ihrer eleganten Robe. Unter dem Abendkleid kam eine Reitermontur zum Vorschein. Sie stopfte das Kleid in einen Leinenbeutel.

In der Zwischenzeit hatten Duncan und der Fremde den leblosen Körper auf das vorbereitete Lager gelegt. Der junge Mann stöhnte bei jeder Bewegung. Duncan sah Luise besorgt an. Sie griff nach ihrem Taschentuch und wischte die rote Farbe von seinem Mund – und somit weg aus ihrem Sichtfeld, denn sie wollte den Grund nicht wissen. Im Moment galten ihre Gedanken ihrem Bruder. Sie wollte sich über den Leblosen beugen, um sein Antlitz zu sehen, doch sie wurde von ihrem Mann schroff angefahren:

»Geh zur Seite, Luise! Elisabeth, Wasser, Verbandszeug und Wundsalbe.«

Ihr Mann und Elisabeth schienen ohne Worte zu wissen, was der andere brauchte, wie bei einem eingespielten Team. Luise kam sich wie das fünfte Rad am Wagen vor. Sie sah ihnen zu, als ob sie nicht in diesem Raum anwesend wäre. Das Verhalten der zwei berührte sie nicht. Tränen fehlten, und auch den Stich ins Herz spürte sie nicht.

Als die Wunden versorgt waren, winkte Duncan Luise zu sich. Nun erst durfte sie den Schwerverletzten betrachten und berühren. Bleich war sein Antlitz, weich und jungenhaft seine Gesichtszüge. Sein hellbraunes Haar war blutverschmiert. Eine klaffende Wunde auf der Stirn, die mit einer weißen Paste bestrichen war, ängstigte sie.

»Luise, ich will ehrlich sein. Sie haben ihm schwere Verletzungen zugefügt. Ich kann wenig für ihn tun«, sagte Duncan leise zu ihr.

Luise setzte sich an den Rand des Lagers und strich dem Jungen über die Haare. Er tat ihr Leid, aber sie spürte nichts in ihrem Innern, so, wie sie es eigentlich erwartet hatte. Sollte sie nicht große Liebe empfinden? Vielleicht waren ihre Gefühle zurückhaltend, weil sie sich nicht kannten?

Sie nahm seine Hand in ihre und betete still für ihn. Colette, der Fremde, Duncan und Elisabeth standen hinter ihr, als der junge Mann den letzten Atemzug tat. Keine Trauer war in Luises Herzen – nur Leere. Colette weinte, der Fremde betete, Elisabeth sprach ihr Beileid aus, Duncan legte tröstend den Arm um Luises Schulter, und sie fühlte nichts.

»Duncan, was geschieht nun mit dem Verstorbenen?«, fragte der Mann flüsternd.

»Wir werden das Blut abwaschen, Julian, ihm frische Sachen anziehen und ihn beerdigen. Dort, wo das Kreuz steht, dort soll auch er seine letzte Ruhestelle erhalten.«

Fragend sah Duncan Luise an, die nickte. Ja, das war eine gute Idee. Hier war sie ihrem Vater nahe, und nun würde sie es ihrem Bruder ebenfalls sein.

Luise stand auf und stellte sich so, dass sie alles beobachten konnte. Julian Deal, ein ehemaliger Gefangener, entkleidete den Verstorbenen. Der tote Körper hatte tiefe Wunden im Bauchraum, an seinen Beinen klebte Blut. Deal nahm den Fuß und drehte ihn sachte zur Seite, um die Hose darüber zu ziehen.

»Er, er ist es nicht!«, stotterte Luise heiser.

»Was meinst du?«, wollte Duncan wissen.

»Er ist nicht Johann, mein Bruder. Er hat nicht das Wittensteinmal – den Leberfleck. Dr. Sydow, der bei Johanns Geburt anwesend war, hatte mir berichtet, dass Johann diesen Leberfleck gehabt hat. Dieser junge Mann hat dieses Zeichen nicht. Er ist nicht Johann.«

Duncan fragte Mr. Deal: »Wie heißt der Junge?«

»Jonny Timonth!«

»Hast du gehört, Luise? Er ist dein Bruder!« Entnervt wischte sich Duncan über das Gesicht und sah Luise verständnislos an.

»Zugegeben, er hat den gleichen Namen. Aber ich bleibe dabei – er ist es nicht. Mein Herz hat es mir vom ersten Moment an gesagt. Warum fühle ich nichts bei seinem Tod? Keine Geschwisterliebe ist in mir. Ich fühle Mitleid für einen Fremden, aber nicht mehr.«

»Weißt du, was du da sagst?« Duncan schaute sie fassungslos an. »Das bedeutet, dass alles umsonst gewesen ist. Er war der Grund, warum du nach Australien gekommen bist. Sein Name stand auf der Deportationsliste. Wie groß ist die Wahrscheinlichkeit, dass es einen zweiten Jonny gibt, der im Mitchell Waisenhaus aufgewachsen ist und das gleiche Schicksal erlebt hat? Vielleicht hat sich dieses Muttermal verwachsen, oder Dr. Sydow hat sich getäuscht. Was weiß ich, warum und weshalb? Aber alle Anzeichen sprechen dafür, dass dieser junge Mann dein Bruder war. Alles andere wäre so unwahrscheinlich wie der Glaube, dass Menschen zum Mond fliegen können.« Genervt sah er Luise an.

»Ich weiß nicht, ob Menschen jemals zum Mond fliegen werden, aber Luise hat Recht. Er ist nicht ihr Bruder.«

Langsam drehte sich Luise um und schaute Elisabeth ungläubig an. »Woher weißt du das?« Luises Stimme zitterte.

»Ich kenne diesen Leberfleck, denn ich habe ihn schon gesehen. Als ich noch mit Duncan zusammen war, hat dein Bruder bei uns gelebt. Der Fleck war nicht zu übersehen und hatte die Form eines Sterns. Wir machten unsere Späße darüber, dass er wahrscheinlich adliger Abstammung und dies das Zeichen eines Edelmannes sei. Ich wusste damals nicht, wie nah ich der Wahrheit war.«

Elisabeth sah zu Duncan hinüber, der kreidebleich an die Wand gelehnt stand. Er starrte ungläubig zu Elisabeth, dann zu Luise und konnte nicht fassen, was er da hörte.

»Das kann nicht sein«, stammelte er, »unmöglich, dass es so ist!«

»Um Himmels willen, wer ist mein Bruder? Sagt es jetzt endlich«, schrie Luise. Sie ging auf Duncan zu und rüttelte ihn an den Schultern.

Er sah sie an, als stünde er unter Schock, und flüsterte: »Bobby ist dein Bruder!«

Jonny Timonth bekam seine letzte Ruhestätte auf ›Second Chance‹. Duncan hatte sich von dem Schock erholt, dass sein Adoptivsohn Bobby Luises Bruder war. Wer hätte auch ahnen können, dass Johann von seiner Mutter Heather nicht John, sondern Bobby – nach seinem zweiten Vornamen Robert – gerufen worden war? Und dass es daneben tatsächlich einen Jonny Timonth unter den Deportierten gegeben hatte, der zudem eine ähnliche Biographie gehabt hatte, war wirklich ein nur schwer zu glaubender Zufall. Nun trat allerdings das ein, was Duncan schon vor Wochen angedeutet hatte. Er musste nach Vandiemensland reisen. Nur Timonth und Julian Deal waren auf dem Kontinent ins Gefängnis gekommen, die anderen waren auf die Insel deportiert worden. Das bedeutete eine Schiffsfahrt von fast sechs Wochen und anschließend noch einige Zeit zu Pferde.

Allein bei dem Gedanken, dass Duncan mindestens ein Vierteljahr weg sein würde, war Luise unwohl zumute. Allerdings beruhigte es sie ein wenig, dass Julian Deal Duncan begleiten würde.

Es war der Abend vor dem Empfang bei Friedensrichter Steel. Colette war bereits zu Bett gegangen, Luise und Duncan saßen im Kaminzimmer. Jeder versuchte sich abzulenken, um nicht an die bevorstehende Zeit zu denken, als Luise mehr wissen wollte: »Warum hast du Elisabeth geküsst? Deine Lippen waren verschmiert von ihrer Lippenschminke.«

Duncan lächelte sanft: »Ich hatte schon eher mit dieser Frage gerechnet, Liebling. Bei der Befreiung von Jonny und Julian musste ich einen Grund finden, warum ich mich in der Nähe des Gefängnisses aufhielt. Es liegt sehr abgelegen, und es gibt keinen Anlass, sich dort aufzuhalten, außer man hat etwas in dem Gefängnis zu tun. Deshalb gaben Elisabeth und ich vor, dass wir uns dort heimlich verabredet hätten, sozusagen zu einem geheimen Rendezvous. Als eine Eskorte Wachsoldaten an uns vorbeiritt, mussten wir es reell aussehen lassen, und so kam es zu dem Kuss. Liebling, ich habe dir schon einmal versichert, dass du auf Elisabeth nicht eifersüchtig sein musst.«

Luise war beruhigt und fühlte sich besser. Duncan setzte sich neben seine Frau und legte den Arm um sie. Schweigend schauten sie in die Flamen des Kaminfeuers.

»Was für ein ein Mensch ist Bobby?«, unterbrach Luise schließlich die Stille.

»Jetzt, da ich weiß, dass er dein Bruder ist, wird mir vieles klar. Als ich dich das erste Mal sah, warst du mir nicht fremd. Es kam mir vor, als ob wir uns schon einmal begegnet wären, aber das war unmöglich. Bei unserem ersten Diner in Jacks Haus warst du mir so vertraut, keine Unbekannte. Wie du sprichst, wie du dich bewegst, nichts war mir fremd. Aber am meisten haben mich deine Augen fasziniert. Dieses Blau erwärmte meine Seele, und jetzt weiß ich, warum. Ihr gleicht euch wie Zwillinge. Du musst nur dich selbst beobachten und anschauen, dann hast du die Antwort. Warum ich nicht selbst darauf gekommen bin, dass Bobby dein Bruder ist, ist mir schleierhaft. Ich bete zu Gott, dass wir bald eine Familie sind.«

»Fühlst du dich nicht schuldig? Schuldig, wegen dem, was passiert ist, und wegen dem, was er durchmachen muss?«

Bitterkeit lag in ihrer Stimme. Ihr Mann aber schien Verständnis zu haben, denn er antwortete ruhig: »Wegen der Verurteilung von Bobby und den anderen, ja, dafür fühle ich mich schuldig. Wenn du die Ungewissheit und Qualen meinst, die sie aushalten müssen, ja, dann bin ich schuldig. Wenn du Jack meinst, den ich im Stich gelassen habe, dann trage ich die Schuld bis an mein Lebensende in mir. Aber Luise, eines weiß ich auch – durch mich ist diese Welt nicht schlechter geworden.«

Bei jedem Satz, den Duncan sagte, konnte Luise seinen Schmerz in den Augen erkennen. Sie schmiegte sich an ihn und stimmte ihm zu: »Ja, du hast versucht, diese Welt besser zu machen.«

Am nächsten Abend vor dem Haus der Fairbanks

»Colette, willst du wirklich nicht mitfahren?«

»Non, Luise! Die Einladung galt für dich und Duncan. Mach dir um mich keine Gedanken. Ich werde ausgiebig baden und früh zu Bett gehen. Ich wünsche euch einen schönen Abend.«

Duncan unternahm einen letzten Versuch, sie umzustimmen: »Joanna und Paul fahren mit den Kindern zu Freunden und bleiben dort über Nacht. Du wirst alleine sein im Haus. Wenn ich das zuvor gewusst hätte, dann wären die Arbeiter erst Montag in ihr neues Quartier am Krankenhaus umgezogen. Also überlege es dir noch einmal.«

Colette blieb bei ihrem Entschluss, und so fuhren Luise und Duncan ohne sie zu dem Empfang von Friedensrichter Steel.

Beide schauten dem Ereignis mit gemischten Gefühlen entgegen. Attkins und seine Gemahlin Josefine hatten sich bereit erklärt, den Empfang in ihren Räumlichkeiten abzuhalten. Das Haus war mit Fackeln hell erleuchtet. Dunkelblau gekleidete Burschen halfen den Herrschaften beim Aussteigen. In der Empfangshalle standen die Gäste und unterhielten sich angeregt.

Josefine begrüßte die Fairbanks überschwänglich. Mit wehendem Spitzenhäubchen kam auch Emma Michigan ihnen entgegen. Ohne die Neuankömmlinge zu begrüßen, begann sie direkt zu berichten:

»Es hat einen Ausbruch gegeben. Gefangene der übelsten Sorte sind entflohen. Nie zuvor ist dergleichen passiert.« Zwischen den Sätzen wedelte sie aufgeregt mit dem Taschentuch oder nahm einen Schluck Champagner. »Kaum haben wir einen neuen Friedensrichter, türmen die Gefangenen aus dem Gefängnis. Das ist doch sehr merkwürdig!«

»Emma, nun beruhige dich und sprich bitte leise. Schließlich ist das kein Thema für diesen schönen Abend«, bemühte Sir Attkins sich, sie zu besänftigen.

»Mein lieber Edward, was soll das? Es ist so, wie ich gesagt habe. Außerdem findet dieser schöne Abend, wie du ihn nennst, für diesen ungepflegten Kerl da drüben statt. Luise, ich versichere Ihnen, selbst der ärmste Mann im Hafen stinkt nicht so wie dieser Mensch. Ungepflegt ist er. Er passt nicht hierher. Ich habe mir sofort meine Hand gründlich mit Seife gewaschen. Weich und feucht war sein Händedruck, und sein Gesicht – er sieht aus wie eine Kröte.« Angewidert nahm sie den letzten Schluck aus ihrem Glas.

Luise hatte bei dem Wort Kröte kurz gelächelt, denn dies war ihre Beschreibung von Steel gewesen – damals in London.

»Gab es tatsächlich einen Ausbruch?«, wollte Duncan von dem Gastgeber wissen. Dieser sah grimmig zu Emma, die vor Aufregung rote Flecken im Gesicht und auf dem Dekolletee bekommen hatte.

»Wie ich bereits sagte, es ist kein Thema für den heutigen Abend. Friedensrichter Steel bat mich um Stillschweigen. Stellen Sie sich die Hysterie unter den Anwesenden vor, wenn sie erfahren, dass Gefangene entflohen sind. Natürlich bin ich besorgt, aber Friedensrichter Steel versicherte mir, dass er alles Notwendige veranlasst habe. Außerdem ist das jetzt nicht mehr meine Aufgabe«, antwortete Attkins ungehalten.

»Verzeihung, Sir, noch eine letzte Frage: Aus welchem Gefängnis sind die Straftäter entflohen?«

»Bitte behalten Sie es für sich, sie sind aus Neverland entkommen«, flüsterte Attkins

Für einen Moment hörte Duncans Herz auf zu schlagen. Jetzt verstand er die Geheimnistuerei. In Neverland saßen Verurteilte der übelsten Sorte. Selbst er hatte sich bislang nicht dorthin gewagt. Hinter den Mauern galten eigene Gesetze. Dieses Gefängnis war auf einer Landzunge errichtet worden, die leicht zu bewachen, aber schwer zu verlassen war. Die Landzunge war umgeben von schroffen Felsen, die durch die Jahrtausende vom Salzwasser zu bizarren, unpassierbaren Steingebilden geformt worden waren. Es gab nur einen Weg zu diesem Gefängnis, der von drei dicken, aufeinander folgenden Eisentoren unterteilt wurde. An diesen Eisentoren standen jeweils vier Wachmänner, die alle drei Stunden abgelöst wurden. Jeder, der durch diese Tore wollte, musste einen Passierschein vorweisen und wurde bis auf die Unterwäsche kontrolliert. Es hatte schon in der Vergangenheit einige Ausbruchsversuche gegeben, die jedoch alle fehlgeschlagen waren, denn die hintere und linke Seite des Gebäudes lagen zwanzig Meter über dem Meer. Rechts waren die schroffen Klippen, vorne die drei Eisentore – normalerweise kein Entkommen möglich. Wie hatten die Gefangenen alle Hindernisse überwinden können? Duncan wagte nicht, sich diese Männer vorzustellen, für die weder ihr eigenes Leben zählte noch das einer fremden Person. Ihn hätten die Namen und die Anzahl der Entflohenen interessiert, als er Friedensrichter Steel auf sich zukommen sah.

Allein dessen Erscheinungsbild war imposant. Luise hatte sich bei Duncan untergehakt. Er spürte ihr Zittern. Mit festem Griff führte er seine Frau an die Seite des Friedensrichters. Dort wurde er von Attkins mit den Worten vorgestellt: »Friedensrichter Steel, darf ich Sie mit unserem Doktor Fairbanks und seiner entzückenden Gattin bekannt machen!«

Steel wandte sich ihnen zu. Luise glaubte für einen Moment, dass sein Lächeln einfror und seine Augen sich für den Bruchteil einer Sekunde verengten. Doch er ließ sich nichts anmerken, falls er sie erkannt hatte. Steel tat erfreut, reichte Duncan seine Pranke und verbeugte sich vor Luise. Sie hätte ihn blind beschreiben können. Nichts hatte sich verändert, außer, dass er heute keine Perücke trug. Auch wies sein Anzug noch keine Flecken auf, dessen Farbe vorzüglich zu seinen grünen Froschaugen passte.

»Friedensrichter Steel, es ist mir eine Ehre …«, begann Duncan.

Steels Gesichtsausdruck wirkte zynisch, als er ihn unterbrach: »Ich habe gehört, Sie verarzten sogar Gefangene. Wie nobel! Allerdings werde ich einige Änderungen vornehmen, wenn ich nächste Woche offiziell mein Amt übernehme. Dazu gehört auch, dass es keine Sondergenehmigungen mehr für Ärzte geben wird. Es ist mir unbegreiflich, wie Sir Attkins Ihnen gestatten konnte, Gefangene zum Häuserbau einzusetzen. Ich studiere im Moment die Gesetzesvorlagen, um dieses Pack wieder hinter Schloss und Riegel zu bringen. Unschuldige Menschen werden durch Sie in Gefahr gebracht, da Sie dieses Gesindel auf freien Fuß gesetzt haben, nur weil Sie Gott spielen wollen. Das Gleiche gilt für Ihre Kollegen, die Anwälte. Auch unter denen gibt es welche, die meinen, alle Menschen wären gleich. Aber lassen Sie es sich von mir gesagt sein, so ist es nicht. Den Anwälten habe ich schon gezeigt, wie weit das Gesetz sie duldet.«

Luise merkte, wie sich Duncans Armmuskeln verhärteten. Seine Halsschlagader trat über seinem Hemdkragen dick hervor. Zwar hatte Steel in einem unverfänglichen, freundlichen Ton gesprochen, aber die Drohung war nicht zu überhören. Sir Attkins schaute beschämt auf seine Schuhspitzen. Emma funkelte ihn angriffslustig an, und Josefine zwang sich, ruhig zu bleiben.

»Ich muss Ihre Meinung akzeptieren, allerdings muss ich sie nicht verstehen«, antwortete Duncan Steel, »die Gesetzesbücher nutzen Ihnen nicht viel, denn ich habe mit Erlaubnis von Sir Attkins diese Gefangenen zum Häuserbau freigestellt bekommen, und Sir Attkins ist hier Stellvertreter der britischen Krone. Er ist das Gesetz! Außerdem, wenn Sie die Papiere der Gefangenen studierten, könnten Sie feststellen, dass es keine Schwerverbrecher sind, sondern harmlose Menschen, die keiner Fliege etwas zuleide tun könnten. Die Frage, ob Gefangene ärztlich betreut werden dürfen, müssen Sie entscheiden. Leider! Ich habe einen Eid geschworen, jedem Menschen zu helfen, egal, welcher Nationalität, Hautfarbe oder Status, und an den halte ich mich. Wenn Sie mir allerdings dies verwehren, kann ich nur an Ihr Mitgefühl appellieren.«

Freundlich, ohne Provokation in der Stimme, aber durchaus entschlossen hatten Duncans Worte geklungen.

Steel sah ihn für einige Sekunden schweigend an, dann lachte er laut los. »Ha, ha, Sie sind genau richtig! So habe ich Sie mir vorgestellt.«

Luise spürte, wie Duncan sich wieder versteifte, allerdings wusste sie nicht, warum. Sie glaubte, das Gespräch sei positiv verlaufen, denn Steel hatte sie nicht erkannt. Sir Attkins folgte ihm in den anderen Raum. Josefine ging mit Emma zu dem Tisch, auf dem gefüllte Champagnergläser aufgereiht standen.

»Was hast du? Es lief doch alles sehr gut«, sagte Luise.

»Nichts lief gut. Steel weiß, wer ich bin, oder er ahnt es zumindest!«

»Wie kommst du darauf?«

»Sein Wortspiel ist zwar unverfänglich, aber er weiß genau, dass ich ihn verstehe, und das will er auch bezwecken.«

»Das ist alles zu viel für mich. Ich glaube, mir wird schlecht. Begleite mich bitte nach draußen. Die vielen Menschen, der Rauch, dieser ekelhafte Mann …«

»Komm, Liebes, du bist blass im Gesicht.«

Duncan suchte in der Menschenmenge nach einem bekannten Gesicht, als er seine Frau auf die Terrasse begleitete. Gerade, als er durch die Verandatür ins Freie treten wollte, hörte er den Namen, auf den er gewartet hatte. Ihre Blicke trafen sich und fast unmerklich nickten sich die zwei Menschen zu.

Luise ging es auf der Terrasse gleich besser. Sie holte mehrmals tief Luft, und ihre anfängliche Übelkeit verflüchtigte sich.

»Geht es wieder?«, fragte Duncan besorgt.

Sie nickte. Luise verspürte kein großes Verlangen, zurück in die Empfangshalle zu gehen. Deshalb bot sich ihr Mann an, ihnen Getränke zu holen. Der Abendwind wehte leicht und erfrischend. Luise machte sich Sorgen um Colette, die alleine zu Hause war. Jedoch beruhigte sie sich selbst, denn Neverland war weit weg, und die ausgebrochenen Gefangenen würden sicher den Weg an der Küste entlang nehmen, wo sie sich in Höhlen verstecken konnten.

Luise spürte, dass jemand hinter ihr stand. Ruckartig drehte sie sich um und erschrak. Steel war hinter sie getreten und grinste sie an.

»Sie sind noch hübscher geworden, Fräulein von Wittenstein, oder sollte ich besser Mrs. Fairbanks sagen? Die Ehe scheint Ihnen gut zu bekommen. Sie wirken erstaunt. Haben Sie etwa angenommen, ich hätte Sie nicht wiedererkannt? Da muss ich Sie enttäuschen. Mein Gedächtnis ist hervorragend. Ist das nicht eine unglaubliche Ironie des Schicksals. Hier, auf diesem Kontinent, von dem man erst seit kurzem weiß, dass er existiert, treffen wir uns wieder. Ich für meinen Teil bin hocherfreut, eine so hübsche und redegewandte Frau wiederzusehen.«

Luise verstand, worauf er anspielte. Sie wollte antworten, als er die rechte Hand kurz hob, um sie daran zu hindern. Er war mit seinem Monolog noch nicht zu Ende. »Sie haben sicher schon von dem tragischem Tod ihres Freundes, diesem Anwalt Horan, gehört.« Er wartetet ihre Antwort nicht ab, sondern sprach einfach weiter. »Sie fragen sich, woher ich Ihre Verbindung kenne? Nichts bleibt mir verborgen, außerdem war er mir schon immer suspekt. Dennoch war Horan klug genug, seine wahre Identität bis zum Schluss für sich zu behalten, genau genommen nahm er sie mit ins Grab. Ist es nicht furchtbar, welch böse Menschen es auf dieser sonst so schönen Welt gibt? Er scheint viele Feinde gehabt zu haben, denn einer von ihnen muss ihn aus dem Weg geräumt haben. Einfach so. Sie haben ihm den Kopf zerschmettert ...«

»Steel, jetzt reicht es!«

Duncan stand hinter ihm, zwei Gläser Champagner in den Händen. Er sah besorgt zu Luise, die zitternd dastand, kreideweiß im Gesicht. Sie merkte, wie die Übelkeit die Oberhand gewann und sie sich nicht mehr dagegen wehren konnte. Als der Abendwind den Geruch von Schweiß sowie Steels schlechten Atem zu ihr wehte, schaffte sie es gerade noch, hinter den nächsten Baum zu laufen. Ihr Kopf dröhnte, der Magen brannte. Duncan drückte Steel die Gläser in die Hände und eilte Luise nach. Der Friedensrichter stand da, die Gläser in den Händen, und rief Duncan hinterher: »Damals in London machte Ihre Frau aber keinen empfindlichen Eindruck.«

»Steel, halten Sie Ihren Mund und kümmern Sie sich um die Ausbrecher von Neverland«, sagte Duncan provozierend.

Die Worte verfehlten ihre Wirkung nicht. Steel warf die Gläser voller Wut gegen einen Baum, an dem sie klirrend zerbrachen. Dann stampfte er zurück in den Saal, wo er erneut von Gästen umringt wurde.

Luise lehnt am Baum und hielt sich den Leib. Sie fühlte sich leer und ausgelaugt. Duncan nahm sie in die Arme, und sie klammerte sich an ihn. Sie dachte an Jack und konnte ihre Tränen nicht zurückhalten.

»Was ist das nur für eine Welt? Wie konnte jemand Jack so etwas antun? Was muss er für Ängste ausgestanden haben? Versprich mir, dass Colette davon nichts erfährt.«

Duncan versuchte, sie zu trösten, aber auch ihm ging das Leid seines Freundes sehr nahe. Schuldgefühle raubten ihm den Atem. »Sollen wir nach Hause fahren?«

»Diesen Triumph werde ich Steel nicht gönnen. Bringst du mich bitte zum Waschraum?«

Duncan führte sie durch die Menschenmenge. Er wartete draußen, als der Gong ertönte, das Zeichen, im Speisesaal Platz zu nehmen. Er sah, dass Elisabeth auf ihn zukommen wollte, doch sein Blick bremste sie, und so wandte sie sich nach rechts an einen Diener, um ihn etwas Unverfängliches zu fragen. Duncan wollte nicht, dass Steel ihn mit Elisabeth zusammen sah. Nachdem er sogar Luise erkannt hatte, würde Steel eins und eins zusammenzählen, auch wenn Elisabeth sich äußerlich verändert hatte.

Luise kam aus dem Waschraum, die Nase frisch gepudert und die Haare in Ordnung gebracht.

Weil den Gästen Plätze zugewiesen wurden, konnte Duncan nicht verhindern, dass seine Tischnachbarin zur Rechten Elisabeth hieß. Luise wurde um die Nasenspitze einen Hauch blasser. Elisabeth beugte sich zu ihr hinüber. Sie tat sehr erfreut, und es schien, als ob zwei Freundinnen Gesprächsstoff miteinander austauschten. Leise, nur für Luise und Duncan hörbar, aber mit einem freundlichen Lächeln flüsterte Elisabeth zu Luise: »Ich möchte dich bitten, heute Abend deine Abneigung mir gegenüber zu unterdrücken und so zu tun, als ob wir uns mögen.« Luise wusste nicht, warum sie das tun sollte, doch Elisabeth fügte hinzu: »Tu es für Duncan und für Jack!«

»Warum flüstert ihr so geheimnisvoll?«, fragte Thomas Anderson. Er hatte einem Diener ein großzügiges Trinkgeld in die Hand gedrückt, damit er nie mit leerem Glas dasaß. Kaum waren zwei Drittel des Glases geleert, kam der Lakai und füllte es wieder auf.

Sir Attkins begrüßte die Gäste und hielt eine Rede über den neuen Friedensrichter, der nickend und lächelnd neben Josefine saß. Immer wieder schaute er zu Duncan, Luise und Elisabeth herüber. Man konnte nicht erkennen, welche Gedanken in seinem Kopf steckten. Es sah aus, als ob er mit großem Interesse den Worten seines Gastgebers lauschen würde. Die drei Personen erkannten Steels Verhalten allerdings als Tarnung. Elisabeth wusste, dass Steel ihr gegenüber misstrauisch war. Nicht den kleinsten Fehler durfte sie sich erlauben. Jedes ihrer Worte musste gut gewählt sein. Nichts durfte sie verraten. Sie war sich sicher, noch nicht wiedererkannt worden zu sein, obwohl Steel spüren musste, dass sie sich schon einmal begegnet waren. Zehn Jahre waren es her, zehn Jahre, in denen sie sich sehr verändert hatte. Außerdem war sie nun mit einem Edelmann verheiratet. Das gab ihr etwas Sicherheit, denn damit würde Steel nicht rechnen. Elisabeth erschauerte leicht, und die Härchen auf ihren Armen stellten sich auf, als die Gedanken sie zurück in die Vergangenheit brachten. Damals vor zehn Jahren in London – im Kerker. Sie musste sich beherrschen, nicht nach der Narbe zu tasten, für die Steel verantwortlich war. Das Gefühl der Angst und des Schmerzes beschlich sie wieder, als sie an den dunklen Steinraum mit den feuchten Wänden dachte. Damals hatte sie geglaubt, niemals wieder das Tageslicht sehen zu dürfen, niemals wieder frische Luft atmen zu können, niemals wieder in den Armen eines Mannes aufzuwachen. Sie zwang sich, nicht mehr daran zu denken, jedenfalls nicht hier in der Öffentlichkeit, wo sie beobachtet wurde. Doch die Erinnerung an diese Zeit ließ sich nicht verdrängen. Elisabeth hatte versucht zu vergessen, aber Steels Erscheinen hatte ihr bewusst gemacht, dass diese Zeit nicht ausgelöscht werden konnte. Als sie wieder aufblickte, trafen sich ihre Blicke. Sie lächelte Steel freundlich an, und er lächelte ertappt zurück. Innerlich triumphierte sie. Er hatte sie nicht erkannt, und das sollte auch so bleiben, dafür würde sie sorgen. Sie schaute zu Duncan, der ihren Blick erwiderte. Weil er da war, hatte sie keine Angst. Ihre gemeinsamen Erinnerungen würden sie bis in den Tod verbinden, gleich, für wen sein Herz schlagen mochte. Diese Gewissheit machte sie stark für all das, was noch kommen würde. Sie wusste nicht, wie es mit ihr und Steve Parker weitergehen würde. Er hatte sich vor ein paar Tagen verabschiedet und war aufgebrochen, um das Land zu erkunden, denn er erwog, Rinder aus Amerika nach Australien zu bringen. Sie ahnte, dass sie für ihn nicht mehr als ein schöner Zeitvertreib war. Wenn sie ehrlich war, dann hatte sich ihr Interesse für Steve auch schnell verflüchtigt. Sie wusste, dass es für sie auf der Welt nur einen Mann gab, und der saß neben ihr. Sie schaute zu Duncan, der die Hand seiner Frau hielt. Sein Blick war voller Gefühle, und die galten nicht ihr. Aber sie nahm sich vor, daran zu arbeiten.

Plötzlich griff eine feuchte, warme Hand nach ihren Fingern. Erschrocken drehte sie sich zur Seite und sah ihren Mann Thomas an. Sein Lächeln war ihr fremd und doch vertraut. Überrascht erwiderte sie es. Vor Jahren hatte er sie so angesehen. Sie konnte sich noch vage daran erinnern. Allerdings wusste sie nicht, was es zu bedeuten hatte. Leicht drückte er ihre Hand, und als der Diener sein Glas auffüllen wollte, hielt er die Hand darüber und bestellte Wasser. Elisabeth schaute ihn fragend an.

»Dies scheint ein Abend der Überraschungen zu werden!«, flüsterte er.

Sie konnte ihn nicht mehr fragen, wie er das gemeint hatte, da das Essen aufgetragen wurde.

Es war schon weit nach Mitternacht, als Luise und Duncan sich von ihren Gastgebern verabschiedeten. Steel prophezeite nur, dass man sich nun sicher oft begegnen würde.

Der Mond stand in seiner ganzen Fülle am dunklen Himmel. Das leichte Schaukeln der Kutsche wirkte sich zwar beruhigend auf die Nerven der Fairbanks aus, doch als Luise aus dem Kutschenfenster schaute, sagte sie leise:

»Als wir von Bord der Miss Britannia gingen, hat mir Kapitän Fraser sein Lebensmotto verraten. Es lautet: ›Wer dir Unrecht tut, den lächle an!‹ Das habe ich heute bei Steel versucht zu beherzigen, aber ich hätte ihn am liebsten umgebracht, denn seine Anwesenheit nimmt mir die Hoffnung. Er macht mir deutlich, dass du deinem Schicksal nicht entkommen kannst. Du träumst davon, dass alles gut wird, weil du genug gelitten hast. Aber wenn du glaubst, dass du fünf Schritte nach vorne gemacht hast, kommt eine Windböe und wirft dich sechs zurück. Meine Hoffnung und meine Kraft haben mich verlassen. Ich sehe keine Zukunft für mich und meinen Bruder.«

Ihre Stimme klang ruhig, ohne Tränen, ohne Dramatik. Duncan wusste, wie sie fühlte und wie es in ihr aussah. Er fühlte ebenso, aber das konnte er nicht zugeben, denn er hatte Angst, sie zu verlieren. Nicht, weil er ihr seine Schwäche eingestand, sondern, weil er ihr nicht helfen konnte. An wen sollte sie sich wenden, um neuen Lebensmut zu bekommen, wenn ihr eigener Mann ihr offenbarte, dass er selbst am Ende war?

»Luise, so darfst du nicht denken«, versuchte er, sie zu trösten. »Es geht immer weiter.«

»Wie willst du den Leuten erklären, vor allem unserem Freund Steel, dass du nach Vandiemensland reisen willst und mich für mehrere Monate allein lassen musst? Ich wüsste keine Ausrede, die das entschuldigen würde, außer du sagst ihnen die Wahrheit. Da du das nicht darfst, kannst du Bobby nicht befreien.«

Duncan wusste dem nichts zu erwidern. Die Fahrt wurde schweigend fortgesetzt.

Gegen zwei Uhr morgens erreichten sie ›Second Chance‹. Alles erschien ruhig und friedlich. Duncan half dem Kutscher, die Pferde in den Stall zu bringen, als ein furchtbarer Schrei die Stille zerriss. Sofort liefen die Männer ins Haus, wo Luise Duncans Namen schrie. Schon beim Betreten des Hauses konnte er sehen, dass Schreckliches passiert sein musste. Die Möbel waren umgeworfen, zerbrochenes Geschirr lag verstreut herum, der Boden mit Blut verschmiert, die Gardinen waren heruntergerissen, Scheiben zerbrochen.

Wieder schrie Luise Duncans Namen. Zwei Stufen auf einmal nehmend, rannte er die Treppe hinauf, der Kutscher hinterher. Er hörte Luises Schreie vom anderen Ende des Ganges, an dem sich Colettes Zimmer befand. Colette! Sie war allein auf der Farm gewesen. Duncan rannte den Gang entlang und sah Blut, überall Blut. Er trat in Colettes Zimmer und erschrak. Luise saß auf dem Boden, den Kopf der Freundin in ihrem Schoß. Sie hatte Colette mit einem hellem Leinentuch zugedeckt, um ihre Nacktheit zu verhüllen. Das Tuch färbte sich rot wie der Boden um sie herum. Man hatte ihr ins Gesicht geschlagen. Ihre Augen waren zugeschwollen. Nichts erinnerte an das schöne Mädchen. Duncan rief dem Kutscher zu, in die Stadt zu reiten, um Paul und die anderen Männer zurückzuholen.

»Tu was, sie stirbt!«, schrie Luise ihren Mann an.

Duncan zwang sich zur Konzentration. Er lief in sein Arbeitszimmer, um gleich darauf mit seinem Arztkoffer wieder zu erscheinen. Normalerweise konnte Duncan von einer Sekunde zur anderen seine Gefühle ausschalten und nur noch den Patienten sehen und behandeln. Aber hier brauchte jemand seine Hilfe, den er wie eine Schwester liebte. Es fiel ihm schwer, seine Emotionen zu unterdrücken. Als Luise laut jammerte und weinte, raunzte er sie an: »Luise, es nützt nichts, wenn du hysterisch wirst. Wir können Colette nur retten, wenn du mir hilfst und ich mich auf dich verlassen kann.«

Erschrocken sah sie ihn an und nickte – sie hatte verstanden.

Nachdem Duncan alle Wunden medizinisch versorgt hatte, legten sie Colette in ihr Bett. Obwohl sie in eine Ohnmacht entglitten war, gab er ihr noch etwas Laudanum gegen die Schmerzen.

Luise hatte wie in Trance alle Anweisungen ihres Mannes befolgt. Colette hatte viel Blut verloren, denn die Wunden waren tief und großflächig. Erschöpft setzte sich Duncan neben seine Frau.

»Wird sie überleben?«

»Ich weiß es nicht, Luise. Sie muss es selbst wollen und kämpfen. Medizinisch habe ich alles getan.«

»Verstehst du nun, was ich vorhin versucht habe, dir zu erklären?«, fragte sie ihn leise.

Beide waren im Sitzen eingeschlafen, als Stimmen und Fußgetrampel sie aufweckten. Sie trauten ihren Augen nicht.

»Was wollen Sie hier?«, fragte Duncan wütend.

»So etwas spricht sich wie ein Lauffeuer herum. Meine Leute untersuchen das Durcheinander unten. Ist das ihre Freundin?«

Luise konnte nur nicken.

»Wird sie es schaffen?«, wollte Steel von Duncan wissen.

»Wir sind gerade noch rechtzeitig gekommen, aber sie hat viel Blut verloren.«

»Ich verspreche Ihnen, Mrs. Fairbanks, wir werden diese Wilden jagen, bis wir sie haben, und mit ihnen kurzen Prozess machen.«

»Wen meinen Sie mit Wilde? Einheimische?«

»Natürlich habe ich die Einheimischen gemeint. Wer könnte so etwas Schreckliches einer Frau antun? Sobald es hell ist, reiten wir los und suchen diese Monster.«

»Zuerst muss ich mit Ihnen reden. Nicht jetzt, später«, sagte Luise zu Steel.

Besorgt sah Duncan zu seiner Frau. Sie war so blass, dass ihre Haut durchscheinend wirkte. Er wusste, dass sie an die Grenze ihrer Kräfte gekommen war. »Liebling, geh zu Bett. Du kannst im Moment nichts mehr für Colette tun. Ich rufe dich, falls ich dich brauchen sollte.«

»Ich möchte bei Colette bleiben.«

Verständnisvoll stimmte Duncan schließlich zu und prüfte Colettes Puls, nickte zufrieden und verließ dann ihr Zimmer. Er schloss gerade die Tür, als Joanna und ihr Mann die Treppe hinaufstürmten. Sie waren sofort losgefahren, als sie davon erfahren hatten. Die Kinder hatten sie bei ihren Freuden gelassen, da sie nicht gewusst hatten, was sie hier erwarten würde.

Entsetzen lag in ihren Augen, als sie hörten, was passiert war.

»Was kann ich für Colette tun?«, fragte Joanna, nachdem sie sich die Nase geputzt und ihre Fassung wiedererlangt hatte.

»Nur noch beten und hoffen«, antwortete Duncan sichtbar erschöpft. An seinen Hände klebte geronnenes Blut, und ein metallischer Geruch breitete sich aus.

»Ich werde Tee kochen und dann das Chaos beseitigen«, meinte Joanna im Hinuntergehen.

Paul hatte begonnen, den Boden vom Blut zu säubern. Duncan ging in die Küche, wo es nach Eiern mit Speck und frischem Brot duftete. Vier Polizisten und Steel saßen an dem Tisch und schaufelten das Essen in sich hinein. Duncan ging zum Spülstein und schrubbte sich das Blut von den Armen. Er wusch sich mit kaltem Wasser das Gesicht und somit seine Müdigkeit aus den Augen. Am liebsten wäre er ins Bett gegangen, aber er musste noch mit Steel sprechen. Duncan nahm nur eine Tasse Tee und setzte sich zu ihnen.

»Konnten Ihre Männer etwas finden, was Ihre These bezüglich der Einheimischen verstärkt hat?«, fragte er den Friedensrichter.

»Das ganze Ausmaß der Verwüstung spricht doch wohl für sich! Kein normaler Mensch könnte so etwas mit einer jungen Frau anstellen. Nur ein Wilder ist dazu fähig«, polterte Steel los. Seine tiefe Stimme dröhnte in dem Raum lauter als normal.

Duncan gab ihm mit Handzeichen zu verstehen, dass er leiser sein sollte. »Wir sind in zwei Punkten einer Meinung. Der erste wäre, dass kein normaler Mensch zu so etwas fähig ist, und der zweite, den nannten Sie oben im Schlafzimmer von Colette, dass mit solchen Monstern kurzer Prozess gemacht werden muss. Allerdings bin ich nicht der Überzeugung, dass es sich bei dem Täter um Einheimische handeln muss.«

»Papperlapapp«, dröhnte Steels Stimme, »einer von uns macht so etwas nicht.«

»Nein, natürlich nicht. Deshalb müssen wir auch keine Häftlinge Tausende von Meilen auf einen fremden Kontinent deportieren. Weil wir das nicht machen, sind unsere Gefängnisse nur mit ehrlichen Bürgern belegt.« Duncan wusste, dass er sich auf dünnem Eis bewegte, aber er genoss die Unsicherheit Steels, der ihn aus misstrauischen Augen ansah.

»Auf Ihre Besserwisserei kann ich verzichten. Was man der Kleinen da oben angetan hat, würde kein Weißer tun. So, wie ich das deute, haben die Wilden hier etwas gesucht, und das Mädchen ist ihnen in die Quere gekommen – weiße Haut ist etwas Neues für die.«

Erschöpft fuhr sich Duncan durch die Haare und versteckte sein Gesicht hinter seinen Händen, als er zu Steel sagte: »Nein, so war es nicht.«

Steel wollte etwas darauf erwidern, als draußen fremde Stimmen zu hören waren. Als Duncan sie erkannte, stöhnte er genervt: »Von allen Menschen, die hier in Australien sind, brauche ich diese beiden am wenigsten.«

Als die Personen in die Küche polterten, hatte er seine Fassung wiedergefunden und begrüßte mit einem gekünstelten Lächeln das Ehepaar Michigan.

»Sofort, nachdem wir es gehört haben, sind wir losgefahren. Wie geht es dem Kind? Kann man sie schon fragen, wer das gemacht hat? Wo ist das Mädchen? Kann ich irgendetwas tun?«, polterte Emma los. Ihr Mann, der versuchte, etwas zu sagen, wirkte wie ein Fisch auf dem Trockenen, der nach Luft schnappte. Duncan schaute auf seine Taschenuhr und war erstaunt, dass es schon fast acht Uhr morgens war.

Emma hatte Joanna im Garten entdeckt. Da sie von den Männern keine näheren Auskünfte erhielt, rannte sie heulend zu ihr. Reverend Michigan blieb in der Küche und nahm sich Tee.

»Wissen Sie schon Näheres von den Tätern? Einer alleine kann dieses Chaos im Haus nicht veranstaltet haben«, meinte der Reverend.

Duncan wartete, was Steel dazu sagte. Dieser erklärte Michigan seine Theorie und unterstrich sie, indem er mit der Faust auf den Tisch hämmerte.

»Das ist absoluter Blödsinn«, erwiderte Duncan ruhig.

Alle sahen ihn überrascht an. Jedoch wagte niemand, etwas zu fragen, da Mrs. Michigan zurückkam. Emma war mit den Nerven am Ende. Joanna hatte ihr erzählt, was sie wusste.

»Das arme Mädchen«, stöhnte sie voller Mitgefühl. Steel, der ihr von der ersten Minute an ein Dorn im Auge gewesen war, sah sie genervt an.

»Was schauen Sie so grimmig?«, giftete sie ihn an. »Die Kleine kann einem von Herzen Leid tun. Warum sitzen Sie hier herum, statt diese Ungeheuer zu suchen? Vielleicht haben sie schon ein neues Opfer in ihrer Gewalt, während Sie hier Ihren Allerwertesten platt sitzen.«

Erschrocken sahen die vier Polizeimänner zu Steel. Dieser wusste, dass er reagieren musste, sonst würde er sein Gesicht verlieren. Allerdings wusste er auch, dass er die Worte, die ihm auf der Zunge lagen, hinunterschlucken und sorgsam neue auswählen musste. »Meine liebe Mrs. Michigan. Ich verstehe Ihren Unmut und Ihre Wut, aber ich bin nicht der Täter. Das Mädchen hat nicht weniger zu leiden, wenn Sie versuchen, mich zu beleidigen. Ich verspreche, dass ich innerhalb von zwei Tagen diese Wilden hinter Schloss und Riegel gebracht habe.«

Duncan stimmte Emma zu. Während man hier Floskeln austauschte, konnte draußen schon einem neuen Opfer Leid zugefügt werden. »Joanna, zeigen Sie Mrs. Michigan unsere Weinstöcke. Die frische Luft wird Ihnen gut tun. Das Durcheinander können wir nachher gemeinsam beseitigen.« Duncan sah Joanna flehend an, die den Wink verstand und Emma nach draußen begleitete. Kaum waren sie außer Hörweite, sagte Duncan: »Mr. Steel, Ihre Kollegen sollten ebenfalls nach draußen gehen.«

Steel hatte keine Ahnung, was Duncan so Wichtiges sagen wollte, aber er gab den Burschen den Befehl. Paul und Reverend

Michigan wollten ihnen folgen, aber Duncan bat sie zu bleiben, denn er brauchte Zeugen. Er griff in seine Hosentasche und warf Steel einen kleinen flachen Gegenstand quer über die Tischplatte zu. Steel griff nach ihm und sah ihn sich gründlich an.

»Woher haben Sie ihn?«

»Colette hielt ihn in ihrer Hand. Sie muss ihn ihrem Peiniger abgerissen haben.«

»Mmmh«, grummelte Steel.

»Wie sieht es nun mit Ihrer These aus?«

»Das beweist nichts!«

»Haben Sie schon einen Wilden gesehen? Sie sind nackt, außer den wenigen, die in der Stadt leben, und selbst die haben keine Sträflingsklamotten an.«

»Wie wollen Sie wissen, dass er zu Sträflingskleidung gehört?«

»Solche Knöpfe haben ausschließlich Zuchthäusler an ihrer Kleidung. Wo bleibt Ihre Logik, Steel?«

»Herrgott im Himmel«, flüsterte Paul.

»Der kann ihr jetzt auch nicht mehr helfen«, höhnte Steel und entschuldigte sich im selben Moment, als er Michigans bösen Blick sah.

»Steel, vergessen Sie alle Floskeln und lassen Sie uns Klartext reden. Jeder von uns weiß, dass aus Neverland drei üble Verbrecher ausgebrochen sind. Es ist Ihre verdammte Pflicht, herauszubekommen, wo sie sind und wie sie das angestellt haben.« Duncan stand auf und ging zum Küchenfenster, dann drehte er sich langsam um und sah Steel fest in die Augen. »Colettes Verletzungen sind dermaßen grausam, dass dafür nur ein Einziger verantwortlich sein kann. Der Kannibale. Ist der Kannibale unter den Getürmten?«

Steel wusste, dass er keine Chance hatte zu lügen oder zu leugnen. Deshalb nickte er. »Ja, es sind der Kannibale, sein Cousin und der Einäugige.«

»Jetzt brauche ich einen Schnaps«, flüsterte Duncan. Seine Hände zitterten, als er vier Gläser füllte.

»Was wissen Sie von dem Kannibalen?«, fragte Steel.

»Vor Jahren habe ich eine Studie geführt, wie weit die Kindheit eines Menschen für dessen spätere Entwicklung verantwortlich ist.«

»Was ist das für ein Unsinn? Verbrecher sind einfach Verbrecher. Egal, aus welchem Grund.«

»Nun, Sir, mich hat das Thema interessiert. Deshalb habe ich einige Anklageschriften studiert. Habe mit Gefangenen geredet und mich über deren Leben informiert. Dabei bekam ich auch die Akte des Kannibalen in die Hände. Wegen seiner Gefährlichkeit durfte ich nie persönlich mit ihm reden, obwohl mich seine Geschichte sehr interessiert hat, da seine gesamte Familie kriminell ist. Ich habe dann gehört, dass man ihn außer Landes schaffen wollte, da er immer wieder versuchte zu fliehen. Man wollte ihn in das ausbruchsicherste Gefängnis der Welt schaffen, so hieß es jedenfalls. Das Ergebnis kennen wir.«

»Ich will gar nicht wissen, warum er Kannibale genannt wird«, meinte Michigan, als er seinen Schnaps hinunterkippte und sich schüttelte.

»Steel, jeden Moment kann er sich ein neues Opfer aussuchen. Wer weiß, vielleicht ist er in diesem Moment in der Stadt und hat die Tochter eines Edelmannes in seiner Gewalt. Was erzählen Sie dem? Hier wäre doch eine gute Möglichkeit zu beweisen, dass Sie ein qualifizierter Friedensrichter sind. Ich würde sogar bis Vandiemensland reisen, um Sie bei der Suche zu unterstützen. Dieses Ungeheuer gehört vor ein Erschießungskommando, sonst ist niemand vor ihm sicher.«

»Was wollen Sie in Vandiemensland?«, fragte Steel misstrauisch.

»Nichts, es war nur ein Beispiel, wie sehr mir daran gelegen ist, diesen Mistkerl zu finden, und wie weit meine Hilfe gehen würde.«

Duncan hatte sich über seine Äußerung selbst erschrocken und im letzten Moment eine Erklärung erfunden. Er ahnte nicht, wie nützlich diese Aussage für ihn werden würde.

VII

›Second Chance‹, 3. Februar 1793

Fast drei Monate waren seit dem schrecklichen Überfall vergangen, und vier Wochen war es her, seit Duncan mit Julian Deal und fünfzig Polizisten nach Vandiemensland aufgebrochen war. Was Duncan damals nicht ahnen konnte, war Wirklichkeit geworden. Die entflohenen Sträflinge hatten den Bootsbauer Mr. Pepper und seine Familie umgebracht, dessen Boot gestohlen und waren nun zur Insel unterwegs. Sie hatten eine knappe Woche Vorsprung, was nichts bedeutete, da das Wetter das Vorwärtskommen bestimmte. Steel hatte recherchiert, dass ein weiteres Familienmitglied von James Clinch, wie der Kannibale richtig hieß, nach Vandiemensland deportiert worden war. Also war es nahe liegend, dass Clinch diese Schwester befreien wollte.

Für jeden stellte sich die Frage, warum Steel nicht selbst die Verfolgung aufgenommen und stattdessen Duncan damit beauftragt hatte. Steel berief sich auf das Versprechen, das Fairbanks am Abend des Überfalls gegeben hatte. Aber Luise und Duncan ahnten, dass mehr dahinter steckte. Beide wussten wenig von dieser Insel, die den Namen ihrem Entdecker zu verdanken hatte. Sie hörten nur, dass dort die Gefangenen hingebracht wurden, die auf keinen Fall die Heimat wieder sehen sollten.

Colettes äußere Wunden waren verheilt. Aber die inneren, die ihrer Seele, brachen immer wieder auf. Sie hatte seit dem Überfall nicht mehr gesprochen, saß meistens in ihrem Zimmer oder auf der Bank unter dem alten Baum beim Kreuz. Die einzige Gesellschaft, die sie duldete, war ihr schwarz eingebundenes Tagebuch, das sie stets bei sich trug. Oft versuchte Luise, mit ihr zu sprechen, aber jedes Mal stand Colette auf und ging in ihr Zimmer, wo sie energisch die Tür hinter sich schloss. Sogar ihre Mahlzeiten nahm sie auf dem Zimmer ein, und selbst Connor konnte nicht zu ihr vordringen. Als Duncans Abreise näher gerückt war, war über Luise Panik gekommen bei dem Gedanken, mit Colette allein zu bleiben. Duncan hatte sie in den Arm genommen und gemeint: »Wir müssen uns in Geduld üben. Sie hat Schlimmes erlebt und braucht Zeit. Wenn sie so weit ist, wird sie mit dir reden wollen. Ich lasse ihr ein Beruhigungsmittel da, falls schlaflose Nächte sie quälen oder die Erinnerung sie einholt.«

Nun war Duncan weg und Luise hoffte, dass die Zeit bis zu seiner Rückkehr schnell vergehen würde. Sie wusste nicht, was sie sich mehr wünschte. Dass er den Kannibalen zur Strecke bringen oder dass er Bobby finden würde. Beides war wichtig. Da ein einzelner Reiter schneller vorankam, wurde Julian Deal zwei Wochen vorher vorausgeschickt, um in den Listen der Gefängnisinsassen den Namen von Katie Glinch zu suchen – und dabei hielt er auch nach Bobbys Namen Ausschau. Duncan sollte die Polizisten begleiten, von denen er keinen kannte, dafür hatte Steel gesorgt.

Seit Duncans Abreise wirkte Colette noch verschlossener. Immer seltener verließ sie ihr Zimmer und aß kaum etwas. Luise, Joanna und Paul machten sich große Sorgen um sie. Selbst Peter Willis, der fast täglich auf dem Hof erschien, hatte kaum noch Hoffnung. Colettes Augen waren angsterfüllt, wenn er sich ihr näherte. Sie konnte seine Anwesenheit nicht mehr ertragen, und sie sperrte sich so lange in ihrem Zimmer ein, bis er wieder wegritt. Kurze Zeit später teilte Peter Willis Luise traurig mit, dass er die Stadt verlassen und weiter nach Westen ziehen wollte. Man hatte dort ein Kohlenflöz entdeckt, und nun wurde ein Geologe gebraucht. Er versprach, in ein paar Monaten nochmals vorbeizukommen, da er Colette liebte und hoffte, dass die Zeit ihre Wunden heilen würde.

Vierzehn Wochen war Duncan nun schon fort, und Luise war am Ende ihrer Kräfte. Als Colette das Essen wieder nicht angerührt hatte, war es mit Luises Geduld vorbei: »Colette, so kann es nicht weitergehen. Jeder von uns weiß, was du durchgemacht hast, und fühlt mit dir. Indem du nicht sprichst und nichts isst, kannst du es nicht ungeschehen machen. Deine Wunden sind verheilt, und du musst zur Normalität zurückfinden.«

Colette reagierte nicht auf Luises Gefühlsausbruch. Wie immer ging sie in ihr Zimmer und verschloss die Tür von innen.

Luise hämmerte weinend dagegen und flüsterte heiser: »Bitte, Colette, sag mir, wie ich dir helfen kann?«, aber von drinnen kam keine Antwort. Erschöpft ging Luise zu Paul und Joanna in die Küche: »Wenn doch Duncan wieder hier wäre.«

»Vielleicht sollten Sie Reverend Michigan um Hilfe bitten, Mrs. Luise«, schlug Paul vor.

Luise konnte sich zwar nicht vorstellen, wie ein Mann Gottes mit dieser Situation klar kommen sollte, aber vielleicht wusste Emma, seine Frau, einen Rat. Auch wenn es Luise vor Emmas Theatralik grauste, sie hatte etwas Mütterliches an sich, das vielleicht in dieser Situation Colette helfen konnte. Luise nahm sich vor, am nächsten Morgen in die Stadt zu fahren und mit dem Ehepaar Michigan über Colette zu sprechen.

Am Nachmittag besprach Luise mit Paul die Arbeit an den Rebstöcken, als es draußen unruhig wurde. Reiter waren gekommen. Paul begleitet Luise vor die Tür, wo Steel und die vier anderen Polizisten ihre Pferde anbanden.

»Was wollen Sie hier?«, begrüßte ihn Luise knapp.

»Möchten Sie mich nicht zu einer Tasse Tee einladen, Mrs. Fairbanks?«, fragte Steel lächelnd.

»Ich sehe dafür keine Notwendigkeit.«

»Ja, da ist wieder Ihr alter Kampfgeist. Ich wusste doch, dass eine Heirat Sie nicht ändern würde. Nun gut, ich habe sowieso keine Zeit für höfliches Geplänkel. Haben Sie von Ihrem Mann gehört?«

»Wie sollte das gehen? Schließlich ist er Hunderte von Meilen entfernt.«

»Es gibt immer Möglichkeiten, Botschaften zu senden, vorausgesetzt, man hat Helfer. Aber Sie haben sicherlich Recht. Da der eine mit eingeschlagenem Schädel unter der Erde in der Heimat liegt, die anderen mit ihren Augenbrauen die Eisenstäbe der Gefängnisse polieren, ist die Anzahl der Helferlein deutlich geschrumpft.«

Duncans Worte fielen Luise wieder ein: *»Steel weiß, wer ich bin!«* Sie durfte nicht zulassen, dass sie durch falsche Reaktionen das bestätigte, was Steel versuchte, aus ihr herauszubekommen. Sie zwang sich zur äußerlichen Ruhe, auch wenn ihre eigene Stimme schrill in ihren Ohren hallte.

»Ich verstehe nicht, was Sie meinen, Mr. Steel. Welche Nachricht soll mein Mann mir senden, die Sie nicht auch erhalten würden? Schließlich haben Sie ihn in die Obhut von zwanzig Polizisten gegeben, und die sind sicher nicht zu seinem Schutz da.«

»Ah, Sie wissen Bescheid!«

»Könnten Sie bitte aufhören, in Rätseln zu sprechen. Ich weiß nur, dass mein Mann Ihnen behilflich ist, die entflohenen Sträflinge einzufangen. Warum Sie das nicht selbst erledigen, ist uns allen unerklärlich.«

»Nun, ich würde es mal so ausdrücken: Clinch ist ein sehr gefährlicher Mann. Das Risiko, dass man bei der Gefangennahme des Kannibalen vielleicht sein Leben lassen muss, ist groß. Außerdem hat Ihr Mann sich angeboten, Ihre kleine Freundin zu rächen. Nun ja, was blieb mir anderes übrig? Ich bin doch kein Unmensch und gönne ihm den Rachefeldzug. In London hat er oft genug den Helden gespielt, aber hier, in dieser Einöde kommt er eher selten dazu.«

Luise blickte Steel fest in die Augen, als sie erwiderte: »Ich habe keine Ahnung, wovon Sie sprechen!«

»Mmh, das glaube ich nun nicht. Schließlich waren Horan und Ihr Mann enge Freunde. Allerdings habe ich erst nach Ihrer Abreise das Rätsel lösen können. Ich muss jedoch gestehen, dass mir Ihr Freund Jack dabei geholfen hat, bevor man ihm, nun ja, Sie kennen sein Schicksal. Noch fehlte mir ein kleiner Stein in meinem Mosaik. Ich besitze das Steinchen schon und bin kurz davor, es in das Gesamtbild zu schieben, nur, ob er passt, das werde ich erst sehen, wenn ich alle Informationen habe. Es ist immer wieder bemerkenswert, was Geld aus einem Menschen machen kann. Man kann sich tatsächlich alles dafür kaufen. Man darf mich nur nicht für dumm verkaufen.«

In Luises Kopf schwirrten die Sätze, die Steel sprach, kreuz und quer und ergaben keinen Sinn.

»Mr. Steel, wenn Sie mir sonst nichts zu sagen haben, dann möchte ich mich verabschieden, da ich nach Colette sehen muss.«

»Ach ja, das arme Kind! Wie geht es ihr? Weiß sie überhaupt, dass Horan für Ihren Mann ins Gras beißen musste?«

»Gehen Sie!«

»Ja, die Wahrheit tut weh. Man fand einen Brief bei ihm, an Ihre Freundin adressiert. Grausam, grausam …«

»Warum erzählen Sie mir das? Jack ist seit einem Jahr tot, und Sie erzählen mir jetzt von einem Brief und von der Verbindung zu meinem Mann. Was bezwecken Sie damit? Vielleicht wissen Sie gar nichts und hoffen, dass ich Ihnen etwas verraten kann. Aber ich muss Sie enttäuschen. Ich weiß nichts und empfinde Ihre Andeutungen als pure Ungeheuerlichkeit. Wenn mein Mann zurück ist, werde ich ihm von unserem Gespräch berichten. Nein, falsch, Mr. Steel. Ich werde *jedem* berichten, was Sie mir gesagt haben. Und dann wollen wir sehen, wie weit Sie Ihr krankes Spiel noch treiben können.«

Luise drehte sich um und ging ins Haus, direkt in ihr Schlafzimmer. Die Tränen erstickten ihre Worte, die sie in ihr Kissen schreien wollte. Sie hasste diesen Menschen. Er hatte Salz in ihre Wunden gestreut und sie so wieder aufbrechen lassen. Zum Glück war Colette in ihrem Zimmer und hatte davon nichts mitbekommen. Das hoffte Luise jedenfalls. Doch sie hatte nicht den Schatten am oberen Fenster gesehen und nicht gehört, wie die Tür von Colettes Zimmer leise geschlossen wurde, genauso wie sie zuvor ohne Geräusch geöffnet worden war.

Luise lag immer noch angekleidet auf ihrem Bett, als die Dunkelheit hereinbrach. Joanna war zu ihr ins Zimmer gekommen, aber Luise wollte nicht reden, nichts essen und vor allem nichts mehr denken. Sie legte ihre Hände auf den Bauch, um das kleine Wesen, das in ihr heranwuchs, zu schützen. Wegen Colette, wegen Jack, ihres Bruders und wegen ihres Kindes, das sie in sechs Monaten bekommen würde, musste sie stark sein. Sie hatte direkt nach der Empfängnis gespürt, dass sie Mutter werden würde. Zwei Tage vor Duncans Abreise war es passiert, und sie hoffte, dass er vor der Geburt zurück sein würde. Sie hatte niemandem davon erzählt. Es war ihr Geheimnis, und sie wollte dieses wunderbare Gefühl für sich alleine bewahren. Zumal man noch nichts sehen konnte. Mit einem Lächeln auf den Lippen schlief Luise erschöpft ein und hörte nicht, dass jemand das Haus verließ.

Die Sonne stand hoch am Himmel, als Luise erwachte. Sogleich fielen ihr wieder Steels Andeutungen ein. Welches Mosaiksteinchen hatte er gemeint? Was wusste er wirklich? Mit wem konnte sie darüber sprechen? Elisabeth, schoss es Luise durch den Kopf. Ja, Elisabeth war die einzige Person, mit der sie reden konnte. Aber zuerst wollte sie zu Pastor Michigan, um ihn und seine Frau wegen Colette um Rat zu fragen. Sie wusch sich, zog sich an und ging zu Colettes Zimmer, um erneut zu versuchen, mit ihr zu sprechen.

Die Tür war nur angelehnt. Langsam öffnete Luise sie und rief Colettes Namen. Das Zimmer war leer. Das Bett war ordentlich gemacht, und das schwarze Tagebuch lag auf dem Tisch am Fenster. Sicher war Colette unten, denn es war schon Nachmittag. Luise ging in die Küche, wo sie Joanna traf.

»Haben Sie Colette gesehen?«

»Nein, sie ist sicherlich in ihrem Zimmer.«

»Da ist sie nicht.«

Luises Herz pochte. Sie stieß den Stuhl zur Seite und rannte, zwei Stufen auf einmal nehmend, nach oben in Colettes Zimmer. Das Tagebuch! Niemals würde Colette ihr Buch offen liegen lassen. Seit Monaten hatte sie es stets bei sich getragen. Was hatte das zu bedeuten? Wo war ihre Freundin?

Luise kam sich vor wie ein Einbrecherin, als sie die letzte Seite des Buches aufschlug. Sie hatte Angst, die Zeilen zu lesen. Als sie geendet hatte, schloss sie für einen Augenblick die Augen. Wieder waren es geschriebene Worte, die sie an den Rand des Wahnsinns treiben sollten. Noch einmal las Luise die letzten Sätze. Dann löste sich der Schrei, der ihr in der Kehle stecken geblieben war.

Paul suchte mit den Männern eine Woche lang erfolglos nach Colette. Erst am neunten Tag fanden sie ihren Schal, weit oben an den Klippen. Dort, wo der Fels steil nach unten abfällt und die Gischt des Salzwassers die Felsen zu grotesken Gebilden geformt hatte. Dort, wo Möwen sich in die Tiefe stürzen, um mit dem Aufwind der Brandung in die Lüfte zu schweben. Dort, wo man als Mensch den Wunsch verspürt, die Arme auszubreiten, um zu fliegen wie ein Vogel.

Als die Männer mit dem Stoffstück nach ›Second Chance‹ zurückkamen, brach Luise weinend zusammen. Paul trug sie in ihr Zimmer. Die Anspannungen der letzten Tage ließen sie in einen unruhigen Schlaf sinken. Als sie am nächsten Tag die Augen öffnete, saß Elisabeth an ihrem Bett. Fragend sah Luise sie an.

»Ich habe gehört, was passiert ist, und ich dachte, du wärst nicht gern allein. Es tut mir Leid! Ich mochte Colette, auch wenn ich ihr das nie gesagt habe. Außerdem wollte ich dir persönlich etwas mitteilen ...«

»Danke, dass du gekommen bist«, unterbrach Luise sie unter Tränen.

Elisabeth ergriff Luises kalte Hand und drückte sie mitfühlend. Luise machte sich Selbstvorwürfe: »Hätte ich doch nur eher ihr Tagebuch gelesen, dann hätte ich sie vielleicht davon abhalten können. Aber sie hatte es immer bei sich. Ich habe nicht geahnt, was sie vorhatte. Seit dem Überfall war sie sehr verändert. Doch Duncan meinte, sie bräuchte Zeit, um alles zu verarbeiten. Dabei hat sie schon früher diese Todessehnsucht gefühlt. Schon seit dem Tag, an dem wir erfahren haben, dass Jack wahrscheinlich tot ist. Allerdings blieb Colette immer noch die Hoffnung, dass es sich bei dem getöteten Anwalt um eine andere Person gehandelt hat. Wir haben ihr nicht gesagt, dass wir von Steel bereits wussten, dass Jack tatsächlich tot ist. Doch neulich muss sie gehört haben, was Steel zu mir gesagt hat.«

»Steel ist hier gewesen?«, fragte Elisabeth überrascht.

Luise berichtete, was Steel gesagt hatte: »Ich wollte mit dir reden, da ich vieles davon nicht verstehe. Nur so viel weiß ich: Er ahnt, dass Duncan die ›Weiße Feder‹ ist. Außerdem sprach er von einer Information, auf die er noch wartet, und dass man sich für Geld alles kaufen kann. Ich bin so verwirrt, ich habe Angst, hier verrückt zu werden. Elisabeth, ich will zurück nach Worms. Ich kann nicht länger bleiben ...«

Elisabeth ahnte den Sinn von Steels Andeutungen. Offenbar hatte er sie wiedererkannt, schien sich aber noch nicht gänzlich sicher zu sein. Was sollte sie jetzt tun? Mit wem konnte sie reden? Sie hätte selbst gut gemeinte Worte gebraucht, stattdessen versuchte sie, Luise zu trösten: »Luise, du musst jetzt stark sein und die Nerven bewahren. Denk an deinen Bruder. Das gibt dir Kraft. Außerdem habe ich ...«

Wieder hörte Luise ihr nicht zu, sondern unterbrach Elisabeth erneut: »Seit Wochen habe ich denselben Traum. Immer wieder sehe ich ein Kartenhaus. Ich lege die letzten zwei Karten als Spitze auf die unteren, und es stürzt ein. Immer und immer wieder. Meine Kraft ist dahin, Hoffnung habe ich auch keine mehr. Vielleicht werde ich meinen Bruder nie kennen lernen. Vielleicht ist Duncan bereits tot. Ich kann nicht warten und warten und warten. Außerdem wird mich Steel nicht in Ruhe lassen. Er hat es sich zur Aufgabe gemacht, diese Organisation zu zerstören, und das ist ihm gelungen. Jetzt will er die Mitglieder jagen, bis er den Letzten gefangen genommen hat. Elisabeth, mein Entschluss steht fest. Die Miss Britannia wird morgen einlaufen, und in fünf Tagen werde ich mit ihr reisen.«

»Luise, jetzt hör mir bitte zu, ich ...«

»Elisabeth, es ist lieb gemeint, aber du kannst mich nicht mehr umstimmen. Ich kann nicht an Bobby, an Duncan oder an mich denken. Meine Sorge gilt ganz allein meinem Kind, nur das zählt«, flüsterte Luise.

Überrascht sah Elisabeth auf Luises Bauch. »Du erwartest ein Kind?«

Damit hatte Elisabeth nicht gerechnet. In ihrem Kopf ratterten die Gedanken. Wenn Luise ein Kind bekommen würde, was würde das für sie und ihre Pläne bedeuten? Das Kind war eine Gefahr, die sie nicht mit einkalkuliert hatte, als sie ihr weiteres Vorgehen geplant hatte. Es würde alles nur unnötig verkomplizieren. In fünf Tagen würde Luise abreisen. Er sagte fünf bis sechs Tage ...

»Elisabeth, entschuldige bitte, ich habe dich unterbrochen. Was wolltest du mir sagen?«, holte Luise sie aus ihren Gedanken zurück.

»Wie bitte? Ach, es war nichts – unwichtig, ich habe es bereits vergessen. Aber du hast Recht, Luise. Als werdende Mutter darfst du nur an das Kind denken. Du musst zurück nach Europa, denn hier bist du vor Steel niemals sicher. Du hast nur noch die Verantwortung deinem Kind gegenüber, sonst niemandem. Ich weiß, dass Duncan das verstehen wird. Außerdem kann er noch monatelang weg sein. Und du bist hier ganz alleine in der Wildnis. Wenn dir und dem Kind etwas passieren würde, dass würde er mir nie verzeihen. Ich werde dir helfen, alles Nötige zu veranlassen. In deinem Zustand musst du dich schonen. Jede Aufregung kann dem Kind schaden, und davon hattest du sowieso schon zu viel. Wenn dein Mann zurückkommt, werde ich ihm deine Beweggründe mitteilen. Er wird dir sicher mit Bobby schnellstmöglich folgen wollen.«

»Bestimmt wird er mir direkt folgen, denn ich werde Duncan einen Brief dalassen, in dem ich ihm alles erklären werde. Elisabeth, ich danke dir. Es tut mir Leid, dass ich ungerecht zu dir war. Ich weiß jetzt, dass du eine wahre Freundin bist.«

Dankbar umarmte Luise Elisabeth und sah dadurch das Funkeln in deren Augen nicht.

Kapitän Fraser stand auf der Brücke, als er Luise kommen sah. Auf der Passagierliste hatte er schon vor zwei Tagen ihren Namen gelesen, nur ihren, und war überrascht und neugierig. Als sie nun vor ihm stand, blass, in ihrem schwarzen Kleid und mit traurigen Augen, nahm er sie einfach nur in den Arm und hieß sie willkommen. Er wollte nicht nach dem Warum fragen, nicht das Wieso wissen, denn dafür hatten sie noch viel Zeit auf der langen Reise.

Er veranlasste, dass ein Matrose Luise in ihre Kajüte begleitete und gab dann das Kommando zum Ablegen.

Als Luise wieder auf Deck erschien, war die Miss Britannia bereits auf halber Höhe des Leuchtfeuers. Luise schaute auf das offene Meer. Zum ersten Mal seit langem umspielte ein zaghaftes Lächeln ihre Lippen.

Ja, sie würde nur noch nach vorne schauen und nicht mehr zurück. Vorne begann das weite Meer und ihre Zukunft, und was die bringen würde, konnte nur besser sein als die Vergangenheit.

Hätte Luise nur einen Augenblick zurückgeschaut, dann hätte sie das gesehen, was Elisabeth ihr verschwiegen hatte: nämlich drei Reiter am Kai, die aufgeregt ihren Namen riefen. Drei Reiter, von denen einer ihr Zwilling hätte sein können. Drei Reiter, die zu spät gekommen waren.

Wie es mit Luise und Duncan weitergeht,
erfahren Sie im Herbstprogramm 2006 bei *Moments!*

Dank

Träume nicht dein Leben,
sondern lebe deinen Traum,

war meine Motivation, an dieses Buch zu glauben.

Jedoch kann man etwas noch so sehr wollen und der Sache vertrauen, irgendwann kommt eine Zeit, da überwiegen die Selbstzweifel.

Man glaubt, sich selbst überschätzt zu haben, es nicht realisieren zu können, dass es letztendlich doch nur ein Traum bleibt.

In solchen Momenten ist es wichtig, Menschen um sich zu haben, die einem diese Zweifel nehmen.

Diejenigen, die an einen glauben, motivieren. Genauso wichtig sind Menschen, die einen mit Rat unterstützen, die man immer wieder nerven darf, ohne dass sie genervt sind.

Ohne diese Menschen wäre es für mich bedeutend schwieriger geworden, dieses Buch fertig zu stellen.

Deshalb ist die letzte Seite euch gewidmet!

Danke möchte ich sagen:

Meiner Freundin Monika M. Metzner, die unermüdlich Rechtschreibung und Inhalte korrigierte, nie ungeduldig wurde, wenn ich uneinsichtig war, und immer wieder alles durchdiskutieren wollte. Dem »Firmament« sei Dank für diese Frau.

Meiner Freundin Friederike Görres, deren Begeisterung für das Buch mich stets motivierte und die ebenfalls stundenlang Korrektur las.

Meiner Schwester Manuela Jungen und ihrem Mann Michael, die sich weigerten, nur »lose Blätter« zu lesen. Immer wieder durfte ich sie belästigen, wenn mir wieder einmal die passenden Worte fehlten.

Meinem Bruder Marko Rauscher, der stets meine Zweifel zerstreute und meinen Wissensdurst über Australien stillte.

Meinen Eltern, Magdalena und Ernst Rauscher, für das Talent und ihre Liebe.

Meinen Kindern Carsten und Madeleine Zinßmeister, die ohne Einschränkung immer wieder meinten: »Mama, das schaffst du!«

Meinem Mann Helmut Zinßmeister, der Pate stand für manch »schlauen« Satz, den ich Duncan und all die anderen Männer sprechen ließ.

Meinen Freundinnen Katja Stuhlsatz, Eva Groß und Petra Glessner, die einfach da waren, wenn ich keine Lust mehr hatte.

Meiner Freundin Iris Langguth, die liebevoll meine Internetseiten erstellte.

Meiner Freundin Mechthild Schäfer, die mir beibrachte, geduldig zu sein.

Frau Sigrid Cornehl, die mir einen weisen Ratschlag gab, den ich bis zum Schluss beherzigte.

Meiner Agentin Frau Ingeborg Rose, die mir die letzten Selbstzweifel nahm und das Wörtchen »wunderbar« so wundervoll für mich machte.

Meiner Lektorin Frau Christina Kuhn, die dem Buch den letzten Schliff gab.

Frau Isolde Wehr vom area verlag, die für mein Buch den Begriff »Happy-End-Garantie« ausdehnte.

Herrn Andreas Paqué für Satz und Layout.

Dem area verlag, der mir die Chance zur Veröffentlichung gab.

Euch allen: DANKE!

Internetadresse: www.deanazinssmeister.de